KB119286

한국 성년후견제 10년

평가와 전망

나남
nanam

나남신서 2122

한국 성년후견제 10년
평가와 전망

2022년 11월 1일 발행
2022년 11월 1일 1쇄

엮은이 사단법인 온율
발행자 趙相浩
발행처 (주) 나남
주소 10881 경기도 파주시 회동길 193
전화 (031) 955-4601 (代)
FAX (031) 955-4555
등록 제 1-71호 (1979. 5. 12)
홈페이지 http://www.nanam.net
전자우편 post@nanam.net

ISBN 978-89-300-4122-5
ISBN 978-89-300-8001-9 (세트)

책값은 뒤표지에 있습니다.

나남신서 2122

한국 성년후견제 10년

평가와 전망

사단법인 온 율 엮음

구상엽·박은수·박인환·배광열·아라이 마코토·전현덕·제철웅 지음

나남
nanam

《한국 성년후견제 10년》을 펴내며

윤세리
(사단법인 온율 이사장)

2013년 7월 치매고령자, 발달장애인, 정신장애인 등 판단능력이 부족한 성인(의사능력 장애인)의 자기결정권 존중과 정상화를 이념으로 하는 성년후견제도가 시행되었습니다. 종래 획일적으로 의사능력 장애인의 법적 권리를 제한하고 가족들이 그들의 권리를 대행하게 한 행위무능력제도를 폐기하며, 이들의 인권을 존중하고 비장애인과 동등하게 우리 사회에서 살아갈 수 있는 법적 기반을 마련한 진일보한 변화였습니다.

법무법인 율촌이 설립한 공익법인인 사단법인 온율은 성년후견제도 도입 전부터 이 제도에 주목하고, 우리 사회에 올바르게 정착하여 본연의 목적대로 의사능력 장애인을 위해 사용되도록 많은 노력을 기울여 왔습니다.

2013년부터 매년 한국 후견제도의 현안과 개선점들을 점검하는 '온율

성년후견 세미나'를 개최해 왔고, 2022년 10주년을 맞이했습니다. 10년 간 후견 분야의 다양한 전문가들의 분석과 제안이 온율 성년후견 세미나를 통해 축적·확산되었고, 한국 후견실무 발전에 크게 기여했다고 자부합니다.

나아가 온율은 후견실무를 선도하고 개선하기 위해 2016년부터 전문가후견법인으로 활동하고 있고, 2022년 9월 현재 누적 42건에서 후견인 또는 후견감독인으로 선임되었습니다. 이를 통해 축적한 경험은 2018년 서울지방변호사회 등과 함께 제작한 〈공공후견인 법률지원 매뉴얼〉, 2020년 보건복지부 연구용역을 통해 제작한 〈치매공공후견인, 후견감독인 담당자를 위한 후견사무매뉴얼〉 등 다양한 경로로 모두 공개하여, 관계자들이 참고할 수 있도록 했습니다. 2019년 1월 후견보수에 대한 부가가치세를 면세하는 〈부가가치세법〉 시행령 개정을 이끌어내기도 했습니다.

또한 온율은 후견인의 지원이 필요하나 가족이 없거나 경제적 형편이 어려운 의사능력 장애인을 위한 복지서비스인 공공후견제도가 잘 정착할 수 있도록 모든 지원을 아끼지 않고 있습니다. 법률전문가들 중 발달장애·정신장애·치매 공공후견사업 모두에 일정 부분 지원, 자문을 제공하는 곳은 사단법인 온율이 유일합니다.

의사능력 장애인에 대한 세계 각국의 동향을 파악하고 한국 제도 발전을 위한 목소리를 내는 일도 소홀히 하지 않고 있습니다. 전폭적 재정후원과 인력지원을 통해 2018년 서울에서 열린 제5회 세계성년후견대회가 성공적으로 개최될 수 있게 했고, 그 결과를 바탕으로 지난 제20대 국회에서 〈후견 등 의사결정지원에 관한 기본법〉(대표 발의 원혜영 의원) 발의를 주도했습니다. 그 밖에도 세계 각국의 전문가들이 모이는 국제 세미나, 심포지엄에 참여하여 한국의 상황을 알리고, 각국 전문가들과 교류하고 있습니다.

이 책은 온율이 한국 성년후견제도 발전과 개선을 위해 뛰어온 지난 10년을 돌아보기 위해 마련하였습니다. 지난 온율 성년후견 세미나에서 귀한 조언을 주신 전문가들의 발표를 다시금 글로 갈무리하여 묶어냈습니다. 모든 발표와 토론을 담을 수 있었으면 좋겠으나, 지면의 한계로 매 회당 한 편의 발표만을 담게 되었습니다. 이 책만으로도 지난 10년간 한국 후견제도의 발전 과정을 조망할 수 있을 것입니다. 한국 후견제도 개선을 위해 힘쓰는 독자분들께 조금이나마 도움이 되길 바랍니다.

차
례

1장

한국 후견제도의 지평

박은수
(현 한국의료분쟁조정중재원 원장)

1. 성년후견제도의 입법경위

1) 한국의 장애인 운동

인류의 역사는 인권의 발전사이다.

인권이 개인의 존엄성 유지와 전체 인류의 평화롭고 지속가능한 생존을 위한 핵심가치라는 사실은 이제 자명하다 할 것이다.

제2차 세계대전의 참혹함과 전체주의적 야만을 경험한 인류는 평화와 민주주의의 가치를 절감하고, 그 구체적 실천 방안으로 모색한 결론이 복지국가 모델이었다.

복지국가는 인간의 존엄성을 최고의 우선가치로 삼는다. 또 복지국가는 연대의 가치를 숭상한다. 더불어 사회 전반에 공정하고 투명한 경쟁의 원칙이 지켜지게 하고, 구성원 모두에게 공평한 기회가 주어지게 하여 정의를 실현하고자 한다.

인간해방의 기치 아래 전개된 프랑스 68혁명 이래 장애인들도 존엄, 연대, 정의의 가치를 고민해 오다가, 실질적 기회의 평등은 사회 변화에서 시작되어야 함을 깨달았다. 장애 문제를 개인의 문제가 아닌 사회의 문제로 인식하기 시작한 것이다. 장애 문제를 사회구조적 문제로 바라보는 '사회적 장애 모델'은 이러한 배경에서 탄생했다.

인권은 선험적인 것이 아니라 역사 발전 과정에서 태어나고 끊임없이 진화하는 동태적 개념이고, 인간답게 살고자 노력하는 그룹의 투쟁과 희생으로 획득한 것이다.

오랜 사회적 편견과 억압으로 장애인 스스로 열등한 존재로 인식하는 가치체계가 내면화되기도 하고, 인권에 대해 학습할 기회도 주어지지 않았다. 이렇게 형성된 약자, 자선의 대상, 능력부족 같은 장애인관에 대한 혁명적 문제제기가 1960년대에 미국의 지도적 장애인 그룹에 의해 이루어졌다. 그 흐름이 일본을 거쳐 1990년대에 한국의 선도적 장애인 운동세력 속에서 절정의 꽃을 피운다. 이러한 일련의 패러다임 전환과정을 자립생활운동이라 부른다.

에드 로버츠(Ed Roberts)를 비롯한 자립생활운동 지도자들은 캘리포니아주립대학(버클리)에서 장애인이 더 이상 자신의 운명을 남의 손에 맡기는 피동적 존재나 자선의 대상이 아니며, 주체적 인격으로서 모든 결정과 선택 과정에 스스로 참여하고 스스로 책임지는 존재라고 주장했다. 주정부와 연방정부를 설득하여 〈장애인차별금지법〉(ADA)을 제정하고, 스스로 공직에 진출하여 구체적 자립생활 프로그램을 만들며, 이

운동을 일본, 한국 등 전 세계로 확산시키려고 노력했다.

한국 민주주의의 발전은 한국 장애인 운동 그룹의 역량도 크게 향상시켰다. 1990년대 들어 한국에 자립생활운동이 소개된 이후 오히려 한국의 자립생활운동 지도자들이 전 세계의 장애인 인권운동을 주도하는 모습까지 보였다.

자립생활운동이란 장애인이 의존적 존재에서 벗어나 주체적 삶의 주인공으로서 자신을 찾아가는 동시에 사회를 변화시키는 사회변혁운동이다. 자립생활이란 지역사회 속에서 주민들과 함께 사는 권리를 말하며, 결국 장애인의 완전한 사회참여와 통합으로 실현된다.

한국 장애인 운동은 한국 민주주의 운동과 마찬가지로 위대했다. 장애인 정책은 반드시 장애인 당사자가 참여한 가운데 논의되어야 한다(Nothing about us without us)는 '당사자주의 원칙'과 연대의 가치를 존중하는 '연대성 원칙'을 기반으로, 한국 장애인들은 〈장애인차별금지법〉 제정운동, 이동권 보장운동, 〈장애인연금법〉 제정운동, 〈장애인활동지원법〉 제정운동, 성년후견추진 연대운동 등을 견인하며 역량을 키워 나갔다. 단순한 장애인운동 차원을 넘어 한국 사회 전반의 변화를 선도하는 시민운동의 중심 세력으로 성장했다. 급기야 세계적 연대까지 주도하며, UN 장애인권리협약의 제정 과정에서도 어느 정도 역할을 수행했다.

2006년 12월 13일에 UN 총회에서는 장애인권리협약(CRPD: the Convention on the Rights of Persons with Disabilities)을 체결했다. 이 협약은 신체장애, 정신장애, 지적 장애를 포함한 모든 장애가 있는 사람들의 존엄성과 권리를 보장하는 것을 목적으로 하며, 장애인의 권리보호와 증진을 위한 규범적 효력을 가진다. 구체적으로 평등, 차별금지, 법 앞의 동등한 인정 등을 강조하며 장애인의 법적 능력(*legal capacity*) 차별을 금지한다. 한국에서도 2009년 이 협약의 비준으로 효력이 발효되었으며, 정기적으로 협약의 이행 상황을 보고해야 한다.

한 국가의 문명화 정도는 그 사회가 가장 어려운 사회적 약자를 어떻게 배려하는지를 보면 알 수 있다고 한다. 이제 우리는 장애인 중에서도 가장 소외되었던 지적·정신적 장애인, 치매노인의 인권문제에 감수성을 가져야 한다.

이러한 관점에서 그동안 우리 사회는 가장 기본적인 〈민법〉에서부터 이들을 우리 사회의 동등한 구성원으로 예우하지 못했다. 〈민법〉은 그동안 금치산·한정치산제도를 두어 거래의 안전을 도모한다는 이유로 이들을 불완전한 존재로 인식하고, 사회 밖으로 사실상 격리하도록 방치했다.

차별을 경험하는 사람은 용어에 민감할 수밖에 없다. 1981년 제정된 〈심신장애자복지법〉에 대하여 장애인들은 무엇보다 장애인 비하 의미를 담은 장애자라는 용어를 추방하기 위해 연대하고 투쟁하여, 1989년에 〈장애인복지법〉으로 전면 개정하는 데 성공했다. 놈 자(者)라는 글자를 더 이상 인격체인 인간에게 쓰지 말자는 인권의식의 발로였다.

우리나라 〈민법〉은 장애인에게 금치산자와 한정치산자라는 용어를 사용하면서, 도와주고 대리하는 사람은 상대적으로 사람 인(人)을 써서 후견인이라고 불러, 명백히 차별했다. 또 시장경제 사회에서는 재산을 가지고 재산권을 행사함이 모든 생활의 출발점이므로 재산을 가질 수 없는 존재라는 뜻의 금치산이라는 용어는 시대착오적이라 할 수 있다.

2) 성년후견제 추진연대

일본이 2000년 성년후견제도를 도입하였다는 소식을 접한 장애우권익 문제연구소는 내부적으로 관련 외국문헌을 수집·번역하면서, 관계전 문가 초청토론과 내부 세미나를 열어 공론화에 나섰다. 이후 장애전문 지〈함께걸음〉에 성년후견제도에 관한 내용을 연재했고, 이를 접한 장 애인 부모들은 성년후견제도가 자신들의 자녀가 지역사회에서 동등한 구성원으로 살아갈 수 있는 대안이라고 판단하여 장애인단체에 제도 도 입을 위한 연대를 제안했다.

2002년 한국가족법학회에서도 노인의 보호장치로 제 기능을 못하고 있는 금치산제도에 대한 문제제기 방식으로 성년후견 입법제안을 했 다. 2004년 이를 공감하는 17개 장애인단체와 노인단체가 중심이 되어 제1기 '성년후견제 추진연대'를 구성했다.

2007년 17대 대통령 선거를 맞아 장애인단체들은 대선연대를 조직하 고, 주요 정당의 대통령 후보에게 성년후견제도 도입을 공약으로 채택 할 것을 요구하여 관철시켰다. 이렇게 대선이나 총선 과정에서 장애인 단체들이 연대하여 공약투쟁을 벌이는 것은 2002년 대선에서부터 시작 된 전통이다.

2002년 대선 당시 나는 한국장애인단체총연맹 정책위원회 위원장으로 서 장애인단체대선연대 조직에 성공했다. 이어 대선토론회 준비 과정에 서 당시 노무현 후보로부터〈장애인차별금지법〉제정 공약을 약속받은 바 있다. 물론 노무현 후보는 대통령에 당선되어 이 약속을 지켰다.

17대 대통령에 당선된 이명박 정부는 공약으로 제시한 성년후견제도 도입을 실천하고자 이를 국정과제로 채택하여 정부 차원에서 추진했다. 마침 법무부는 '〈민법〉의 선진화, 국제화'라는 목표로 〈민법〉 개정을 추진했던바, 2009년에 교수, 판사, 변호사 등 법률전문가 37명으로 구성된 민법개정위원회를 발족시키며, 제2분과에서 이를 본격적으로 검토했다.

3) 법무부 민법개정위원회

2009년 제1기 민법개정위원회 2분과위원장은 하경효 교수가 맡고, 명순구·박동진·백승흠·김형석 교수와 당시 서울서부지방법원 민유숙 부장판사가 위원으로 참여했다.

전반적 제도 설계와 조문 구성은 김형석 교수가 주무를 맡았고, 백승흠 교수는 외국 제도를 비교·분석하였으며, 명순구 교수는 후견계약 부분을 주로 담당했다. 민유숙 판사는 법원 내부에서 연구한 안과 판사들의 연구모임에서 토론한 내용을 토대로 쟁점별로 비판 의견과 조문안을 제시했다.[1]

또 1기 위원회에는 구상엽·박하영 검사가, 2기 위원회에는 구상엽·장준희 검사가, 3기 위원회에는 구상엽·서정민 검사가 간사로서 위원회에 참여했다.

특히 구상엽 검사는 성실한 자세로 장애인단체를 직접 찾아다니며 의견을 청취하고, 입법을 발의한 의원실도 수시로 방문하며 수요자인

---

1 상세한 내용은 법무부 민법개정자료발간팀이 발간한 《개정민법 자료집》(2013) 에 실려 있다.

장애인들의 의견을 반영하고자 많은 노력을 기울였다.

　법무부는 2009년 9월 18일 입법예고를 했고, 2009년 9월 30일 공청회를 거쳐, 2009년 12월 29일 국회에 정부 발의로 〈민법〉 일부 개정 법률안을 제출했다.

4) 국회 심의

나는 당시 18대 국회의원으로서 성년후견제 입법을 의원실 당면 과제로 선정했다. 여러 차례 성년후견제추진연대와 공청회와 세미나를 개최하고, 일본의 아라이 마코토 교수를 초청해 한국과 일본의 입법을 비교・검토하는 심포지엄도 열었다.

　2009년 10월 27일에는 기본법인 〈민법〉 개정이 아니라 특별법 제정을 통해 성년후견제도를 도입하는 장애인성년후견법안을 나경원 의원이 대표 발의하였다. 2010년 1월 8일 나는 〈민법〉에 성년후견제도를 도입하는 형식으로 〈민법〉 일부 개정 법률안을 대표 발의하였다.

　〈장애인차별금지법〉은 헌법적 성격을 가질 정도로 매우 중요한 입법이었으나 특별법 형식으로 입법되니 학계에서 별로 주목받지 못했다. 이런 뼈아픈 과거 경험이 떠올라 나는 성년후견제도는 꼭 〈민법〉에 넣어 입법하고 싶었다. 마침 법무부도 〈민법〉 일부 개정 형식으로 제도 도입을 희망했기 때문에, 나는 특별법 입법형식은 꼭 피하고자 노력했다.

　다행히 기본법인 〈민법〉 속에 성년후견제도가 자리 잡자 예상했던 것 이상으로 큰 효과가 있었다. 로스쿨의 〈민법〉 주요 전공자들이 관심을 보이기 시작했고, 일군의 성년후견 전문 연구자 그룹이 형성되어 성년후견학회가 만들어졌다. 변호사시험 예상문제 영역으로 설정되면서 적어도 로스쿨 학생들에게 성년후견제도는 필수과목이 되기도 했다.

정부안과 나경원·박은수 의원안은 2010년 11월 12일 제294회 정기국회 법제사법위원회 법안심사 제1소위원회에 정식 상정되었다. 당시 법안심사 제1소위원회는 위원장 주성영, 노철래·박영선·박우순·박준선·이두아·이주영·이춘석 의원으로 구성되어 있었다. 국회 심의과정에서는 대통령 공약과 국정과제에 포함된 덕분인지, 큰 줄기에서 법무부 안을 큰 다툼 없이 수용했다.

법무부 안에서는 간과했던 지방자치단체장을 후견 청구권자로 해야 한다는 나의 주장이 수용되어 큰 보람을 느꼈다. 실제 시행과정에서도 지방자치단체장에 의해 공공후견이 많이 청구되었고, 지방자치단체가 후견제도 시행에 관심을 갖게 하는 연결고리 조항이 되어, 많은 지방자치의회에서 후견 조례가 제정되었다. 그리고 후견 유형에 관한 일원론과 다원론 논쟁에서 나는 장애인의 다양한 능력 차이를 섬세하게 보장할 수 있는 일원론을 주장했다.

아쉬운 점은 〈민법〉인 기본법에 성년후견제도가 담기자 새 제도의 홍보라든지, 제도 시행의 주무부서, 새로이 후견인으로 가능한 후견법인의 절차적 규정 등을 후속 법령으로 보완하는 것을 미룰 수밖에 없었던 점이다. 또 200여 개의 각종 법령에서 이미 사용하던 금치산·한정치산 용어 등 자격제한의 불합리성도 후속 법령 정비로 미루었다. 이 점은 국회 회의록에 분명하게 국회와 정부의 책무로 남겨 두었음에도 지금까지 풀지 못한 숙제로 미루어지고 있음은 크게 반성해야 할 것이다.

표 1-1 성년후견 관련 3법 주요사항 비교

구분	장애성년후견법안(나경원 의원안)	민법(정부안)	민법(박은수 의원안)
적용대상	• 장애로 판단능력이 불완전해 자기 사무의 전부 또는 일부를 처리할 수 없는 성년자인 장애인으로서 의학적 판단기준이 충족되고 법적 보호의 필요성이 인정된 자(안 제3조)	• 질병, 장애, 노령, 그 밖의 사유로 인한 정신적 제약으로 사무를 처리할 능력이 지속적으로 결여된 사람 (안 제9조)	• 정신적 장애 또는 신체적 장애로 인하여 자기 사무의 전부 또는 일부를 처리할 수 없는 성년자(안 제9조)
성년후견 방식	• 임의후견계약이 원칙 (안 제6조) • 임의후견계약을 체결할 수 없는 경우 법원이 성년후견인을 선정 (안 제8조)	• 금치산 · 한정치산제도를 폐지하고 가정법원이 이용자의 정신적 제약의 정도에 따라 후견인 조력을 받아야 하는 행위유형 등을 개별적으로 결정할 수 있도록 하여 성년후견 · 한정후견 · 특정후견제도 도입 (안 제9조, 제12조, 제14조의 2) • 병행적으로 공정증서에 의해 체결하는 후견계약 제도를 도입 (안 제959조의 14~제959조의 20)	• 금치산 · 한정치산제도를 성년후견제도로 변경하고 일원화(안 제9조) • 가정법원이 개별사건마다 후견 범위를 정함 • 공정증서에 의하여 체결하는 후견계약 제도 도입 (안 제929조의 2~제929조의 7)
성년후견 청구권자	• 본인의 배우자 또는 친족을 성년후견인으로 하려는 경우: 본인, 배우자, 4촌 이내 친족, 위의 후견인 상 후진감독인 후진법인 검사, 관할 지방자치단체장(안 제8조) • 배우자 또는 친족이 성년후견인으로 부적합하다고 판단하는 경우: 가정법원이 제3자를 직권으로 선임 (안 제6조)	• 기존 금치산 · 한정치산 선고의 청구권자에 '후견감독인'(신설) 추가: 본인, 배우자, 4촌 이내 친족 미성년후견인, 미성년 후견감독인, 한정(성년)후견인, 한정(성년)후견 감독인, 특정후견인 특정후견 감독인 또는 검사	• 본인, 배우자, 4촌 이내 친족, 후견인, 지방자치단체장, 사회시설장 • 가정법원의 직권으로 선정 (안 제9조)
한정후견	×	• 원칙적으로 행위능력을 보유하며, 예외적으로 후견인의 동의나 조력을 받는 한정후견제도 도입 (안 제12조, 제13조, 제14조, 제959조의 2~제959조의 7)	×
특정후견	×	• 일정 기간 또는 특정사무에 관하여 후원을 받을 수 있도록 특정후견제도 도입 (안 제14조의 2, 제959조의 8 ~제959조의13)	×

표 1-1 계속

구분	장애성년후견법안(나경원 의원안)	민법(정부안)	민법(박은수 의원안)
복수·법인 후견인 허용	• 복수의 성년후견인 간 직무범위 제한규정(안 제6조) • 후견법인의 자격을 규정 (안 제23조)	• 미성년후견인은 1명 • 성년후견인의 경우 복수·법인 후견인 허용(안 제930조)	• 임의후견인 및 성년후견인은 복수(안 제930조) • 가정법원이 후견인을 선임할 경우 법인후견인도 허용(안 제936조)
후견법인 자격 등 규정	• 후견법인의 자격 직무, 운영, 승인취소 등에 대하여 규정 (안 제23조~제26조) • 후견관청 설치	• 구체적 규정 없음	• 구체적 규정 없음
민법상 후견인 법정순위 폐지	• 다만, 장애성년후견법안에 따른 장애인에 대한 성년후견의 경우 가정법원이 직권으로 후견인 선정	○	○
후견감독 기관으로서 민법상 친족회 폐지	×	○	○
후견감독인 제도 창설	○	○	○
성년후견 공시	• 등기	• 성년후견·한정후견·특정후견의 경우 가족관계등록부에 등록됨을 전제로 개정안에는 규정을 두고 있지 않고 향후 가족관계등록 등에 관한 법률 개정 • 후견계약의 경우는 가족관계 등록부에 등록되어 가정법원이 임의후견감독인을 선임하여야 그 효력이 발생(안 제95조의 5 제1항, 제959조의4 제3항)	• 후견계약은 등기(록)하여야 함(안 제929조의 2)
제3자 보호	• 장애 성년후견은 등기하지 아니하면 제3자에게 대항하지 못함(안 제12조)	• 성년후견·한정후견·특정후견의 경우 제3자 보호규정을 두지 않아 피성년후견인 등이 보호받음 • 임의후견인의 대리권 소멸은 가족관계등록부에 등록하지 않으면 선의의 제3자에게 대항할 수 없음(안 제959조의19)	• 제3자 보호규정을 두지 않음
후견기간	• 5년 이내(안 제11조 제1항)	• 성년후견, 한정후견의 경우: 법률에 규정 없음 • 특정후견의 경우: 가정법원에서 정함	• 5년 이내 (안 제936조제7항)

2011년 2월 18일 제297회 국회 임시회 제1차 본회의에서 재석 221인 중 찬성 220인, 기권 1인으로 정부안과 박은수 의원안, 신학용 의원안을 통합하여 마련한 법제사법위원회 대안, 〈민법〉 일부 개정 법률안이 통과되었고, 2013년 7월 1일부터 시행되고 있다.

당시 법제사법위원회 심사보고서 비교표는 〈표 1-1〉과 같다.

2. 성년후견제도의 개요

1) 조력의사결정

2011년 3월에 개정되기 전의 〈민법〉은 성년자에 대한 후견으로 금치산제도와 한정치산제도를 두었다. 두 제도 모두 후견인이 피후견인의 법정대리인이 된다는 공통점이 있다. 이러한 획일적 대리의사결정 방식은 본인의 의사와 현존능력을 무시하는 것이라는 비판을 받았다.

장애인의 의사결정을 돕는 방식으로는 두 가지 방식이 있다. 첫째, 장애인 본인이 의사결정의 주체가 되고 후견인은 결정에 필요한 정보와 조언을 제공하는 데 그치는 이른바 '조력의사결정' 방식이다. 둘째, 피후견인인 장애인을 의사결정에서 배제하고 후견인 자신이 직접 의사결정을 하는 '대리의사결정' 방식이다. 개정 전의 〈민법〉은 두 번째 방식에 속하는 것으로 본인 의사를 무시하고, 현존능력을 존중하지 못한다는 이유로 장애인들로부터 비판을 받았다.

2011년 3월에 개정된 〈민법〉에서는 이러한 문제를 해결하기 위하여 후견의 유형과 내용을 다양화했다. 성년자에 대한 법정후견을 성년후견, 한정후견, 특정후견으로 세분화해서 피후견인인 장애인이나 치매노인 등이 이들 제도 중에서 본인의 현실에 맞는 제도를 선택해 이용할 수 있도록 한 것이다. 또한 본인이 계약을 통해 직접 후견을 설계할 수 있는 임의후견제도(후견계약)도 도입했다.

금치산·한정치산제도에서는 정신적 능력에 중대한 흠결이 있는 사람들만 후견을 이용할 수 있었던 것과 달리 개정된 〈민법〉에서는 후견의 유형과 내용이 다양화하면서 의사무능력에 가까운 사람부터 정신적 흠결이 거의 없는 사람까지 폭넓게 후견을 이용할 수 있게 되었다. 또한 성년후견을 제외한 나머지 후견제도, 즉 한정후견, 특정후견, 임의후견제도에서는 후견인에게 포괄적 법정대리권을 인정하는 것을 지양하고, 본인의 의사와 현존능력을 최대한 고려하여 필요한 범위에서만 대리권을 부여하도록 했다는 점에서 기존 제도에서 크게 발전했다고 할 수 있다.

2) 성년후견

〈개정민법〉상 성년후견은 정신적 제약으로 사무를 처리할 능력이 지속적으로 결여된 사람을 대상으로 한다.

피성년후견인은 사실상 혼자서 법률행위를 할 수 있는 경우가 드물기 때문에 효율적인 '후견서비스'를 위하여 금치산제도에서와 마찬가지로 성년후견인에게 법정대리인으로서의 지위를 인정한다.

하지만 피성년후견인이 일용품 구입과 같이 일상적 법률행위를 했을 경우에는 후견인이 법정대리인이라 할지라도 이러한 행위를 취소할 수 없도록 하는 한편, 가정법원이 본인의 의사와 현존능력을 고려하여 본인 혼자서 할 수 있는 법률행위의 영역을 정할 수 있게 했다는 점에서 기존의 금치산제도와 큰 차이가 있다.

또한 후견의 전문성과 공정성을 더욱 높이기 위하여 후견인을 복수로 선임하거나, 법인을 후견인으로 둘 수 있게 했다. 인권침해 논란을 많이 낳았던 기존의 친족회제도를 폐지하는 대신 후견감독인제도를 도입하여 운영의 투명성을 높이고 인권침해적 요소들을 최대한 없애고자 한 것도 새로운 〈민법〉의 특징이다.

3) 한정후견과 특정후견

개정 전 〈민법〉에서는 미성년자의 행위능력에 관한 규정을 한정치산자에게도 준용함으로써, 후견인의 동의 없이 행한 한정치산자의 법률행위를 취소할 수 있도록 하는 한편 후견인에게 일반적 대리권을 부여하고 있었다. 후견인으로부터 허락을 받은 경우 한정치산자의 행위능력을 확장할 수 있는 길을 열어 두었으나, 사실상 그 활용도가 높지 않았다.

이에 비해 〈개정민법〉에서는 한정후견과 특정후견이라는 제한적 법정후견 유형을 두었다. 한정후견은 정신적 제약으로 사무를 처리할 능력이 부족한 사람을 대상으로 하는 후견제도다.

한정후견은 이용 대상과 효과 측면에서 한정치산제도와 근본적 차이가 있다. 이 제도는 판단능력이 매우 부족한 사람뿐만 아니라 약간 부족한 사람도 이용할 수 있으며, 개별 사건마다 한정후견인의 동의권과 대리권 범위를 가정법원이 따로 정하도록 했다.

이러한 한정후견제도의 구조는 본인의 판단능력 정도에 따라 법원이 전면적으로 그 보호나 대리의 범위를 재량적으로 결정하도록 하는 일원적 후견의 정신을 반영한 것이다. 향후 한정후견이 법정후견제도의 중추적 역할을 하면서 법정후견제도가 가진 기존의 부정적 인식을 개선하는 데 크게 기여할 것이라는 기대를 모으고 있다.

특정후견은 정신장애인이나 치매노인과 같이 정신적 제약으로 일시적 후원이나 상속, 매매와 같은 특정사무에 대한 후원이 필요한 사람을 대상으로 한다.

후견 기간이 언제부터 언제까지라는 식으로 미리 정해져 있고 후견 대상과 후견 사무도 미리 정해져 있으며, 가정법원의 직접적 보호조치가 가능하다는 점에서 한정후견과는 많이 다르다. 특정후견은 일정 기간 동안 특정사무에 대해서만 후견이 이뤄지지만, 한정후견은 한정후견인을 통한 지속적 보호를 전제로 하기 때문이다.

〈민법〉개정을 담당한 법무부 관계자에 따르면, 이처럼 일시적 조력이나 법원의 직접 보호가 가능하도록 한 특정후견제도는 프랑스〈민법〉상 사법보우(司法保佑, *sauvegarde de justice*) 제도와 〈영국 정신능력법〉(MCA: Mental Capacity Act) 상 특정명령 제도 등에서 영감을 얻어 만든 독창적 제도라고 한다. 특정후견인은 조언 등을 통해 피후견인의 판단을 도울 뿐이므로 피특정후견인의 행위능력이 제한되지 않으며, 특정후견인이 대리권을 가지려면 별도의 심판을 거쳐야 한다.

이와 같이 한정치산과 한정후견 사이에는 본질적 차이가 있으며, 특정후견은 기존 〈민법〉에서 볼 수 없었던 전혀 새로운 후견 유형이다.

비록 보호의 대상이나 기간은 제한되어 있으나 행위능력을 제한하지 않고 손쉽게 이용할 수 있다는 장점이 있기 때문에 앞으로 특정후견의 활용도는 매우 클 것으로 기대하며, 실제 공공후견에서는 이 유형이 주로 이용된다.

4) 후견계약 (임의후견제도)

후견계약은 〈개정민법〉에서 새로 도입된 일종의 '임의후견' 제도로서 본인이 직접 후견인과 후견 내용을 정하는 후견제도의 한 유형이다. 개정 전 〈민법〉에서는 계약에 의한 임의후견이 없었으나, 〈개정민법〉에서는 누가 후견인이 되고 어떤 후견을 받을 것인지 본인이 직접 정할 수 있는 후견계약을 신설했다.

후견계약은 현재 판단능력이 부족한 사람뿐만 아니라, 치매노인과 같이 장래 판단능력 저하를 대비하는 사람까지 누구나 이용할 수 있기 때문에 원칙적으로 행위능력의 제한을 전제로 하지 않는다. 후견계약을 체결한 사람이 계약에서 상정한 정도로 정신능력이 저하되면, 가정법원에서 후견감독인을 선임한 때부터 후견계약이 발효되어 후견인이 활동할 수 있다. 요컨대 후견계약의 체결 단계에서는 위임계약과 큰 차이가 없으나, 위임인인 본인의 판단능력이 악화되면 수임인인 대리인의 공정한 직무수행을 담보할 수 없기 때문에 가정법원이 후견감독인을 선임해서 후견인을 관리·감독하는 것을 전제로 임의후견이 개시되도록 한 것이다.

임의후견은 행위능력을 제한하지 않으며 무엇보다 후견의 필요성 및 보충성 원칙에 가장 충실할 수 있는 미래지향적 보호 장치이다. 따라서 성년후견제도의 긍정적 이미지 제고와 발전 가능성 측면에서 가장 큰 기대를 모았다. 그러나 공증을 요건으로 한 탓인지 기대만큼 이용되지 않는다.

여기서 필요성의 원칙이란 피후견인이 필요할 때 후견이 실행되어야 한다는 원칙을 말한다. 즉, 피후견인의 필요 이상으로 후견인이 간섭하거나 피후견인이 아닌 가족 등 주변인의 필요에 의해 후견이 이용되어서는 안 된다는 원칙이다. 보충성의 원칙이란 어떠한 경우에도 본인이 주도적으로 의사결정을 할 수 있는 임의후견이나 위임을 우선 활용해야 하고, 그것으로 미흡해 추가적 보호 조치를 보충할 필요가 있을 경우에 비로소 법정후견을 발동할 수 있다는 원칙을 말한다.

5) 일원론과 다원론

성년후견제도를 구성함에는 이른바 일원적(一元的) 체제구성과 다원적(多元的) 체제구성의 두 가지 입법례가 있다. 일원적 체제란 후견 유형을 법에서는 나누지 않고 재판부가 사안별로 후견 내용을 정하는 방식이다. 반면 다원적 체제란 법에서 후견의 유형을 여러 가지 정해 두고 재판부는 이 중 하나를 선택하는 방식이다.

일원적 체제는 개별 사안에서 본인의 의사와 현존능력에 따라 맞춤형 후견이 가능하다는 장점이 있다. 무엇보다 판단능력 정도에 따라 등급을 매기지 않기 때문에 피후견인의 명예를 훼손할 염려가 적다. 장애인들은 장애 정도에 따라 등급을 매기는 정부 처사에 큰 저항감을 가졌다. 정확하지 않은 의료적 기준으로 미리 인간을 재단하기보다는 구체적 서비스의 내용과 질에 관심을 가지라는 것이다.

그러나 일원적 체제는 법원에 과중한 업무부담을 주므로, 법원의 전문인력 확충이 선행되어야 하는 난제를 안고 있다. 일원론이 이상적임에도 이번 〈민법〉 개정에서는 예산과 조직에 관한 문제는 가급적 배제하기로 했다. 법원의 예산과 조직 확대가 수반되는 일원론은 초기 입법단계에서는 무리였던 것이다. 전문인력이 부족한 상태에서 이상에 치우쳐 일원론을 채택한다면 오히려 이용자에게 시간적·경제적 부담만 주어 수요자로부터 새 제도가 외면당하는 위험도 고려하여 결국 다원론이 채택되었다.

그러나 후견제도에 대한 부정적 인식을 완화하는 데 일원론의 장점은 매우 매력적이기에, 〈민법〉을 개정함에 있어 일원론의 정신을 최대한 반영하도록 노력했다. 그 노력의 일환으로 한정후견이 가장 광범위한 적용 대상을 가지고 법정후견의 중심이 되도록 설계했다는 점을 기억해야 할 것이다.

한정후견의 이념과 적용 방식은 일원론적 태도와 거의 일치하기 때문에 결국 우리나라 법정후견은 큰 흐름에서 볼 때는 일원론에 가까운 입법이라는 평가도 가능하다.

구상엽 검사는 이러한 입법태도를 의복에 비유하여 설명한 바 있다. 한정후견이라는 맞춤옷을 중심으로 하되, 필요에 따라 덧입을 수 있는 성년후견과 모자나 장갑에 해당하는 특정후견까지 마련해 두었다는 설명이 그것이다.

3. 사단법인 온율의 기여

1) 율촌의 노력

2012년 5월 18대 국회의원 임기를 마치고 나는 법무법인 율촌에서 일하게 되었다. 법무법인 율촌은 1997년 출범한 이래 굴지의 선도 로펌으로 성장하면서, 구성원들에게 공익활동 참여를 적극 권유했다.

나는 율촌의 변호사들에게 막 입법된 성년후견제도에 대하여 설명해 주면서, 새 제도가 지적·정신적 장애인의 사회 참여를 도와주는 큰 공익성이 있음을 강조했다.

윤홍근 변호사를 중심으로 율촌 사내에 '성년후견연구회'를 만들고, 후견제도 발전을 위한 연구·세미나·성년후견학회 참여, 후견인 교육, 성년후견 관련 기관에 대한 법률자문, 상담 등의 사업을 시작했다.

2) 사단법인 온율

내가 율촌의 공익활동 전반을 기획하고 실천하는 일에 참여하면서, 2014년 3월 3일 공익전담 법인 온율이 출범했다. 새 조직의 법인 형태를 〈민법〉상 사단법인으로 결정하고, 사내 공모로 '온율'이라고 이름을 정했다. 온율은 '따뜻한 율촌', '따뜻한 법'이라는 율촌 공익활동의 지향점이 잘 담겨 있어 율촌 구성원의 압도적 지지를 받아 결정되었다. 향후 공익법인의 개방성과 민주성을 더 잘 담보한다는 의미에서 재단법인보다 사단법인 형식을 선택했다. 온율의 정관 사업 중 하나로 후견제도의 홍보와 발전을 위한 연구 조항을 넣었다.

2014년 7월 1일은 성년후견제도가 시행된 지 1년이 되는 날이었다. 시행 1년을 맞이하여 입법 취지가 실무에서 제대로 반영되는지, 더 보완하고 준비할 점은 없는지 검토하고, 국회에서 해야 할 추가 입법과제와 행정부의 정책집행 의지를 점검하기 위해 "성년후견제 시행상의 제 문제"라는 주제로 제1회 온율 성년후견 세미나를 개최했다. 국회의원회관 제2세미나실에서 당시 김정록·최동익 의원과 공동 주최로 준비했다.

이후 신격호 사건 등 이해관계가 치열하게 대립하고, 재산 규모가 크고 복잡한 후견 사건에 대하여 서울가정법원은 법인을 후견인으로 선임해야 할 필요성을 절감하면서, 후견법인 적격 후보 명부를 작성했다. 이에 따라, 사단법인 온율이 실제 현장에서 법인후견인으로서 실무를 경험할 수 있게 되었다.

한편 2010년 일본 요코하마에서 제1회 세계성년후견대회가 개최되었고, 2012년 호주 멜버른에서 2회 대회, 2014년 미국 워싱턴에서 3회 대회, 2016년 독일 베를린에서 4회 대회가 개최되었다. 나는 독일 대회에 참가하여 제철웅·박인환 교수 등 성년후견학회 멤버들의 국제적 활동과 높은 국제적 위상을 지켜보며 감동을 받았다. 이 대회에서 2018년 차기 세계성년후견대회 개최국으로 한국이 지명되었다.

UN 장애인권리협약의 법적 이행과 세계후견 네트워킹과 정보교류를 위하여 국제후견 네트워크(International Guardianship Network)가 설립되어 활동 중이었다. 정치·종교·인종적 이념으로부터 독립적인 비영리·비정부 기구이다.

4. 한국후견협회의 설립

1) 설립 과정

2018년 서울에서 개최하는 세계성년후견대회를 준비하기 위해 국내에서 후견과 관련한 활동하는 분들의 조직체 설립이 큰 과제로 떠올랐다. 참으로 소중하게도 당시 사단법인 온율의 이사장으로 재직 중이던 소순무 변호사님이 협회장직을 수락해 주어 2017년 4월 15일 창립총회를 열 수 있었다.

한국성년후견학회 제철웅·박인환 두 전현직 회장님, 사회복지법인 성민의 유수진 상임이사님, 사단법인 성년후견지원본부 엄덕수 이사장님, 송인규·송명숙 변호사님, 한국장애인부모회 김병학 수석부회장님, 이용표 교수님, 한국세무사회 성년후견지원센터 정병용 세무사님 등이 부회장 등 임원으로 참여해 주었다.

사단법인 한국후견협회의 정관은 다음과 같다.

법인은 치매, 고령, 발달장애, 정신장애, 뇌병변장애, 뇌사고, 기타 사유 등으로 의사결정능력에 장애가 있는 성인의 인권보호와 권익신장을 위하여 지속적 대리권, 사전의료지시서, 사전요양지시서, 임의후견, 법정후견 등 이들에게 필요한 적절한 의사결정지원수단이 제공될 수 있기 위한 제도 연구, 현행 임의후견, 법정후견 기타 의사결정대행제도의 개선, 가족후견인 및 전문후견인 등의 경험교류와 역량배양, 그리고 개별 후견인, 의사결정지원자 또는 후견법인으로는 수행하기 어려운 의사결정지원수단 활용에 관련된 업무의 수행 등을 그 목적으로 한다.

다음은 설립취지문이다.

사단법인 한국후견협회는 전문후견인, 교수, 실무자, 후견관련 기관 및 단체를 그 회원으로 하여 후견제도의 올바른 정착 및 활성화를 목적으로 설립된 민간기관입니다.

우리나라는 치매환자, 고령자, 발달장애인, 정신장애인, 뇌병변장애인, 뇌사고자 등 의사결정능력에 장애가 있는 성인의 인권보호와 권익신장을 위해 2013년 7월부터 종전의 행위무능력자제도를 폐지하고, 의사결정지원 및 의사결정대행제도인 후견제도를 도입하였습니다.

그러나 후견제도는 당초 예상보다 이용률이 저조하고, 기존의 행위무능력자제도로서의 한계를 지니는 성년후견 유형이 주로 이용되는 등 의사결정능력 장애인의 인권보호 목적에 맞지 않게 운용되는 것으로 평가받습니다.

또한, 후견인들(전문후견인, 친족후견인, 공공후견인)과 후견관련 종사자들(사회복지사, 학계, 정부, 법원 등) 사이에 상시적으로 공유할 수 있는 창구가 없어 후견제도 운용의 문제점들이 개선되지 못하고 있으며, 서울·수도권지역, 광역시, 기타 지역 사이에서 각 출신배경에 따라 후견인의 후견제도에 대한 이해의 격차가 심하다는 문제 역시 후견제도의 정착의 걸림돌로 지적되고 있습니다.

한국후견협회는 후견제도를 운용하는 데 발생하는 이러한 문제점들을 개선하고 후견제도가 올바르게 정착할 수 있도록 기여하고자 합니다. 후견제도의 설계와 개선, 운영에 관여하는 여러 관계자 및 실제 후견을 수행하고 있는 후견인들을 회원으로 하여, 후견인들의 경험과 문제점들을 공유할 수 있는 장을 만들 뿐만 아니라 일반시민들을 대상으로 후견제도의 이해를 높이고 후견제도의 이용을 촉진하는 후견제도의 홍보사업을 수행할 것입니다.

또한 후견활동이 의사결정능력 장애인의 인권보호에 기여할 수 있도록 연구 및 감독활동을 수행하여 후견제도가 악용되지 않고 발전된 방향으로 나아갈 수 있도록 하겠습니다.

2) 한독 성년후견 전문가 대회

설립을 준비하면서 사단법인 온율과 한국성년후견학회는 2017년 3월 27일 제4회 세계성년후견대회를 성공적으로 치른 경험을 가진 독일의 성년후견 전문가들을 초청하여 한독 성년후견 전문가 대회를 열면서 세계대회 노하우를 익혔다.

괴팅겐대학의 폴커 립(Volker Lipp) 교수와 하노버 후견법원의 아네테 로어(Annette Loer) 판사, 슈투트가르트 성년후견청의 클로스 골츠(Klaus Gölz) 책임자, 에센 성년후견법인의 칼 하인즈 찬더(Karl Heinz Zander) 책임자가 고맙게도 초청에 응해 주었다. 나는 이분들이 얼마나 정성껏 원고를 준비했는지, 대회 자료집을 만들면서 크게 감동받았고, 많은 것을 배웠던 기억이 있다.

립 교수는 독일도 UN 장애인권리협약 비준국가로서 2015년 UN 장애인권리협약 전문위원회로부터 대체의사결정제도를 지원의사결정제도로 바꾸라는 권고를 받았다고 밝혀 놀랐던 적이 있다.

더 놀랐던 것은 로어 판사가 소개한 하노버 후견법원 판사들의 일하는 모습이었다. 하노버 지방법원은 약 55만 명의 시민이 거주하는 하노버시의 법원으로 판사 수가 100명 정도이다. 그 지방법원은 민사, 형사, 가정, 상속, 도산 법원과 함께 후견법원을 거느린다. 이 후견법원에 판사 17명, 사법보좌관 11명, 일반직원 14명, 경찰 2명이 소속되어 있다.

그런데 성년후견 심리 과정에서 전문가 감정이 이루어질 경우 감정인이 피후견인의 가정을 방문하여 감정한다는 것이다. 판사도 피후견인 심문의 경우 법정에서 실시하는 것이 아니라 해당자의 통상적 환경에서 그가 신뢰하는 사람의 참관하에 이루어진다고 했다. 이들이 얼마나 인권의식으로 무장했는지 느낄 수 있었다. 로어 판사는 담당사건의 피후견인 사진을 자기 사무실에 붙여 두고 일한다고 했다.

독일이 왜 선진국인지 구석구석 이해할 수 있는 소중한 기회였다. 제5회 세계대회를 준비하는 우리의 자세도 가다듬을 수 있었다. 이렇게 세심하게 일하면서도 그들은 UN 장애인권리협약 기준을 충족하지 못하여 부끄럽다고 했다.

독일이 2014년부터 〈성년후견법〉의 현대화 작업을 시작하여 2021년 5월 4일에 협약 제12조 기준에 상응하도록 〈성년후견법〉을 대폭 개정한 사실도 우리는 꼭 참고하여야 할 것이다. 2

---

2 상세한 내용은 〈후견〉 창간호(2022. 3)에 수록된 안경희 국민대 교수의 "2021년 〈개정 독일 성년후견법〉의 주요 내용"을 참고하길 바란다.

5. 제5회 세계성년후견대회

1) 세계대회 연혁

한국후견협회는 2017년 5월 29일 법무부로부터 사단법인 설립 인가를 받아 후견전문강사 양성 교육, 치매공공후견서비스 제공을 위한 매뉴얼 개발, 치매공공후견인 교육 등의 사업을 펼치면서 세계대회 준비를 철저히 진행했다.

우선 대법원과 법무부로부터 제5회 세계성년후견대회 공동주최 승낙을 받고 함께 조직위원회를 구성하는 작업을 하였다. 그리고 5회 대회 주제를 "의사결정능력 장애인의 사회통합"으로 정하고, 홈페이지 (www.koreanguardianship.or.kr)를 개설하여 발제자와 대회참가 신청자 접수를 받았다.

세계성년후견대회는 6대주 모든 지역에서 순차적으로 개최하고자 2010년 일본을 시작으로 호주, 미국, 독일, 한국, 스코틀랜드, 아르헨티나 순으로 개최하고 있다. 다만 2020년 아르헨티나 대회는 전 세계를 덮친 코로나19로 개최되지 못했다가, 2024년에 부에노스아이레스에서 세계대회를 가지기로 했다.

제5회 세계성년후견대회까지 개최국 및 주제를 정리하면 〈표 1-2〉와 같다.

표 1-2 세계성년후견대회 개최국 및 주제

구분	개최일	개최국(도시)	주제
1회	2010년 10월 1일 ~2010년 10월 4일	일본(요코하마)	치매·발달장애·정신장애인의 보호원칙
2회	2012년 10월 15일 ~2012년 10월 17일	호주(멜버른)	UN 장애인권리협약 준수
3회	2014년 5월 28일 ~2014년 5월 30일	미국(워싱턴)	성년후견제도 실무
4회	2016년 9월 14일 ~2016년 9월 17일	독일(베를린)	성년후견 관련 법률 개정
5회	2018년 10월 22일 ~2018년 10월 25일	한국(서울)	의사결정장애인의 사회통합

표 1-3 주요 참석자 및 기조연설자 현황

성명	소속 및 직책	발제 주제
김소영	대법원 대법관	-
조흥식	한국보건사회연구원 원장	한국의 성년후견법과 자기결정권
케이트 스웨퍼 (Kate Swaffer)	국제치매연대 위원장	세계적인 도전과 과제: 인지장애와 인권
아드리안 워드 (Adrian D. Ward)	유럽평의회 위원	의무능력을 대비한 계획 수립의 지원 UN 장애인권리협약-UN CRPD
앨런 에클스 (Alan Eccles)	영국 공공후견청장	잉글랜드와 웨일즈의 공공후견청: 10년의 이슈, 성과, 도전
레지나 장이린 (Regina Chang Yee Lin)	싱가포르 공공후견청장	의사결정능력 장애인을 위한 보호와 지원: 싱가포르 스토리
말콤 쉬벤스 (Malcolm Schyvens)	호주 민사행정법원 부원장	UN 장애인권리협약에 대한 호주 후견법과 제도의 대응

2) 대회 진행

드디어 2018년 10월 23일 오전 9시 30분에 서울 용산구에 위치한 드래곤 시티 컨벤션센터에서 제5회 세계성년후견대회(The 5th World Congress on Adult Guardianship)가 개회선언과 함께 시작되어 26일까지 이어졌다.

30여 개국에서 500명 이상이 참석하여 무려 118개의 귀중한 자료가 발표되었다. 첫날 개회식에서는 소순무 대회 조직위원장의 개회사를 했고, 요헨 엑슬러 코니히(Jochen Exler König) IGN(International Guardianship Network) 회장과 안철상 법원행정처장, 박상기 법무부 장관이 환영사를 했다. 이어 이주영 국회부의장, 권덕철 보건복지부 차관, 박원순 서울시장이 축사를 했다. 이날 오후부터 25일 오전까지 4개의 공통 세션과 24개의 세부 세션에서 세계 19개국의 엄청난 양의 후견 실황이 다양한 주제하에 발표되고 토론이 이어졌다.

10월 22일 저녁에는 한강 세빛섬에서 법무법인 율촌, 사단법인 온율 주최로 전야제가 벌어졌다. 5성급 호텔과 컨벤션센터에서 대회가 진행되고, 매끼니 식사가 최고의 수준과 정성으로 제공되었으며, 서울시의 전폭적 협조로 서울 관광 프로그램까지 제공되었다. 대회 참석자는 이 구동성으로 역대 최고 대회라고 칭찬을 아끼지 않았다.

일본의 아라이 마코토 교수가 편집 책임을 맡은 일본 성년후견 잡지는 2회에 걸쳐 서울대회 특집 연재를 통해, 모든 발표 논문의 주요 내용을 소개했다. 아라이 마코토 교수는 특집 연재 마무리 글에서, 한국후견협회가 대회 준비에 완벽을 기했으며, 한국인들의 친절함과 한국 현대기술이 집약된 대회장의 대형 액정패널에 대한 깊은 인상을 피력했다.

표 1-4 제5회 세계성년후견대회 세부 일정

10월 23일(화), 1일차 세부 프로그램		
-	내용	
8:00~9:30	등록	
9:30~10:30	개회식	
	개회사	소순무(제5회 세계성년후견대회 조직위원장)
	환영사	• 요헨 엑슬러 코니히(국제후견 네트워크 위원장) • 안철상(법원행정처장) • 박상기(법무부 장관)
	축사	• 이주영(국회부의장) • 권덕철(보건복지부 차관) • 박원순(서울시장)
10:30~10:50	기조연설	
	김소영 대법관 (대법원)	
10:50~11:10	휴식	
11:10~12:30	세션 1	
	• 시민·공공후견의 모범실무 • 다양한 후견제도 • 노인의 경제적 착취 • 전문가후견의 모범 실무 • 한국어 세션: 대한민국 후견재판, 감독, 사무 현황과 과제	
12:30~14:00	오찬	
14:00~15:40	세션 2	
	• 장애인권리협약과 후견제도 • 노인학대 예방 • 의사결정능력의 평가 • 한국어 세션: 한국 성년후견제도상의 쟁점	
16:10~18:00	공통세션 I: 치매환자를 위한 지원	
	• 로라 탬블린 와츠(Laura Tamblyn Watts) • 김기웅 (중앙치매센터 센터장, 한국) • 김정희 (보건복지부 치매정책과 사무관, 한국) • 케이트 스웨퍼 (국제치매연대 위원장, 한국) 세계적인 도전과제: 인지 장애와 인권 • EDITH+EDDIE 영화 상영 • 로라 탬블린 와츠, 케이트 스웨퍼, 로라 체코웨이(Laura Checkoway)	
18:10~20:00	환영만찬	

표 1-4 계속

10월 24일(수), 2일차 세부 프로그램	
-	내용
	공통세션Ⅱ: 공동체 안에서 자립과 의사결정지원

9:00~11:00	• 제철웅(한양대 교수, 한국)
	• 조흥식(보건사회연구원 원장, 한국)
	  한국성년후견제도와 자기결정권
	• 구상엽(서울중앙지방검찰청 부장검사)
	• 아드리안 워드(유럽평의회)
	  의사무능력을 대비한 계획 수립의 지원
	• 앨런 에클스(영국 공공후견청장)
	  잉글랜드와 웨일즈의 공공후견청: 10년의 이슈, 성과, 도전
	  레지나 장이린(싱가포르 공공후견청장)
	  의사결정능력 장애인을 위한 보호와 지원: 싱가포르 스토리

11:00~11:20	휴식
	세션 3
11:20~12:50	• 후견대체제도 SNT(특별수요신탁) • 법원실무 A • 의사결정지원제도의 새로운 흐름 • 심리사회적 장애인의 사회통합 A • 한국어 세션: 후견과 신탁
12:50~14:20	오찬
	세션 4
14:20~16:00	• 후견인에 대한 지원과 감독 • 법원실무 B • 의사결정지원제도의 모범실무 • 후견대체제도 지속적 대리권 • 한국어 세션: 치매국가책임제와 후견
16:00~16:30	휴식
16:30~18:00	공통 세션Ⅲ: 의사결정능력 장애인의 희망과 후견: 법원의 역할

16:30~18:00	• 다니엘 고(Daniel Koh)
	• 임윤택(전주 피플트러스트 대표)
	  내가 꿈꾸는 삶
	• 이정하(정신장애와 인권 '파도손' 대표)
	  한국의 사회심리적 장애인이 원하는 것
	• 말콤 쉬벤스(민사행정법원 부원장, 호주)
	  UN 장애인권리협약에 대한 호주 후견법과 제도의 대응
	• 다니엘 고, 말콤 쉬벤스, 톰 콜맨

18:00~20:30	갈라 디너

표 1-4 계속

10월 25일(목), 3일차 세부 프로그램	
-	내용
	세션 5
9:00~10:30	• 보호와 자율 • 발달장애인의 자립생활 • 의사능력 • 정신장애 B • 한국어 세션: 발달장애인 후견의 현황과 과제
10:30~10:50	휴식
	공통 세션 IV: CRPD가 요구하는 의사결정지원제도란 무엇인가?
10:50~12:30	• 제철웅(한양대 교수, 한국) • 테레지아 디게너 (UN장애인권리위원회 위원장, 영상발표) • 티나 민코위츠 (정신과 치료자들을 위한 인권단체 CHRUSP 대표, 미국) 　UN 장애인권리협약 제12조의 법적 능력에 관한 평등 패러다임 • 아드리안 워드 (유럽평의회 위원, 영국) 　UN 장애인권리협약-UN CRPD • 제철웅, 아드리안 워드, 티나 민코위츠, 폴커 립, 마코토 아라이, 　아니타 스미스, 얀 킬린
12:30~14:00	오찬
	폐회식
14:00~15:30	• '서울 선언' 선포 • IAB 발족식 • 차기 개최지 선포

다만 성년후견법세계대회로 출발했는데 어느 순간 법이 빠지고 성년 후견대회로 진행되는 것은 재검토가 필요하다고 지적했다. 서울 대회를 마치면서 앞으로 세계대회 운영을 주관할 IAB(International Advisory Board)가 발족한 것도 의의가 있다고 평가했다.

3) '서울 선언'

2018년 10월 25일 대회 폐회식에서는 UN 장애인권리협약의 원칙에 기초를 두고, 2016년 독일 베를린에서 수정한 바 있는 요코하마 선언을 지지하면서 한국에 의사결정지원체계 도입을 가속화하는 노력을 촉구하는 '서울 선언'을 선포했다.

'서울 선언'은 의사결정지원이 필요한 모든 성인이 자신의 의견을 존중받으며 사회구성원으로 살아가는 데 있어, 이를 제약하는 법령들을 개정하고, 사회적 지원체계 구축을 촉구하는 내용을 담고 있다. 또한 현재 시행 중인 성년후견제도에서 후견인이 피후견인 개인의 선호에 앞선 결정을 하지 않도록 후견인과 피후견인을 지원하고, 의사결정지원이 필요한 모든 성인은 자기결정권에 기반하여 후견제도를 이용할 수 있도록 후견서비스가 제공되어야 한다는 내용도 포함했다.

이를 위해 공공후견서비스 개시, 후견인 지원, 후견인 자격관리, 감독 등을 담당하는 후견지원 독립기구를 설치해야 한다고 촉구했다.

'서울 선언' 전문

우리, 한국 서울 용산구에서 2018년 10월 23일부터 25일까지 개최된 제5회 세계성년후견대회에 참여한 한국 참가자들은 UN 인권표준, 특히 UN CRPD도 인지장애가 있는 사람에게 어떠한 제한 없이 즉시 적용되어야 한다는 것을 인정한다. 2016년 독일 베를린에서 수정된 요코하마 선언을 지지하며, 그것은 UN CRPD의 원칙에 기초한다. 대한민국에서의 의사결정지원 체계의 도입과 설립을 가속화하기 위해 노력할 것을 다음과 같이 약속한다.

선언은 다음과 같다.

의사결정지원과 관련된 현재 과제

1. 우리는 결정을 내릴 능력이 없는 성인들이 인간의 존엄성을 실현하는 데 필수적인 것은 차별 없이 삶의 모든 영역에서 자기결정권을 누리는 것임을 재확인한다. 의사결정을 할 수 없는 상황에서조차 완전한 자기결정권 보장을 위해서, 변호사, 개정된 의료지침, 노인 및 장애인을 위한 신탁서비스 등 미래의 의사결정지원을 계획하는 법적 계획을 의사결정지원이 필요한 사람들을 포함한 모든 성인에게 도입해야 한다.

2. 정부는 후견인이나 심리사회적 장애가 있다는 이유로 어떤 권리, 사회적 활동을 박탈하거나 제한하는 차별적 실격 조항을 폐지하는 법을 제정하기 위해 노력해야 한다.

3. 의사결정지원 시스템은 사용 여부나, 가족구성원이 그들을 돌보는지 여부와 관계없이 의사결정지원이 필요한 모든 사람에게 도입되어야 한다. 그들이 대리인, 후견인, 옹호자 또는 무엇과도 상관없이 인지장애가 있는 사람들이 의사결정을 할 수 없는 상황에서도 그들의 의사결정 활동을 대체하는 것이 아니라 인지장애가 있는 사람들이 그들 스스로 결정을 내릴 수 있도록 의사결정지원자는 지원해야 한다.

4. 지명된 대리인, 후견인, 옹호자 또는 누구든지 간에 인지장애가 있는 사람의 의사결정지원자는 그들의 의무를 효과적인 방식으로 수행할 수 있는 사회적 환경을 조성하기 위해 시민교육을 포함한 관련 법률 및 사회시스템을 재구성해야 한다.

성년후견시스템에 대한 현재 과제

가정법원, 보건복지부에서 지정된 공공후견인 그리고 전문가후견인이 5년 이상 새로운 성년후견제도가 의사결정지원체계에서 그들의 실천을 발전시킨 것에 대해 높이 평가하지만, 그럼에도 불구하고 성년후견제도가 의사결정지원 시스템에 부합하기 위해 현재의 후견체계와 관련된 법체계에 대한 포괄적 점검을 촉구한다. 현재 성년후견제도의 개혁을 위해 다음과 같은 사항을 고려해야 한다.

1. 후견인에게 부여된 법적 대리권 및 권위가 피후견인의 자기결정권 침해 가능성을 고려하여 후견제도는 후견인의 권력과 권위가 피후견인의 자기결정권을 침해하지 않도록 필요한 범위까지 최소한의 제한적인 방법으로 마지막 수단으로 개시되어야 한다.

   또한, 후견개시가 되었더라도, 피후견인의 의지나 선호가 자신에게 중요한 영향을 미치거나 극단적 결과를 초래하지 않는 한 후견인은 피후견인의 의지와 선호를 법적으로 입증해야 할 책임이 부과된다. 이 경우, 후견인의 개입은 피후견인의 안녕을 위해 정당화될 수 있어야 한다.

2. 현재 공공후견서비스는 후견서비스를 이용하기 어려운 발달장애, 정신장애 또는 치매 걸린 사람에게 제공되어야 하며, 또한 장애나 질병의 종류에 상관없이 개인이 위험이나 문제상황에 있는 모든 성인에게 제공되어야 한다.

3. 후견인을 위한 지원 및 후견인의 원활한 의사결정지원 의무를 수행할 수 있도록 사회환경 개선의 역할을 할 수 있는 독립적 후견지원조직체계를 구축해야 한다. 후견지원조직체계는

   가. 치매, 발달장애, 정신장애 및 기타 장애와 관련한 전문가와 의사결정지원 시스템에 대한 전문지식을 갖춘 변호사로 구성된다.

나. 공공후견서비스 개시, 지원 및 감독 그리고 후견인 자격관리를 담
　　　　당한다.

　　다. 판례와 관련된 모든 문제에 있어 법정 앞에서 독립적인 법적 지위
　　　　를 가질 자격이 있다.

4. 우리 정부는 후견인이 자발적이고 창의적으로 의사결정과정을 지
　　원하고, 이를 위해 민간부문 활동을 지원하고, 그러한 민간부문
　　이 후견제도에 대한 국가정책 수립에 참여할 수 있도록 해야 한
　　다. 우리는 한국 정부가 우리의 권고안을 입법하기 위한 보건복지
　　부 등 범정부 차원의 TF 기구를 만들 것을 촉구한다.

제5회 세계성년후견대회를 모두 마치고, 이어서 한양대에서는 "동아
시아 각국의 성년후견제도의 과제"라는 주제로 워크숍이 열렸다. 여기
서는 일본 성년후견이용 촉진정책의 최신 동향, 일본 전문직 성년후견
인의 활동 동향, 일본 NPO 법인의 의사결정지원 현상, 일본 결격조항
폐지에 관한 최근 움직임 같은 수준 높은 발제와 토론이 이어졌다. 일
본에서만 60명 이상의 전문가들이 참석하여, 진지하게 토론했다.

한편 미국 미주리대학의 데이비드 잉글리시(David English) 교수의
특별수요신탁(*Special Needs Trust*)에 대한 기조강연도 관심을 끌었다.

6. 의사결정지원 기본법 제정 운동

1) 세미나 개최

한국후견협회는 '서울 선언'의 실천 노력의 일환으로 〈의사결정지원 기본법〉 제정 운동에 나섰다.

2019년 3월 13일 국회의원회관 제2세미나실에서 원혜영·정갑윤·김상희·이춘석 의원실과 함께 "치매고령자 등을 위한 의사결정지원 기본법 제정"을 주제로 세미나를 개최했다. 이때 나는 발제자로 나서서 한국 고령사회 문제의 심각성을 통계수치로 고발한 바가 있다.

통계청이 2018년 12월 13일에 발표한 〈한국의 사회동향 2018〉에 따르면, 당시 고령자 대상 조사에서 고령자의 57.6%는 향후 자신의 거동이 불편해지더라도 재가서비스를 받으며 집에 머무르기를 희망한다고 답했다. 한편 1955~1963년에 출생한 자녀들은 49.2%가 부모를 요양시설에, 22.2%가 요양병원에 모시기를 희망한다고 답했다.

부모의 판단능력이 부족해졌을 때, 자녀들이 부모의 희망대로 모실 것을 기대하기는 매우 어렵고, 대부분은 요양시설이나 요양병원에서 생을 마감할 가능성이 높다는 사실이 밝혀진 것이다. 실제로 2017년 통계에서도 2017년 전체 사망자 28만 5천 명 가운데 3분의 1에 가까운 9만 7,985명이 요양시설과 요양병원에서 사망한 것으로 드러났다.

이렇게 판단능력이 부족해짐에 따라 스스로를 돌볼 수 없다는 이유로 본인의 희망과 무관하게 여생을 보내는 것은 고령자만의 문제가 아니다. 30만 명에 이르는 발달장애인, 그 숫자조차 제대로 파악하지 못한 정신장애인 역시 그들의 욕구와 희망, 의사는 존중받지 못한 채 사회에 통합되지 못한 삶을 살고 있다.

바로 이 점을 직시하여 제5회 세계성년후견대회에 모인 전 세계 각국의 전문가들은 한국 정부에 대하여 후견제도를 비롯한 의사결정지원제도가 올바르게 이용될 수 있도록 범정부적 입법추진기구를 조속히 만들라고 '서울 선언'을 채택하였던 것이다.

한국은 질병, 장애, 고령 등으로 의사결정에 어려움을 겪는 사람의 법적 보호에 대하여 그들의 법적 능력을 일률적으로 배제함으로써 본인의 재산과 거래의 안전보호가 주목적인 행위무능력제도를 운영하고 있었다.

나아가 배제를 통한 보호에서 자기결정권 존중과 의사결정지원을 통한 보호로 의사결정능력 부족 성인의 법적 보호에 대한 국제적 기준이 변화함에 따라 한국도 기존 행위무능력제도에 머무를 수 없게 되었다.

이에 한국은 2013년 7월 1일부터 행위무능력제도를 폐지하고, 의사결정지원제도로서 후견제도를 도입하는 것을 내용으로 하는 〈개정민법〉을 시행하기에 이르렀다. 기존 제도의 반성 아래 도입된 성년후견제도는 본인의 자기결정권 존중, 후견의 보충성 등 의사결정지원제도의 이념을 선언했다.

그러나 기대와 달리 성년후견제도 이용자는 매우 저조했다. 일본의 사정도 비슷하다.

2) 일본의 〈성년후견제도 이용촉진법〉

일본은 2016년 5월 13일 〈성년후견제도 이용촉진법〉(약칭)을 시행하고, 총리를 의장으로 하는 '성년후견제도 이용촉진 회의'를 구성했다. 2017년 3월 24일에는 '성년후견제도 이용촉진 기본계획'을 발표했다. 이 계획은 ① 이용자가 혜택을 실감할 수 있는 제도 운영의 개선, ② 권리옹호지원의 지역협력 네트워크 구축, ③ 부정방지의 철저 등이 골자이다.

3) 기본법의 필요성

현재와 같이 〈민법〉에 성년후견제도가 규정되어 있고, 〈치매관리법〉, 〈발달장애인법〉 등에 성년후견제도 이용 규정이 삽입된 것만으로는 의사결정능력 부족 성인이 성년후견제도를 제대로 이용하도록 하는 데 한계가 있다.

이 정도 수준에서는 성년후견제도에 우리 사회의 목표와 철학이 담길 수 없고, 각기 제도 이용이 필요할 때마다 관련 규정만 하나씩 추가하는 땜질식 운용이 불가피하기 때문이다. 더욱이 땜질식 운영으로는 전 세계 유례없는 속도인 우리 사회의 고령화에 대응할 수 없고, 정작 문제가 발생했을 때 대응책을 고심하면 사후약방문(死後藥方文) 조차 불가능할 것이다.

그러므로 더 늦기 전에 성년후견제도가 의사결정지원제도로서 우리 사회에 정착하여 올바르게 이용될 수 있도록 법원·정부·민간이 지혜를 모아 기본계획을 수립하기 시작해야 한다.

이 계획에는 국가와 지방자치단체가 의사결정능력 부족 성인이 사회 통합적으로 존엄성을 유지하며 살아갈 수 있는 제도를 마련하는 방안, 성년후견제도를 비롯한 의사결정지원제도 활성화 방안, 범정부적 협조 체계 구축 방안, 후견개시 이유로 부당하게 차별받거나 권리가 제한되는 제도의 정비, 후견과 양립할 수 있는 다른 의사결정지원제도 연구, 취약계층을 위한 공공후견제도 활성화 방안 등이 포함되어야 한다. 나아가 기본계획이 수립되면, 이를 단기계획, 중기계획, 장기계획으로 나누어 각 계획마다 로드맵을 설정하고, 그에 따른 세부시행계획까지 마련해야 할 것이다.

이런 노력은 어느 한 부처에만 책임을 맡겨서는 안 된다. 후견제도와 관련 있는 모든 부처가 함께 모여 범정부적으로 지혜를 모아야 한다. 이 논의에 참여할 주체를 생각해 보면, 정부에서는 성년후견제도를 담당할 법무부, 의사결정능력 부족 성인들을 위한 공공후견제도를 담당할 복지부, 지방자치단체의 역할을 지원할 행정안전부, 관련 예산을 산정하고 지원할 기획재정부 등이 있다. 민간에서는 후견제도를 구성하는 법률, 사회복지 전문가들로 구성된 법정단체인 한국사회복지사협회, 대한변호사협회, 그 밖에 후견제도 및 의사결정지원제도에 대한 전문성을 보유한 사람들이다.

4) 법률안의 내용

이와 같은 문제의식 아래 〈치매고령자 등을 위한 의사결정지원 기본법〉은 크게 ① 의사결정지원제도 정착 및 이용 활성화를 위한 국가와 지방자치단체의 책무, ② 후견 등 의사결정지원 종합계획 수립, ③ 이를 위한 후견 등 의사결정지원제도 이용확산 위원회 설치, ④ 종합계획 및 시행계획에 따른 의사결정지원제도, 공공후견 활성화 지원을 위한 중앙과 광역지방자치단체 공공후견 의사결정지원센터 설치로 구성되어 있다.

종합계획에는 후견·그 밖의 의사결정지원제도 이용 활성화를 위한 기본 시책과 이를 위한 정부부처, 대법원, 지방자치단체, 민간영역의 긴밀한 협조를 확보하기 위한 방안, 후견·그 밖의 의사결정제도 연구 및 개발, 후견개시 이유로 부당하게 차별받거나 권리가 제한되는 제도의 정비가 포함되도록 정했다.

위원회는 종합계획을 수립하고, 중요한 사항을 심의하기 위해 국무총리를 위원장으로, 법무부 장관, 보건복지부 장관, 행정안전부 장관, 기획재정부 장관, 법원행정처장, 대한 변호사협회장, 한국사회복지사협회장을 당연직 위원으로 구성했다.

공공후견 의사결정지원센터는 후견·그 밖의 의사결정지원제도, 공공후견 활성화 및 위원회 사무 및 운영의 효율적 지원을 목적으로 하고, 성년후견제도 주무부처는 우선 법무부로 정하였으나 보건복지부도 검토 대상이다.

고령사회를 넘어 초고령화사회를 준비하는 우리나라에서 치매고령자를 비롯한 의사결정능력 부족 성인이 존엄하고 안전하게 살 수 있는 기반을 마련하는 문제는 곧 우리 모두가 존엄하고 안전하게 살아가는 문제나 다름없다. 이 문제 해결의 핵심은 후견제도와 같은 의사결정지원제도가 올바르게 활용되어 의사결정능력 부족 성인이 그가 지닌 자원을 활용하거나, 공공부조, 기타 사회복지서비스를 이용하여 그가 원하는 바에 따라 살아갈 수 있도록 지원하는 것이다.

이를 위해 법원, 정부, 민간이 하나가 되어 지혜를 모아야 한다. 이번 〈치매고령자 등을 위한 의사결정지원 기본법〉이 그 마중물이 되길 기대하면서 입법 발의까지 했으나, 회기 종료로 폐기되고 말았다.

7. 온율과 협회의 협력

1) 성년후견 세미나 등

사단법인 온율은 온율 성년후견 세미나를 한 해도 거르지 않고 계속 개최해 왔다. 이 세미나는 그 시기에 가장 시의성 있는 주제를 다루며 우리나라에서 가장 전통 있고 심도 깊은 세미나로 자리 잡았다. 2022년 10월 28일 제10회 세미나가 열린다.

2018년에는 한국지적발달장애인복지협회를 위하여 〈공공후견인 법률지원 매뉴얼〉을 제작하여 보급했다. 2019년에는 세칭 뱀파이어 모녀 살인사건의 생존피해자인 지적 장애 여성에 대한 범죄피해자 지원 후견신탁모델을 인천지방검찰청, 하나은행과 협력하여 개발한 바 있다. 2020년에는 보건복지부와 함께 〈치매고령자의 인권보호를 위한 치매 공공후견인 매뉴얼〉을 제작, 보급했다.

이러한 공로를 평가받아 법무법인 율촌은 2017년 대한변호사협회 변호사 공익대상을 수상하였고, 사단법인 온율은 2020년 대한변호사협회 법조 봉사대상을 수상하였다.

UN 장애인권리협약에 따라 한국 정부가 UN에 제출한 국가보고서에 대하여 민간단체들의 의견서를 내는 일에도 사단법인 온율의 배광열 변호사 등이 적극 참여했다.

한국후견협회에는 사단법인 온율의 소순무 이사장과 내가 협회장과 부회장으로 참여하고, 배광열 변호사가 이사로 참여하여 창립에서부터 현재까지 함께해 왔다. 우리나라 후견제도 발전을 위해 힘을 합쳐 한 몸으로 일해 왔다.

율촌의 세법 전문가들의 도움을 받아 후견인 보수에 대하여는 부가 가치세를 면제하도록 입법지원 활동을 벌여 성공시킨 것도 보람 있는 일이었다.

한국후견협회는 2022년 3월 1일 한국 최초의 성년후견 전문지 〈후견〉을 창간하였다. 성년후견제도 시행 후 10년간 축적된 후견실천 경험, 후견관련 단체 간 정보교류, 학문적 연구성과, 국제적 후견 흐름과 교류를 매개할 전문지가 없었던 점을 반성하며, 그 위대한 사업을 기록하고, 대국민 홍보를 할 매체가 필요하다고 결론을 내린 것이다. 이에 한국후견협회와 한국성년후견학회가 함께 편집위원회를 구성하여, 발행인 소순무, 편집인 박인환으로 〈후견〉을 발간한 것이다. 앞으로 이 전문지가 우리나라 후견제도 발전에 밑거름 역할을 하리라 기대한다.

2022년 10월 27~28일에는 양일에 걸쳐 국내 후견대회를 서울가정법원과 협력하여 개최하기로 결정했다. 국제대회가 격년제로 열리는 점을 감안하여, 국내에서도 당면 과제에 대하여 연구하고, 그 결과물을 토론하며, 후견제도의 중요성을 국민에게 홍보할 행사가 필요하다고 판단하여 내린 결론이다.

8. 나가며

앞서 살펴본 대로 성년후견제도의 도입 과정은 한국의 장애인단체 연대 활동에서 시발하여, 대통령 공약으로 채택, 국정과제 선정으로 이어진 모범적 입법사례이다. 특히 법무부가 여러 외국 법제의 장점을 고르게 참고하면서도 우리 현실에 맞는 법제를 마련하고자 노력하였다. 유례를 찾아보기 힘들 정도로 입법 수요자들의 의견을 최대한 경청하고자 노력한 점은 높이 평가받아야 할 것이다.

그러나 기본법인 〈민법〉에 내용을 담다 보니, 의사결정에 장애가 있는 분들의 권리를 세심하게 챙기기에는 친절함이 다소 모자랐다. 우선 규정들이 〈민법〉 총칙에서 친족 편까지 산재되었고, 준용 규정이 너무 많아 빠뜨리는 실수도 드러났다.

무엇보다 기본법의 정신을 친절하게 담아내는 절차 규정들을 후속 법령으로 보완하겠다고 약속하고서 아직까지 이행하지 못한 점은 모두 게으름으로 맹렬히 반성해야 한다.

일본은 2016년 〈성년후견제도 이용촉진법〉을 제정하여 2017년에 성년후견 이용촉진계획을 세우면서, 제도 홍보와 이용촉진, 제도 이용 접근성 등을 대폭 개선했다.

우리나라나 일본이나 성년후견제도는 법원, 법무부, 보건복지부, 행정안전부 그리고 각 지방자치단체가 제대로 협력해야 성공할 수 있는 제도이다. 그런데 여러 부서의 협력이 필요한 사안은 자칫 모든 부서가 다른 부서에 미루는 경향으로 흘러 최악의 상황을 만들어낼 수 있다.

일본도 총리가 직접 의장을 맡는 성년후견제도 이용촉진회의를 설치하고 각부 장관을 위원으로 두는 강수로 이 문제를 해결하려 했던 점은 우리가 참고해야 한다.

결국 일본은 2018년 후생노동성에 성년후견제도이용촉진실을 설치하였다. 성년후견제도의 실질적 주무부서를 한국의 보건복지부 격인 후생노동성으로 삼고 성년후견전문가회의를 상설 가동시켜 성년후견 이용촉진 정책을 강력히 추진하는 것이다.

UN 장애인권리협약은 비준한 각국에 대하여 성년후견제도를 대체의사결정제도에서 의사결정지원제도로 바꾸도록 강력히 권고한다. 이런 상황을 맞이하여, 우리나라도 이제 의사결정 장애인의 복지 관점에서 의사결정 장애인의 희망 관점으로 제도 전반을 돌아봐야 할 시점에 놓여 있다.

이미 독일이 2021년에 성년후견법제를 대대적으로 의사결정지원제도로 개정한 것도 참고해야 하며, 일본의 노력도 눈여겨보아야 한다. 일본도 우리나라와 마찬가지로 일원론을 채택하지 않고 성년후견, 보좌, 보조 등 3유형으로 입법했다. 그 결과, 피후견인의 권리가 가장 많이 박탈당하는 성년후견 유형 쪽으로 이용률이 높게 나타나고 있다.

우리나라도 한정후견이 가장 많이 이용되리라는 기대와 거리가 한참 멀게 성년후견 지정 건수가 압도적으로 많다. 그리고 후견인이 입법 정신과는 거리가 멀게 본인의 의사, 희망을 배려하지 않고, 심지어 본인과 만나지도 않고 자신의 가치관에 따라 의사결정을 하는 일도 빈번해지고 있다. 전형적 사례로 본인은 살던 집에서 지역생활을 희망하더라도, 후견인이 본인의 안전, 보호 등의 이유를 들어 본인을 설득하려는 것을 들 수 있다.

일본에서는 성년후견이용 촉진계획에 따라 최고재판소, 후생노동성, 일본변호사연합회, 성년후견센터 리걸 서포트, 일본사회복지사회 등으로 의사결정지원 워킹그룹을 만들어 이 문제를 검토한다. 이 워킹그룹은 2020년 10월 30일 '의사결정지원을 위한 후견사무 가이드라인'을 발표하여, 후견인 연수 교육을 통해 준수할 것을 강력히 권고했다. 이 가이드라인의 일곱 가지 의사결정지원 기본원칙은 다음과 같다.

제1 원칙: 모든 사람은 의사결정능력을 가진다고 추정한다.

제2 원칙: 본인이 스스로 자기결정을 할 수 있도록 실행 가능한 모든 지원을 다하지 아니한 채 대행결정으로 넘어가서는 안 된다.

제3 원칙: 다소 불합리하게 보이는 의사결정이더라도 그것만으로 쉽게 의사결정능력이 없다고 판단해서는 안 된다.

제4 원칙: 의사결정지원 방법을 다해 보고 본인의 의사결정이나 의사확인이 어려워 대행결정으로 넘어간 경우에도, 후견인 등은 먼저 명확한 근거를 바탕으로 합리적으로 추정되는 본인의 의사(추정의사)에 따라 행동할 것을 기본으로 한다.

제5 원칙: ① 본인의 의사추정조차 어려운 경우, 또는 ② 본인이 표명한 의사가 본인에게 매우 중대한 영향을 야기하는 경우에는 후견인 등이 본인의 신조, 가치관, 선호를 최대한 존중하여 본인에게 최대한 이익이 되도록 방침을 정해야 한다.

제6 원칙: 본인에게 최대한 이익이 되는 대행결정이더라도, 법적 보호상 더 이상 미룰 수 없고 달리 채택할 수단이 없는 경우에 제한하여 필요최소한도의 범위를 넘어서는 안 된다.

제7 원칙: 대행결정을 할 수밖에 없었던 경우라도 다음 결정이 필요하면,

반드시 제1 원칙으로 돌아가 의사결정능력의 추정부터 다시 시작해야 한다.

나는 이 가이드라인 7원칙을 보면서, 결론은 그다지 대단하다고 생각하지 않았다. 하지만 이 문장을 만들어내기 위해 대법원 판사, 보건복지부, 변호사, 사회복지사들이 몇날 며칠을 두고 토론하고 고민하는 과정이 떠올라 이에 참여한 분들께 저절로 고개가 숙여졌다. 바로 이러한 고민 과정이 인권의 수준을 한 단계 높이는 과정이라고 생각한다.

법적 효력도 분명하지 않고, 실효성 여부도 담보되지 않지만 이러한 가이드라인을 제시하여, 후견업무에 종사하는 관계자들에게 UN 장애인권리협약의 정신을 되새기도록 하려는 인간으로서 마지막 노력도 느꼈다.

우리의 현실을 돌아보면, 우선 입법자의 취지와 달리 법원에서 너무 쉽게 성년후견 유형을 채택하는 것 같아 재점검이 필요하다고 본다. 법원에서는 위에서 살핀 독일의 후견법원 판사들처럼, 반드시 본인의 상태를 살피고 결정을 내려야 한다. 독일의 판사처럼 본인이 거주하는 장소까지 방문하지 못한다 해도 본인 심문을 생략해서는 안 될 것이다.

가급적 한정후견과 특정후견의 비율을 높이는 노력이 필요하고, 후견종료 사유를 폭넓게 인정하여 후견의 필요성이 없어지면 과감히 종료 선언을 해야 할 것이다. 내가 주장했던 일원론이나 후견임기 규정은 입법되지 못했으나, 가급적 실무에서는 일원론의 정신을 존중해야 할 것이다.

UN 장애인권리협약에 따른 UN 장애인위원회의 권고를 수용하기 위해서라도 이제 시행 10년을 맞이한 성년후견제도에 대하여 전반적 재검토가 필요하다.

입법 당시 기본법인 〈민법〉에 담다 보니 생략되었던 절차 규정이나, 접근성을 높이기 위한 친절성을 보완할 수 있도록, 의사결정지원을 위한 기본법 형태로든 일본처럼 〈성년후견이용 촉진법〉 형태로든 보완입법이 필요하다.

후견 사건을 직접 심리했던 법원과 시행 일선에 섰던 보건복지부, 지방자치단체 관계자와 후견인 경험을 가진 변호사, 법무사, 사회복지사 등이 시급히 상설 전문가위원회를 설치하여 제도 운용을 감독하고 개선하는 역할을 맡아야 한다.

일본과 우리나라는 고령화 진행 수준이 비슷하고 제도 운영 체계도 유사하므로, 서로 더욱 긴밀히 교류하며 양국의 케이스를 종합 검토해야 한다. 우리의 문화발전 속도가 앞서 나가듯이 민주주의와 인권의식 발전에서도 우리가 더 적극성을 가지기를 소원해 본다.

우리가 의사결정장애가 있는 분들의 인권까지 세세하게 살피고 보장할 때, 김구 선생님이 그토록 꿈꾸던 '세계에서 가장 아름다운 나라' 대한민국이 되리라고 믿는다.

2장

성년후견제도 시행 10주년을 맞이하는 소회와 전망*

구상엽

(현 서울남부지방검찰청 차장검사, 전 법무부 민법개정위원회 간사)

어느덧 우리나라에서 성년후견제도가 시행된 지 10년이 되어 갑니다. 누군가 저에게 검사로 일하는 동안 가장 보람 있었던 일이 무엇인지 묻는다면, 저는 주저 없이 법무부 재직 중에 성년후견제도 입법에 일조한 것이라고 답할 것입니다. 원래 공익의 대표자인 검사로서 장애인과 공정거래 관련 업무를 해 보고 싶어 검찰에 지원했던 저에게 성년후견제도 도입은 큰 도전이자 기회였습니다.

저는 예전에 이별한 친척 누님 덕분에 장애인에 대해 각별한 관심을 가지게

---

* 이 글은 집필진의 사료(史料) 보존 취지를 고려하여 필자의 간단한 감회 및 전망과 더불어 세계성년후견대회 발표("한국의 성년후견제도 도입 배경과 과제: 법무부의 역할과 비전") 및 그 기초가 된 서울대 박사학위 논문("〈개정민법〉상 성년후견제도에 대한 연구: 입법자의 의사 및 향후 과제"), 한국민사법학회 발제문("성년후견제도 입법 과정에서의 주요 쟁점 및 정책적 판단") 등을 원문 그대로 발췌·정리한 것이다. 새로운 학문적 연구가 아니며, 개인적 견해에 불과함을 밝힌다.

되었습니다. 그분은 자세한 원인은 알 수 없으나 어릴 때 크게 아픈 후 육체적으로나 정신적으로 어려움을 겪게 되었다고 들었습니다. 저희 가족은 명절 인사차 누님이 계신 친척 댁에 방문하곤 했었는데, 당시 어린이었던 저로서는 말과 행동이 자유롭지 못한 누님이 어색하게 느껴졌는지 누님에게 가까이 다가가지 못했습니다. 그러다가 철이 들 무렵 갑자기 누님이 돌아가셨다는 소식을 듣게 되었는데, 그제야 생전에 따뜻하게 누님의 손 한번 잡아드리지 못한 것이 어찌나 죄송스럽고 후회되었는지 모릅니다.

세월이 지나 검사가 되어 미국 유학을 마친 직후 법무부 법무실에 근무하게 되었는데, 그때 맡은 업무가 바로 〈민법〉 개정을 통한 성년후견제도 도입이었습니다. 저 역시 여느 검사들처럼 주로 형사 사건을 처리해 왔기 때문에 처음에는 성년후견제도가 무엇인지도 잘 몰랐습니다. 그런데 한동안 잊고 지냈던 누님이 생각나면서 왠지 모르게 성년후견제도에 계속 마음이 끌렸습니다. 사무실 책상에만 앉아서는 일을 제대로 할 수 없을 것 같아 무작정 인터넷과 전화를 통해 알아낸 장애인단체들을 찾아다니기 시작했습니다. 처음에는 장애인들의 거부감과 의혹에 찬 눈길이 부담스러웠지만, 만남이 거듭됨에 따라 차가운 시선이 따뜻한 격려로 바뀌는 것을 느끼면서 검사로서 큰 기쁨과 보람을 느꼈습니다. 특히 장애인 자녀를 둔 부모들을 만나면서 성년후견제도가 얼마나 중요하고 시급한 과제인지 깨달았습니다.

그때부터 민법개정위원회와 국회를 오가며 장애인들의 뜻이 입법에 반영될 수 있도록 진심과 열정을 담아 노력했습니다. 짧은 기간 동안 입법을 추진하는 과정에서 적지 않은 난관이 있었지만, 돌아가신 누님과 장애인들의 고통과 소망을 생각하며 다짐과 용기를 새롭게 했고 마침내 성년후견제도 도입을 위한 〈민법〉 개정을 성공적으로 마무리할 수 있었습니다.

법률적 의미에서 우리나라 성년후견제도의 연혁과 내용은 다음과 같이 요약할 수 있습니다. 성년후견제도란 정신적 제약으로 재산이나 신상에 관한 사무를 처리할 능력이 부족한 사람의 의사결정이나 사무처리를 돕는 법적 지원 시스템을 말합니다. 과거에 있었던 금치산·한정치산제도 역시 판단능력이 부족한 사람을 보호하기 위한 장치라는 점에서는 성년후견제도의 일종으로 볼 수도 있겠으나, 부정적 낙인효과와 행위능력의 과도한 제한으로 그 역할을 제대로 하지 못했습니다. 그 대안으로 성년후견제도에 대한 관심이 높아졌고, 마침내 2011년 3월 〈민법〉 개정을 통해 새로운 후견제도가 도입되었습니다.

　　2013년 7월부터 시행된 성년후견제도는 필요성·보충성·정상화(*normalization*)의 이념을 실현하기 위하여 '본인의 의사와 현존능력 존중'을 기본 원칙으로 합니다. 즉, 후견의 개시와 이행과정에서 본인의 의사를 최대한 존중하도록 명시하였으며, 본인이 현재 보유한 능력을 최대한 활용할 수 있도록 후견 유형을 다양화했습니다. 또한 재산관리에 치중되었던 금치산·한정치산제도의 한계에서 벗어나 자기결정권을 침해하지 않는 범위에서 신상에 관한 사항도 적극적으로 돌볼 수 있도록 신상보호의 근거와 절차에 대한 규정을 강화하였습니다.

　　새로운 후견제도의 유형을 살펴보면, '성년후견'은 그 요건과 효과 면에서 금치산제도와 유사하나 피후견인의 행위능력을 확장할 수 있는 길을 열어 놓았다는 점에서 차이가 있습니다. '한정후견'은 필요한 범위에서만 후견인의 동의권과 대리권을 인정하기 때문에 포괄적으로 행위능력을 제한하는 한정치산제도와 크게 다릅니다. '특정후견'은 행위능력의 제한 없이 간소한 절차를 거쳐 이용할 수 있기 때문에 "법정후견은 곧 행위능력의 제한"이라는 도그마에서 벗어날 수 있는 돌파구를 마련하는 한편, 법정후견의 활용도를 한층 높여 줄 것으로 기대됩니다. '후견계약'은 가정법원의 후견감독인 선임을 효력 발생 요건으로 하여 본인 스스로 후견인과 후견의 내용을 정할 수 있는 임의후견제도로서 특히 고령화사회에서 미래지향적 후견으로 각광받을 것으로 예상됩니다.

앞으로 성년후견제도가 성공적으로 정착하려면 간과하지 말아야 할 반성과 과제가 적지 않습니다. 먼저 입법 과정에서 가장 아쉬웠던 점 중 하나는 장애인에 비해 고령인의 의사를 법안에 반영하는 노력이 상대적으로 부족했다는 점입니다. 이는 신속하게 입법을 추진하면서 가장 시급한 장애인의 니즈(*needs*)를 최우선으로 고려하는 과정에서 생긴 공백이라 할 수 있습니다. 하지만, 우리나라가 OECD 국가들 중 고령화 속도가 가장 빠른 점 등을 고려할 때 성년후견제도의 가장 큰 수요층은 고령인일 수도 있습니다. 따라서 향후 제도 개선 과정에서는 장애인 못지않게 고령층의 애로와 소망을 충실히 고려해야 할 것입니다.

다음으로, 누구나 쉽게 성년후견제도를 이용할 수 있는 환경을 조성해야 합니다. 고령화사회를 넘어 초고령화사회를 앞둔 현실을 감안할 때 성년후견제도는 전 국민이 잠재적 수요자라고도 할 수 있습니다. 그렇다면 접근성(*accessibility*)의 제고야말로 성년후견제도의 성패를 가름하는 열쇠가 될 것입니다. 그러므로 피후견인의 경제적 부담을 완화하고, 양질의 후견인을 양성해야 합니다. 이를 위해 후견의 지원과 감독을 위한 가칭 '후견청'을 신설하고, 국가기관·지역사회·후견관계인 사이의 유기적 연계가 필요합니다.

마지막으로 학계와 실무계의 지속적 연구와 실천도 잊지 말아야 합니다. 예컨대, 신상보호의 개념과 범위, 각 후견 유형 사이의 병존 관계 등에 대한 깊이 있는 연구와 모범적 실무례(*best practice*)의 축적도 꾸준히 이루어져야 합니다.

여러 난제에도 불구하고, 성년후견제도의 전망은 매우 밝을 것으로 기대합니다. 복지·고령화사회는 세계적 흐름이고, 국가가 선진화·고도화될수록 사회적 약자와 고령인의 인권과 복지 인프라 구축에 대한 관심과 투자는 배가(倍加)될 것입니다. 이른바 '조치에서 계약으로'라는 명제에서 알 수 있듯이 복지 패러다임이 변화하고 있습니다. 즉, 국가후견주의(*state paternalism*)에 기반한 일방적·시혜적 복지에서 벗어나 수요자의 의사와 니즈를 중시하는 호혜적·주체적 복지로 나아가게 될 것입니다. 그 과정에서 법의 영역과 복지의 영역이 융합되고, 수요자 중심의 법률·복지 종합지원 시스템으로서 성년후견제도의 의미와 활용 가능성은 더욱 주목받게 될 것입니다.

아직도 10여 년 전 성년후견제도 입법을 위해 장애인단체와 국회, 법무부 등을 동분서주하던 날들이 생생합니다. 당시에는 과연 장기간 입법에 실패했던 성년후견제도 도입이 가능할지, 입법이 된다 하더라도 실제로 제도가 잘 활용될 수 있을지 확신할 수 없었습니다. 겨자씨처럼 작은 믿음과 소망을 심는 겸허한 자세로 하루하루 최선을 다했을 뿐입니다. 지금도 마찬가지입니다. 장 지오노(Jean Giono)의 《나무를 심은 사람》(*L'homme qui plantait des arbres*)처럼 우리 모두 선한 의지로 작은 힘을 꾸준히 모아 나간다면, 예상치 못한 날에 상상 이상의 풍성한 결실을 맺으리라고 믿습니다.

1. 들어가며 [1]

2011년 2월 18일 성년후견제도 도입을 위한 민법개정안(이하 '민법개정
안')이 국회를 통과하여 같은 해 3월 7일 공포된 〈개정민법〉(법률 제
10429호, 2013. 7. 1. 시행, 이하 〈개정민법〉)은 1958년 〈민법〉제정 이
후 50여 년 만에 추진되는 이른바 '단계적 〈민법〉 전면 개정'[2]의 첫 결
실이다. 뿐만 아니라 무엇보다 장애인과 고령인의 삶의 질을 획기적으
로 개선하는 단초가 될 수 있다는 점에서 큰 의미를 가진다.

성년후견제도란 재산이나 신상에 관한 사무를 처리할 능력이 부족한
사람을 위한 법적 지원장치로서 넓은 의미에서는 금치산·한정치산제
도도 이에 포함된다고 볼 수 있다. 하지만 기존 후견제도는 부정적 낙
인효과 등 여러 한계들을 극복하지 못한 채 그 역할을 제대로 하지 못했
다. 복지국가·고령화사회에 접어들면서 본인의 의사와 현존능력을 존
중할 수 있는 새로운 후견제도에 대한 갈망이 커졌고 마침내 〈민법〉 개
정을 통하여 성년후견제도가 도입된 것이다.

성년후견제도 도입 과정에서 기본 정신은 '수요자 중심 입법'이었다.
성년후견제도가 성공적으로 정착될 경우 모든 국민이 수요자가 될 수
있겠지만, 초기에는 장애인이 가장 우선적 이해당사자로 고려되었다.

---

1 이하는 글머리에서 밝힌 필자의 2012년 서울대 박사학위 논문과 2013년 한국민사법학회 발
    제문을 원문 그대로 정리한 것이다. 위 발표 시점에 따른 내용을 보존하기 위해 이후 변화
    된 규정 및 실무례 등은 반영하지 않았다(상세한 각주 및 참고문헌은 원문 참조).
2 법무부는 〈민법〉 제정 이후 변화된 현실을 반영하기 위하여 〈민법〉을 '총칙-물권-채권-전
    체 체제 정비' 순으로 전면 개정하기로 하고 2009년 2월부터 민법개정위원회와 민법개정사
    무국을 운영하면서 단계적으로 〈민법〉 개정을 추진 중이었다.

장애인에게 있어 새로운 후견제도가 극복해야 할 가장 근본적 문제는 금치산·한정치산제도가 가졌던 '부정적 낙인효과'(stigma effect)였다. 따라서 모든 중요한 정책적 판단 과정에서 최종적 선택 기준은 항상 "어떻게 하면 후견제도의 부정적 낙인효과를 완화할 수 있겠는가?"였다.

다음에서는 성년후견제도 입법 과정에서 정책적 판단이 필요했던 주요 쟁점들은 무엇이고 위에서 살펴본 입법의 기본 원칙을 어떻게 적용하여 정책 결정이 이루어졌는지를 살펴본 후 이를 바탕으로 향후 성년후견제도가 성공적으로 시행되기 위하여 해결해야 할 몇 가지 과제와 대안을 검토하겠다.

2. 입법 형식 및 후견 유형

1) 입법 형식: 〈민법〉 개정 대 특별법 제정

성년후견제도를 도입하는 방식에는 〈민법〉 개정 또는 특별법 제정이 있다. 장애인단체에서는 주로 특별법 제정을 통한 성년후견제도 도입을 주장해 왔다. 그 가장 큰 이유는 〈민법〉은 기본법이라 개정이 어려운 반면, 특별법은 신속하게 제정할 수 있다는 것이었다. 3 다음으로 기본법인 〈민법〉에는 성년후견제도에 관한 대강의 규정만 둘 수 있지만,

---

3 특히 장애인 자녀를 보살펴다가 사후(死後)를 대비해야 하는 상황에 처한 부모들에게는 성년후견제도의 신속한 도입이 매우 절실한 문제였다.

특별법에는 절차 등에 대한 세부적 규정까지 둘 수 있다는 이유도 있었다.4 또한 사적 자치를 기본으로 하는 〈민법〉에서 사회복지 차원의 후견제도를 규정하는 것이 법체계상 맞지 않는다는 비판도 있었다.

하지만 후견제도는 단순한 사회복지 시스템이 아니며 대등한 당사자 사이의 진정한 사적 자치를 구현하기 위한 법적 지원장치이다.5 무엇보다 기존의 후견제도가 가진 부정적 이미지를 근본적으로 바꾸기 위해서는 〈민법〉상 금치산·한정치산제도를 고쳐야 한다. 특별법을 제정한다고 해도 이를 통해 기본법인 〈민법〉상 행위능력제도까지 근본적으로 바꾸지 않는 이상 금치산자와 한정치산자가 계속 양산될 가능성이 있다. 또한 〈국가공무원법〉 등 200여 개 법률에서 〈민법〉상 금치산·한정치산제도를 원용하여 자격제한 규정 등을 두는바, 〈민법〉 개정 없이 특별법을 제정하는 것만으로는 피후견인의 인권 보호에 미흡한 측면이 있다. 나아가 〈민법〉과 특별법의 후견제도가 병존할 경우 양자를 구별하는 것이 쉽지 않아 법률관계에 혼란을 초래하는 한편, 금치산·한정치산제도에 대한 부정적 인식이 특별법상 후견제도에 전염될 가능성이 크다. 프랑스, 독일, 일본도 〈민법〉 개정을 통해 성년후견제도의 기초

---

4 17대 국회에 이은영 의원이 대표 발의한 '성년후견에 관한 법률안', 18대 국회에 나경원 의원이 대표 발의한 '장애성년후견 법률안', 신학용 의원이 대표 발의한 '임의후견에 관한 법률안'은 모두 특별법 제정 요구가 반영된 것이라 볼 수 있다.

5 독일 〈민법〉에서도 과거에는 후견인이 피후견인의 사무를 처리한다는 포괄적 규정을 두었으나, 1998년 개정을 통하여 사무처리에 '법적으로'(*rechtlich*) 라는 표현을 추가함으로써 후견의 본질이 법적 지원이라는 점을 분명히 한 바 있다(제1901조 제1항). 일본에서도 개호 행위와 같은 이른바 '순수한 사실행위'는 후견인의 신상보호 활동 영역에 포함되지 않는다고 해석하는 것이 일반적이다.

를 마련하는 등 국제적 입법 동향도 성년후견제 도입 시 〈민법〉 개정이 수반되는 경우가 많다.

그 밖에 특별법 제정을 추진할 경우 여러 가지 현실적 난관이 있다. 먼저 특별법의 장점을 살리기 위해 후견인의 자격과 후견관청의 지정 등 이해단체와 소관부처 사이의 입장이 대립될 수 있는 사항에 대해서까지 구체적으로 규정할 경우 국민적 공감대를 형성하기 어렵다. 또한 특별법에 후견에 대한 국가·지방자치단체의 재정 지원에 대해서까지 규정할 경우 예산 수반 법률이 되어 입법 추진이 더 까다로워질 수밖에 없다.

입법 추진 당시 법무부가 '정책의 실현가능성' 차원에서 가장 현실적이라고 판단했던 방식은 우선 〈민법〉 개정을 통해 성년후견제도의 기틀을 만든 다음 특별법을 제정하거나 관계 법령을 정비하여 세부적 규정을 마련하는 '단계적 입법'이었다. 즉, 기존 후견제도의 부정적 인식을 근본적으로 없애기 위해 〈민법〉상 금치산·한정치산제도를 개선하되, 성년후견제도의 무색투명한 큰 틀만 〈민법〉에 담음으로써 이해단체와 관련부처 사이에 갈등의 소재를 없애고, 예산과 행정 규제와 관련된 내용을 배제함으로써 법안 심의 절차를 최대한 간소화하는 것이다. 그리고 민법개정안이 국회를 통과하면 이를 기초로 예산을 확보하고 후견인의 관리·감독과 공적인 재정 지원 등에 관한 특별법 등을 제정하거나 관련 법령을 정비하는 것이 가장 효과적인 방안이라고 생각했던 것이다.

〈개정민법〉이 가진 가장 큰 특징 중 하나는 임의후견에 대한 내용도 《민법전》에 포섭시켰다는 것이다. 일본의 경우 《민법전》에는 법정후견의 내용만 담고 임의후견에 대해서는 특별법을 제정했다. 6 우리나라에서도 18대 국회에 제출된 신학용 의원 대표 발의 법안의 경우 법정후견에 관한 민법개정안과 임의후견에 관한 특별법 제정안을 따로 두었다. 이와 달리 법무부는 임의후견도 민법개정안에 포함시켰는데, 이는 후견제도에 대한 부정적 인식을 개선하기 위해서였다.

임의후견은 전 국민이 거부감 없이 이용할 수 있는 미래지향적 후견이다. 왜냐하면 온전한 판단능력을 가진 사람도 임의후견을 통해 장래의 후견을 스스로 설계할 수 있기 때문이다. 따라서 임의후견의 이용자는 판단능력이 부족한 사람이라기보다는 오히려 사회경제적으로 여유 있고 유비무환의 정신을 가진 사람이라는 긍정적 평가를 받을 가능성이 크다. 향후 임의후견의 이용자가 많아지면 성년후견제도 전반에 대한 이미지를 긍정적으로 제고할 수 있으리라고 기대한다.

이상에서 살펴본 바와 같이 〈민법〉 개정을 통해 성년후견제도를 도입하고 그 과정에서 법정후견뿐만 아니라 임의후견까지 포섭한 것은 바람직한 선택이었다고 생각한다. 하지만 기본법인 〈민법〉에, 그것도 기존의 《민법전》 체제를 유지하면서 규정을 만들다 보니 아쉬운 점도 몇 가지 있다.

먼저 성년후견제도에 관한 규정들이 총칙부터 친족 편까지 산재되어 있다. 더욱이 준용 규정이 너무 많고, 심지어 준용 규정을 다시 재준용

---

6 일본 법무성 민사국 참사관실의 '성년후견제도 개정에 관한 요강시안 보충설명'에 따르면, "임의후견제도는 임의대리의 위임계약에 공적 기관의 감독을 둔다는 점에서 이념적으로 〈민법〉의 사적 자치의 원리와 다른 원리를 도입하는 제도"라는 이유 등으로 특별법으로 제정하였다고 한다(新井誠・赤沼康弘・大貫正男, 2007, 《成年後見制度: 法の理論と實務》, 有斐閣, 163頁).

하는 경우까지 있어 과연 모든 국민이 이를 쉽고 정확하게 이해할 수 있을지 의문이다. 법률가 사이에서는 사소한 문제로 보일지도 모르지만, 진정한 '수요자 중심 입법'이 되기 위해 비법률가인 국민도 알아보기 쉽도록 규정 형식을 개편해야 할 것이다.

물론 기본법인 〈민법〉의 급격한 체제 변화를 피하고 경제적으로 조문을 구성하기 위한 불가피한 선택이었다고 선해할 수도 있다. 하지만 성년후견이 판단능력이 부족한 사람들을 위한 제도임을 고려할 때 보다 친절한 입법이 필요하다. 장기적으로는 행위능력 절(節)과 후견 장(章)에 흩어져 있는 성년후견제도에 관한 모든 조문들을 추출하여 '성년자에 대한 보호'라는 독립적 표제 아래 체계적으로 상세하게 규정하는 방안도 고려할 수 있다.[7]

다음으로 임의후견(후견계약)의 규정들을 더 촘촘히 구성할 필요가 있다. 〈개정민법〉상 후견계약 관련 조문은 준용 규정을 제외하면 7개에 불과하다. 후견계약이 성년후견제도의 미래지향적 모델로서 가지는 위상이나 외국 입법례 등을 고려할 때 후견계약의 절차·한계 등에 대한 더 구체적인 규정들이 필요하다.[8]

---

7 이는 궁극적으로 아래에서 설명하는 이른바 '일원적 후견체제' 도입과 함께 성년후견제도가 행위능력 제한과 결별하는 수순으로서의 의미도 있다.

8 프랑스 〈민법〉에서는 장래보호위임계약에 대해 19개 조문을 두었고, 일본 〈임의후견법〉은 13개 조문으로 구성되었다.

2) 후견 유형: 일원론 대 다원론

성년후견제도, 특히 법정후견제도를 구성하는 방식에는 이른바 '일원적(一元的) 체제'와 '다원적(多元的) 체제'가 있다.9 일원적 체제란 법에서 후견 유형을 나누지 않고 재판부가 사안별로 후견 내용을 정하는 방식을 말한다. 반면 다원적 체제란 법에서 복수의 후견 유형을 두고 심판 과정에서 그중 적합한 후견 유형이 결정되는 방식을 말한다.

일원적 체제는 개별 사안에서 본인의 의사와 현존능력에 따라 맞춤형 후견이 가능하다는 장점이 있다. 무엇보다 판단능력 정도에 따라 등급을 매기지 않기 때문에 후견 유형에 따라 피후견인과 그 가족의 명예감을 해칠 염려가 적다. 반면 사안마다 판사가 후견 내용을 정해야 하기 때문에 시간과 비용이 많이 들 수 있으며 무엇보다 법원의 전문인력 확충이 전제되어야 한다.

'정책의 실현가능성'과 '단계적 입법 전략'의 관점에서 위와 같은 현실적 문제를 도외시할 수는 없었다. 이번 〈민법〉 개정에서는 가급적 신속하게 성년후견제도의 기본 틀을 마련하는 것이 1차적 목적이었기 때문에 법원의 예산과 조직 확대를 수반하는 일원적 체제를 전면적으로 받아들이기 어려웠다. 또한 법적 혼란을 피하기 위해 기존 후견제도와의 연계성을 어느 정도 유지해야 한다는 점도 일부 고려했다. 무엇보다 법원의 전문인력이 부족한 상태에서 섣불리 일원론을 받아들일 경우 오

---

9 임의후견은 본인이 직접 후견의 내용을 계획하는 것이기 때문에 법에서 그 유형을 미리 정하는 것이 곤란하다.

히려 이용자에게 시간적·경제적 부담을 증가시킬 우려가 크다. 그 결과 〈개정민법〉에서는 다원적 구조를 선택했다.

그러나 후견제도에 대한 부정적 인식을 완화함에 있어 일원론이 가지는 장점은 매우 매력적이었기 때문에 일원론의 정신을 최대한 반영하도록 노력하였다. 예컨대, 한정후견이 가장 광범위한 적용 대상을 가지고 법정후견의 중심이 될 수 있도록 설계하였는데,10 한정후견의 이념과 적용 방식은 일원론에 가깝다.

일본의 경우 세 가지 법정후견 유형이 있는데, 우리나라의 성년후견과 유사한 '후견' 외에도 '보좌'와 '보조'를 둔다. 그런데 보좌와 보조는 규정상 요건과 효과에서 정도의 차이는 있으나 현실적으로 양자의 이용 대상을 명확히 구별하는 것이 쉽지 않으며, 필요 이상으로 피후견인의 등급을 세분할 경우 낙인효과를 심화시킬 우려가 있다.

이를 고려하여 우리 〈개정민법〉에서는 일본의 보좌와 보조를 합친 것과 유사한 한정후견을 두었다.11 나아가 한정후견에 대한 조문화 작업을 할 때 초기에는 기존 〈민법〉에서처럼 행위능력이 제한되는 법률행위 유형을 예시적으로 열거하는 방법도 고려했으나, 종국에는 일체의 예시적 규정을 삭제한 것도 일원론적 태도를 반영한 것이다.

그렇다면 한정후견 외에 군이 성년후견과 특정후견을 둔 이유는 무

---

10 성년후견은 사실상 의사무능력에 가까운 사람에게 적용되는 것이며, 특정후견은 일시적이거나 특정한 사안에 한하여 적용되는 것이기 때문에 한정후견에 비해 이용 대상이 상대적으로 제한될 수 있다.

11 일본의 '보좌·보조'와 우리의 '한정후견·특정후견'의 차이에 대해서는 필자의 박사학위 논문 59쪽 이하('한정후견과 특정후견') 참조.

엇인가? 성년후견 대상을 의사무능력에 가까운 사람으로 상정할 경우 법률관계를 어느 정도 획일적으로 판단할 수 있도록 하는 것이 본인 보호나 거래 안전을 위해 바람직하다고 보았다. 또한 특정 사안에 한해 일시적 도움을 받는 특정후견은 행위능력의 제한이 전혀 없는 등 고유한 성질을 갖기 때문에 한정후견의 영역에 포섭시킬 경우 혼란의 여지가 있다고 판단하였다.

요컨대 우리 후견제도는 의복에 비유하면 한정후견이라는 맞춤옷을 중심으로 하되, 필요에 따라 두텁게 온몸을 감쌀 수 있는 외투에 해당하는 성년후견이나 특정 부위를 일시적으로 보호할 수 있는 모자나 장갑에 해당하는 특정후견을 이용할 수 있도록 다양한 후견 유형을 마련해 둔 것이라 할 수 있다. 12

나아가 다원론을 택할 경우 일원론에 비해 당사자의 의사를 더 강력하게 반영할 수 있다는 논리도 가능하다. 일원론의 경우 사건 관계인은 단지 후견을 청구할 뿐이고 어떤 내용의 후견이 선고될 것인지는 전적

---

12 "흔히 맞춤옷이 기성복보다 좋다고 생각하지만 옷을 맞추는 데 드는 시간과 비용이 훨씬 크다면 기성복을 선택하는 것이 나을 수도 있습니다. 기성복도 다양한 모델과 사이즈를 갖추면 맞춤옷 못지않을 수 있습니다. 정부안은 적은 시간과 비용으로 후견을 이용할 수 있도록 성년후견, 한정후견, 특정후견이라는 세 가지 유형을 두었습니다. 이 중 한정후견이 가장 기본이 되는데 여러분이 원하시는 일원론적 후견과 매우 유사합니다. 옷으로 치자면 평소 입는 바지, 저고리는 맞춤형이 가능해진 것입니다. 하지만 바지, 저고리만으로는 사계절 내내 추위를 이길 수 없는 사람도 있기 때문에 성년후견이라는 두터운 외투도 마련했습니다. 또한 쌀쌀한 날에 일시적으로 몸의 일부분만 보호할 수 있는 모자나 장갑과 같은 존재로서 특정후견을 두게 된 것입니다"(구상엽 검사 발언 부분, 2009. 7. 9, "아라이 마코토 교수 초청 한일 국제심포지엄", 박은수 국회의원·성년후견제추진연대 주관, 국회도서관 소회의실).

으로 재판부가 정하게 된다. 그러나 〈개정민법〉에서는 후견의 청구권자가 후견 유형을 특정하여 후견개시심판을 청구하게 된다. 처분권주의가 적용되지 않는 가사비송사건의 특성상 재판부가 당사자의 의사에 반드시 구속된다고 할 수는 없다. 하지만 성년후견 청구가 있었는데 당사자 의사를 무시한 채 한정후견 내지 특정후견을 선고하거나 그 반대의 결과가 되는 경우는 매우 드물 것이라고 예상한다. 따라서 당사자가 직접 후견의 큰 틀을 결정할 수 있도록 하는 점에서도 다원론의 장점을 찾을 수 있다. 13

18대 국회에 제출한 4개 법안을 비교해 보면 의원 발의안들은 모두 일원적 구조를 취하고 있었으나, 위와 같은 일원론의 현실적 문제점과 다원론의 장점을 이유로 법무부 안이 성년후견제도의 기본 체제가 되었다. 하지만 향후 추가 개정 시에는 일원론을 더 확대하는 방안을 검토할 필요가 있다고 생각한다. 이념적으로 일원론이 바람직할 뿐만 아니라 실무상으로도 일원론과 다원론의 운용상 차이가 뚜렷하지 않을 수 있기 때문이다.

〈민법〉 개정 과정에서 다원론이 일원론보다 시간과 비용 면에서 유리할 수 있다고 예상하였지만, 법경제학적으로 정확한 비용편익분석(*cost*

---

13 "다원적 후견이 가지는 또 하나의 장점은 여러분의 의사가 좀 더 잘 반영될 수 있다는 것입니다. 일원적 후견에서 여러분은 법원에 가서 '옷을 주세요'라는 추상적 요청밖에 할 수 없고 법원에서 재단해 주는 옷이 외투가 되든 바지가 되든 모자가 되든 그것을 착용해야 합니다. 하지만 다원적 후견에서는 최소한 여러분은 '바지를 주세요' 또는 '외투를 주세요'라고 구체적으로 요청할 수 있습니다. 이 경우 (이견이 있을 수 있지만) 여러분이 모자만 원했는데 법원이 일방적으로 무거운 외투를 입히기는 힘들 것입니다"(구상엽 검사 발언 부분, 위 국제심포지엄).

benefit analysis)이 이루어졌던 것은 아니다. 이론상으로는 성년후견, 한정후견, 특정후견의 요건과 효과가 구별되나, 실제 법 적용에 있어서는 그 구별이 쉽지 않을 수도 있다. 특히 성년후견과 한정후견은 모두 지속적 후견 모델이고, 후견심판의 청구인이나 판사 모두 사건본인의 판단능력 흠결 정도에 대해 명확한 구분이 힘들 수 있다.

거래 상대방의 입장에서는 후견 유형이 법정되어 있어야 피후견인의 행위능력을 보다 용이하게 파악할 수 있기 때문에 거래안전 측면에서 다원론이 바람직하다는 주장도 제기될 수 있다. 하지만 이는 행위능력제도의 기본 이념을 어디에서 찾을 것인가라는 근본적 관점에서 검토해야 할 문제라고 생각한다. 제한능력자의 보호를 무엇보다 중시하는 〈민법〉의 기본 정신을 생각한다면 거래안전을 전면에 내세우는 것에는 찬성하기 어렵다.

또한 다원론을 취한다고 하더라도 거래 상대방이 법률 지식이 부족할 경우에는 〈민법〉상 각 후견 유형의 차이를 알기 힘들고, 그 차이를 안다고 하더라도 후견사항증명서를 확인해야 피후견인의 행위능력을 정확히 파악할 수 있다. 따라서 〈민법〉에서 후견 유형을 세분하는 것이 얼마나 거래안전에 도움이 될 것인지 의문이다. 14

〈민법〉 개정 과정에서 다원적 후견체계를 선택한 것은 어디까지나 후견 이용자의 부담을 경감하기 위해서였다. 수요자 중심 사고에서 벗어

---

14 특히 〈개정민법〉상 피한정후견인의 동의유보 대상을 미리 정한 규정이 없고, 피성년후견인도 후견심판을 통해 독자적으로 할 수 있는 행위를 따로 지정받을 수 있다. 따라서 후견사항증명서를 확인하지 않는 이상 거래 상대방이 피후견인의 행위능력을 정확하게 파악하는 것은 사실상 불가능하다.

나 거래안전이나 거래 상대방의 이익을 중시하는 것은 〈민법〉의 정신에 반하는 것이다. 가정법원에서 효율적 심판을 위하여 내부적으로 검토 목록(*check list*)을 만드는 등 심판 사항을 유형화할 수는 있겠지만 이는 어디까지나 재판부 내부에서 비공개적으로 이루어져야 한다. 대외적으로 피후견인의 등급을 매기는 것은 부정적 낙인효과를 악화시킬 수 있기 때문에 지양해야 할 것이다.

3. 후견 관련 주체

1) 후견의 이용 대상: 신체적 제약의 포함 여부

정신능력의 제약을 가진 사람이 후견의 이용 대상이 된다는 점에는 의문이 없다. 그런데 신체적 제약을 가진 사람도 이용 대상에 포함시킬 것인지에 대해서는 상이한 입장이 있을 수 있다. 예컨대 독일이나 프랑스에서는 신체적 장애로 사무를 처리하거나 의사표시를 하는 데 어려움이 있는 경우에 후견제도를 이용할 수 있다. 반면 일본이나 오스트리아에서는 정신적 장애가 없는 한 신체적 장애만으로 후견을 이용할 수 없다. 이처럼 신체적 제약을 후견의 대상으로 삼을 것인지는 외국 입법례도 그 입장이 모두 다를 만큼 논리적 당부(當否)에 대한 판단이 힘든 문제이다.

　물론 사무처리나 의사표시에 곤란을 느끼는 이상 그 원인이 정신적 제약이든 신체적 제약이든 외견상 후견의 필요성에는 큰 차이가 없다고 생각할 수도 있다. 그러나 신경정신과 전문의의 견해에 따르면 신체장애와 정신장애는 의학적으로 구분된다. 엄밀히 말하면, 신체장애인은 정신능력은 온전하되 의사의 외부적 표현이나 실행에 어려움을 느낀다. 후견제도의 가장 큰 문제점이 자기결정권 침해라는 점에 비추어 볼 때 신체장애를 후견 대상으로 할 경우 신체장애인들의 반발을 초래할 수 있다는 점이 부담으로 작용한다.[15]

또한 〈의용민법〉에서 준금치산자의 대상으로 규정하던 '농자(聾者), 아자(啞者), 맹자(盲者)', 〈민법〉 초안에서 한정치산의 대상으로 규정하던 '신체에 중대한 결함을 가진 사람'이 모두 개정 전 〈민법〉의 한정치산 대상에서 삭제되었다. 이는 우리 입법자가 의도적으로 신체장애인을 후견 대상에서 배제한 결과이며, 이러한 입법자의 의사를 존중해야 한다는 점도 중요하게 고려되었다.[16]

요컨대 신체적 제약을 가진 사람은 행위능력의 제약이 없는 위임계약을 통해 제3자의 도움을 받는 것이 보충성의 원칙에 부합할 것이라는 이유에서 〈개정민법〉에서는 신체적 제약을 후견 대상으로 규정하지 않았다.[17]

---

15 일본에서도 신체장애를 보조 또는 보좌의 대상에 포함시킬 것인지를 검토하였으나 신체장애인단체의 대다수가 부정적이었다고 한다(小林昭彦 外 5人, 2003, 《新成年後見制度の解說》, 社團法人 金融財政事情研究會, 45頁 참조).

16 민법안 심의 과정에서 "신체에 중대한 결함이 있다 하더라도 심신의 박약에 이르지 아니한 사람은 한정치산자로 할 필요는 없으므로 신체에 중대한 결함 운운을 따로 규정한 초안은 부당하다"면서 신체 결함에 대한 표현을 삭제한 것은 명백히 신체적 장애를 후견의 대상에서 배제한 것이라고 볼 수 있다(민의원, 1957, 《민법안 심의록》 상권, 11쪽; 김형석, 2009, 《민법개정안 해설》, 성년후견제 도입을 위한 민법개정안 공청회, 법무부, 12~13쪽).

17 일본에서도 오래전부터 신체장애인의 경우 대리인을 선임하여 법률행위를 하거나 신뢰할 수

2) 후견의 청구권자

개정 전 〈민법〉에서는 '본인, 배우자, 4촌 이내의 친족, 후견인 또는 검사'를 금치산·한정치산 선고의 청구권자로 규정했다 (제9조, 제12조). 〈개정민법〉은 후견의 청구권자와 관련하여 개정 전 〈민법〉에서 열거한 청구권자 외에도 '후견감독인'과 '지방자치단체의 장 (長)'을 추가했다 (제9조, 제12조, 제14조의 2 등).

민법개정위원회 논의 과정에서는 후견 청구권자에 후견감독인만 추가하고 검사와 지방자치단체장은 배제하였다. 왜냐하면 검사의 경우 그동안 후견을 청구한 사례가 거의 없어 실효성이 적으며, 지방자치단체장은 추후 만들어질 특별법에서 청구권자로 추가하면 될 것으로 생각했기 때문이다. 그러나 무연고자 (無緣故者) 의 보호를 이유로 장애인단체에서는 지방자치단체의 장을, 사회복지시설에서는 위 시설의 장도 청구권자에 포함시켜 줄 것을 요청했다.

법무부는 국회 심의 과정에서 장애인단체 및 관련 법안을 제출한 의원실과 협의를 거쳐 무연고자를 보호하기 위한 방안으로서 공익의 대표자인 검사와 지방자치단체장을 청구권자로 추가하되, 사회시설장은 그 포섭 여부를 유보하기로 협의했다. 이는 무색투명하고 이견이 없는 내용만 《민법전》에 담기로 한 입법 방침에 따라 "사회복지시설장이 당해

있는 주변인의 도움을 통해 법률행위의 내용을 이해하고 본인 스스로 판단하는 것으로 충분하다는 견해가 있었다 (野村好弘, 1979, "準禁治産制度と法人制度の改正問題: 民法及び民法施行法の一部改正法案の考察", 〈ジュリスト〉, 696號, 40頁; 오호철, 2008, "일본의 성년후견제도와 우리나라의 성년후견법안의 비교", 〈비교사법〉, 15권 2호, 320쪽 참조).

시설에 수용하는 사람에 대해 후견을 청구할 경우 이해관계가 상반될 수 있다"는 장애인단체의 우려를 반영한 결과라고 하겠다.

3) 후견인 및 후견관청

후견인의 자격과 이를 관리·감독하는 후견관청의 규정에 대해서도 견해의 대립이 있었다. 나경원 의원이 대표 발의한 법안에서는 이에 대한 규정도 두었다. 그러나 후견인의 자격(특히 후견법인의 설립 요건)과 관련하여 이해단체들의 입장이 상반될 수 있으며, 후견관청에 대해서는 법무부와 보건복지가족부(현 보건복지부)의 입장이 다를 수 있기 때문에 추후 특별법 제정을 통해 규정하기로 했다.

〈민법〉 개정 과정에서 이와 같이 후견인 및 후견관청에 대한 입장이 정리된 것은 현실적으로 부득이한 선택이었다고 할 수 있다. 그러나 앞으로 이를 어떻게 설계해 나갈 것인가는 매우 중요한 문제이다.

후견제도의 성패를 좌우하는 결정적 요인 중 하나는 양질의 후견인을 얼마나 확보할 수 있느냐이다. 아무리 후견심판이 공정하게 이루어진다고 하더라도 결국 후견업무를 수행하는 것은 후견인의 몫이기 때문이다. 국가 차원에서 후견인을 양성하는 데에는 논란과 한계가 있기 때문에 결국 사적 영역의 참여가 중요하다. 특히 〈개정민법〉에서는 후견인의 전문성을 높이기 위해 후견법인제도를 신설했는데, 후견인 양성에서도 후견법인의 역할이 중요하리라고 예상한다.

후견인의 양성 및 관리 시스템을 어떻게 설계할 것인가는 매우 어려운 문제이다. 먼저 후견인 내지 후견법인의 자격에 대해 아무런 기준도 두지 않는 개방형 시스템을 생각해 볼 수 있다. 18 이 경우 더 많은 사람이 후견인 또는 후견법인으로 참여할 수 있는 장점이 있다. 한편 후견의 수요자나 가정법원으로서는 과연 누가 전문성과 공정성을 갖췄는지 파악하기 어려운 문제가 있다. 더욱이 자질이 부족한 후견인이 넘쳐날 경우 후견제도 전반에 대한 신뢰를 실추시킬 우려가 있다.

어떤 사람들은 금치산·한정치산제도에서는 후견인의 자질에 전혀 제한이 없었고 근친자이면 누구나 후견인이 될 수 있었는데 갑자기 〈개정민법〉에서 후견인의 자격을 제한하는 것은 과잉 규제라고 비판할 수도 있다. 하지만 기존 〈민법〉에서는 후견인이 주로 가족관계에 의하여 선임된 반면, 〈개정민법〉에서는 후견인의 법정 순위를 폐지함에 따라 제3자가 후견인이 될 가능성이 커졌기 때문에 더 엄격한 기준이 필요하다고 생각한다. 19

가족관계에 의한 후견이 비전문성과 이해상충 등으로 비판받아 온 것은 사실이나, 대부분의 경우 가족 간의 정리(情理)에 기반한 후견을 기대할 수 있는 장점이 있었다. 제3자 후견의 경우 이러한 온정적 후견을 항상 기대할 수 없는 만큼 공정성과 전문성을 담보할 수 있는 제도적 장치가 필요하다. 무엇보다 피후견인의 정신능력이 부족하여 후견인과 대등한 관계를 기대할 수 없고 후견의 영역이 신상보호까지 확대되었기 때문에 사후적 제재만으로는 피후견인을 보호하기 어려워졌다는 점을

---

18 〈개정민법〉은 '후견법인'이라는 용어만 사용하기 때문에 다른 법에서 별도의 요건을 정하지 않을 경우 누구나 〈민법〉상 법인 내지 상법상 회사로 후견법인을 설립할 수 있다.

19 일본에서도 2008년에 이미 친족이 아닌 제3자 후견인이 선임되는 비율이 27. 7%에 이르렀다(日本 最高裁判所事務總局, 2008, 〈成年後見關係事件現況〉).

간과해서는 안 된다. 〈민법〉상 제한능력자의 보호가 거래안전 등을 압도하는 최우선 명제임에 비추어 볼 때 피후견인의 보호를 위하여 후견인의 자질에 관한 최소한의 기준을 고민하는 것은 어쩌면 당연한 일인지도 모른다. 20

후견인의 자격을 제도화하는 방안으로는 크게 세 가지를 생각할 수 있다. 첫째, 변호사나 법무법인처럼 국가시험이나 행정청의 심사 등을 통해 후견인 또는 후견법인의 자격을 부여하는 것이다. 이 경우 후견인의 자질은 높아지겠으나 진입 장벽이 높아져 충분한 수의 후견인을 확보하기 곤란하다. 또한 자발적 참여와 봉사를 요구하는 후견의 본질에 비추어 지나친 규제라는 비판을 피할 수 없다.

둘째, 변호사, 사회복지사, 법무사 등 기존 전문자격사나 그들로 구성된 단체의 후견인 자격을 인정하는 것이다. 이들은 이미 관련 분야에서 전문성이 검증된 상태이기 때문에 가장 신속하고 경제적으로 후견인 집단(pool)을 구성할 수 있는 장점이 있다. 하지만 후견인 자격을 인정할 전문가 집단을 선정하는 객관적 기준을 만들기 어려워 특혜 시비가 끊이지 않을 것이다. 무엇보다 기존에도 변호사, 법무사, 사회복지사 등 전문가 집단이 있었음에도 후견제도가 성공적으로 이루어지지 못했는데, 그들에게 후견인 자격을 부여한다고 해서 과연 무엇이 달라질 수

---

20 일본에서도 후견인의 수요보다 공급이 부족하여 개방적으로 시민후견인을 육성하는 시도를 하지만 사실상 많은 부작용이 있다는 비판이 있다. 영국에서는 공공후견청(Office of the Public Guardian)을 운영하여 영속적 대리인과 법정대리인을 지도·감독한다(上山泰, 2004, "專門職後見人の現況と市民後見人システムの充實に向けて", 〈實踐成年後見〉, 8號, 63頁; 岡部 喜代子, 2009, "일본의 성년후견제도의 문제점", 〈한림법학 FORUM〉, 20권, 202쪽 참조).

있겠느냐는 회의론을 극복하기 어려울 것이다. 즉, 법률전문가와 사회복지 전문가가 각자 자기만의 성을 쌓고 제한된 전문성만 자랑할 경우 법률서비스와 사회복지서비스의 통합을 지향하는 후견제도의 목표를 실현할 수 없을 것이다.

셋째, 공공기관에서 일정한 교육과정을 개발하여 이를 성공적으로 이수한 사람들에게는 모두 후견인 자격을 인정하는 방법이 있다. 앞서 살펴본 두 가지 방안과 비교해 볼 때 이것이 가장 합리적이고 사회적 갈등을 최소화할 수 있는 대안이라고 생각한다. 문제는 과연 프로그램의 내용과 강도를 어떻게 정하고 그 교육의 주체를 누구로 정할 것인가이다. 프로그램 내용은 법률과 사회복지를 아우르는 것이어야 하되, 그 강도는 피교육자의 배경지식과 경험에 따라 탄력적으로 정할 수 있다고 생각한다.[21]

후견법인의 경우에는 법인 자체에 대한 교육을 상정하기 어렵기 때문에 그 자격과 관련해 더 복잡한 고민이 필요하다. 먼저 후견법인의 설립 요건이 문제될 수 있다. 기본적으로 사실상 후견인으로 활동할 법인의 구성원이 위와 같은 교육과정을 이수했는지, 법률이나 사회복지 관련 전문가가 충분히 참여하여 상호 보완 가능한지 등이 그 기준이 될 수 있다.

다음으로 후견법인의 영리성이 문제될 수 있다. 후견법인의 전문화와 규모의 경제를 유도하려면 영리성을 인정하는 것이 바람직하다는 견해가 있을 수 있다. 하지만 후견법인의 공익성에 비추어 볼 때 구성원에

---

21 예컨대 변호사의 경우 법적 교육은 신상보호에 관한 것으로 최소화하고 사회복지 연수를 강화하는 반면, 사회복지사의 경우 법률 지식 습득에 초점을 맞추어 교육할 수 있다.

대한 이익 분배를 인정하는 것은 바람직하지 않다고 본다. 영리성을 부정한다고 하더라도 법인 운영에 필요한 수익활동은 가능한 점을 고려할 때 적어도 제도 시행 초기에는 후견법인을 비영리법인 내지 공익법인으로 제한하여 국가의 관리·감독 아래 투명하게 운영하도록 하는 것이 합당하다.

사회보호시설 내지 그 관계자를 후견인에서 배제할 것인가도 매우 어려운 문제이다. 사회보호시설의 장과 그 직원은 수용하는 사람을 보호하는 것이 주된 역할인데 후견인 업무까지 병행할 경우 직무수행이 부실해질 수 있으므로 후견인이 될 수 없도록 하는 것이 바람직하다는 견해가 있다.[22] 하지만 후견인이 충분히 확보되지 않은 상태에서 양심적이고 희생적으로 운영되는 사회보호시설 관계자까지 전면적으로 후견인의 자격을 부정할 것인지에 대해서는 신중한 검토가 필요하다. 적어도 제도 시행 초기에는 〈개정민법〉상 후견인 선임기준을 통하여 이해관계가 상충되는 후견인을 선별적으로 배제하는 것이 합리적 방안일 것이다.[23] 또한 사회보호시설 관계자를 후견인으로 선임할 경우에는 후견감독인제도를 적극적으로 활용함으로써 부작용을 최소화할 수 있다.[24]

---

[22] 신은주, 2009, "우리나라에서 성년후견제도의 도입", 〈한국의료법학회지〉, 17권 6호, 50~51쪽.

[23] 참고로 일본에서는 기술한 바와 같이 본인이 입소한 보호시설과 관련된 법인도 후견인의 자격이 당연히 박탈되는 것은 아니나, 피후견인과 이해상반 여부에 대해 엄격한 판단이 필요하다고 본다. 예컨대, 입소 비용을 청구하는 법인은 이해상반의 우려가 크고, 무상으로 신상보호 서비스를 제공하는 법인은 이해상반의 우려가 적다고 본다(小林昭彦 外 5人, 2003, 《新成年後見制度の解說》, 社團法人 金融財政事情研究會, 128頁).

[24] 후견감독인은 직접 후견업무를 수행하는 것이 아니어서 동시에 여러 후견인을 감독할 수 있으므로 인력 수급에 대한 문제도 상대적으로 적을 것이다.

마지막으로 후견인에 대한 원활한 지원과 관리·감독을 위해 '후견관청' 내지 '후견지원센터'를 설립할 필요가 있다. 성년후견제도 시행 초기에는 이 기관에서 통일적으로 후견인 교육 등을 무상(無償) 실시하고, 제도가 안정 단계에 접어들면 신뢰할 수 있는 지방자치단체나 사인(私人)에게 관련 업무를 위탁할 수 있다.

4. 기타 관련 쟁점

1) 후견 기간

18대 국회에 제출된 성년후견제도 관련 법안 중 정부안을 제외하고는 모두 후견 기간을 5년으로 제한했다. 정부안의 기초 과정에서도 후견의 적정성을 담보하기 위해 프랑스와 독일의 입법례 등을 참고하여 후견 기간 내지 후견인 임기를 제한하는 방안도 고려한 적이 있다. [25]

그러나 성년후견제도를 이용하는 사람들 중 상당수가 정신능력이 호전되는 경우가 드물고 경제적 여건도 열악하다고 예상된다. 따라서 후견의 갱신 과정에서 피후견인에게 시간적·경제적 부담을 가중시킬 수 있다. 특히 기간만료로 후견이 종료되기 전에 후견인이 제때 다시 선임되지 않을 경우 보호에 공백이 생길 수 있다는 우려가 있다. 따라서 특정후견을 제외하고는 후견 기간이나 후견인 임기에 대한 규정은 따로 두지 않았다. [26]

---

25 프랑스 〈민법〉 제441, 442조; 독일 〈가사 및 비송사건절차법〉(FamFG) 제294조 제3항 참조.

2) 공시 방식

성년후견제도를 도입하면서 후견의 내용을 어느 범위에서 공개할 것인지가 매우 어려운 문제였다. 장애인단체 측에서는 본인과 가족의 명예감을 보호하기 위하여 공시를 가능한 한 제한하자는 입장을 취했다. 그러나 거래의 안전을 고려할 때 공시를 전면적으로 제한하는 것은 현실적으로 곤란했다.

공시를 하더라도 금치산·한정치산제도에서 사용하던 가족관계등록부를 활용할 것인지 아니면 별도의 등기부를 창설할 것인지도 문제되었다. 먼저 가족관계등록부는 신분관계를 망라하는 공시제도이므로 새로운 후견의 내용도 신분 사항의 일종으로 보아 가족관계등록부를 통해 일원적으로 공시하는 것이 바람직하다는 견해가 있었다.[27] 가족관계등록부를 활용할 경우 새로운 후견제도에 대한 공시 체제를 갖추는 데 드는 시간과 비용을 절약할 수 있으며, 종전의 호적부와는 달리 가족관계

---

[26] 〈개정민법〉에서 후견 기간에 대한 규정을 두지 않은 것은 획일적으로 후견의 갱신을 강제하지 않겠다는 것이 주된 취지이다. 따라서 가정법원이 특정후견 외에도 성년후견 또는 한정후견 개시심판 시 피후견인의 의사, 정신능력의 호전 가능성, 경제적 여건 등을 고려하여 후견의 적정성을 담보하기 위해 후견 기간을 정하는 것을 막을 이유는 없다고 생각한다. 후견심판은 가정법원의 후견적 기능 내지 비송적 성격이 강조되므로 판사가 적극적으로 재량을 행사할 수 있는 길을 열어 둘 필요가 있기 때문이다(이 경우 후견 기간의 공시와 관련하여 〈후견등기법〉 등 절차적 규정을 함께 정비하는 것이 바람직하다). 다만, 〈개정민법〉상 가정법원의 직권에 의한 후견개시심판이 불가능한 점에 비추어 볼 때 해석상 직권에 의한 후견의 갱신도 곤란할 것이므로, 피후견인에 대한 보호 공백이 생기지 않도록 후견개시심판 시 후견인에게 제때 후견의 갱신을 청구할 의무를 명확히 부과하는 것이 바람직하다.

[27] 송호열, 2002, "성년후견법제에 관한 연구", 동아대 박사학위 논문, 287쪽.

등록부의 열람권자와 공시 내용이 제한되어 있어 프라이버시 침해 가능성도 크지 않다는 점이 주된 논거였다. 민법개정위원회에서는 위와 같은 사정을 고려하여 가족관계등록부를 성년후견제도의 공시방법으로 제안하였다. 하지만 장애인단체에서는 별도의 등기부 창설을 희망하였다. 아마도 가족관계등록부의 전신(前身)인 호적부에서 금치산·한정치산에 관한 내용을 무분별하게 공개함으로써 본인과 가족들의 프라이버시를 침해한 것에 대한 반발과 불신이 가족관계등록부에까지 이어진 것이 아닌가 싶다.

법무부는 국회 심의 과정에서 장애인단체가 원하는 새로운 등기부 창설로 입장을 선회하였다. 국민들이 원하는 바를 입법에 반영하는 것이 진정한 '수요자 중심의 입법'이라고 판단했기 때문이다. 또한 가족관계등록부는 '가족관계'에 관한 사항을 기재하는 것이 주목적이라고 생각할 수도 있기 때문에 공정성과 전문성을 최우선으로 고려하여 후견인을 선임하는 성년후견제도의 입법 취지에 따라 새로운 공시방법을 마련하는 것이 법체계상 더 바람직하게 보일 수 있다는 점도 고려되었다.

3) 부칙의 방향

(1) 시행일

2009년 12월에 국회에 제출한 민법개정안 부칙에 규정된 시행 시기는 2012년 1월 1일이었다. 국회 법안 심의, 법안 통과 후 관계 법령 정비 및 공시 시스템 보완 등 시행 준비에 약 2년이 필요할 것이라고 예상했기 때문이다. 그런데 법안 국회 제출 이후 법제사법위원회 제1소위에서 본격적인 법안 심의가 개시되는 데만 1년 가까이 소요되었으며, 후견의 공시방법이 가족관계등록부에서 등기로 바뀌게 되어 법 시행일을 늦춰야만 했다. 그 결과 2011년 초에 〈개정민법〉이 공포될 것을 전제로 〈후견등기법〉 제정 등 법령 정비에 약 1년, 법원행정처의 후견등기 시스템 구축에 약 1년 6개월이 소요될 것으로 계산하여 시행일을 2013년 7월 1일로 수정하게 되었다(부칙 제1조).

(2) 경과조치

〈개정민법〉 시행 당시 이미 금치산 또는 한정치산의 선고를 받은 사람에 대하여는 종전의 규정을 적용하도록 하였다(부칙 제2조 제1항). 왜냐하면 신법의 적용을 받도록 할 경우 금치산자를 피성년후견인, 한정치산자를 피한정후견인으로 보는 간주 규정을 두어야 하기 때문이다. 특히 한정후견의 경우 후견 내용을 개별적으로 정해야 하므로 간주 규정을 통해 일률적으로 피한정인의 능력을 규정하는 것이 기술적으로 매우 어렵다. 그래서 기존의 금치산자 또는 한정치산자에 대해서는 종전의 규정이 적용되도록 함으로써 법적 안정성을 추구했다.

영구적으로 구법이 적용되게 할 경우 본인의 의사와 현존능력을 존중한다는 신법의 취지가 희석될 수 있다. 따라서 입법 과정에서는 후견인으로 하여금 법 시행일로부터 3년 이내에 새로운 후견제도에 따라 성년후견, 한정후견, 특정후견 또는 임의후견을 청구하도록 하고, 이를 위반한 경우 과태료를 부과하는 방안을 검토한 적도 있었다. 그러나 후견인에게 과도한 부담이 될 수 있다는 고려에서 과태료 부과 규정을 배제한 채 국회에 법안을 제출하였다.

국회 심의 과정에서 법원행정처는 "3년이 도과하여 후견인이 새로운 후견을 청구한 경우 어떻게 처리할 것인지 모호할 수 있다"며 이러한 의무 규정의 삭제를 요청했다. 법무부는 성년후견제도 관련 심판 등을 담당할 법원의 입장을 존중한다는 차원에서 이를 수용했다. 대신 영속적으로 금치산·한정치산 선고의 효력이 지속되는 것을 방지하기 위해 법 시행일로부터 5년이 경과한 때에는 금치산·한정치산 선고는 장래를 향하여 그 효력을 잃도록 했다(부칙 제2조 제2항).

(3) 다른 법령과의 관계
〈민법〉상 '금치산' 또는 '한정치산'을 인용하는 법률은 200여 개에 이른다. 〈개정민법〉부칙에서 이를 '성년후견' 또는 '한정후견'으로 간주하는 규정을 둘 경우 타 법령의 자격제한 규정과 관련하여 매우 어려운 문제가 생긴다. 특히 한정후견의 경우에는 판단능력 범위가 매우 넓어지기 때문에 한정치산에서와 같이 일률적으로 자격을 제한할 경우 위헌의 소지가 높다. 반면 부칙에 아무런 규정을 두지 않을 경우 타 법령이 〈개정민법〉 시행 전까지 성년후견제도에 맞추어 개정되지 않는다면 규율에 공백이 생길 우려가 있다.

그래서 〈개정민법〉에서는 다른 법령에서 '금치산' 또는 '한정치산'을 인용한 경우에는 '성년후견' 또는 '한정후견'을 인용한 것으로 보되, 경과조치에서와 마찬가지로 그 시한을 5년으로 제한하였다(부칙 제3조). 따라서 관련 법령의 소관 부처는 5년 내에 성년후견제도에 맞추어 법령을 정비해야 한다. 그 기간 내에도 정비가 이루어지지 않을 경우 당해 규정은 효력이 부정될 수밖에 없다.

5. 나가며

〈개정민법〉상 성년후견제도는 복지국가·고령화사회 진입 등 시대적 변화와 기존 후견제도에 대한 반성 속에서 탄생하였다. 효과적 입법을 위해서는 세 가지 요소가 필요하다고 생각한다. 첫째는 관련 전문가와의 공조이고, 둘째는 국민적 공감대 형성이며, 셋째는 구체적이고 일관된 입법 철학이다.

성년후견제도 도입 과정에서는 그 방향성을 제시하는 데 있어 장애인단체의 역할이 중요했다. 법안 기초 과정에서는 학자와 실무가로 구성된 민법개정위원회의 기여가 컸다. 무엇보다 '수요자 중심의 입법', '부정적 낙인효과 완화'라는 입법 이념을 정립하고 모든 정책 결정 과정에서 이를 관철시키고자 노력했다는 점이 가장 의미 있는 일이라고 생각한다.

하지만 〈개정민법〉의 안팎에 걸쳐 여러 과제가 산적해 있다. 가장 근원적인 문제 중 하나는 서두에서 잠시 언급했듯이 성년후견제도의 본질을 법률적 지원장치로 볼 것이냐, 사회복지적 지원장치로 볼 것이냐는 것이다. 물론 양자의 구별이 용이한 것은 아니다. 성년후견제도가 그 통합적 기능을 수행할 것으로 기대하지만, 그 방향을 올바로 잡으려면 기본적 이념과 이론의 토대를 튼튼히 해야 한다. 이는 〈개정민법〉상 강화된 '신상보호'의 개념과 범위를 어떻게 확정할 것인가와도 밀접한 관련이 있는바, 앞으로 이에 대한 깊은 연구가 필요하다.

또한 〈민법〉 개정 과정에서 미처 쟁점화되지 않아 앞서 자세히 다루지는 않았으나, 향후 각 후견 유형 간의 관계에 대해 해석·입법론상 많은 논쟁이 예상된다. 예컨대 임의후견과 법정후견과의 병존 가능성, 성년·한정후견과 특정후견과의 병존 가능성 등에 대해 다양한 입장이 있을 수 있으므로 이를 합리적으로 정립할 필요가 있다. 또한 〈민법〉 관련 입법론으로서 일원론적 체제의 확대, 수요자 중심의 알기 쉬운 조문 체계의 필요성에 대해서는 위에서 언급한 바와 같다.

〈민법〉 차원의 논의에서 한 걸음 더 나아가 성년후견 이용 절차의 접근성과 공정성 강화, 관계 법령과의 정합성 제고 등도 중요한 문제이다. 먼저 〈민법〉은 사법(私法)이라 성년후견제도 이용자에 대한 정부 차원의 지원 및 감독에 대해 규정하지 않았다. 하지만 성년후견제도를 이용하는 사람 중 상당수가 사회경제적으로 열악한 환경에 있을 것으로 예상되므로 국가와 지방자치단체의 지원 체제를 조속히 마련해야 한다. 또한 후견인의 선임과 활동 과정에서 자기결정권과 공정성을 담보할 수 있는 체제를 구축해야 한다.

그 방안으로는 기존 사회복지 관계 법령이나 〈가사소송법〉 등을 보완하는 방법도 생각할 수 있겠다. 그러나 기존 제도에 대한 반성에서 탄생한 성년후견제도 연혁과 이용자 편의 측면에서 볼 때 공적 부조와 성년후견지원 감독관청 설립의 근거 등을 한꺼번에 아우를 수 있는 가칭 〈성년후견 지원 및 감독에 관한 법률〉을 제정하는 방안이 더 바람직하다고 생각한다. 또한 본인의 의사와 능력을 실질적으로 확인함으로써 피후견인이 우리 사회에서 공정하게 평가받을 수 있는 방향으로 관계 법령을 개선해야 할 것이다.

예컨대 각종 법령에 산재되어 있는 피후견인에 대한 결격 규정을 철폐하고, 강제입원 등의 절차에서 그 정당성과 합리성의 근거를 찾기 어려운 이른바 '보호자'의 대리의사결정 대신 본인 의사의 직접 확인, 후견인의 선임 내지 법원허가를 강제하도록 관계 법령을 개선하는 것이 시급하다.

무엇보다 가장 중요한 과제는 성년후견제도에 대한 인식의 전환일 것이다. 동양권 국가에서 성년후견제도가 잘 이용되지 않는 원인으로 가족 간의 정리(情理)를 우선시하는 문화를 꼽는 경우가 많다. 그러나 이와 같은 분석은 핵가족화가 상당히 진행된 우리 현실에서는 더 이상 적합하지 않다.

일본의 경우 성년후견제도를 도입하면서 절차가 편리하고 행위능력을 최대한 보장하는 보조나 임의후견이 가장 많이 이용될 것을 기대했다. 그러나 막상 법이 시행되자 절차가 엄격하고 행위능력 제한이 심한 후견의 이용률이 월등히 높았다. 일본 최고재판소 관계자는 그 원인으로 도저히 후견을 이용하지 않으면 안 될 정도로 상태가 악화되기 전까지 후견제도를 이용하는 것을 꺼리는 현실을 언급한 바 있다.

이러한 일본의 선례는 우리에게도 많은 것을 시사해 준다. 아무리 제도를 우수하게 만들었다고 하더라도 국민이 이에 대한 거부감이나 두려움을 가진다면 활발히 이용되기 어렵다. 요컨대 성년후견제도가 심적 부담 없이 누구나 이용할 수 있는 법적 지원장치라는 긍정적 인식이 뿌리내리는 것이야말로 성공의 열쇠인 것이다.

마지막으로 후견제도에 대한 부정적 인식을 개선하는 근본적 단초로서 장애인에 대한 시각의 변화가 중요하다고 생각한다. 한국에서 기존 후견제도의 폐단을 극명하게 드러낸 사례들은 대부분 장애인과 관련이 있다. 이러한 사례들이 축적되면서 세간에서는 '장애-금치산·한정치산선고-후견개시'의 '절차적 프로세스'가 어느덧 '후견-금치산-장애'라는 '연상의 프로세스'로 변이한 것이 아닌가 싶다. 결국 후견에 대한 부정적 인식의 근저에는 장애 또는 장애인에 대한 두려움 내지 거부감이 잠재해 있는 것은 아닐까.

하지만 의료계 전문가의 견해에 따르면 전 국민의 3분의 1 이상이 평생 한 번 이상의 정신질환을 겪는다고 한다. 또한 고령화에 따라 신체적·정신적 기능이 쇠퇴하는 것은 주지의 사실이다. 결국 선천적이냐 후천적이냐의 차이만 있을 뿐 우리 모두가 장애를 안고 살아가는 것이다. 우리는 부지불식간에 장애인에 대해 '배려'라는 표현을 자주 쓰지만, 이 또한 시혜적이고 왜곡된 시각의 발로에 지나지 않는다. 필자가 현장에서 만난 장애인들은 누구보다 독립심과 자존감이 강했다. 그들은 사회가 장애인을 위해 무엇을 베풀어 주길 바라지 않았다. 단지 장애인과 비장애인과 동일한 출발점에 설 수 있는 최소한의 '공정'을 갈망할 뿐이었다.

고령화사회가 주요 이슈로 떠오른 현대 사회에서는 더 이상 비장애인이 장애인을 포용하는 것이 전부가 아니다. 오히려 비장애인도 언젠가 장애를 겪을 수밖에 없다는 사실을 직시하고 미래를 준비하기 위해 장애인으로부터 삶의 지혜를 배워야 하지 않을까. 이처럼 장애 또는 장애인에 대한 올바른 시각을 가진다면 후견제도에 대한 부정적 인식도 자연스럽게 긍정적으로 바뀌리라고 믿는다.

한국의 성년후견제도 도입 배경과 과제
법무부의 역할과 비전을 중심으로

안녕하십니까. 저는 중앙검찰청 공정거래부 구상엽 부장검사입니다. 먼저 한국에 오신 여러분을 진심으로 환영합니다. 법무부를 대표해서 "한국 성년후견제도의 도입 배경과 과제"에 대해 말씀드리게 되어 큰 영광입니다.

먼저, 한국에서 새로운 후견제도를 도입한 과정은 크게 두 가지 특징이 있습니다. 첫째, 정부 입법, 즉 법무부의 〈민법〉 개정 형식을 취하였다는 점이고, 둘째, 그 과정에서 장애인의 역할이 매우 컸다는 점입니다.

새로운 성년후견제도 도입은 장애인, 특히 장애인 자녀를 둔 부모님들의 절실한 소망이었습니다. 약 10년간 보건복지부에서 관련 입법을 추진하였으나, 성공하지 못했습니다. 2009년에 정부는 〈민법〉 개정을 통해 성년후견제도를 도입하기로 결정하였습니다. 이후 법무부는 장애인들과 긴밀히 협력하여 단기간에 입법에 성공하였습니다.

저는 민법개정위원회 사무국장으로서 입법에 참여한 바 있습니다. 그래서, 제가 직접 경험한 것을 바탕으로 한국의 정부 입법이 어떻게 이루어졌는지 말씀드리고자 합니다.

한국 헌법은 국회뿐만 아니라 정부에게도 법안 제출 권한을 부여하고 있습니다. 물론 입법의 최종 권한은 국회에 있지만, 한국에서 정부 입법은 매우 중요합니다. 정부부처들은 전국적 조직과 전문 관료들을 보유하고 있습니다. 법을 시행하는 과정에서도 정부부처들은 서민들의 실생활과 밀접한 관계가 있습니다. 그래서 정부는 국민에게 혜택이 되고 완성도 높은 정책 개발과 입법을 할 수 있습니다. 이것이 한국에서 정부 입법이 중요한 이유입니다.

믿거나 말거나, 한국의 역동적 문화와 관련된 유머가 하나 있습니다. 한국 건설사들이 맨 처음 하는 것은 기초 공사가 아니라 야간에도 빛을 비출 수 있는 조명탑을 세우는 것이라고 합니다. 일단 조명탑이 완성되면 쉬지 않고 밤낮없이 일해서 몇 년 걸리는 공사를 1년도 안 되어서 마친다고 합니다. 이것은 농담일 수도 있지만, 정부 입법에서도 조명탑 같은 존재가 필요합니다.

효율적 입법을 위해서는 세 가지가 필요하다고 믿습니다. 첫째 외부 전문가들과의 협력이고, 둘째 국민적 공감대 형성이고, 마지막으로 중요한 것이 바로 입법자의 철학입니다.

법무부는 효율적 입법을 위해 외부 법률전문가들과 긴밀히 협력했습니다. 민법개정위원회가 좋은 예입니다. 법무부는 2009년에 저명한 교수, 판사, 변호사들로 민법개정위원회를 만들었습니다. 위원회는 6개 분과와 전문가 그룹, 전체회의로 구성되었습니다. 다양한 회의체의 장점은 절차를 신속하게 진행할 수 있다는 것입니다.

반면, 회의체 간에 정합성이 떨어질 수 있다는 단점이 있습니다. 이러한 문제를 해결하기 위해, 법무부 검사들은 1년에 200번이 넘는 모든 위원회 회의에 간사로 참여했습니다. 검사들의 역할은 법무부와 국민의 관심사를 위원회에 전달하고 회의체 간 생길 수 있는 차이점을 조화시키는 것이었습니다. 이러한 신중하고도 광범위한 절차를 거쳐서 법무부는 입법의 신속성과 더불어 완성도를 높일 수 있었습니다.

또한 법무부는 국민적 공감대 형성을 위해서 노력했습니다. 세계적 동향을 살펴보면, 점차 사적 영역에서 이해당사자들이 입법에 참여하는 비중이 커지고 있습니다. 좋은 입법을 위해서는 공적 영역과 사적 영역의 균형 있는 참여가 중요합니다.

성년후견제 입법 과정에서도 장애인의 의견을 대변할 수 있는 단체들의 참여가 중요했습니다. 그러나 서로 다른 입장과 이해관계를 지닌 수많은 단체들이 있어서 어느 단체가 대표성을 지니는지 판단하기 어려웠습니다. 객관성이 보장되지 않는 특정 이해단체를 참여시키는 것은 부적절하기 때문입니다. 결국, 특정 단체를 찾는 대신, 검사들이 장애인과 입법위원회 간 다리 역할을 하기로 했습니다.

아마도 많은 분들이 〈아바타〉라는 영화를 보셨으리라 생각합니다. 저의 역할은 바로 아바타와 비슷했습니다. 입법 초기 단계부터, 저는 많은 장애인단체를 찾아다니며 그들의 소망을 경청하고, 이를 위원회에 전달하였습니다. 장애인들에게는 입법위원회의 경과와 어려운 법률적 쟁점들을 쉽게 설명했습니다. 그런 과정을 거쳐 다양한 이해단체들의 의견을 입법에 반영할 수 있었습니다.

마지막으로 성년후견제도 도입 과정에서 법무부의 입법 철학은 본인의 자기결정권과 현존능력의 존중이었습니다. 국가나 후견인이, 본인의 의사와는 무관하게, 무엇이 피후견인에게 최선인지 함부로 재단(裁斷)해서는 안 됩니다. 이는 장애인 사이에서 가장 중요한 어젠다 중 하나인 "Nothing about us, without us"와 일맥상통하는 것입니다.

법무부의 입법 철학을 가장 잘 나타내는 '성년후견제도의 상징'을 소개하겠습니다. 이것은 법무부가 법률 초안이 나오기도 전에 장애인들의 의견을 반영하여 제작한 성년후견의 상징물입니다. 이것은 법무부의 요청으로 이 상징을 그린 윤석인 수녀님의 사진입니다. 수녀님은 중한 장애가 있어 하루 종일 침대에 누워 생활하고 계십니다. 이러한 장애에도 불구하고, 수녀님은 화가로도 활동하고 장애인을 위한 복지시설도 운영하고 있습니다.

여기, 웃고 있는 두 얼굴은 후견인과 피후견인을 상징합니다. 5색 물결들은 삶의 고난과 역경을 상징합니다. 즉, 후견인과 피후견인이 손을 맞잡고, 동등한 눈높이에서, 사랑의 하트 모양으로 한 몸을 이루어, 피후견인이 역경을 극복할 수 있도록 지원한다는 의미입니다.

어떤 분들은 법안이 나오기도 전에 법의 상징물을 만드는 것은 성급한 결정이 아니냐고 하실 수도 있습니다. 하지만, 아시다시피 한국의 문화는 역동성과 신속성을 중시합니다. 단기간에 입법을 하는 것은 결코 쉽지 않은 일이었습니다. 이 그림을 보면서, 저는 장애인들이 매일 맞닥뜨리는 고난과 그들이 품고 살아가는 소망을 되새기며, 저의 결심을 새롭게 하고 다시 몰두할 수 있었습니다. 이 상징은 제게 있어 조명탑과도 같은 존재였던 것입니다.

이제, 앞으로의 과제 내지 소망을 말씀드리는 것으로 발표를 마치고자 합니다. 한국에서 성공적으로 성년후견제도가 도입되었으나, 앞으로도 많은 과제가 남아 있습니다. 한국은 세계에서 고령화 속도가 가장 빠른 나라 중 하나입니다. 입법 과정에서 상대적으로 장애인이 주목받았으나, 앞으로는 성년후견이 고령인을 위한 제도로도 발전되어야 합니다.

다음으로 실용적 관점에서, 성년후견제도의 접근성 확대가 가장 중요합니다. 이를 위해 양질의 후견인을 양성·감독하는 한편, 성년후견의 이용 비용을 낮추고 지원하는 시스템이 필수적입니다. 저는 법무부가 지역 단체와 연계하여 위와 같은 역할을 담당할 '성년후견청'을 만들 것을 제안합니다.

마지막으로, 법무부는 앞으로도, 단순히 법적 이론이나 기술의 산물이 아니라, 국민의 소망과 입법자의 철학이 담긴 더 나은 성년후견제를 만드는 데 최선을 다하겠습니다. 감사합니다.

Background and Tasks of the Adult Guardianship in Korea

The role and vision of the Korean Ministry of Justice

Good morning, Ladies and Gentlemen. I am Sang-Yeop Koo, Director of the antitrust division of the Central Prosecutors' Office. I would like to first welcome all of you to Korea. It is my great honor to speak about the background and tasks of the Adult Guardianship in Korea on behalf of the Ministry of Justice.

To begin with, let me bring up two points on how Korea introduced the new guardianship system. First, the system was introduced through government legislation, in other words the civil law reform by the Ministry of Justice. Second, during the whole process, the disabled has played a significant role.

It was a sincere and desperate hope for the disabled and, in particular, their parents to adopt the new adult guardianship system. The Ministry of Health and Welfare had tried to legislate the law for around a decade, but only to fail time and time again. In 2009, the Korean government decided to adopt the new guardianship system by revising the civil law. The Ministry of Justice successfully legislated the law by closely cooperating with the disabled in a short period of time.

I have participated in drafting the law as the Secretary General of the Civil Code Reform Committee. In this regard, I would like to elaborate on Korea's approach to government legislation based on my first-hand experience.

The Korean Constitution stipulates that bills may be introduced by members of the National Assembly or by the government. Although the National Assembly has the power to make a final decision on the law making process, the government legislation is of a crucial importance in Korea. The government agencies have nation-wide organizations and professional officials. Even during the execution of the law, the government agencies are more exposed to and aware of the real-life concerns of ordinary people. That is why the government was able to develop policies and law of high level completeness that benefit the people. These are the reasons why the government legislation is important in Korea.

Believe it or not, there is a joke about Korea's dynamic culture. It is said that the first thing Korean construction companies embark on is not laying the foundation but building the light towers to provide light at night. Once the light towers are set up, work continues day and night nonstop, so to complete the construction within just a year, which otherwise would have taken many years. This can only be a joke, but such light towers are also necessary for government legislation.

To efficiently draft a law, the next three points are required. First, cooperation with outside experts, Second, reaching national consensus, and Lastly, the philosophy of the legislator. The Ministry of Justice has worked closely with outside legal professionals for more efficient law making process. The Civil Code Reform Committee is a good example.

In 2009, The Ministry of Justice established the Committee comprising renowned professors, judges and lawyers. The Committee included six subcommittees, an expert group, and a general assembly. The beauty of having various groups is that it expedites the whole process.

However, this can create inconsistency between the groups as well. To address this issue, the prosecutors at the Ministry of Justice participated in all of the Committee meetings, which were held more than 200 times a year, as an administrative secretary. They were to deliver the grievances and interests of the Ministry and the people to the Committee and to coordinate any difference that might arise between the working groups.

Through such a prudent and comprehensive review process, the Ministry was able to speed up the legislation process and increase its level of completeness.

The Ministry has also endeavored to reach national consensus. If you look at the global trend, you will find the increasing involvement of private sector, such as interest groups participating in the legislative process. Given this, balancing the participation of public and private sectors is essential in making good laws. For example, the involvement of groups and organizations that can represent the disabled was crucial during the law making process on adult guardianship.

However, since there were so many groups and organizations with different positions and interests, it was difficult to assess which view truly was the representative one. It would be inappropriate to involve a specific interest group unless its objectivity was guaranteed. Therefore, instead of selecting a group or an organization, the prosecutors decided to act as a bridge between the disabled and the legislation committee.

I am sure many of you have seen the movie *Avatar*. My role was similar to that of an *Avatar*. From the early stage of legislation, I visited many organizations representing the disabled to listen to their grievances, and delivered them to the committee. For the disabled, I explained in easy and plain language the progress being made in the committee and the difficult legal issues it was facing. Through this process, we were able to reflect the opinions of various interest groups in the legislation.

Finally, the philosophy of the Ministry during the implementation process of the adult guardianship system was to respect an individual's self-determination and current capability. Without his or her own determination, a state or a guardian should not judge what is the best interest for the person who needs guardianship. This philosophy has in common with one of the most important agenda among the disabled called "Nothing about us, without us."

Now, please allow me to introduce the symbol of guardianship law, which highlights the Ministry's philosophy for legislation. This is the symbol of adult guardianship that the Ministry of Justice had developed reflecting the opinions of the disabled well before the draft law was completed. This is a picture of Sister Yoon, who designed the symbol at the request of the Ministry. Sister Yoon has severe disabilities and lies in bed all day. Despite her disabilities, she is gifted in painting and she is also operating a facility for the disabled.

Here, two smiling faces represent a guardian and a ward. The five-colored waves illustrate hardship and adversity of life. In other words, the symbol illustrates a guardian holding his or her hands with a ward at equal eye level and helping him or her out in the midst of adversity by becoming a single body in a lovely heart shape.

Some might say that it was a hasty decision to create a symbol for the adult guardianship law when the law was not even drafted. However, as you might have guessed, at the heart of Korean culture lies the country's dynamism and commitment to speed. Producing legislation in a short period of time was definitely not an easy task. But seeing this picture, I thought of the challenges and grievances disabled people face every day and the hope they live with and this helped me renew my determination and focus. In this sense, this picture, for me, is like a light tower.

I would like to end my presentation by sharing with you our future task or desire. Korea successfully adopted the adult guardianship system, but many tasks still lie ahead. Korea is one of the fastest ageing countries in the world. In the legislation of the adult guardianship, the disabled was relatively more highlighted, however, the system now should be developed for the old, as well.

Next, expanding the access to the adult guardianship is all the more important in real life. It is vital to develop the system that can train and supervise qualified guardians while lowering access cost. In order to do that, I suggest that the Ministry of Justice will establish 'adult guardianship agency' by engaging with local institutes.

In closing, the Ministry of Justice will continue its efforts to better the adult guardianship system that reflects the desire of the people and the philosophy of the legislators, rather than simply being a product of legal theory or technique.

Thank you for listening.

Background and Tasks for the new Adult Guardianship in Korea

Sang-Yeop KOO, Ph. D, senior prosecutor

Director of Antitrust Division, Central Prosecutors' Office

Making Laws in Korea

Bills may be introduced by members of the National Assembly or by the Executive

Constitution of the Republic of Korea, Article 52

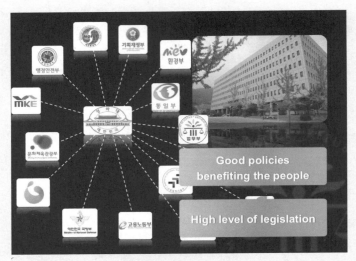

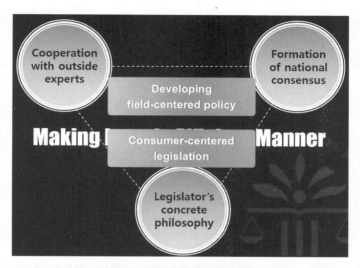

Sister YOON, Seok-Win

참고문헌

공순진·김원숙, 2004, "성년후견공시제도", 〈동의법정〉, 20집.

구상엽, 2009. 7. 9, "아라이 마코토 교수 초청 한일 국제심포지엄" 중 발언, 박은수 국회의원·성년후견제추진연대 주관, 국회도서관 소회의실.

국회 법제사법위원회, 2013. 3, 〈가사소송법 일부개정 법률안 심사보고서〉.

_____, 2010. 12, 〈민법 일부개정 법률안 심사보고서〉.

김대경, 2010, "성년후견제의 입법을 위한 비교법적 고찰", 〈경희법학〉, 45권 1호

김명엽, 2010, "성년후견제도 도입을 위한 법무부 입법안의 개선에 관한 연구", 〈법과 정책〉, 16권 2호.

김은효, 2009, "민법(성년후견) 일부 개정안에 대한 소론", 〈법률신문〉, 2009. 11. 16.

_____, 2007, "성년후견제도에 관한 고찰", 〈법률신문〉, 2007. 10. 4.

김재형, 2009. 8. 21, "제1기 민법개정위원회, 전체회의 제1차 회의"(내부 회의록, 4쪽) 중 발언.

김태원, 2006, "성년후견제도의 입법 방향", 충북대 석사학위 논문.

김형석, 2009, 《민법개정안 해설》, 성년후견제 도입을 위한 민법개정안 공청회, 법무부.

_____, 2009. 4. 21, "제1기 민법개정위원회, 제2분과 제6차 회의"(내부 회의록, 2~4쪽) 중 발언.

_____·민유숙·구상엽, 2009. 5. 4, "제1기 민법개정위원회, 제2분과 제7차 회의"(내부 회의록, 4~5쪽) 중 발언.

남윤봉, 2008, "고령화사회에서의 성년후견에 관한 연구", 〈법과 정책연구〉, 8집 2호.

대한신경정신의학회 관계자, 2009. 6, "정신질환자 법적 차별 대책 간담회" 중 의견, 서울대 의과대학 회의실.

민의원, 1957, 《민법안 심의록》, 상권.

박태신, 2008, "정신장애인의 자기결정권과 행위능력: 일본의 성년후견제도

를 중심으로", 〈안암법학〉, 27호.

배인구, 2013, "성년후견제도에서의 가정법원의 역할: 〈개정 가사소송법〉을 중심으로", 자기결정권 존중을 위한 성년후견제 국제 컨퍼런스, 한국성년후견학회·국가인권위원회.

백승흠, 1997, "성년후견제도에 관한 연구: 입법론적 제안을 중심으로", 동국대 박사학위 논문.

_____, 2000, "성년후견제도의 입법방향", 〈민사법학〉, 제18호.

_____, 2003, "우리나라에서의 성년후견제도의 도입과 그 검토", 《고령사회와 성년후견제도》, 한국법제연구원.

_____, 2002, "일본 성년후견제도의 개관", 〈가족법연구〉, 16권 1호.

송호열, 2002, "성년후견법제에 관한 연구", 동아대 박사학위 논문.

_____, 2003, "성년후견 법제화의 기본원칙과 방향", 〈동아법학〉, 33호.

신은주, 2009, "우리나라에서 성년후견제도의 도입", 〈한국의료법학회지〉, 17권 6호.

양창수·김재형, 2011, 《계약법》, 박영사.

엄덕수, 2010, "성년후견 법안, 그 쟁점과 입법 방향", 〈법무사〉, 516호.

_____, 2011. 9. 2, "성년후견인제 도입한 〈민법〉 개정에 기여 자부심" 인터뷰, 〈법률신문〉.

오경희, 1999, "성년후견제도에 관한 연구: 고령자 보호를 중심으로", 부산대 박사학위 논문.

오호철, "일본의 성년후견제도와 우리나라의 성년후견법안의 비교", 〈비교사법〉, 15권 2호 (2008)

우주형, 2008, "장애성년후견제도 도입에 관한 소고", 〈중앙법학〉, 10집 4호.

유경미, 2006, "성년후견제도의 입법화를 위한 고찰", 〈법학연구〉, 24집.

이승길, 2009, "현행 〈민법〉상 후견제도의 문제점과 성년후견제도의 도입에 관한 고찰", 〈중앙법학〉, 제11집 제2호.

이영규, 2010, "새로운 성년후견제에서 법무사의 역할", 〈법무사〉, 516호.

이은영, 2001, "성년후견제도에 관한 입법제안", 〈한일법학〉, 20집.

_____, 2004, "성년후견제도의 입법 필요성", 〈법무사저널〉, 142호.

장혜경, 1999, "성년후견제도의 도입에 관한 연구", 한양대 석사학위 논문.

정정길·최종원·이시원·정준금·정광호, 2010, 《정책학원론》, 대명출판사.

정조근·송호열, 2006, "후견인등록제도에 관한 고찰", 〈가족법연구〉, 20권 3호.

최문기, 2007, "성년후견제도의 입법론에 관한 일고찰", 〈경성법학〉, 16권 2호.

岡部 喜代子, 2009, "일본의 성년후견제도의 문제점", 〈한림법학 FORUM〉, 20권.

稻田龍樹·구상엽, 2011. 12. 3, "동아시아에 있어서 성년후견법의 전개와 과제 국제학술대회" 중 발언, 인하대 법학전문대학원 국제회의실.

上山泰, 2004, "專門職後見人の現況と市民後見人システムの充實に向けて", 〈實踐成年後見〉, 8號.

小林昭彦 外 5人, 2003, 《新成年後見制度の解說》, 社團法人 金融財政事情研究會.

小賀野晶一, 2000, 《成年後見監護制度論》, 信山社出版.

新井誠·赤沼康弘·大貫正男, 2007, 《成年後見制度: 法の理論と實務》, 有斐閣.

野村好弘, 1979, "準禁治産制度と法人制度の改正問題: 民法及び民法施行法の一部改正法案の考察", 〈ジュリスト〉, 696號.

日本 最高裁判所事務總局, 2008, 《成年後見關係事件現況》.

齊木賢二·大貫正男, 2000, "司法書士と成年後見", 《成年後見 法律の解說と活用の方法》, 有斐閣.

Hodgson, R., 1973, "Guardianship of mentally retarded person: Three approaches to a long neglected problem", *Albany Law Review*, 37(3).

World Legal Forum(Where the power of law meets the law of power), 2009, "Private international regulation and public supervision", Peace Palace, The Hague.

Zuckerman, D., 1988, "Support services and alternatives to guardianship", *Mental and Physical Disability Law Reporter*, 12(2).

http://www.worldlegalforum.org/cms/index.php?option=com_content&view=article&id=8&Itemid=12.

3장

UN 장애인권리협약의 관점에서 본
한국 성년후견제도의 현재와 미래

제철웅

(현 한양대 법학전문대학원 교수)

1. 들어가며

2022년 현재 2013년 7월 1일 새로운 성년후견제도가 시행된 지 10년차를 맞이했다. 그사이 성년후견사건의 신청은 〈표 3-1〉에서 보듯이 꾸준히 증가해 왔다.

2013년 7월 1일부터 2014년 4월 말까지 1,325건의 성년후견 신청(법정후견의 약 82%), 169건의 한정후견 신청(법정후견의 약 10.5%), 107건의 특정후견 신청(법정후견의 약 6.6%)이 각각 있었고, 10건의 임의후견감독인 선임신청도 있었다.[1] 그것과 비교해 보면 매년 증가율이

---

* 이 글은 〈가족법연구〉, 28권 2호(2014. 7)에 게재하였던 원고를 수정한 것임을 밝힌다. 온율 성년후견세미나에서 발표하였던 글을 토대로 그간의 변화를 감안하여 수정하였다.

표 3-1 후견관련 사건 추이

연도＼종류	합계	성년후견	한정후견	특정후견	임의후견
2013	1,883	《사법연감》상 후견 유형별 통계는 없음)			
2014	2,605	2,006	236	355	8
2015	3,480	3,010	283	179	8
2016	4,173	3,716	282	158	17
2017	5,958	4,571	897	464	26
2018	7,213	5,927	742	529	15
2019	8,519	6,984	746	759	30
2020	9,953	8,180	830	917	26
합계	43,784	34,393	4,016	3,361	130

출처: 《사법연감》 재정리.

눈에 띄게 늘고 있음을 알 수 있다.

성년후견 유형은 뇌사상태 또는 식물인간 상태에 있거나, 자신이나 가족의 이름 또는 거소도 기억하지 못할 정도로 인지능력이 떨어져 있거나, 통상의 사회활동이나 경제활동을 혼자서 전혀 할 수 없는 의사결정능력 장애인 등이 이용할 것[2]이고, 한정후견이 가장 많이 활용될 것으로 기대했으나,[3] 현실은 다르게 나타났다. 또한 성년후견제도 이용이 대폭 늘 것으로 예상했던 이들에게는 전체 1,601건의 법정후견 신청

---

1 이 자료는 서울가정법원의 2014년 당시 배인구 부장판사님의 도움으로 얻은 후견신청 전체 통계자료에 기초한 것으로, 필자가 제3회 세계성년후견대회 전체회의(plenary session)에서 "UN 장애인권리협약과 한국의 성년후견제도"라는 주제 발표의 기초자료로 활용하였다. 이 기회를 빌려 감사의 말씀을 드린다.

2 구상엽, 2012, "〈개정민법〉상 성년후견제도에 대한 연구", 서울대 박사학위 논문, 62쪽 이하 참조.

3 박인환, 2010, "새로운 성년후견제 도입을 위한 민법개정안의 검토", 〈가족법연구〉, 24권 1호, 41쪽 참조.

표 3-2 행위무능력자제도하의 금치산·한정치산 선고 신청 건수 추이

연도	접수 건수(증가율)	인용	연도	접수 건수(증가율)	인용
2001	323	176	2008	804(7.6%)	391
2002	421(30%)	208	2009	944(17.4%)	493
2003	433(2.8%)	250	2010	1,024(8.4%)	515
2004	473(9.2%)	274	2011	1,290(25.9%)	617
2005	529(11.8%)	291	2012	1,342(4%)	705
2006	663(25.3%)	303	2013.7~2014.3	1,601(19.3%)	565
2007	747(12.6%)	334	총계	10,594	5,122

출처: 《사법연감》 2002~2012년 자료에 기초했다. 2013년 자료는 미공간 통계이다.

은 〈표 3-2〉에서 보듯이, 행위무능력자제도하에서의 후견신청 추이와 비교할 때 큰 차이가 있지 않아 실망스러울 수 있다. 4 왜냐하면 의사결정능력에 장애가 있는 성인 수가 최소한 100만여 명에 달하는데, 5 이들

---

4 새로운 후견제도의 시행을 전후하여 변호사협회, 법무사협회, 세무사협회, 사회복지사협회 등은 직역 종사자들을 대상으로 전문직후견인후보자 양성교육을 수행하였다. 가정법원에서는 전문가후견인후보자를 심사하여 등록시켰다.

5 〈장애인복지법〉은 의학적 모델(medical model)에 입각해 장애를 분류하기 때문에 의사결정능력 장애라는 개념을 알지 못한다. 그런데 세포단위의 질병(pathology)이 기관에 손상(impairment)을 초래해 개인의 일상적·사회적 기능에 제약이 생겨 사회생활상의 장애(disability)로 된다는 나기(Nagi)의 개념 정의에 기초한 장애 개념을 오늘날 더 많이 이용한다. 장애 개념의 발전은 가령 National Research Council, 2007, *Improving the Social Security Disability Decision Process*, Washington DC: National Academies Press, p. 20 참조. 미국은 이에 입각해 장애를 청각장애, 시각장애, 인지장애, 보행장애, 자기돌봄장애(목욕, 의복착용 장애), 독립생활장애로 분류한다. 이에 따르면 75세 이상 인구의 50%가 장애인이다. *2012 Disability Status Report USA* 참조.

장애를 사회적 개념으로 이해하고 기능적으로 분류하면, 의사결정능력 장애라는 표현은 낯설지 않다. 후술할 호주 빅토리아주에서는 의사결정능력 장애인(*persons with impaired decision making ability* 또는 *persons with impairment to decision making ability*)이라는 표현을 사용한다. 우리나라의 경우 2012년 기준으로 치매환자가 약 57만 명, 뇌병변환자가 약 25만 명, 발달장애인이 약 19만 명, 정신장애인이 9만 명인데, 이들이 의사결정능력 장애인의 대표적 예이다.

중 후견제도를 이용하는 사람 수가 극히 미미하기 때문이다.

우리나라의 후견 이용 건수는 외국과 비교하더라도 상당히 낮다. 같은 아시아 국가인 대만에서는 2009년 11월 23일부터 새로운 성년후견제도〔監護制度〕가 시행되었다. 이미 그전인 2008년에 감호신청 건수가 3,862건, 2009년 3,992건, 2010년 4,530건, 2011년 4,485건, 2012년

표 3-3 인구 10만 명당 후견하에 있는 각국의 성인 수

국가명	이용자 수	국가명	이용자 수	국가명	이용자 수
아일랜드	48	불가리아	100	라트비아	106
우크라이나	107	슬로바키아	34	몰도바	152
폴란드	158	리투아니아	167	러시아	211
체코	317	크로아티아	410	헝가리	596
콜롬비아구	311	캘리포니아	108	하와이	60
미네소타	521	뉴욕1)	90	독일2)	1,614
빅토리아주3)	424	일본	128	한국4)	10

주: 1) 미국의 자료는 Schauffler and Uekert, 2008, "The need for improved adult guardianship data", *Caseload Highlights*, 15(2)에 기초했다. 이에 따르면, 1996년 슈미트(Schmidt)가 보고한 미국 전역에 150여만 명이 성년후견하에 있다는 자료는 통계적으로 유의미하지 않다고 볼 수 있다.
　2) 독일은 1990년 성년후견제도가 도입된 이래 1993년부터 매년 10여만 건의 후견인 선임이 이루어졌다. 2002년부터 매년 20만 건 이상으로 신규 후견인이 선임되었다(Bundesamt für Justiz, Betreuungsverfahren, 2013 참조). 2011년에 131만 9,380명에게 성년후견인이 선임되었다(http://www.bundesanzeiger-verlag.de/betreuung/wiki/Betreuungszahlen, 최종 방문 2014. 6. 24).
　3) 호주의 수치는 후술할 Victorian Law Reform Commission, 2012, *Guardianship Final Report*, 24에 기초한 추정치다.
　4) 우리나라는 후견제도 이용자 전체 통계가 없기 때문에, 행위무능력자제도하에서 한정치산·금치산 선고가 이루어졌던 사건, 새로운 성년후견제도하에서 결정이 내려진 사건 등을 합하여 추정치를 산출하였다. 2001년 이후 모든 건수를 합했는데, 후견인 선임 후 사망 등 기타 사유로 후견이 종료된 경우도 있을 것이기 때문에 추정치로서의 역할을 할 수 있다.
출처: 유럽 국가의 수치는 Mental Disability Advocacy Centre, 2013, *Legal Capacity in Europe*, p.21의 2008년 기준 수치다. 그 외 국가는 위 주의 다양한 해외 자료를 토대로 필자가 정리하였다.

5,925건에 달했다.6 일본의 경우 2012년 1년간 후견신청 건수 2만 8,472건, 보좌신청 건수 4,268건, 보조신청 건수 1,264건이었고, 2012년 후견 이용자가 13만 6,484건, 보좌 2만 429건, 보조 7,508건, 임의후견 1,868건이다.7 인구 10만 명당 후견하에 있는 성인 수라는 척도로 비교하면 더 잘 드러난다. 〈표 3-3〉은 여러 자료를 기초로 비교 목적으로 작성한 추정 수치이다.

후견 이용 건수가 낮은 이유는 여러 가지로 설명할 수 있다. 장애, 질병, 고령 등으로 판단능력이 떨어지는 성인을 가족이 돌보는 전통이 길었기 때문에, 현실에서 가족이 의사결정능력 장애인을 대신하여 계약을 체결하거나 그 명의로 계약하는 것에 사회문화적 거부감이 없을 수 있다.8 이런 문화는 의사결정능력 장애인을 사실상 돌보는 제3자의 행태에도 영향을 미쳐 이들도 의사결정능력 장애인을 대신하거나 장애인 명의로 계약하는 것에 거부감이 없을 수 있다.

이런 사회문화는 법적으로도 뒷받침된다. 책임무능력자에 대한 법적 감독자의 〈민법〉 제755조의 책임은 후견인의 법적 감독에만 한정되는

---

6 黃詩淳, 2013, 《成年後見制度の概要と特色》, 新アシア家族法三國會議, 2013年 11月 臺灣大會 資料集 참조.

7 赤昭康弘, 2013, 《成年後見制度の概要と特色》, 新アシア家族法三國會議, 2013年 11月 臺灣大會 資料集 참조. 한편 1999년 한 해의 일본의 금치산 선고 건수는 2,963건, 준금치산 선고 건수는 671건이다.

8 필자가 위탁받은 '발달장애인을 위한 후견지원사업 중앙지원단' 사업 상담 중에는, 그동안 가족 또는 친족이 사건본인을 대신하여 결정하거나 그 명의로 계약해 왔는데, 성년후견제도의 시행으로 불편해졌다는 불평이 적지 않다. 한편 신안염전노예사건의 경우 부모・형제・자매 등이 사건본인을 염주에게 맡기면서 임금을 주지 않아도 된다는 확인서를 작성해 준 사례이다.

것이 아니라, 책임무능력자를 사실상 돌보는 가족, 친지 등에게도 적용되었다.[9] 한편 의사결정능력 장애인의 권리를 친족이 침해하는 경우에도 〈형법〉은 다양한 면책제도를 둔다. 〈형법〉 제328조, 제344조, 제354조, 제361조, 제365조 등이 그 예이다.

그러나 친족 또는 제3자가 아무 법적 근거 없이 또 권한 없이 의사결정능력 장애인을 대리하거나 그 명의로 계약하는 일은 점차 어려워지고 있다. 1993년 '금융실명거래 및 비밀보장에 관한 긴급재정경제명령'이 발표되었고, 1997년 〈금융실명거래 및 비밀보장에 관한 법률〉이 제정되었으며, 1995년 〈부동산실권리자 명의등기에 관한 법률〉이 시행되었다. 21세기 들어 속칭 〈자금세탁방지법〉이 확대되었고,[10] 2011년 〈개인정보보호법〉이 제정되었다. 이에 덧붙여 의사결정능력 장애인의 인권보호와 자기결정권의 존중에 대한 사회적 인식이 장애인단체를 중심으로 점점 확산되고 있다.

이런 법적 환경하에서 우리나라는 2006년 UN 장애인권리협약에 서명했고, 2008년 장애인권리협약을 비준하였다. 2007년 〈장애인차별금지법〉, 2011년 〈장애인활동지원법〉이 제정되고, 〈민법〉 개정을 통해 새로운 성년후견제도를 도입한 것에도 장애인권리협약의 영향이 있었다.[11] 장애인권리협약 비준 후 UN 장애인권리위원회는 이미 두 차례에

─────

9 이 규정의 문제점에 대해서는 제철웅, 2012, "성년후견인의 〈민법〉 제755조의 책임", 〈법조〉, 670호, 7쪽 이하 참조.

10 〈마약류불법거래방지에 관한 특례법〉(1995), 〈특정금융거래정보의 보고 및 이용 등에 관한 법률〉(약칭 〈특정금융거래보고법〉, 2001년 제정), 〈범죄수익은닉의 규제 및 처벌 등에 관한 법률〉(약칭 〈범죄수익규제법〉, 2001년 제정), 〈공중 등 협박 목적을 위한 자금조달행위의금지에 관한 법률〉(2008년 제정) 등이 그것이다.

걸쳐 의사결정대행제도인 현행 성년후견제도를 의사결정지원제도로
변경하라고 권고했다.

이 글은 '의사결정능력 장애인의 인권'에 대한 인식 개선이라는 시대
변화 속에서 2013년 7월 1일 시행된 성년후견제도의 현재 모습을 되짚
어 보고, 향후 의사결정능력 장애인의 인권보호와 권익신장을 위해 무
엇이 필요한지 살펴보고자 한다. 후견제도의 이용 활성화가 아니라,
무엇이 의사결정능력 장애인의 사회통합에 효과적인가라는 문제의식
을 갖고 현행 성년후견제도의 성과와 한계를 점검하고자 한다. 이 점에
서 특히 새로운 성년후견제도 도입 시점에서 언급되었던 지도 이념으
로서 정상화, 자기결정권 존중, 잔존능력 극대화를 비롯한12 UN 장애
인권리협약 원칙이 〈개정민법〉상의 새로운 성년후견제도에 제대로 반
영되었는지, 성년후견제도를 어떻게 활용하는 것이 그 원칙을 구현하
는 길인지 살펴볼 것이다.

먼저 UN 장애인권리협약의 관점에서 볼 때 후견제도와 의사결정능
력 장애인의 관계를 어떻게 형성해야 할지 살펴보고(2절), 성년후견제
도를 둘러싼 새로운 입법적 시도들의 긍정적인 측면과 한계를 살펴봄

11 구상엽, 위의 논문, 27쪽 참조. 성년후견제도의 도입을 위해 가장 큰 고민을 한 집단은 지적
   장애인 자녀를 둔 부모들이었다. 이들은 2002년 장애우권익문제연구소와 함께 여러 연구를
   수행하다가 2004년 성년후견제도 도입을 위한 연대기구(성년후견추진연대기구)를 결성하였
   고, 이들의 노력으로 17대 국회에서 장향숙 의원이 발의한 〈민법〉 일부개정 법률안을 제출했
   다. 다시 18대에는 박은수 의원을 통해 〈민법〉 일부개정 법률안을 제출했다. 김정렬의 기사
   ("성년후견제도 도입의 의미와 준비해야 할 과제", 〈함께걸음〉, 2011년 3월호)는 장애인의
   관점에서 본 후견제도 개정운동과 그 방향을 짐작할 수 있게 한다. 이 기사는 〈함께걸음〉 홈페
   이지(http://www.cowalknews.co.kr, 최종 방문 2014. 6. 24)에서도 볼 수 있다.
12 구상엽, 위의 논문, 7쪽 이하; 박인환, 위의 논문, 34쪽 이하 등 다수의 글 참조.

으로써 현행 성년후견제도의 장단점을 확인한 후(3절), 의사결정능력 장애인의 사회통합과 권익신장을 위해 무엇이 필요한지, 이와 연관하여 후견서비스 공급시장은 어떻게 형성하는 것이 바람직한지 각각 검토할 것이다(4절).

2. UN 장애인권리협약과 의사결정능력 장애인

1) UN 장애인권리협약 제12조의 의미

성년후견제도를 UN 장애인권리협약에 부합하게 설계하고 운영하려면 이 협약 제12조를 유의해야 한다. UN 장애인권리위원회는 2014년 3월 이 협약 제12조에 관한 일반평석 초안(*Draft General Comment*)을 공포하였다. 이에 따르면, 제12조는 장애인권리협약 제3조의 일반원칙을 구체화한 것이다.[13]

제1항의 '인간으로서 인정받을 권리'는 UN 국제인권 B규약 제4조, 제16조에 기초한 것으로 국가위기 상황에서도 침해되어서는 안 되는 바로 그 인권을 의미한다.

제2항은 장애인이 '법적 능력'을 향유한다는 점을 협약국이 인정해야 한다고 규정하는데, 협약 비준을 전후하여 우리나라에서는 '법적 능력'

---

13 UN 장애인권리협약 제3조와 성년후견제도의 관계에 관하여는 제철웅, 2011, "요보호성인의 인권존중의 관점에서 본 새로운 성년후견제도: 그 특징, 문제점 그리고 개선방안", 〈민사법학〉, 56권 12호, 279쪽 이하 참조.

의 의미에 대해 명확한 인식이 없었다. 14 그런데 위 일반평석 초안에 따르면 '법적 능력'은 권리능력과 행위능력을 모두 포함할 뿐 아니라 그 범위를 넘어 법적 효력을 가진 모든 행위를 할 수 있는 능력을 의미한다. 선거권, 소송능력, 직업수행의 법적 자격 등을 망라한다.

그러므로 제2항은 의사결정능력 장애인의 권리능력만이 아니라 행위능력, 법적 자격을 제한해서는 안 된다는 것을 의미한다. 물론 의사결정능력 장애인이 의사능력(*mental capacity to make decisions*)이 없을 수 있으나, 후자가 없다고 해서 행위능력, 법적 자격을 박탈하거나 제한하는 정당화 근거로 삼아서는 안 된다는 것이다. 15

제3항은 의사결정능력 장애인을 대신하여 후견인이 의사결정을 하는 대체의사결정제도가 아니라 의사결정지원제도를 도입할 의무가 있다는 의미이다. 16 의사결정지원의 의미는 공식 · 비공식 지원체계를 망라한다. 장애인 당사자가 선임하는 신뢰관계자일 수도 있고, 대체의사소통기구의 개발일 수도 있으며, 법원 또는 국가기관이 선임한 의사소통지원자일 수도 있다. 물론 여기에 의사결정지원자로서의 후견인도 포함된다.

---

14 차선자 · 권건보 · 서정희 · 윤찬영 · 조백기, 2010, 〈장애인권리협약의 국내이행을 위한 실태조사〉, 국가인권위원회보고서, 234쪽 이하 참조.

15 Committee on the Rights of Persons with Disabilities, *Draft General Comment on Article 12*, CRPD/C/11/4, n. 11~13. 이미 유럽평의회 산하 유럽인권재판소에서 행위능력 박탈 내지 제한, 결격조항이 유럽인권협약 위반이라고 선언한 바 있다. 이에 대해서는 제철웅, 2013, "〈성년후견법〉의 시행준비작업상의 몇 가지 이론적 · 실천적 문제", 〈가족법연구〉, 6쪽 이하 참조.

16 Committee on the Rights of Persons with Disabilities, *Ibid*, n. 14~17.

제4항은 의사결정지원제도를 설치할 때 유의해야 할 사항에 대해 규정한다. 제5항은 우리나라만이 아니라 다른 나라에서도 그동안 의사결정능력 장애인을 대상으로 흔히 발생해 왔던 차별적 조치를 없애도록 이를 구체적으로 예시한 것이다.

요컨대 제12조는 권리능력, 행위능력, 여타 권한행사를 박탈하거나 제한하는 모든 법제도는 이 규정을 위반한 것임을 명백히 밝혔다. 다만 차별적이지 않고 또 비례의 원칙에 상응해 이런 법적 능력을 제한, 박탈할 여지마저 없앤 것은 아니다.[17]

필자는 UN 장애인권리협약 제12조의 원칙이 2010년 요코하마에서 개최된 제1회 세계성년후견대회에서 채택된 선언문 제3조의 취지와 부합하는데,[18] 2016년 베를린에서 개최된 제4회 세계성년후견대회에서 후견제도에 장애인권리협약의 취지를 보다 더 반영하는 선언문을 채택하였다. 2018년 서울에서 개최된 제5회 세계성년후견대회에서는 우리나라와 같은 아시아 국가가 수용할 수 있는 방향의 장애인권리협약 제12조의 이해를 '서울 선언'으로 담았다.[19]

이들 선언문은 모두 성인에게는 의사결정능력이 있다는 추정을 전제한 상태에서, 스스로 결정할 수 있게끔 의사결정을 지원하는 것에 초점을 둔다. 한편 의사결정능력 장애인의 의사결정능력이 고정적이거나

---

17 Committee on the Rights of Persons with Disabilities, *Ibid*, n. 20~21.
18 더 자세한 내용은 제철웅, 위의 논문, 3~5쪽 참조. 요코하마 선언 전문은 국제후견네트워크 공식 사이트(www. inernational-guardianship.com, 최종 방문 2014. 6. 24)에서 확인할 수 있다.
19 각 선언문은 세계후견네트워크인 IGN 홈페이지에서 확인할 수 있다.

정태적이지 않고 가변적이기 때문에 의사결정능력이 없다고 판단하더라도 그의 권리, 의사, 선호도를 존중하여 본인의 의사를 해석할 것을 제시한다.

이에 따르면 후견제도는 의사결정능력이 없을 때 이용할 수 있지만 (후견제도의 보충성), 그때도 본인의 권리, 의사, 선호도가 무엇인지 해석해 거기에 법적 효력이 부여될 수 있도록 행사되어야 한다. 물론 본인이나 타인에게 발생할 현저한 위험이 있을 때는 이와 달리 판단할 수 있음은 말할 것도 없다.

2) UN 장애인권리협약의 영향과 새로운 입법 예시: 호주 빅토리아주

UN 장애인권리협약 제12조에서 말하는 의사결정지원의 구체적 모습은 여전히 불분명하다. 이 글을 다시 작성하는 시점인 현재까지 가장 모범적인 의사결정지원제도를 도입한 법제도의 하나는 캐나다 브리티시컬럼비아의 〈대리합의법〉(the Representative Agreement Act)이다.[20]

그런데 최근 호주 빅토리아주는 UN 장애인권리협약을 고려하고, 또 캐나다 등 여러 나라의 입법을 감안하여, 기존의 후견제도 및 후견대체제도를 의사결정능력 장애인을 위한 의사결정지원제도로 재정비하기 위한 입법안을 마련하였다. 이 입법안을 보면 UN 장애인권리협약에서 말하는 의사결정지원제도가 어떤 것이어야 하는지에 대한 제도상의 일

---

20 이에 대해서는 제철웅, 2014, "〈개정민법〉상의 후견계약의 특징, 문제점 그리고 개선방향: 후견대체제도의 관점을 중심으로", 〈민사법학〉, 66호, 109쪽 이하 참조.

단면을 짐작할 수 있다. 21

호주 인구는 2011년 기준 약 2, 200만 명이고, 인구의 13. 3％가 65세 이상(약 290 만 명)이며, 85세 이상은 3. 7％(약 80만 명)이다. 그중 빅토리아주에는 약 571만 명이 거주하며, 60세 이상의 인구가 약 100만 명 정도이다. 22 빅토리아주의 법정후견제도는 신상후견인(*guardian*)과 재산후견인(*administrator*)으로 구분되는데, 가족이나 친척, 친구가 없는 경우 공공후견인이 신상후견인으로, 주 신탁회사(*State Trustees*)가 재산후견인으로 선임된다. 23

2010～2011년 1, 730명에 대해 공공후견인이 신상후견인으로 선임되었고, 9, 000명에 대해 주 신탁회사가 재산후견인으로 선임되었다. 주 신탁회사는 전체 재산후견인의 약 40％를 점했다. 전자 중 약 33％가 치매환자, 18％가 뇌병변, 17％가 정신장애, 16％가 지적 장애이다. 후자 중 30％가 정신장애, 지적 장애가 18％, 치매가 12％, 뇌병변이 8. 5％이다. 24 그 밖에 호주에는 다양한 유형의 지속적 대리인이, 25 의

---

21 이 글을 다시 작성하는 현재의 시점에서 새로운 입법의 노력으로는 2022년부터 시행된 아일랜드의 〈의사결정지원법〉이 있고, 후견제도를 전면 개정하여 2023년부터 시행할 독일 〈민법〉이 있다.

22 Victorian Law Reform Commission, 2012, *Guardianship Final Report*, 24, n. 4. 5～4. 7 참조.

23 호주 빅토리아주 후견제도의 개관은 Williams and Field, 2014, *Guardianship in Australia, in: Comparative Perspectives on Adult Guardianship*, K. Dayton(ed.), pp. 85～88 참조.

24 Victorian Law Reform Commission, *Ibid*, n. 4. 17～4. 23 참조.

25 Victorian Law Reform Commission, *Ibid*, n. 4. 83～4. 84. 참조. 간이한 방법으로 재정관련 사무처리를 위한 지속적 대리권을 부여하고 철회할 수 있는 법을 2003년 제정하여〔the Instruments(Enduring Power of Attorney) Act, 2003〕, 〈서류관계법〉(the Instruments Act) Part XIA에 포함시킨 것, 1992년 〈의료치료법〉(the Medical Treatment Act)을 개정

료적 처치와 의료관련 연구 등에서는 법률 규정에 의한 의사결정대행자 제도가 각각 후견대체제도로 이용되기 때문에, 26 법정후견은 보완적이고 보충적으로 이용된다.

빅토리아주 법개정위원회(Law Reform Commission)는 UN 장애인권리협약과 2006년 빅토리아주 인권 및 책임 헌장(the Charter of Human Rights and Responsibilities Act (Vic), 2006) 등의 법 환경 변화, 1986년 빅토리아주 후견법(the Guardianship and Administration Act (Vic), 1986)이 지적 장애인의 사회복귀와 보호를 주목적으로 하였던 것에 반해 그사이 정신질환자, 뇌병변환자, 고령화로 인한 치매환자가 후견 및 후견대체제도의 주 이용자로 되는 등 사회환경 변화에 직면하여, 의사결정능력 장애인의 '보호'에 초점을 맞추던 종래의 후견법과 달리 의사결정에의 참여와 사회통합에 더 많은 강조점을 두고 후견 관계법을

해 의료행위에 대한 지속적 대리인(*enduring agent*)을 선임해 타인으로 하여금 의료행위에 대해 동의할 수 있도록 한 것(동법 제5조 A), 1999년 〈후견개정법〉(the Guardianship and Administration (Amendment), 1999)을 제정하여 신상후견을 위한 지속적 후견인제도를 도입함으로써 간이한 형식의 서면으로 신상후견인을 지정, 철회할 수 있도록 한 것(*the Guardianship and Administration*, Part 4 division 5A 참조) 등이 있다. 이로써 간이한 방법으로 다양한 유형의 지속적 대리인을 선임해 재산 및 신상에 관한 사무를 처리할 수 있게 하였다.

26 1999년 〈후견개정법〉을 통해, 〈후견법〉(the Guardianship and Administration Act) Part 4A에 의료행위결정에 책임 있는 자(*persons responsible for medical treatment decisions*) 제도를 도입하였다. 본인이 지정한 지속적 후견인, 의료행위 관련 결정을 위해 법원(Tribunal. 빅토리아주는 간이법원 격인 Victorian Civil and Administrative Tribunal이 후견관련 사건을 처리)이 선임한 자, 후견명령으로 당해 치료에 관련해 선임된 자, 환자가 당해 의료처치를 위해 자신의 지속적 후견인으로 선임한 자, 환자가 서면으로 당해 의료치료를 포함한 의학연구를 위해 동의할 권한을 부여한 자, 배우자, 주된 요양보호자, 최근친 순서로 책임 있는 자로 인정된다.

개정할 것을 권고하였다. 27

　호주 빅토리아주의 후견법 개정 제안의 주된 골격은 의사결정지원을 우선시하고, 공동으로 의사결정을 하게 함으로써 의사결정능력 장애인을 지원하며, 의사결정의 대행은 최후의 수단으로 삼되, 이때에도 피후견인의 최선의 이익이 아니라 그의 의사, 희망, 감정, 세계관 등을 존중하도록 한다는 것이다. 28 이를 위해 기존의 후견 및 후견대체제도를 각각 의사결정지원자(*supporter*), 공동결정자(*co-decision maker*), 의사결정대행자로서의 신상후견인(*personal guardian*), 재산후견인(*financial administrator*) 제도로 재편할 것을 제안하였다. 이에 덧붙여 비공식 의사결정지원자인 가족 및 친구에 의한 의사결정지원제도는 그대로 유지하고 또 이를 권장하기로 했다. 나아가 본인의 지시(*directive*)도 후견인 등의 활동방식에 대한 지시 또는 후견인 등의 선임 없이 지시 그 자체로만 효력이 있게 하는 것 등으로 세분할 것을 제안하였다.

　한편 법형식상으로는 종래 여러 법률에서 흩어져 있던 후견 및 후견

---

27 2009년 5월 빅토리아주 법무장관이·법개정위원회에 후견관련 법의 개정을 의뢰하였는데, 그 후 의견수렴과정을 거친 후 2012년 4월 최종안을 마련하였다. 그 과정은 Victorian Law Reform Commission, *Ibid*, chapter 1에 자세히 기술되어 있다.

28 최선의 이익이냐(*best interest*), 아니면 본인이 의사결정능력이 있었다면 했을 것 같은 결정을 해야 하는가(*substituted decision making*)는 오랜 논쟁의 하나다. 이에 대해서는 McHale and Fox, *Health Care Law*, 2nd Ed. , p. 299 참조. 전자의 관점은, 신탁, 지속적 대리권이 설정된 경우 본인을 배제하고 객관적으로 본인의 최선의 이익을 추구할 신인관계상의 의무(*fiduciary duty*)가 있다는 결론으로 나아간다. 후자의 관점은, 본인의 신발을 대신 신고 결정한다는 관점에 입각한 것이다. 그 결과 객관적으로 볼 때 본인에게 불이익한 결정이라는 것만으로는 후견인 등에게 책임을 묻지 않는다. 한편 대체의사결정은 의사결정지원과 대비되어 사용되는 용어이다.

대체제도를 하나의 법률로 통합하여 규율할 것을 제안하였다. 또한 후견 및 후견대체와 관련된 각종 제도는 모두 온라인으로 손쉽게 등록할 수 있도록 제안하였다. 또한 이들 각 제도의 운영에 대해 공공후견인 관청이 각 제도의 운영에 관한 불만과 고충처리, 조사권한을 더 확대하고, 의사결정능력 장애인을 위한 권리옹호 활동을 수행하며 필요한 경우 최후의 후견인으로서 계속 활동하도록 하였다. 29

새롭게 도입할 가장 중요한 제도는 의사결정지원자제도이다. 본인이 서면으로 지명하는 것을 우선시하고, 보충적으로 후견법원(VCAT) 30 이 지원자를 지명할 수 있다. 의사결정지원자는 피지원자를 대신하여 의사결정과 관련된 정보에 접근하여 취득할 수 있고, 이를 본인에게 설명하고, 본인이 결정한 내용을 상대방에게 전달해 그 내용대로 집행될 수 있게 할 권한을 가지나 대리권은 없다. 31 의사결정지원자는 전문가는 될 수 없으며 공공후견청은 자원봉사자를 훈련시켜 의사결정지원이 필요한 사람과 연결시켜 의사결정지원자가 되도록 하는 프로그램을 운영한다. 32

---

29 이에 관한 상세한 내용은 Law Reform Commission, *Ibid*, chapter 20 참조.
30 빅토리아주의 민사 및 행정 사건을 관할하는 위원회 형식의 재판기구로 후견사건, 지속적 대리권 사건 등도 관할한다. 여기서는 후견법원이라 소개한다. VCAT 홈페이지(https://www. vcat. vic. gov. au/what-vcat-does) 참조.
31 상세한 내용은 Law Reform Commission, *Ibid*, chapter 8을 참조.
32 현재는 빅토리아주 공공후견인청에서 자원봉사자를 모집·훈련하여, 친지 등이 없는 이를 위한 후견인(*community guardian*)이 되게 하거나, 장애인 거주시설, 정신병원, 정신요양시설에 보내 거주민의 권익옹호자 역할을 하게 하거나(*community visitor*), 정신병원, 장애인 거주시설 거주민의 의사결정을 지원하는 역할(*independent third persons*)을 하도록 한다. 이에 관해서는 Public Advocate 홈페이지(http://www. publicadvocate. vic. gov. au)

공동의사결정자제도 또한 흥미롭다. 의사결정능력에 장애가 있고 관련된 문제에 대해 단독으로 결정하기가 어렵다고 판단되면 본인의 희망, 기존 가족관계 유지의 필요성, 추천된 공동결정자와 피보호자의 관계, 추천된 공동결정자의 역량·성품·자질 등을 고려하여 법원이 선임한다. 공동결정자는 활동에 대해 보수를 받지 못하도록 제한했다. 공동결정자는 단독으로 본인을 대신하여 결정할 수 없다는 점에서 기존에 없던 새로운 제도이다. 정보접근성, 정보분석력 등이 떨어져 스스로 결정할 때 본인이 예상하지 못한 불이익을 입기 쉬운 의사결정능력 장애인들에게는 매우 바람직한 제도가 될 수 있다. 33

셋째, 의사결정대행자이다. 본인이 지정하는 종래의 지속적 대리권(enduring power of attorney), 지속적 신상후견인(enduring guardian) 제도를 출발점으로 하되, 이를 확대 개편하여 지속적 신상후견인(enduring personal guardian), 지속적 재산후견인(enduring financial administrator) 제도를 도입할 것을 권고하였다. 이들은 모두 본인이 선정해 등록하는데, 본인이 지시한 시점에서 지시한 범위 내에서 권한을 가지고 활동하며 이들의 선임을 취소하거나 철회하거나 권한을 변경할 권한을 법원이 보유한다. 34

넷째, 새로운 제도의 하나로 미래에 대한 본인의 희망과 바람을 서면으로 남기는 지시서제도이다. 이 문서에는 지속적 신상후견인, 지속적 재산후견인을 선임하는 문서, 그 선임과 더불어 그들의 권한행사를 지

의 자원봉사자 프로그램 참조.

33 이에 관한 자세한 내용은 Law Reform Commission, *Ibid*, chapter 9 참조.

34 이에 관한 자세한 내용은 Law Reform Commission, *Ibid*, chapter 10 참조.

시하는 문서, 지시만 있는 문서 등이 있다. 마지막에 언급한 문서는 지시서 *(instructive directive)* 라고 한다. 여기에는 건강문제에 대한 구속력 있는 지시서, 건강문제 이외 생활방식, 재정문제 처리방식에 대한 희망을 담은 조언적 지시서로서 의사결정을 지원하거나 공동결정 또는 대신 결정하는 이들이 참고해야 할 지시서 등이 있다. 전자의 지시에는 정신병원 치료에 관한 부분도 포함할 수 있다. 건강과 관련된 지시서는 등록을 하도록 한다. 35

다섯째, 후견법원이 선임하는 의사결정대행자인 신상후견인, 재산후견인이 있다. 이들의 선임은 앞의 사항들로는 불충분하다고 판단할 때 최후의 수단으로 고려한다. 흥미로운 것 중 하나는 완전후견인 *(plenary guardian)* 을 선임할 수 없다는 것이다. 또 후견법원이 반대의 결정을 한 것이 아닌 한, 후견인은 피후견인에게 스스로 결정할 수 있는 권한을 부여할 수도 있다. 36

여섯째, 의료치료에 관한 의사결정에서는 본인이 선임한 지속적 신상후견인이 권한을 가지고 본인이 지시한 대로 의사결정을 할 수 있다. 본인이 선임한 자가 없을 때 후견법원이 신상후견인을 선임해 의료치료에 관한 의사결정을 하게 할 수도 있다. 지속적 신상후견인 또는 법원이 선임한 신상후견인이 없을 때 자동적으로 법률규정으로써 건강문제결정자 *(a health decision maker)* 라 불리는 사람이 그 역할을 대신할 수 있도록 했다. 건강문제결정자가 될 수 있는 순서는 의료치료에 관해 권한

---

35 이에 관한 상세한 내용은 Law Reform Commission, *Ibid*, chapter 11 참조.
36 이에 관한 상세한 내용은 Law Reform Commission, *Ibid*, chapter 12 참조.

이 있는 공동결정자, 환자의 배우자 또는 시민법상의 파트너, 환자의 주된 요양보호자, 환자의 최근친 순이다. 이들이 없을 때 최후로 공공후견인이 그 역할을 수행한다.37

이상의 내용을 보면 UN 장애인권리협약 제12조가 구상하는 의사결정지원제도가 현실에서 어떻게 구현될 수 있을지에 관한 하나의 모습을 엿볼 수 있다.

3. 새로운 성년후견제 도입 과정에서 등장했던 여러 입법안과 현행 민법의 특징과 한계

우리나라는 일찍이 행위무능력자제도에 대한 전면적 재검토 작업을 진행했다. 2009년부터 법무부 산하에 민법개정위원회를 두고 행위무능력자제도를 대체할 수 있는 성년후견제도 도입을 논의했다. 이때 그 논쟁은 주로 일원론이냐 다원론이냐를 중심으로 이루어졌다.38 입법 과정에서 제시되었던 여러 안을 UN 장애인권리협약 제12조의 원칙에 비추어 재평가하는 것은 지금도 의미 있는 일이다. 그래야 현행법의 특징과 한계를 잘 알 수 있을 것이다. 아래에서는 여러 안을 세 유형으로 구분했다.39

---

37 이에 관한 상세한 내용은 Law Reform Commission, *Ibid*, chapter 13 참조.
38 입법 과정에서는 입법 대안을 일원론이냐 다원론이냐의 관점에서 주로 검토한 것으로 보인다. 김형석, 2010, "민법 개정안에 따른 성년후견법제", 〈가족법연구〉, 24권 2호, 113~116쪽; 박인환, 위의 논문, 40쪽 이하 참조.
39 한편 본문에서 검토할 각 법률안은 국회 의안정보 사이트(http://likms.assembly.go.kr/bill/jsp/main.jsp, 최종 방문 2014. 6. 25)에서 찾아볼 수 있다.

1) 장애인에 초점을 맞춘 특별법 제정

2006년 8월 이은영 의원이 대표 발의한 '성년후견에 관한 법률안'은 여러 가지로 주목할 만하다. 이 법률안은 〈민법〉의 금치산·한정치산제도와 병행하여 성년후견제도를 신설하려는 것으로서, 주목할 만한 특징이 있다.

첫째, 본인이 비교적 쉽게 계약으로 자신의 사무를 돌보아 줄 성년후견인을 선임할 수 있게 한다. 공정증서로 성년후견계약을 체결하는 것만으로 성년후견인이 선임될 수 있게 하며(제3조 제2항, 제4항), 성년후견인을 감독할 성년후견감독인도 본인이 선임할 수 있도록 한다(제15조 제1항). 또한 본인은 성년후견인을 언제든지 해임할 수 있으며, 선임사유가 소멸한 경우에도 성년후견인이 해임될 수 있다(제9조). 뿐만 아니라 비영리법인으로 하여금 성년후견감독의 업무를 맡을 수 있도록 함으로써 본인 보호의 실효성을 높이고자 한 점도 주목할 만하다. 또한 성년후견감독인이 선임되지 않은 경우에는 성년후견인의 권한이 일상생활에 필수적이거나 긴요한 것에 한정되게 함으로써 본인 보호에 충실하려고 한 점도 돋보인다(제20조). 이상의 내용은 의사결정능력 장애인이 성년후견제도를 손쉽게 이용할 수 있게 하는 장점이 있다.

둘째, 법원도 성년후견인과 성년후견감독인을 선임할 수 있는데(제4조), 본인이 성년후견인을 선임한 경우에는 법원은 그 성년후견인이 부적절하다고 판단되지 않는 한 성년후견인을 선임할 수 없게 함으로써(제4조 제3항), 본인의 자기결정권을 존중한다.

셋째, 계약 또는 법원의 결정으로 성년후견인이 선임되더라도 본인의 행위능력이 제한되지 않는 것도 주목할 만하다.

넷째, 성년후견인은 재산관리, 사회복지 수혜, 기타 사회생활에 긴요한 사무처리를 그 직무로 하고, 이를 위해 법률로 대리권의 범위가 정해지도록 한다(제11조). 대리권의 범위는 재산관리와 처분에서부터 사회복지 관련 급여의 청구, 의료 및 요양 관련 계약에까지 미치기 때문에 상당히 넓지만(제11조), 중요한 계약인 경우 본인 동의 또는 법원허가를 얻도록 하거나 제3자 동의를 얻도록 할 수 있고, 그 동의나 허가 없이 성년후견인이 법률행위를 대리한 경우 취소할 수 있게 한다(제12조).

장애인의 인권이라는 측면에서 보면 위와 같은 내용을 담은 이 법안은 매우 진일보한 것이다. 그러나 〈민법〉의 행위무능력자제도를 이용하면 이 법안의 성년후견제도는 종료되기 때문에(제8조), 성년후견제도의 실효성이 낮아지는 단점이 있다.

〈민법〉과 병행한 별도의 성년후견제도를 두려는 시도는 제18대 국회에서 나경원 의원이 대표 발의한 '장애성년후견 법안'으로 이어졌다. 구성은 훨씬 더 정치해졌지만, 기본 골격은 크게 다르지 않다. '성년후견에 관한 법률안'과 비교했을 때 주요 특징만 언급한다면 다음과 같다.

첫째, 장애인 본인이 임의후견계약을 체결함으로써 성년후견인을 선임하는 것을 원칙으로 하고, 법원도 성년후견인을 선임할 수 있게 했다. 즉, 본인 선임을 우선시하는 원칙이 없어졌으며, 성년후견인이 될 사람의 범위와 순위를 법으로 규정하고(제6조), 법원이 후견감독인을 선임했을 때 비로소 임의후견인의 활동이 개시될 수 있게 했다(제7조). 그 점에서는 본인에게 폭넓은 자율성을 인정하던 '성년후견에 관한 법률안'보다 후퇴했다. 그러나 장애인을 대상으로 하므로 그의 보호를 위해 불가

피한 것이라고 볼 수도 있다.

둘째, 성년후견인의 기간을 5년으로 제한하면서 본인의 의사표시 또는 법원의 결정으로 연장할 수 있게 한 점이 두드러진다(제11조). 대신 '성년후견에 관한 법률안'과 달리 본인의 해임권한에 제한을 가한다(제10조).

셋째, '성년후견에 관한 법률안'과 달리 '장애성년후견 법안'에 따라 선임된 후견인이 민법상의 한정치산·금치산 선고에 따른 후견인보다 우선하도록 하는 점도 두드러진다.

넷째, 후견제도의 운영을 순수 사법심사의 대상에 맡겨 두지 않으려고 한 점도 주목할 만하다. 법원에서 성년후견 관련 사건을 다룰 때에는 판사를 위원장으로 한 '성년후견심의위원회'의 감정서를 참작하도록 한다(제27조). 또한 후견관청을 두어 성년후견사업의 운영시행에 필요한 관리, 감독 및 지원업무를 담당하도록 하고(제5조), 후견관청으로부터 후견관련 업무를 수행할 수 있는 사업을 승인받은 후견법인을 설치하도록 한다(제23조 이하).

위의 '성년후견에 관한 법률안'과 '장애성년후견 법안'은 모두 피후견인의 행위능력을 제한하지 않는다는 점에서 매우 진일보한 발상을 담았다. 그러나 〈민법〉의 행위무능력제도와의 병존을 전제로 했기 때문에, 법률가들에게 수용되기는 쉽지 않다.

2) 일원론의 성년후견제도 제안

제17대 국회에서는 〈민법〉의 행위무능력자제도를 개정하려는 시도가 있었다. 이른바 '일원론'의 입장으로서 후견제도를 단일한 유형으로 통일하고자 한, 2007년 12월 장향숙 의원이 대표 발의한 '〈민법〉 일부 개정 법률안'이 그것이다. 이 법률안은 다음과 같은 점에서 주목할 만하다.

첫째, 금치산·한정치산제도를 없애고 모두 '후견'이라는 단일 개념에 포섭하면서, 피후견인의 신상 또는 재산에 관하여 현저한 위험을 회피하기 위해 필요한 한도에서 피후견인이 후견인의 동의를 얻어 법률행위를 할 수 있도록 했다(〈민법〉 제9조, 제10조 개정안). 따라서 동의유보가 되지 않은 경우에는 피후견인의 행위능력에는 아무런 제한이 없다. 조합계약을 체결할 능력의 회복(〈민법〉 제717조 제3호의 삭제안), 혼인능력의 회복(〈민법〉 제808조 제1항의 삭제), 협의상 이혼능력의 회복(〈민법〉 제835조의 삭제), 친생부인의 소를 제기할 능력의 회복(제848조 삭제안), 혼외자의 인지 능력의 회복(제856조의 삭제안), 입양능력의 회복(제873조의 삭제) 등을 실현하고자 한 점은 매우 주목할 만하다.

둘째, 후견 기간을 5년을 넘지 않게 한 점도 눈에 띈다(제936조 제7항).

셋째, 후견인을 법원이 선임하도록 하고 친족회 대신 임의적 후견감독인제도를 도입하고자 한 것도 주목할 만하다.

일원론의 관점은 18대 국회에서 박은수 의원이 대표 발의한 '〈민법〉 일부개정 법률안'과 신학용 의원이 대표 발의한 '〈민법〉 일부개정 법률안'으로 이어졌다. 장향숙 의원안과 비교할 때 박은수 의원안은 다음과 같은 특징이 있다. 첫째, 피후견인의 혼인능력과 이혼능력을 회복시켜야 한다는 점에서는 장향숙 의원안과 동일하나, 피후견인의 친생부인의 소 제기능력, 인지능력, 입양능력, 파양능력에 대한 제한은 현행 〈민법〉과 마찬가지로 유지하고자 했다. 둘째, 임의후견제도의 도입을 규정했다. 신학용 의원안도 박은수 의원안과 그다지 다르지 않다. 대신 임의

후견제도를 독립된 법률로써 규율하려는 것이나, 후견법인에 관한 규정을 〈민법〉에 포함시키려는 점에서만 양 법률안에 차이가 있다.

일원론에 기초한 후견 법률안은 피후견인의 행위능력을 포괄적으로 박탈하지 않고, 일부의 사안에서만 제한하는 태도를 취한다는 점에서 UN 장애인권리협약의 원칙에 더 부합한다. 또한 성년후견의 기간을 5년으로 제한함으로써 피후견인의 기본권을 가급적 덜 제약하려는 입장을 취한 것도 높이 평가할 만하다. 그러나 후견인의 권한범위에 대해서는 침묵함으로써 결과적으로 후견인에게 막강한 권한을 부여하게 했다는 점은 UN 장애인권리협약에 부합하지 않는다.

3) 다원론의 관점

2006년 12월 이은영 의원이 대표 발의한 '〈민법〉 일부개정 법률안'이 이른바 다원론의 출발점이다. 이 법률안은 대법원의 성년후견연구회에서 제안한 안과 동일했는데, 다음의 특징이 있다.

첫째, 후견의 유형을 성년후견, 한정후견, 후원 제도로 구분하였다. 각 유형의 구분기준을 피후견인이 될 자의 의사결정능력의 쇠퇴 정도에 맞추었다는 점, 성년후견인, 한정후견인, 후원인의 권한 등에서 보면 일본 후견제도와 동일한 내용이었다. 즉, 각 유형의 후견(성년후견, 한정후견, 후원) 모두 피후견인의 행위능력이 박탈되거나(피성년후견인), 제한되거나(피한정후견인), 제한될 수 있다(피후원인). 이 안의 문제는 행위능력의 박탈 또는 제한을 피후견인의 의사결정능력 쇠퇴 정도에 맞추었다는 점이 UN 장애인권리협약의 정신에 반한다는 것이었다. 뿐만 아니라 피성년후견인의 경우 조합원이 될 자격을 박탈하고, 혼인, 이혼, 친생부인, 인지, 입양, 파양 등에서 행위능력이 제한되게 하여 법 앞에서 인간의 권리를 평등하게 향유할 수 있도록 보장하지 않았다.

둘째, 종래 법률규정에 의해 친족 중 1인이 후견인이 되던 것에서 벗어나 법원이 적절하다고 판단한 사람을 후견인으로 선임할 수 있게 했다는 점, 친족회 대신 후견감독인제도를 두고자 했다는 점 등에서는 후견제도를 개혁하려는 여타의 법률안과 궤를 같이했다.

셋째, 피후견인의 보호에 각별히 유의한다는 점도 두드러진다. 성년 피후견인의 거주 부동산이 매각, 임대, 임대차 해지, 저당권 설정 등을 통해 이용할 수 없게 되는 사안을 대비했다(개정민법안 제949조의 3). 즉, 가정법원의 허가를 얻게 했다.

2006년에 제안된 다원론은 2000년 개정된 〈일본민법〉의 영향하에 있었던 것으로 보인다. 그럼에도 행위무능력자제도보다 진일보한 측면이 있었다. 피성년후견인의 일상생활에 필요한 행위나 후견을 개시할 때 법원에서 범위를 정하여 피후견인 스스로 법률행위를 할 수 있도록 한 것 등이 그 예이다.

한편 2009년 12월 정부안으로 제출된 '민법 일부개정 법률안'은 2006년 다원론에 입각한 법안보다 더 진일보한 것이었다. 2006년 '민법 일부개정 법률안'과 주요 차이점을 중심으로 그 특징을 언급하면 다음과 같다.

첫째, 의사결정능력의 쇠퇴 정도와 후견 유형 간 연계를 약화시켰다. 성년후견과 한정후견은 각각 "정신적 제약으로 사무를 처리할 능력이 지속적으로 결여"되거나 "정신적 제약으로 사무를 처리할 능력이 부족"하여야 각 유형의 후견개시 요건이 충족된다. 반면 "정신적 제약으로 일시적 후원 또는 특정한 사무에 관한 후원이 필요"한 경우 특정후견이 개시될 수 있게 함으로써 특정후견은 의사결정능력 쇠퇴의 관점에서 보면 성년후견 또는 한정후견 개시 요건을 충족한 자도 이용할 수 있게 하였다. 또한 특정후견은 사무후원의 기간뿐만 아니라 범위까지 정하여 개시된다는 점에서도 진일보한 측면이 있다.

둘째, 성년후견이 개시된 경우라 하더라도 피성년후견인이 신상에 관해서는 스스로 결정할 수 있게 함으로써 후견의 보충성을 관철하고자 한 점도 눈에 띈다. 이 두 가지만 보면 UN 장애인권리협약의 정신에 부합한다고 할 수 있다.

4) 현행 성년후견제도의 한계와 특징

새로운 성년후견제도의 입법 과정을 되짚어 보면, 당시 여러 형태의 좋은 대안들이 있었음을 알 수 있다. 후견이 개시되더라도 행위능력을 제한하지 않는 것(장애성년후견 법안과 일원론의 법안), 후견 기간을 제한하려는 것(장애성년후견 법안, 일원론의 법안 및 특정후견), 후견 범위를 본인의 필요성에 맞추어 제한하려는 것(특정후견), 신상에 한정되기는 하지만 후견의 보충성을 실현하려는 것(정부제출 법안의 〈민법〉 제947조의 2), 후견개시와 행위능력 및 법적 자격박탈을 연계시키지 않으려는 것(2007년 장향숙 의원안) 등이 바로 그것이다.

그러나 아쉽게도, 이런 좋은 요소들이 상호 견인하는 형태로 결합하여 바람직한 단일한 모습으로 발전한 것이 아니라, 정부안을 기본 골격으로 새로운 성년후견제도가 도입되었다. 그 결과, 현행법의 성년후견은 의사결정능력 쇠퇴 정도에 따라 후견 유형이 결정되는 것에 무게중심이 있고(성년후견 및 한정후견), 행위무능력자제도의 특징인 행위능력의 박탈 내지 제한이 지속되었으며(성년후견, 한정후견), 지속적 후견이고(성년후견 및 한정후견), 그 지속적 후견을 종료하기가 어렵다.40 위 2절 1)에서 언급했듯이 이런 내용이 모두 장애인권리협약 제12조에 위반된다.

그러나 현행 〈민법〉의 성년후견제도는 다행스럽게 신상 영역에서 후견의 보충성을 입법했고(〈민법〉 제947조의 2), 선택해야 할 법정후견 유형과 의사결정능력 쇠퇴 정도 간 관련성도 약화시켰다. 특히 법정후견 유형을 피후견인의 의사결정능력 쇠퇴 정도에 따라 심할 경우 성년후견, 조금 덜할 경우 한정후견, 경할 경우 특정후견 등으로 결정하도록 하지는 않았다는 점에 주목해야 한다. 세간에는 우리나라의 성년후견제도가 일본 후견제도를 모방했다는 이야기도 있으나, 이 점이 일본 후견제도와 가장 큰 차이다.

이러한 차이는 입법 과정에 참여한 관계자들이 의도적으로 선택한 것이다. 특정후견은 영국의 법정후견(deputy) 제도를 모범으로 해서 도입되었다고 인식한 것,41 굳이 낙인효과가 있는 성년후견이나 한정후견을 이용

---

40 〈민법〉 제11조와 제14조에 따르면, 후견개시의 원인이 소멸되어야 성년후견 또는 한정후견을 종료할 수 있다. 치매, 발달장애, 대부분의 뇌병변은 그 장애가 소멸되지 않기 때문에 성년후견 또는 한정후견이 개시되면 피후견인의 사망 때까지 후견이 지속될 수밖에 없을 것이다. 〈민법〉 제936조 제2항, 제959조의 3 제2항에 따르면 후견인이 사망하더라도 직권으로 후견인을 선임하기 때문이다.

41 영국은 범위와 기간을 정하여 법정후견을 선임하기 때문이다(영국 the Mental Capacity Act 제16조 제4항 b호). 김형석, 위의 논문, 120쪽 이하; 백승흠, 2011, "성년후견제도의 시행과 과제", 《민사법이론과 실무》, 30쪽 참조.

표 3-4 후견 유형별 개시 요건에서 한국과 일본의 차이

	한국 후견개시의 요건(〈민법〉)		일본 후견 등의 개시 요건(〈일본민법〉)
성년 후견	정신적 제약으로 사무를 처리할 능력이 지속적으로 결여 (제9조)	후견	정신상의 장애에 의해 사리를 변식할 능력을 결한 상황(常況) (제7조)
한정 후견	정신적 제약으로 사무를 처리할 능력이 부족 (제12조)	보좌	정신상의 장애에 의해 사리를 변식할 능력이 현저히 불충분함 (제11조)
특정 후견	정신적 제약으로 일시적 후원 또는 특정한 사무에 관한 후원이 필요 (제14조의 2)	보조	정신상의 장애에 의해 사리를 변식할 능력이 불충분함 (제15조)
비고	성년후견과 한정후견은 지속적 후견으로서 의사결정능력 쇠퇴 정도에 따라 후견 유형이 결정되도록 규정함. 그러나 특정후견은 정신적 제약의 쇠퇴 정도가 아니라, 그로 인해 일시적 후원 또는 특정한 사무 후원이 필요한지 여부가 개시 요건의 판단기준임	비고	일본은, 각 유형 선택의 요건에서, 의사결정능력 쇠퇴 정도에 대응되도록 함. 제11조 단서에서는 제7조의 요건을 충족하면 보좌개시를 못하게 규정하고, 제15조 제1항 단서에서는 제7조, 제11조 요건에 해당될 경우, 보조개시를 못하게 규정함

출처: 한국과 일본의 〈민법〉 규정을 필자가 재구성.

하지 않고 필요한 사무만 처리한 후 가족 등에 의한 보호를 받는 것으로
만족하겠다는 욕구도 존중해야 한다고 인식한 것 등이 그것이다. [42]

또한 특정후견 개시의 소극적 요건으로 〈민법〉 제14조의 2 제2항에서
"특정후견은 본인의 의사에 반해서 할 수 없다"고 규정한 것도 유의해야
한다. [43] 달리 말하면, 특정후견은 본인의 동의를 얻어야 하는 것이 아니
라, 의사에 반해서 할 수 없다는 소극적 의미이다. [44] 그러므로 의사결정
능력의 쇠퇴가 심해도 특정후견이 개시될 수 있다는 해석이 가능하다.

---

42 김형석, 위의 논문, 147쪽 참조.

43 이는 〈일본민법〉 제17조 제2항의 "본인 이외의 자의 청구에 의해 전항의 심판(보조의 심
   판)을 하기 위해서는 본인의 동의가 있어야 한다"는 것과 차이가 있다.

44 이 점은 〈일본민법〉에서 보조 개시의 요건으로 피보조인의 동의를 요건으로 삼는 것과 차
   이가 있다.

4. 의사결정능력 장애인의 인권보호와 권익신장에 친화적인 후견제도, 후견대체제도를 향하여

1) 후견제도의 내용적 개선

(1) 즉각적 실천이 가능한 영역

① 현행 성년후견제도의 활용방법

새로운 성년후견제도를 행위무능력자제도와 다르게 인식하고, 특히 의사결정능력 장애인의 사회통합을 강화시키는 수단으로 이용하기 위해서는, 각 후견 유형의 선택을 후견 수요자의 필요에 맞추어야 한다. 법정후견의 인권침해적 요소를 제외하면, 45 법정후견 이용방법의 전형적인 예를 〈표 3-5〉와 같이 제시할 수 있다.

표 3-5 후견 유형별 이용방법의 제안

성년후견	한정후견	특정후견
• 고령의 중증 치매환자가 처리해야 할 재산적 사무가 상당히 많고, 그를 위해 대리권을 행사할 필요가 있을 때 • 여명이 얼마 남지 않았다고 추정되는 치매환자1)	• 치료 가능한 정신장애인을 위해 동의권을 유보해야 할 필요가 있을 때 • 또는 자녀가 고령의 장애 부모를 위해 동의권 = 대리권을 보유할 필요가 있을 때2)	• 일정 기간(5년을 넘지 않는 범위) 내에 해결할 수 있는 사무의 후원에 활용 • 특히 부모가 발달장애인을 위한 후견을 하거나, 제3자가 후견을 하는 경우

주: 1) 필자는 이 글 발표 이후 후견제도 이용 현황을 검토하면서, 성년후견 유형은 이용해서는 안 되며 이를 폐지해야 한다는 견해를 제시하고 있다.
　　2) 한정후견은 매우 제한된 기간의 범위 내에서만 이용하는 것이 바람직하지만, 한번 개시되면 종료시키기가 매우 어렵다는 문제가 있다.
출처: 필자가 정리.

---

45 후견개시 원인인 '정신적 제약'의 사유가 종료되기 전에 후견이 지속되도록 하는 것은 피후견인의 사적 영역에 대한 지나친 개입일 수 있다(성년후견 및 한정후견). 일상생활에 필요한 대가가 과도하지 않은 물품의 구입을 제외한 여타 피후견인의 법률행위를 언제나 취소할 수 있게 한 것(성년후견)도 개인의 권리와 권한을 과도하게 침해한 것이라고 볼 수 있다.

우리나라 법상 후견 유형을 위와 같이 활용하는 것은 법리적으로 가능하며, 피후견인의 생활상의 필요를 충족시킬 수 있고, 입법 취지에도 부합한다. 후견 수요자 개인의 필요성에 부합할 수 있게 후견제도를 활용하면 UN 장애인권리협약 제12조의 원칙에도 더 부합할 수 있다. 46

② 결격조항의 즉각적 폐지
행위무능력자제도의 가장 큰 폐해 중 하나는 금치산 또는 한정치산 선고가 있으면, 금치산자 또는 한정치산자의 공법상의 권리가 박탈 내지 제한되거나 공법상 및 사법상 각종 자격이 제한 내지 박탈된다는 점이다. 성년후견제도가 시행되면서 이 규정들의 대부분이 명칭만 바뀐 채 그대로 유지되고 있다. 47 2011년 〈개정민법〉 부칙(법률 제10429호) 제2조에 의해 2013년 7월 1일 이후 5년간 성년후견은 금치산·한정후견은 한정후견과 동일한 것으로 간주되므로, 종래의 결격조항이 성년후견과 한정후견에도 그대로 적용되기 때문이다.

이런 결격조항의 입법적 처리방안과 관련하여 현재 세 가지 가능성이 있다. 첫째, 결격조항에 있는 금치산·한정치산을 성년후견과 한정후견으로 대체하는 것을 원칙으로 하되, 일부 결격규정에 대해 재검토를 하는 방안이다. 둘째, 대부분의 결격규정을 폐지하되, 변호사, 변리사,

---

46 UN 장애인권리협약 제12조가 행위능력의 제한을 완전히 금지하는 것은 아니다. 동조 제4항에 있듯이 개별적으로 필요한 경우 기간을 제한하여 행위능력을 제한할 수 있다.
47 이 글을 다시 작성하는 현재의 시점에서 결격조항 폐지를 위한 그간의 노력으로 상당수의 법률에서 피한정후견의 개시를 결격조항으로 하는 것은 삭제되었으나, 피성년후견을 결격 사유로 삼는 것은 여전히 지속된다.

회계사, 세무사, 의사, 간호사 등 일부 전문직은 성년후견 및 한정후견 개시를 절대적 결격사유로 삼고, 여타 공익 목적이 큰 직업군에는 성년후견의 개시 또는 이에 준하여 직무수행능력이 현저히 결여된 경우를 상대적 결격사유로 두자는 방안이다. 48 셋째, 모든 결격규정을 폐지하자는 주장이다. 49

외국에서는 우리나라처럼 결격조항을 두는 나라(일본), 결격조항이 아예 없으면서 자격 여부에 대해 개별적으로 처리하는 나라(영국), 결격조항이 없지만 자격을 개별적으로 일시적으로 정지시키는 나라(독일, 미국) 등으로 크게 구분할 수 있다. 이하에서는 그 각각의 주요한 특징을 살펴본다.

일본은 우리나라와 마찬가지로 170여 개의 결격조항을 가지고 있었다. 그중 특히 세간의 관심을 끈 것은 〈공직선거법〉상의 결격조항이었다. 성년후견이 개시된 일본 여성이 피성년후견인의 선거권 및 피선거권을 박탈하는 일본 〈공직선거법〉 제11조에 대해 2011년 2월 1일 도쿄지방재판소에 위헌소송을 제기하였다. 1962년생인 원고는 다운증후군으로 장애 B 등급을 받았는데, 성년후견이 개시되어 부친이 후견인으로 선임되었다. 이와 유사한 소송이 도쿄뿐만 아니라 교토, 사이타마, 삿포로 지방재판소에 제기되었다.

2013년 3월 14일 도쿄재판소는 〈공직선거법〉 제11조가 피성년후견인의 선거권을 침해하는 규정으로 무효라고 판단하였다. 그 직후 국회

---

48 현소혜, 2011, "성년후견제 도입에 따른 관계법령의 개선방안", 〈가족법연구〉, 25권 3호 166~180쪽 참조.
49 제철웅, 위의 논문, 14~15쪽 참조.

는 '피성년후견인의 공직선거권 회복 등을 위한 선거법 일부개정'을 결의하였다.50 즉, 〈공직선거법〉 제11조 제1항 제1호에 있던 '피성년후견인의 선거권 및 피선거권 결격' 조항을 삭제하고, 〈헌법〉 개정 절차에 관한 국민투표법 제4조, 즉 '피성년후견인의 선거권 결격' 규정을 삭제하였다. 대신 "심신의 고장 기타의 사유로 스스로 후보자의 씨명을 기재할 수 없는 경우" 대리투표를 신청할 수 있도록 하여 최대한 많은 사람들이 투표에 참여할 수 있게 하였다.51

영국은 후견52이 개시되었다고 공법상·사법상의 자격을 제한하거나 박탈하지 않는다. 이는 〈영국 정신능력법〉의 원칙에 기인한 것이다.53 선거법에서도 후견이 개시되었다고 해서 선거권 및 피선거권을 박탈하지 않는다. 종래 선거관련 법에서는 선거권이 있는 자 중, 투표할 법적 무능력 사유가 없는 자도 있었다. 투표할 법적 무능력 사유는 투표라는

---

50 자민당은 2013년 5월 10일 야당에 "成年被後見人の選擧權の回復等のための公職選擧法等の一部を改正する法律案要綱"을 마련하여 이를 입법하였다. 이 글을 다시 작성하는 현재의 시점에서는 결격조항을 모두 삭제하고 필요한 경우 개별적 사유에 근거하여 자격정지 등의 제도로 전환하였다.

51 대리투표의 적정성과 공정성을 도모하기 위해 公職選擧法 제48조, 제49조, 日本國憲法の改正手續に關する法律 제59조, 제61조에서 상세한 규정을 두었다.

52 〈영국 정신능력법〉에 따르면, 법정후견은 Deputyship(제15조 이하에 이에 관한 규정이 있음), 임의후견은 Lasting Power of Attorney라고 한다(제9조 이하에 이에 관한 규정이 있음). 영국 법의 후견제도에 관해서는 제철웅, 2010, "영국 법에서 의사결정무능력 성인의 보호제도의 역사적 전개와 2005년의 〈정신능력법〉의 특징", 〈비교사법〉, 51권 12호 참조. 편의상 이 글에서는 우리 〈민법〉의 용어에 맞추어 법정후견, 임의후견이라고 표현한다.

53 MCA 제1조는 성인은 의사결정능력이 있는 것으로 추정하고(제2항), 의사결정지원을 통해 스스로 의사결정을 하도록 조력하였음에도 스스로 결정할 수 없다고 판단된 경우가 아니면 의사결정무능력으로 취급해서는 안 된다고 한다(제3항). 또한 의사결정능력이 있는지 여부는 결정할 사안별·시간대별로 판단하도록 규정한다(제2조 제1항).

의사결정무능력이 있다는 것이다.

Stowe v. Joliffe〔1874〕LR9 CP 750 사건이 이 쟁점에 관한 선례였다. 이에 따르면, 선거무능력은 "특정인에게 내재하는 능력으로서, 보통법 또는 성문법에 의해 의회선거권자의 지위를 박탈하는 것"이다. 이 선례에 입각해 idiot[54]는 선거명부에 등재될 수 없었다. 그러나 〈영국 정신능력법〉이 시행된 때인 2006년 〈선거관리법〉(Electoral Administration Act, 2006)은 이런 보통법의 규칙을 없앴다(제17조 이하).[55] 그러므로 정신질환, 발달장애, 치매 등이 있다거나 후견이 개시되었다는 이유로 선거권이 박탈되지 않는다. 선거능력의 여부는 〈영국 정신능력법〉의 원칙과 마찬가지로 개별적으로 시간대별로 판단한다.[56]

독일은 1990년 〈민법〉 개정을 통해 행위무능력자제도를 폐지했다. 그 결과 후견이 개시되었다고 해서 행위무능력자로 간주되지 않는다. 다만 후견이 개시되면서 피후견인으로 하여금 후견인의 동의를 받도록 한 경우(동의권 유보사건)에는 행위능력에 제한이 따른다. 행위능력이 제한된 경우, 그 범위에서 후견인의 동의 없이 법률행위를 하였으면 이를 취소할 수 있다. 여타의 피후견인은 행위능력제한이 없고, 개별적 법률행위에서 의사능력이 있는지 여부에 의해 그 행위의 효력을 판단한다.[57]

행위무능력제도를 폐지하는 대신, 독일은 피후견인의 복리, 제3자

---

54 정신장애인, 발달장애인, 치매환자 등을 지칭하는 용어로 흔히 바보로 번역된다.
55 제12조에서는 선거관리위원회 담당자가 선거무능력을 개별적으로 판단하도록 한다.
56 이상 the British Medical Association and the Law Society, 2010, *Assessment of Mental Capacity*, 3rd ed., p. 97 참조.
57 Jürgens, 2010, *Betreuungsrecht*, 4, Aufl., Verlag C. H. Beck, S. 308 ff.

또는 공공의 안전에 대한 현저한 위험을 회피하기 위해 필요하다고 인정될 경우 후견법원으로 하여금 다른 법원, 관청, 기타 공공기관에 후견관련 판결이 있었음을 통지하도록 하는 규정을 두었다(독일 〈가사소송 및 가사비송법〉 제308조 제1항).

이 규정의 취지는 피후견인, 제3자, 공공의 안전에 현저한 위험이 초래되는 것을 방지하기 위한 것이다.58 통지 상대방은 법원, 관청, 공공기관에 한정된다. 은행의 경우 공법에 기초해서 조직되었다 하더라도 통지대상이 아니다. 후견이 개시됨으로써 피후견인이 채무를 부담할 능력이나 법률행위를 할 능력(의사능력)이 없을 수 있고, 소송능력이 없을 수 있기 때문에 그 사실을 알려 줌으로써 피후견인, 제3자에게 불측의 손해를 방지하기 위한 것이다. 제3자에 대한 위험은, 사건본인이 폭력적이거나, 특정인에게 해악을 끼칠 우려가 있거나, 직업활동을 수행함으로써 제3자에게 손해를 입힐 가능성이 있는 경우이다.59

후견법원이 이들 국가, 관청, 공공기관에 통지한 경우 당해 관청 또는 공공기관은 일시적으로 직무를 정지시킬 수 있다.60 신분관계사항을 담당하는 관청(Standesamt)에 대해서는 혼인능력이 없는 사건본인이 혼인하려고 함으로써 혼인이 취소되는 것을 방지할 필요가 있을 때 위 요건의 사실을 통지한다. 공익에 대한 현저한 위험을 초래할 경우는, 사건본인이 운전면허증 또는 총기 등을 소지하고 있고, 운전을 하거나 총기 등을 사용할 구체적이고 실질적인 위험이 존재할 경우를 의미한

---

58 Jürgens, 2010, *Betreuungsrecht*, 4. Aufl. , Verlag C. H. Beck, S. 627.
59 의사, 약사, 간호사, 경찰, 변호사, 공증인 등이다.
60 특별규정이 있는 것으로는 〈연방공증인법〉 제54조 제1항.

다. 이 경우 운전면허를 일시 정지하는 조치를 취할 수 있다. 한편 위와 같은 통지 자체는 기본권 침해의 우려가 크기 때문에, 판결은 아니지만 그 통지에 대해 항고(Beschwerde)가 가능하다. 61

한편 선거능력에 관해서는 2019년 독일 〈가사소송 및 가사비송법〉 제309조 개정 이전까지는 동조에서 이를 규율하고 있었다. 동조 제1항에 따르면, 사건본인에 대해 그의 모든 사무를 후원하기 위해 후견인이 선임되어야 한다고 결정하거나 후견인의 권한이 여기에까지 확장되어야 한다고 판단한 경우, 후견법원은 이 사실을 선거인명부 작성 권한이 있는 관청에 통지하도록 규정하였다. 이를 통해 선거관리위원회가 피후견인에게 선거권을 배제할 수 있도록 하기 위함이다.

〈연방선거법〉 제13조 제2호는 위 제309조 제1항의 요건을 충족한 경우 선거권이 배제된다고 규정하였다. 후견법원은 제1항의 요건을 충족하면 재량의 여지없이 선거관리위원회에 통지해야 한다. 그러나 실무에서는 모든 사무를 위한 후견은 거의 내려지지 않았다. 한편 위와 같은 통지에 대해서도 사건본인은 항고할 수 있다. 62 이 규정은 그 후 독일 연방헌법재판소에서 위헌판결을 받아 폐지되었다. 63 대신 동법 제309조는 후견인에게 동의권이 유보된 사안의 판결을 내린 경우 거주지 등록소에 이를 통지하도록 하는 것으로 개정되었다.

미국 대다수 주에서는 완전후견(full guardianship 또는 plenary guardian-

---

61 Jürgens, 2010, *Betreuungsrecht*, 4, Aufl., Verlag C. H. Beck, S. 629.
62 Jürgens, 2010, *Betreuungsrecht*, 4, Aufl., Verlag C. H. Beck, S. 629.
63 이에 대해서는 안경희, 2021, "〈독일선거법〉상 완전후견이 개시된 피성년후견인에 대한 선거권 부여 및 투표지원제도", 〈법학논총〉, 33권 3호, 49쪽 이하 참조.

ship) 이 개시되면 피후견인의 행위능력이 없어지며, 부분후견(*limited guardianship*) 이 개시되면 후견인에게 이전되는 권한 만큼 행위능력이 없어진다. 64 그러나 후견이 개시되었다고 자동적으로 법적 자격이 제한되지는 않는다. 선거권의 경우 대다수의 주에서는 의사결정능력이 없는 자를 선거권자에서 제외시킨다.

선거할 수 있는 의사결정능력 유무의 판단은 대부분 후견절차에서 이루어진다. 위스콘신주에서는 선거관리공무원이 법원에 선거권자의 선거능력에 문제를 제기할 수 있도록 한다. 65 일부 주에서는 완전후견 개시와 선거권 박탈을 연계시킨다. 메인(Maine) 주는 정신질환으로 완전후견이 개시된 사람에 한하여 선거권이 박탈되도록 규정했다. 2001년 연방지구판사(*United States District Judge*) 싱갈(Singal) 은 이 규정이 〈연방헌법〉 제14차 수정의 공정한 절차 위반이자 〈연방장애인법〉 위반이라고 판단하였다. 66

---

64 다만 네브라스카주 법 제30-2620조(Stat. § 30-2620) 에 따르면 명확하고 설득력 있는 증거가 없는 한 완전후견을 할 수 없게 하고, 부분후견을 할 경우에도 후견인과 피후견인이 단독으로, 공동으로 보유하는 권한과 책임을 분명히 하도록 한다. 미국 후견제도의 개관은 K. Dayton, 2014, "Guardianship in the U. S.", in K. Dayton(ed.), *Comparative Perspective on Adult Guardianship*, p. 231 참조.

65 위스콘신주가 유일하게 이런 절차를 두었다[WIS. STAT. ANN. § 54. 25(2) (c) 1. g].

66 이 사건은 정신질환을 앓는 3명의 도(Doe) 가 메인주 장애인권리센터와 함께 주 법무장관을 상대로 소송을 제기하면서 시작되었다. 가처분 소송에서 패소한 후 3명 중 제인 도(Jane Doe) 는 메인주 검인법원에 선거권을 유보시켜 달라고 청구해 그 청구는 인용되었으나, 질 도(Jill Doe) 가 제기한 동일한 청구는 기각되었다. 그 후 가처분을 기각한 싱갈 판사는 본 안에서는 원고들의 청구를 인용해 메인주 선거법이 제14차 〈수정 연방헌법〉의 공정한 절차조항과 평등한 보호조항, 〈연방장애인법〉을 위반했다고 판단했다. Doe v. Rowe, 156 F. Supp. 2d at 35, 59(D. Me 2001) 참조. 메인주는 이에 대해 항소하지 않음으로써 확정했다.

그러나 모든 부분에서 의사결정무능력으로 판단되어 완전후견이 개시된 자는 선거권이 박탈되도록 하는 미주리주의 선거법의 위헌 및 위법성에 대해, 연방법원의 Missouri Protection and Advocacy, Inc. v. Carnahan 사건에서 다루어졌다. 미주리주의 검인법원이 모든 부분에서 의사결정무능력이라고 판단될 때에만 완전후견을 선고하고, 그 외에는 부분후견을 선고하기 때문에 〈연방헌법〉의 공정절차 위반이라거나 〈연방장애인법〉 위반이 아니라고 판단했다. 67

이런 사례를 보면, 미국에서는 선거능력이 있는지 여부를 개별적으로 법원에서 판단하여 선거권 박탈 여부가 결정된다고 할 수 있다. 선거권을 행사할 의사결정능력이 있는지 여부는 결국 선거의 성격을 이해하는지, 선거 결과가 어떻게 확인될 수 있는지를 이해하는지, 여러 후보 중 어느 한 명을 선택할 수 있는지 등을 기준으로 개별적으로 판단하게 될 것이다. 68 법리적으로만 보면, 여타의 자격 박탈 및 제한에 관한

---

67 이 사건은 정신분열증으로 일리노이주에서 완전후견을 선고받은 전 일리노이대학 법학 교수 프라이(Prye)가 미주리주로 이사한 후, 미주리에서 선거 등록이 거부되자 소송을 제기하면서 시작되었다. 가처분 소송에서 프라이가 패소한 후 다른 정신분열증 환자로 완전후견을 선고받은 스케일티(Scaletty), 샤프(Scharp), 연방으로부터 재정지원을 받는 미주리주의 the Protection and Advocacy Services Inc. (MOPAS)를 공동원고로 추가하여 제1심을 진행했다. 그러던 중 프라이 교수는 사망하였고, 샤프도 원고에서 탈퇴하여 스케일티와 MOPAS만 원고로 남아 소송을 진행하였다. 원고들은 제14차 〈수정 연방헌법〉의 공정절차위반 및 〈연방 미국장애인법〉(the Americans with Disabilities Act)과 〈재활법〉(the Rehabiitation Act) 위반을 근거로 미주리주 선거법의 위헌성을 다루었다. 제1심에서 패소하였고, 제8 순회 연방항소법원에 항소하여 진행되었다. 미주리주에서는 부분후견을 선고하면서 선거능력이 없다고 판단할 수도 있다.

68 의사결정능력 장애인 선거권에 관한 상세한 내용은 S. H. Hurme and P. S. Appelbaum, 2016, "Defining and assessing capacity to vote: The effect of mental impairment on the

사항도 동일하다고 할 수 있다.

우리나라의 경우 〈개정민법〉에 따르면, 피성년후견인의 법률행위와 준법률행위를 성년후견인이 취소할 수 있다. 그렇다고 피성년후견인의 공법상의 권리·권한, 사법상의 권리·권한을 자동적으로 박탈해야 하는 것은 아니다. 결격규정은 우리나라가 비준한 UN 장애인권리협약 제12조 제1항, 제4항에 정면으로 충돌된다는 점을 차치하더라도, 헌법상의 기본권의 과잉침해이다. 결격조항은 성년후견인이 피성년후견인의 이익을 위해 법률행위·준법률행위를 대리할 기회조차 박탈하기 때문에 헌법상의 행복추구권에서 유래되는 법률행위의 자유를 중대하게 침해하거나 평등권, 직업선택의 자유 등에 중대하게 침해하여 위헌적 성격이 매우 강하다.

첫째, 공법·사법상의 자격 또는 권한을 취득하려면 청약 또는 신청이라는 법률행위 또는 준법률행위가 필요한 경우가 대부분인데, 대리신청이 금지되지 않는 한, 결격조항은 성년후견인을 통한 위와 같은 청구 또는 신청 자체를 봉쇄하는 것이어서 평등권 침해의 소지가 크다.

둘째, 가장 심각한 이유는 공법·사법상의 자격 또는 권한을 보유하던 자가 사후적으로 발생한 뇌사고로 인한 뇌병변, 정신질환, 약물중독, 의식불명, 치매 등으로 성년후견인의 조력이 절실히 필요한 경우,[69] 성년후견이 개시되자마자 성년후견인의 대리신청에 의한 휴직, 사직 등의 기회를 갖지 못한 채 결격조항으로 인하여 곧바로 그 직위 내

---

right of voters", *McGeorge Law Review*, 38, p. 931 참조.

69 〈민법〉 제938조 제3항, 제947조의 2에 따라 성년후견인에 의한 의료동의권 행사가 필수적이다.

지 .직무를 더 이상 수행할 수 없게 된다. 이는 다른 질병에 걸려 휴직, 사직, 직무정지 등을 신청할 수 있는 환자와 비교할 때 뇌사고, 정신질환, 약물중독, 원인불명의 의식불명, 치매 등의 질환이 있는 피성년후견인을 다른 질환자에 비해 근거 없이 차별하는 것이다.

셋째, 완전후견이 개시된 경우라 하더라도 피후견인이 선거능력이 있는지 여부는 개별적으로 판단하는 것이 세계적 추세임도 감안해야 한다. 이런 이유 때문에 선진국에서는 성년후견이 개시되었다는 이유로 공법·사법상의 지위·권한 등을 박탈하는 결격조항을 두지 않는다.

이상의 사정을 감안하면, 자격 또는 권한의 획득과 유지 여부에 법률행위·준법률행위가 필요한 경우에는 피성년후견인의 이익을 위해 성년후견인이 휴직 또는 사직 등의 의사표시를 할 기회를 보장해야 한다. 성년후견이 개시되더라도 근로할 수 있는 기회를 최대한 부여해야 하며, 선거권 행사 여부도 개별적으로 판단해야 한다. 따라서 피성년후견인에 한정해 결격조항을 유지하는 것 역시 위헌적 요소가 매우 크다.

그런데 결격조항을 폐지하는 것만으로는 불충분하다. 첫째, 결격조항이 폐지되면, 휴직(자격행사의 중단·정지 포함) 또는 사직 등 의사표시는 성년후견인이 대리할 수 있지만, 그렇게 해야 할 의무는 없다. 따라서 피성년후견인의 이익 또는 제3자의 이익을 위해 직무수행·자격행사 등을 중단하거나 포기하여야 함에도 불구하고 피성년후견인이 이를 지속하고자 하고, 성년후견인이 이를 방치하는 상황이 생길 수 있다.

둘째, 결격조항이 폐지되면, 성년후견인이 직무수행·자격행사 중단 또는 포기 의사표시를 대리할 수 있지만, 피성년후견인이 사실상 계속하여 그 직무·자격을 행사할 경우 성년후견인은 이를 막을 방법이 없다. 후견인은 의사표시를 대리·대항하는 권한 이상을 가지지 않기 때문이다.

셋째, 현재에도 성년후견인은 피성년후견인의 사실행위를 막을 권한이 없다. 가령 총포·도검·화약류 등 단속법상의 물품을 피성년후견인이 소지하거나 〈도로교통법〉상의 자동차를 운행하는 것을 성년후견인이 막을 권한은 없다. 이들 물품을 소지하는 등의 행위는 피성년후견인이나 제3자의 이익을 중대하게 침해할 소지가 있다.

이와 같은 사실행위의 정지는 비단 위 특별법에 한정되지 않는다. 그렇다고 그 가능성만으로 피성년후견인을 격리시설에 수용하는 것은 더 큰 인권침해의 소지가 있다. 따라서 피성년후견인 자신이나 제3자에게 미칠 위험성이 있을 때 가정법원의 처분으로서 직무수행 등의 정지를 명하는 것이 필요하다.

〈민법〉제954조, 제959조의 16이 그 기능을 수행할 수 있는가? 동조에 따라 가정법원이 내릴 수 있는 처분의 범위가 불분명하기 때문에, 주로 재산행위와 관련된 처분에 한정될 가능성이 높다. 따라서 가정법원의 처분권한으로서 직무수행 등의 정지를 명하는 것을 가능하도록 하는 특별법이 필요하다.

(2) 보다 본질적인 개혁을 위하여

의사결정능력 장애인의 의사결정을 지원함으로써 이들의 사회통합을 촉진시키고, 인권보호와 권익신장을 위해 무엇보다 장애인권리협약에 충실할 필요가 있다. 후견제도라는 관점에서 보면, 법정후견제도보다 법정후견을 대체하는 제도를 우선하는 것이 필요하며, 법정후견제도는 보충적 제도로 자리 잡게 해야 한다. 나아가 법정후견제도나 후견대체제도 모두 의사결정능력 장애인의 장애 관련 역량강화수단(*empowerment*)으로 기능할 수 있게 해야 할 것이다.

이를 실현하기 위한 방안은 제17대, 제18대 국회에 제안되었던 세 가지 모델의 입법안을 융합하는 것에서 출발하는 것이 현실적이다. 즉, 다원론의 장점과 일원론의 장점을 살려 양자를 결합시켜야 한다는 것이다. 양자의 장점을 결합한다면, 행위능력을 박탈하거나 제한하는 성년후견, 한정후견 유형을 폐지하는 것보다 적절한 대안이 가능하다. 지속적 대리권의 유형인 지속후견70과 한시적·부분적 사무후원과 대리권이 특징인 특정후견71의 두 유형을 기본으로 하되, 단독으로 위험하거나 불이익한 법률행위를 할 가능성이 높은 피후견인의 보호를 위해 공동으로 결정하게 하는 공동결정후견72 유형을 앞의 각 유형의 한 변형으로 인정하는 것이다.

지속후견은 현재의 성년후견 유형을 기본모델로 삼았지만, 행위능력을 박탈하는 기능을 없애고 후견인의 대리권 범위를 개인적 필요성에 맞추어 정하게 하는 것이 골자이다. 또한 용어상의 혼란을 피하고 후견

---

70 고령의 중증장애인 또는 치매환자를 위한 후견은 장례절차의 준수까지 지속될 수도 있기 때문에 기간을 설정하는 것이 무의미할 수 있다. 이 경우 지속적 후견이 더 나을 것이다.
71 특정후견은 후견목표를 설정해 정해진 기간 안에 이를 달성할 수 있게 한다는 점에서 일원론의 후견제도와 동일한 취지이지만, 후견인의 사무와 권한도 특정된다는 점에서 차이가 있다.
72 한정후견인은 제한 없이 단독으로 법률행위를 대리할 수 있기 때문에 피후견인의 자기결정권에 대한 지나친 침해일 수 있다. 피후견인의 보호와 후견인의 권한 제한이라는 목표를 달성하기 위해서는, 위 2절 2)의 빅토리아주의 공동결정후견과 마찬가지로, 공동으로 해야 유효한 결정을 할 수 있는 후견 유형을 두자는 것이다.

의 특징을 잘 드러나게 하기 위해 지속후견이라고 하는 것이 적절하다.

공동결정후견은 현행법의 한정후견 유형을 모델로 삼았지만, 한정후견과 달리 후견인 단독으로 대리할 수 없도록 함으로써 후견인의 역할을 지원에 더 많은 초점을 두었다. 이로써 이 유형의 후견 목적을 충분히 달성할 수 있기 때문이다.

특정후견은 현행법의 특정후견 유형을 모델로 삼았지만, 그 권한범위를 신상 영역에까지 더 확대함으로써 일원론의 기간 제한 있는 후견유형과 융합할 수 있도록 했다.[73]

또한 17대 국회, 18대 국회에서 제안되었던 〈성년후견에 관한 법률〉, '장애성년후견'의 장점을 반영할 필요가 있다. 즉, 후견을 보충적 수단으로 삼고, 당사자가 간이한 방법으로 후견인을 선정할 수 있게 해야 한다. 달리 말하면, 임의후견을 언제나 우선시해야 한다. 임의후견은 법원에서 후견감독인을 선임함으로써 그 효력이 생길 수 있도록 하는 것이 아니라 본인이 임의후견인과 임의후견감독인을 모두 선임할 수 있도록 하는 것,[74] 이를 간이한 방법으로 등록하여 후견이 개시될 수 있도록 하는 것, 대신 그 후견의 적절성에 이의를 제기할 수 있는 방법을 두는 것 등으로 대체할 필요가 있다.[75]

---

73 현행법의 특정후견에서도 후견인에게 신상결정권이 있다고 해석하는 견해도 있으나(김형석, 위의 논문, 150쪽; 제철웅, 위의 논문, 18쪽 이하 등), 이를 등기할 방법이 없다. 따라서 법원에서 특정후견인에게 신상결정권을 부여하는 판결을 할지, 이를 하더라도 등기할 방법이 있을지, 등기가 가능하지 않다면 의사 등과의 관계에서 후견인이 권한을 행사할 수 있을지 의문이다.

74 본인이 양자 모두를 선택하는 것을 원칙으로 하되, 후견인만 선택한 경우 후견인의 권한에 제한을 두는 방법도 가능할 것이다.

간과할 수 없는 점은 임의후견이든 법정후견이든 모두 의사결정능력 장애인에 대한 여타의 역량강화수단으로는 충분하지 않을 때 이용하도록 해야 한다는 점이다. 〈발달장애인 권리보장 및 지원에 관한 법률〉 제10조에서처럼 비장애인이 발달장애인과의 의사소통방법을 훈련받도록 하는 것도 향후 개발해야 할 역량강화수단 중 하나다.

주민센터에서 가족관계증명서나 주민등록, 인감등록을 하기 위해 후견인이 선임되어야 한다면, 이것은 문제가 있다. 의사결정능력 장애인이 원하거나 희망하는 것이 무엇인지에 대해 소통할 수 있는 훈련을 받은 이들이 학교, 공공기관, 은행 등 대중이용시설에 필수적으로 배치되어야 한다. 나아가 일상적 법률행위 또는 의사표시, 간단한 의료행위 등에서는 본인이 의사결정능력이 매우 떨어지더라도 후견인 없이 가까운 사람들이 일정 요건하에 후견인의 역할을 할 수 있도록 하는 것도 필요하다.

가령 〈발달장애인 권리보장 및 지원에 관한 법률〉 제2조의 보호자와 같은 자를 등록하게 함으로써 이들이 간단한 일상생활관련 사무, 간단한 의료행위나 요양관련 행위에 대해 후견인의 역할을 할 수 있도록 하는 것도 필요하다. 이상과 같은 문제의식이 이미 '성년후견에 관한 법률안', '장애성년후견 법률안'에 자리 잡고 있었다.

후견이나 후견대체제도는 장애인의 의사결정에 관한 제도이고, 의사결정은 재화와 서비스를 공급받고 사회생활을 영위하는 수단이다. 이 점

---

75 임의후견을 법정후견의 대체제도로서 이해해야 한다는 것, 현행법하에서 임의후견제도가 후견대체제도로서 자리 잡기 위해 필요한 요소가 무엇인지 등에 대해서는 제철웅, 위의 논문, 127쪽 이하 참조.

을 감안하면, 의사결정능력 장애인의 사회생활을 가능하게 하는 근로환경, 결혼생활의 영위 등에 대한 사회적 지원도 마련되어야 한다. 이와 관련해 중증의 의사결정능력 장애인이 필요한 재화와 서비스가 실효성 있게 또 안정적으로 공급되도록 보장하는 시스템의 구축도 중요하다. 이를 위해 종래 금융기관 중심으로 운영되었던 신탁제도를 장애인의 요양, 생활안정을 위한 제도로 변형해 활용하는 방안도 검토할 필요가 있다.

가장 중요한 부분의 하나는 거래안전을 우선시하여 의사결정능력 유무를 일률적으로 판단하는 행위무능력자제도의 잔재를 최대한 없애고, 의사결정능력 유무를 개별적으로 판단하는 사회문화의 형성이다. 가령 후견인과 공동결정을 하게 한 경우(앞서 언급한 공동결정후견) 그렇지 않을 때 그 법률행위를 취소할 수 있게 하더라도 이는 사건본인의 보호를 위해 필요한 한도에서 최소한의 범위에서만 제한적으로 인정해야 한다. 대신 의사결정능력 유무를 개별적으로 판단해야 한다.[76] 이런 사회문화를 형성하려면 이를 뒷받침할 수 있는 세밀화된 민사법 이론이 발전해야 하며, 이에 수반한 실무지침과 실무관행이 확산되어야 한다.[77]

---

76 보통법 국가인 영국은 더 이상 법정후견하에 있는 사람의 법률행위능력을 박탈하거나 제한하지 않기 때문에, 의사결정능력이 있는지 여부를 개별적으로 판단한다. 개별적 판단기준과 입증부담 등의 개관은 The British Medical Association and the Law Society, 2010, *The Assessment of Mental Capacity*, 3rd ed., p. 39 참조. 독일도 1990년 행위무능력제도를 폐지한 이후 후견은 행위능력에 영향을 미치지 않고, 의사결정능력 유무는 〈독일민법〉 제104조 제2호에 따라 개별적으로 판단한다. 개관은 Bamberg and Roth, Müller, BGB Bd. 3, § 1896 Rn. 23 참조.

77 영국은 변호사회와 의사협회의 공동작업으로 유형별로 의사결정능력 유무의 판단기준을 제시하는 실무지침서를 제공한다. The British Medical Association and the Law Society, *Ibid*, passim.

이렇게 되면 한편에서는 치매, 발달장애, 뇌병변, 정신장애로 의사결정능력에 변동과 장애가 있다고 그것만으로 곧바로 의사능력이 없다고 판단하지 않게 될 것이다. 그의 이익을 배려하면서 동시에 개인적 희망을 존중하는 방향으로 그가 소통하고자 하는 의사를 존중할 수 있게 될 것이다. 또한 후견인, 임의후견인, 그 밖의 의사결정대행자도 자신에게 부과된 대리권을 곧바로 행사하는 것이 아니라 본인 의사를 헤아려 전달하는 역할을 해야 한다는 실무관행이 확산될 것이다. 후견인이 없고 요구되는 결정이 개인적 신상관련 결정이라면 더욱이 본인 의사를 최대한 존중하는 방향으로 해석하게 될 것이다.

혹자는 이런 주장에 대해 시간이 더 소요되므로 거래안전을 해치거나 거래비용 증가를 가져올 수 있다고 비판할 수도 있다. 특히 금융회사, 통신회사, 병원, 관공서 등의 반발이 없지 않을 것이다. 그러나 인권 존중과 양립하는 경제 발전이야말로 지속가능한 성장을 보장하고, 국제사회는 이미 그 길로 접어들었음을 간과해서는 안 된다.[78]

---

78 2005년 '인권과 다국적 기업 및 기타 비즈니스기업 문제'에 대해 UN 사무총장 특별대표로 임명된 존 러기(John Ruggie) 교수는 2008년 "Business and Human Rights: 'Protect, Respect and Remedy' Framework"를 제안하여 인권이사회에서 채택되었다. 이어 2011년 6월 개최된 제17차 UN 인권이사회에서 "Guiding Principles on Business and Human Rights: Implementing 'Protect, Respect and Remedy' Framework"를 채택했다. 이에 따르면, 영리·비영리 사업활동에서도 인권을 존중하는 경영활동을 해야 하며, 이것이 가능하게끔 제도를 정비하고 여타 필요한 조치를 취할 국가의 의무가 있다. 그 개관은 국가인권위원회, 2013, 〈기업과 인권에 관한 보고서〉, 제2부 참조.

2) 후견 및 후견대체 서비스 전달체계의 형성

후견서비스의 공급은 가족, 친척, 친구 등이 제공할 수 있고, 공적 자금의 지원을 받는 공공후견인이 제공할 수도 있으며, 직업적 전문후견인이 제공할 수도 있다. 가족, 친척, 친구가 아니면 공공후견인에 의해 후견서비스가 제공되는 나라는 캐나다의 다수 주, 호주의 다수 주 등이 그 예이다.

미국의 경우 주마다 사정이 다양하지만 가족후견인, 공공후견인, 사적 전문후견인이 각각 이용 가능할 경우 그 비율은 72%, 14%, 14% 정도를 점한다. 주에 따라서는 사적 전문후견인이 없기도 한데, 이런 경우 가족, 친지, 친구 후견인이 61%, 공공후견인이 38%를 점한다.[79]

영국도 대체로 미국의 첫 번째 부류에 속하는 것으로 평가된다.[80] 독일은 직업적 전문후견인에 의한 후견서비스 제공이 다른 서구 국가보다 좀 더 많은 나라에 속한다.[81] 일본은 직업적 전문후견인에 의한 후견서

---

79 Center for Elders and the Courts, 2010, *Adult Guardianship and Court Data and Issues Results from an Online Survey*, March 2, pp. 17~20 참조.

80 영국 보호법원의 러시(Lush) 판사에 따르면 가족이나 가까운 지인이 법정후견인이 되는 비율이 약 53%, 지방자치단체가 후견인이 되는 비율이 약 26%, 직업적 전문인이 법정후견인이 되는 비율이 약 21%다. Lush, 2013, *Court of Protection Practice and Procedure in England and Wales*, "성년후견제와 의사결정 장애인의 보호", 〈비교사법 국제학술대회 자료집〉, 47쪽 참조.

81 2011년 신규 임명된 후견인 중 가족, 친지 등의 명예직후견인이 62.17%, 변호사 6.38%, 기타 직업적 후견인 25.31%, 법인후견 5.85%, 지방자치단체 후견 0.32%이다. Horst Deinert, 2011/2012, Betreuungszahlen 참조.

비스 제공이 50%를 넘었다. 82

우리나라의 경우 후견서비스는 가족이나 공공후견인에 의해 제공되는 것이 바람직하다. 83 이 방향으로 가도록 더 많은 관심을 기울여야 한다. 그렇다고 하더라도 직업적 전문후견인은 늘 수밖에 없을 것이며 이 부분의 비중이 10% 이상을 점할 가능성이 높다. 누가 직업적 전문후견인이 될 것인가는 더 두고 보아야겠지만, 법률전문가의 역할은 되짚어 보아야 한다. 인권의식이 고양된다면 후견과 (임의후견을 포함하여) 후견대체제도 중에서 어떤 것을 이용할지, 각 제도 이용 시 그 내용을 어떻게 구성할지를 판단할 때 핵심적 부분은 후견 수요자의 개별적 사정일 것이다.

개별적 사정에 따라 후견인 또는 후견대체수단 제공자의 권한과 활동방식은 다양하다. 그 각각에 적합한 내용에 대해 법적 조언을 해주고, 관련 서류를 작성하는 일은 법률전문가들이 맡는 것이 가장 바람직하다. 직업적 전문가로서 직접적 후견서비스를 제공하는 것은 사회복지 분야 관계자나 직업적 후견인에게 맡기는 것이 더 적합하다. 달리 말하면 후견 수요자의 개별적 사정을 더 많이 고려할수록 법률전문가의 역할과 중요성은 더 커질 수밖에 없다. 후견서비스 제공을 법률전문가의 대체 수입원의 하나로 보는 것은 너무 근시안적인 관점이다.

후견서비스 제공을 가족, 친척, 친구, 공공후견인, 직업적 전문가

---

82 赤昭康弘, 2013, "成年後見制度の概要と特色, 新アジア家族法三國會議", 《臺灣大會資料集》 참조.
83 사회복지서비스로서 후견서비스를 제공하는 데 더 많은 관심을 기울여야 한다는 입장으로는 제철웅, 위의 논문, 35쪽 이하 참조.

등이 담당한다면, 가장 중요한 부분이 취약성인 보호체계와 그 체계 운영을 담당할 독립기관이다. 미국은 소송관련 권리지원 측면에서 P&A 제도를 두고, 각 주에서 사회복지 지원 측면에서 취약성인보호서비스제도를 두었다. 84 독일은 성년후견청에서 이와 유사한 역할을 담당한다. 영국, 호주, 캐나다 등 다수의 보통법 국가는 공공후견인 관청에서 이와 유사한 역할을 담당한다.

우리나라의 경우 이런 여러 제도의 장점을 우리나라에 적합한 형태로 변형해 도입할 필요가 있다. 그 출발점은 우리나라는 취약성인 보호를 위한 법적 근거가 없다는 점에서 찾아야 한다. 〈노인복지법〉은 노인보호전문기관에서 노인의 인권보호와 관련된 기능을 수행하도록 하고, 〈장애인복지법〉에 기초해 임의적으로 장애인인권보호센터를 만들어 이런 기능을 수행하기도 한다. 하지만 취약성인의 학대와 방임에 대해 유효적절한 보호를 제공하지 못한다.

취약성인의 대부분은 의사결정능력에 장애가 있는 성인이며 이들의 사회적 연령은 아동 수준에 머물거나 퇴화한다. 그런데 최소한 〈아동복지법〉상의 아동보호전문기관과 같은 역할을 수행하는 기관이 없다. 그 단초가 〈발달장애인 권리보장 및 지원에 관한 법률〉에서 마련되었다. 이를 확대하여 취약성인 일반을 대상으로 하되, 가족이든 제3자든 이들을 학대, 방임했을 때 적절한 조사, 지원, 보호를 제공할 수 있는 기관이 필요하다. 이 기관에서 후견이나 후견대체수단에 대한 지원과

---

84 미국의 P&A 제도의 소개는 조한진, 2014, "미국의 장애인 권리옹호체계, 중증장애인 보호와 옹호(P&A) 시스템 방안 연구", 《장애인 권리옹호체계 확립을 위한 국회 정책토론회 자료집》 참조.

감독을 수행하도록 하는 것이 필요하다. 그 단초 역시 〈발달장애인 권리보장 및 지원에 관한 법률〉에 마련되어 있다. 이를 확대하여 '취약성인 보호전문기관'을 설치하여 후견 및 후견대체제도의 운영에 일정한 권한을 부여하도록 하는 것이 필요하다. 85

5. 나가며

이 글을 작성하는 현재 새로운 성년후견제도가 시행된 지 10년차에 접어들었다. 이 시점에서 가장 큰 사회적 실험이자 변화의 하나는 일반시민인 제3자가 공공성에 입각하여 의사결정능력 장애인을 위해 특정후견인으로 선임되어 활동하기 시작했다는 점, 비록 소수이지만 임의후견인이 후견서비스를 제공하기 시작했다는 점을 꼽을 수 있다. 새로운 성년후견제도의 시행과 더불어 중시해야 할 부분은 의사결정능력 장애인 역시 한 인간으로서 존엄성을 가지며 그의 헌법상·민사법상·공법상의 권리와 의무를 충분히 향유하고 부담할 수 있도록 합리적 조정장치 또는 합리적 편의제공(*reasonable accommodation*)이 제공되어야 한다는 점이다.

이 점에서 볼 때, 무엇보다 의사결정능력 장애인의 보호를 명목으로 그들의 시민으로서의 권리를 제한하거나 박탈하는 것은 중단되어야 한

---

85 제철웅, 위의 논문, 127쪽 이하에서는 임의후견감독인의 기능을 수행하고, 후견인에 대한 지원·감독기능을 수행할 공공후견지원센터의 설치가 필요하다고 주장한다. 명칭 여하를 불문하고, 본문의 기능도 포함되는 기관이 필요하다.

다. 대신 좀 더 쉽게, 간단하게, 저비용으로 의사결정능력 장애인을 조력하는 의사결정지원자를 찾을 수 있게 해 주고, 이들이 사회통합적 삶을 영위할 수 있는 의사결정지원 시스템을 구축하는 일에 시급히 착수해야 한다.

그 방법은 다음과 같다. 첫째, 후견보다 후견대체제도를 우선시해야 한다. 법정후견보다 후견대체제도인 임의후견을 우선시하는 것도 그 한 방법이다. 둘째, 후견과 후견대체제도보다 의사결정능력 장애인의 사회통합적 삶을 가능하게 하는 사회적 인프라와 문화의 형성이 우선되어야 한다.

인권의식이 높아질수록 역설적으로 보충적 수단인 법정후견을 이용하는 건수도 늘어난다. 그러나 그 비율이 인구의 0. 2∼0. 3% 이상이 되지 않도록 하는 것이 바람직하다. 의사결정능력 장애인 대부분이 후견대체제도를 이용하도록 하는 것이 바람직하다는 것이다.

이를 실현하기 위해 후견제도와 후견대체제도 정비에 지속적 관심을 가져야 한다. 또한 후견제도 및 후견대체제도를 운영하는 담당기관도 마련해야 한다. 이미 17대, 18대 국회에 제안되었던 여러 입법안에 충분치는 않지만 이런 방안의 맹아가 모두 들어 있었다는 점에 유의해 지혜를 모아야 할 것이다.

참고문헌

구상엽, 2012, "〈개정민법〉상 성년후견제도에 대한 연구", 서울대 박사학위논문.

김정렬, 2011, "성년후견제도 도입의 의미와 준비해야 할 과제", 〈함께걸음〉, 3월호.

김형석, 2011, "민법개정안에 따른 성년후견법제", 〈가족법연구〉, 24권 2호,

박인환, 2010, "새로운 성년후견제 도입을 위한 민법개정안의 검토", 〈가족법연구〉, 24권 1호.

백승흠, 2011, "성년후견제도의 시행과 과제", 《민사법이론과 실무》.

안경희, 2021, "독일 선거법상 완전후견이 개시된 피성년후견인에 대한 선거권 부여 및 투표지원제도", 〈법학논총〉, 33권 3호.

장애우권익문제연구소, 2014, 〈함께걸음〉, 26주년 창간 기념호

제철웅, 2013, "〈성년후견법〉의 시행준비작업상의 몇 가지 이론적·실천적 문제", 〈가족법연구〉, 27권 1호.

_____, 2012, "성년후견인의 〈민법〉 제755조의 책임", 〈법조〉, 670호.

_____, 2010, "영국 법에서 의사결정무능력 성인의 보호제도의 역사적 전개와 2005년의 〈정신능력법〉의 특징", 〈비교사법〉, 51호.

_____, 2011, "요보호성인의 인권존중의 관점에서 본 새로운 성년후견제도: 그 특징, 문제점 그리고 개선방안", 〈민사법학〉, 56호.

_____, 2014, "〈개정민법〉상의 후견계약의 특징, 문제점 그리고 개선방향", 〈민사법학〉, 66호.

조한진, 2014, "미국의 장애인 권리옹호체계, 중증장애인 보호와 옹호(P&A) 시스템 방안 연구", 《장애인 권리옹호체계 확립을 위한 국회 정책토론회 자료집》.

차선자·권건보·서정희·윤찬영·조백기, 2010, 〈장애인권리협약의 국내이행을 위한 실태조사〉, 국가인권위원회 보고서.

현소혜, 2011, "성년후견제 도입에 따른 관계법령의 개선방안", 〈가족법연구〉, 25권 3호.

赤昭康弘, 2013, "成年後見制度の概要と特色", 新アジア家族法三國會議,

2013年 11月, 《臺灣大會(輔仁大學) 資料集》.

黃詩淳, 2013, "成年後見制度の概要と特色", 新アシア家族法三國會議, 2013年 11月, 《臺灣大會(輔仁大學) 資料集》.

Bamberg and Roth, *BGB 3 Bd.*, C. H. Beck.

Bundesamt für Justiz, 2013, *Betreuungsverfahren*.

Center for Elders and the Courts, 2010, *Adult Guardianship and Court Data and Issues Results from an Online Survey*, March 2.

Committee on the Rights of Persons with Disabilities, 2014, *Draft General Comment on Article 12*, CRPD/C/11/4.

Dayton, K., 2014, "Guardianship in the US", in K. Dayton(ed.), *Comparative Perspective on Adult Guardianship*, Carolina Academic Press.

Hurmea, S. H. and P. S. Appelbaum, 2016, "Defining and assessing capacity to vote: The effect of mental impairment on the right of voters", *McGeorge Law Review*, 38.

Jürgens, 2010, *Betreuungsrecht*, 4. Aufl., Verlag C. H. Beck.

Lush, 2013, *Court of Protection Practice and Procedure in England and Wales*, 〈비교사법〉 국제학술대회 자료집.

McHale and Fox, 2007, *Health Care Law*, 2nd Ed., Sweet & Maxwell.

Mental Disability Advocacy Centre, 2013, *Legal Capacity in Europe*.

National Research Council, 2007, *Improving the Social Security Disability Decision Process*, Washington DC: National Academies Press.

Schauffler and Uekert, 2008, "The need for improved adult guardianship data", *Caseload Highlights*, 15(2).

The British Medical Association and the Law Society, 2010, *Assessment of Mental Capacity*, 3rd ed.

Victorian Law Reform Commission, 2012, *Guardianship Final Report 24*.

Williams and Field, 2014, "Guardianship in Australia", in K. Dayton (ed.), *Comparative Perspectives on Adult Guardianship*, Carolina Academic Press.

4장
후견법인의 발전방향

박인환
(현 인하대 법학전문대학원 교수)

1. 들어가며

2013년 7월 1일 새로운 성년후견제도가 시행된 지 벌써 10년째로 접어들었다. 그간 후견 이용 건수가 꾸준히 증가했다. 그중에서 성년후견 유형은 2013년 이용자 수가 418명이었는데, 2019년에는 4,746명으로 10배 이상 급속히 증가했다. 성년후견 유형의 이용자 수 증가에 비하면 한정후견이나 특정후견 수는 절대수가 적고 증가 속도도 느린 편이다. 한정후견 이용자 수는 2013년 57명이었는데, 2019년 285명으로 약 5배 증가했다. 특정후견의 경우 2013년 이용자 수가 49명이었다가 2019년 638명으로 약 13배 증가했다. 하지만 이는 제도 이용의 일반적 경향이라기보다 보건복지부의 성년후견이용지원사업(공공후견)의 결과이다. 이 사업의 방침에 따라 정신장애인에 대한 공공후견 이외에 특정후견

이용을 원칙으로 했다.[1] 그 밖에 새 제도에서 전격 도입된 후견계약의 경우에는 그 이용이 극히 부진하여 2013년 이용자 수가 7명이었는데 2019년에도 11명으로 나타나 4명 증가에 그쳤다.

종합하면, 2019년 기준으로 성년후견 이용자 수는 4,746명, 특정후견 이용자 수는 638명, 한정후견 이용자 수는 285명, 후견계약 이용자 수는 11명으로 나타났다.[2] 그중에서도 피후견인을 돌보아 줄 근친의 가족이 없는 경우, 보건복지부와 지방자치단체의 협력을 통하여 시행되는 성년후견이용지원사업에 의하여 지방자치단체장의 청구로 공공후견인이 선임되어 이들의 권익옹호와 의사결정지원을 제공하는 것은 제도 시행 이래 중요한 성과라 할 만하다.[3]

그러나 제도 시행 10년째인 현재 여러 가지 문제점과 과제도 적지 않다. 무엇보다 UN 장애인권리협약의 국내법적 이행과 관련하여 협약 제12조 법 앞의 평등한 인정을 실현하기 위하여 종래 행위능력 등 장애인의 법적 능력을 제한하고 의사능력이 부족한 피후견인을 대신하여 후견인이 법정대리권을 행사하는 것에 대한 비판이 그것이다.

특히 UN 장애인권리위원회에서는 이를 대체의사결정제도(*substitute*

---

1 그 배경은 UN 장애인권리협약 제12조와의 정합성, 그리고 무엇보다 피후견인을 이유로 하는 광범위한 결격조항의 존재 등이다. 특히 결격조항 문제는 자립생활에 대한 의지가 강한 발달장애인들이 특정후견 이외의 보호유형을 선택하는 데 결정적 장애가 된다.

2 대한변호사협회(연구책임자: 송인규), 2021, 《가정법원의 후견감독 시행방안에 관한 연구》, 법원행정처, 30쪽.

3 이들 성년후견이용지원사업은 장애 유형별로 〈발달장애인의 권리보장 및 지원에 관한 법률〉 제9조, 〈치매관리법〉 제12조 3, 〈정신건강증진 및 정신질환자의 복지서비스 지원에 관한 법률〉 등에 근거하여 시행되나 사업 구조는 유사하다.

decision-making)로 규정하고 본인의 권리, 의사, 선호를 존중하는 의사결정지원제도(supported decision-making)로 전환할 것을 촉구하고 있다. 4 즉, 이 위원회는 한국 정부의 제2·3차 병합보고서 심의 후 공표한 최종견해에서 협약 제12조의 이행과 관련하여 깊은 우려를 표시했다. 심리사회적 및 / 또는 지적 장애를 이유로 장애인의 능력을 제한하는 후견 및 대체의사결정제도를 폐지하기 위한 진전이 없고, 이 제도를 지원의사결정제도로 완전히 대체할 수 있는 시간계획이 제시되지 않았다는 것이다. 장애인과 그 가족의 이해를 높이기 위해 접근 가능한 형태로 의사결정지원에 관한 정보제공이 이루어지지 않는다는 점에도 우려를 나타냈다.

그리고 ① 후견과 기타 보호조치(wardship)를 포함하는 대체의사결정을, 장애를 가진 사람의 자율성, 의사, 선호를 존중하고 개별화된 지원의 제공을 보장하는 의사결정지원으로 전환하고, ② 장애를 가진 사람들이 그들을 대표하는 단체를 통하여, 장애를 가진 사람의 법적 능력 인정과 의사결정지원 메커니즘에 관한 개혁 과정과 관계자들에 대한 훈련에 효과적이고 독립적으로 참여할 수 있도록 보장하며, ③ 점자, 수어, 쉬운 표현(easy read)과 같이 접근 가능한 형태로 의사결정지원이 무엇인지에 관한 정보를 개발하기 위한 준비 및 재원을 마련하고 이를 장애

---

4 UN 장애인권리위원회(Committee on the Rights of Persons with Disabilities, 이하 위원회)는 2022년 8월 24, 25일 스위스 제네바에서 개최된 제598회, 제599회 회의에서 장애인권리협약의 국내적 이행에 관한 한국 정부의 제2·3차 병합보고서에 대한 심의를 마치고, 9월 5일 개최된 제614차 회의에서 한국 정부의 협약 이행에 대한 평가와 권고를 담은 최종견해(concluding observations)를 공표하였다. Committee on the Rights of Persons with Disabilities, 2022, *Concluding Observations on the Combined Second and Third Reports of the Republic of Korea*, adopted by the Committee at its twenty-seventh session.

를 가진 사람과 그 가족들에게 널리 제공해야 한다고 권고하였다.

새로운 성년후견제도가 아직 우리 사회에 충분히 수용·정착되었다고 할 수 없는 상황에서 제도의 전면적 개혁을 요구받은 것이다. 앞으로 국제적 동향을 살피면서 우리 사회에서도 성년후견제도를 폐지하고 이를 대체하여 의사결정지원제도를 전면적으로 도입해야 할 중대한 과제에 직면했음을 분명히 인식할 필요가 있다.[5]

나아가 그밖에 중요한 당면 과제로서 새 제도의 정착에 걸림돌이 되는 것이 지역사회에서 후견전문인력이 부족하고 또 이들을 육성할 제도적 혹은 인적·물적 기반이 매우 취약하다는 점에서 이를 극복할 대책을 마련하여야 한다. 이에 관한 문제상황을 명확히 하기 위하여 먼저 우리나라에서 어떤 사람들이 후견인으로 선임되고 후견활동에 참여하는지 살펴볼 필요가 있다.

우리나라의 성년후견인 선임에서는 가족 우위 경향이 뚜렷이 나타난다. 2016년 서울가정법원의 성년후견사건 전수조사 결과에 따르면 선임된 후견인 유형은 친족이 84.6%로 가장 많고, 공공(시민) 후견인(성년후견이용지원사업에 의하여 선임된 후견인)이 8.9%, 전문가후견인이 3.1%, 전문가와 친족이 공동 선임된 경우가 2.6%로 나타났다. 친족 사이에 다툼이 없으면 친족만이 선임되는 경우가 많지만, 다툼이 있으면 공동선임을 포함하여 전문가후견인이 선임되는 경우가 많은 것으로 나타났다.[6]

이는 가정법원이 후견인후보자로 우선 근친의 가족을 고려하지만 친

---

5 이를 위한 법이론적·법정책적 모색으로 우선 박인환, 2021, "사적 자치의 원칙과 의사결정지원 제도화의 모색", 〈민사법학〉, 95호, 3쪽 이하 참조.

6 김성우, 2016, "성년후견제도의 현황과 과제", 〈가족법연구〉, 30권 2호, 428쪽.

족 간 재산관리 등을 둘러싼 분쟁이 있는 경우 분쟁 당사자 어느 일방을 후견인으로 선임하면 다른 가족들의 반발로 원활한 후견사무 처리가 곤란하다는 점을 고려한 것으로 보인다. 대체로 신상에 관한 가족의 결정권이 사실상 용인되는 현실에 비추어 재산관리에 관한 적법한 권한 확보를 위해 가족이 후견인으로 선임되는 경우가 많은 것으로 추정된다.

그러나 다수를 차지하는 친족후견인의 경우, 후견제도에 대한 이해 내지 후견인으로서의 지위와 역할에 대한 자각이 부족하여 피후견인의 재산을 엄격하고 투명하게 관리하지 못하는 경우가 많다. 친족후견인이 법원의 허가 없이 피후견인의 재산을 처분하거나 이용한 것이 사후에 드러나 직권으로 후견인을 변경하여 전문직후견인이 선임되는 경우도 있다. 이때 선임된 전문가후견인이 친족들에게 피후견인의 일탈된 재산을 회복하기 위한 법적 조치를 취하는 경우도 종종 발생하는 것으로 알려져 있다. 친족후견인에 의한 부정행위가 빈발하는 것이다. 뿐만 아니라 친족 간의 재산관리에 관한 다툼에 몰두하다가 정작 본인의 신상보호를 소홀히 하여 피후견인의 건강이나 생활환경 악화에는 아무런 대응도 하지 못하는 경우도 적지 않다.

반면에 전문직후견인의 선임은 당초 변호사, 법무사 등 법조 전문직역에서 기대했던 것보다 상당히 부진한 것으로 나타났다. 설사 전문직후견인이 선임된 경우에도 의사소통능력이 부족한 피후견인에 대한 전반적 이해 부족으로 후견인이 그의 희망이나 선호 또는 (추정적) 의사를 파악하기 어렵다. 가족 간의 갈등 상황에서 다툼이 있는 사항에 대하여 어떤 결정을 하는 것을 곤혹스러워하는 경우도 많다. [7]

사실 전문직후견인이라고 하더라도 법률전문직은 법적 측면에서 재산관리 전문가, 회계사나 세무사는 경제적 관점에서 재산관리 전문가일 뿐이다. 피후견인의 특성을 이해하고 본인의 희망과 선호, 욕구 등을 파악하여 그에 필요한 생활상의 수요를 충족시키기 위하여 필요한 전문성, 가령 심리나 사회복지 분야의 전문성은 없다. 따라서 법률전문직이든, 사회복지전문직이든 특정직역에서의 전문성이 곧바로 후견인으로서의 전문성을 의미하는 것은 아니다. 오히려 오랜 후견활동을 통해 지식과 경험을 축적하는 길을 통해서만 후견활동에 필요한 전문성을 획득할 수 있다는 점에 유의할 필요가 있다.

한편 보건복지부 성년후견이용지원사업에 의한 공공후견인은 대체로 고령자, 장애인의 권리옹호나 복지서비스 지원에 관심 있는 자원봉사자들이 참여한다. 이들은 장애인부모회, 지적발달장애인복지협회 등에서 실시하는 30여 시간의 공공후견인 양성교육을 받고 참여한다. 그러나 실제 피후견인에 대한 지원활동과정에서 충분히 예견하지 못한 다양한 문제상황에 직면하여 시간적으로나 심리적으로 큰 부담을 느끼고 활동을 중단하는 경우도 비일비재한 실정이다. 무엇보다 짧은 교육연수의 실시 이외에는 실제 후견활동 과정에서 겪는 어려움에 관하여 전문적 상담과 조언 등 후견인들에 대한 체계적 지도와 감독(supervision)이 거의 이루어지지 않는다는 점이 큰 문제이다.

이러한 일상의 후견활동과 관련한 지원과 감독을 위하여 〈민법〉은 제940조의2에서 정하는 바에 따라 후견감독인을 선임할 수 있다. 그러나 이는 임의기관에 지나지 않고 실제 가정법원 성년후견실무에서는 특

---

7 대한변호사협회, 앞의 책, 61쪽 이하의 후견관계자 면접조사의 결과이다.

별한 사정이 없는 한 후견감독인을 선임하지 않는다. 성년후견이용지원사업의 경우에는 공공후견인 선임 신청권자로서 지방자치단체의 장이 공공후견인의 후견감독인으로 선임된다. 하지만 지방자치단체 담당 사회복지공무원의 성년후견에 관한 인식 부족 등으로 성년후견인 지도·관리에 지역별 편차가 크다. 현장에서는 공공후견인 양성교육을 담당했던 장애인단체에서 상담·조언을 하기도 하지만 성년후견에 관한 전문성 부족은 마찬가지다. 정기적으로 반복되는 후견사무보고서 제출 등을 지원하기에도 벅차다. 따라서 공공후견의 경우에도 후견감독을 통한 후견인 지도와 감독은 매우 미흡한 것이 현실이다.

결국 현재 성년후견제도의 운용에 있어서는 후견활동 과정에서 발생하는 복잡다단한 문제들을 후견인에게 전적으로 맡겨 두고 이렇다 할 지도와 감독 등 지원을 하지 못하는 것이 현실이다. 이것이 성년후견이 우리 사회에 원활히 수용·정착하는 데 중대한 장애가 될 가능성이 크다.

이러한 문제의식으로부터 이하에서는 지역사회에서 후견인력의 육성, 후견인에 대한 지도와 감독, 가정법원과 지방자치단체 등 지역사회를 연결하는 후견서비스 전달의 거점으로서 후견법인의 가능성을 염두에 두고 그 발전 방안에 대하여 검토하고자 한다. 이를 위해 먼저 현행 성년후견제도 실무에서 후견인으로 활동하는 인력의 유형별 특징과 과제를 살펴보고, 이들의 장점과 단점, 이를 효과적으로 조직하기 위한 방법 등을 살펴본다. 다음으로 성년후견제도의 효과적 활용에 관한 모범적 모델인 독일 후견사단의 근거와 구성, 활동 등을 살펴본다. 그러고 나서 이를 참고삼아 우리나라에서 후견법인을 발전시키기 위한 방안을 제안하고자 한다.

2. 성년후견인 등의 선임 유형별 검토

1) 성년후견인 등의 유형별 특징

(1) 가족후견인

피후견인의 장애 유형에 따라 발달장애인의 경우 부모, 치매노인의 경우 자녀 등이 후견인으로 선임되는 경우가 많다. 배우자나 직계존비속 등 가족은 가족으로서의 정서적·심리적 유대나 친밀감이 강하고 본인의 신뢰를 얻기 용이하며, 본인의 의사나 희망, 욕구에 대한 이해도 높아 의사결정의 지원과 대행에서 유리하고, 무상의 헌신성에 기초하여 무보수의 활동을 기대할 수 있다는 장점이 있다.

반면 전통적 가족주의 관념에 지배를 받아 본인의 자율성에 대한 인식이 부족하여 과도하게 간섭하거나, 후견인의 역할에 대한 자각이 부족하여 도리어 학대나 횡령 등을 저지를 위험도 높다는 점에 유의해야 한다.

(2) 전문직후견인

제3자 후견인으로는 이른바 전문직후견인을 고려할 수 있다. 재산관리가 후견사무의 중심인 경우 변호사, 법무사 등 법률전문직, 회계사, 세무사 등 재무전문직을 고려한다. 한편 후견사무의 중심이 신상보호인 경우 사회복지사, 정신보건복지사 등 사회복지전문직을 제3자 후견인으로 고려할 수 있다. 후견사무 중 관련 직업 분야에 관해서는 높은 전문성과 전문직으로서의 직업윤리에 따라 후견사무 처리에서 합리성과 적절성을 확보하는 데 유리하다.

그러나 성년후견이 재산관리와 신상보호로 나누어진 데 반하여 전문직후견인의 전문성은 재산관리(법률·재무전문가)나 신상보호(사회복지사 등) 어느 한쪽에 편중되어 전문성에 대한 기대는 제한적일 수밖에 없다. 특히 재산관리 전문직들은 통상 장애인 특성에 대한 이해가 부족하고 직업활동상 방문횟수 등에서 현실적 제약이 있다. 그러므로 본인에 대한 이해와 긴밀한 소통에 기초한 의사결정지원 면에서 불리하다. 무엇보다 직업의 전문성에 따라 높은 보수 기대가 있으므로 전문직을 후견인으로 선임하는 케이스는 피후견인이 상대적으로 높은 보수를 지급할 수 있는 자력(資力)이 있는 경우로 제한된다.

(3) 시민공공후견인

자원봉사에 기반한 비전문가 제3자 후견인으로서 주로 사회취약계층에 대한 성년후견이용지원사업에 참여하는 자원봉사형 공공후견인이 이에 해당한다. 공공후견인으로 활동하는 자원봉사형 비전문가후견인은 다양한 계층군(장애인부모, 자원봉사활동가, 은퇴자)에서 후보자가 공급될 수 있으나, 출신계층, 사회경력 등은 매우 다양하다. 그중에 풍부한 전문 직업활동 경험을 가진 은퇴자 등 전문성을 갖춘 경우도 있으나, 후견에 비전문가인 경우가 대부분이다. 사회봉사의 자발성에 기초하지만 부수적으로 약간의 보수 기대를 갖기도 하는 등 참여 동기도 매우 다양하다.

다양한 참여동기, 활동여건 등으로 제공하는 후견서비스의 질적 편차가 크고, 자발성에 기초하므로 책임성의 부족 등으로 사정 변경에 따라 후견인의 중도 사임 등 지속적·안정적 후견서비스 제공 면에서는 불리하다.

2) 성년후견인의 유형별 활용전망

(1) 가족후견인의 활용전망과 대책

가족은 혈연 등에 기초하여 애정과 헌신성을 바탕으로 본인의 의사결정의 지원과 조력에 유리하고, 무상성으로 인하여 후견비용의 부담 없이 선임할 수 있다. 전통적으로 의사결정능력 장애인에 대한 돌봄 기능을 가족이 담당해 왔다는 점에서 우리 사회의 문화적 전통에도 부합한다. 그러므로 앞으로도 피후견인의 지원을 위한 인적 자원으로서 가족은 최우선으로 고려해야 한다. 그것이 가족 기능을 유지·강화하는 측면에서도 유리하다.

그러나 가족후견인의 전형적 위험으로 가족에 의한 학대나 횡령 등의 피해 발생이 예상되므로 적절한 후견감독이 필요하다. 그리고 이미 가족유대가 약화되었거나 적절한 보호 가족이 없는 무연고장애인이 증가할 것으로 예상된다. 한편 가족 간 재산관리를 둘러싼 분쟁 발생 등으로 가족을 후견인으로 선임하기 어려운 경우가 적지 않다. 따라서 가족후견인의 수급에는 일정한 한계가 예상되므로 가족 이외의 제3자 이에 대비할 필요가 있다.

(2) 전문직후견인의 활용전망

법률·회계전문가들의 경우 자원봉사활동이 아닌 이상 전문가로서 높은 보수를 기대하므로 이에 상응하는 보수지급이 가능한 상당 수준의 관리재산이 있는 경우로 선임 범위가 제한된다. 따라서 전문가후견인 선임 확대에는 한계가 있다. 나아가 편중된 전문성으로 인해 재산관리와 신상보호가 동시에 필요한 경우에 전문직후견인이 다른 분야의 전문성을 보충할 방법을 강구할 필요가 있다.

후견인의 활동 중심이 의사결정의 대행이 아니라 의사결정의 지원으로 이동하는 이상 본인의 의사와 희망, 욕구, 선호를 파악하고 이를 위하여 본인과의 소통과 신뢰관계 구축이 긴요하다. 직업활동 과정에서 이를 어느 수준에서 확보할 수 있으려면 직역 본연의 전문성 이외에 고령자와 장애인의 돌봄 니즈를 파악하고 긴밀한 인간적 유대를 형성하기 위해 별도의 전문인력을 확보할 필요가 있다. 다만 현재로서는 전문직후견인들이 후견과 관련하여 별도의 사회복지 분야 전문인력을 확보할 정도의 후견사건을 수임하지 못하는 경우가 많다. 다만 앞으로 전문직에 있어 후견수임의 증가 추세에 따라 대응이 가능할 것으로 예상할 수도 있다.

다른 한편으로 전문직후견인에 대한 보수지급에 따라 후견인의 생계기반인 재산 감소가 예상되는 경우도 있다. 따라서 전문직후견인의 보수기준 설정에 대하여 당사자들이 납득할 수 있는 컨센서스 형성이 필요하다. 현재 시점에서 전문직후견인은 재산관리에 집중된 후견에 한정되거나, 8 소수의 자원봉사로서의 후견활동 이외에 본연의 직업활동과 병행하여 후견인으로 활동하는 것이 일반적이다. 따라서 전문직의 후견활동이 본격화되기까지 시간이 필요할 것으로 예상된다.

---

8 신상보호는 주로 가족이 맡고 있다.

(3) 시민공공후견인의 활용전망과 대책

현재 공공후견인 양성교육 참가자는 자원봉사 시민이라고 하지만 복지기관·단체·시설 종사자나 장애인 가족 등이 대부분이므로 공공후견인의 지속적 공급에 한계가 있을 것으로 예상된다. 일반시민을 교육을 통하여 후견인으로 양성한다고 하더라도 비전문성·비직업성에 따른 책임감 부족, 전문성 결여로 인한 후견서비스 질과 지속성 유지 곤란 등이 예상된다.

특히, 비전문성으로 인해 후보자 선정 전 단계에서 교육양성과 후보자 선정 단계에서 자질의 검증, 후견인 선임 단계에서 본인과의 매칭, 그리고 후견인 선임 이후 지원과 관리·감독 등 지역에서 지속적 지원과 관리·감독이 필수적으로 요청된다. 지속적 지원과 관리·감독 시스템이 뒷받침되지 않을 경우, 검증이나 관리·감독의 부족으로 여러 문제가 발생할 우려도 있다.

현재 시점에서는 제한된 후견사무 처리를 위탁하면서 법원의 감독 이외에 후견인 활동에 대한 지속적 지원과 관리·감독 태세를 유지할 필요가 있다. 따라서 현재 공공후견인을 특정후견인으로 선임하고 지방자치단체장을 후견감독인으로 선임하는 경우, 후견감독을 실효성 있게 집행할 수 있는 구조를 마련하는 것이 시급한 과제다.

3) 법인후견인의 특성과 활용방안

(1) 법인후견인의 장점

일반적으로 법인(法人)은 자연인(自然人)인 개인과 달리 피후견인과 인간적 유대(라포)를 형성하기 불리하여 인간적 관계에 의한 후견에는 적합하지 않은 것으로 보인다. 독일에서는 명문으로 후견인 선임에서 자연인을 법인에 우선하며, 자연인 가운데서도 보수를 지급하는 직업적 후견인보다 가족, 친지 등 명예직후견인의 선임을 우선한다. 그러나 아래에서와 같이 그러한 제약이 필연적인 것은 아니며, 법인에 소속된 후견활동 보조자를 통하여 신뢰관계를 형성할 수 있다. 다만 그 관계가 안정적으로 유지될 수 있도록 보장하는 것이 매우 중요하다.

먼저 법인을 후견인으로 선임하는 경우의 장점을 보면, 장기간의 안정적 후견서비스를 제공하는 데 유리하다. 가령 성년후견인이 자연인인 경우, 후견인의 개인적 사정, 즉 이사, 질병, 사고, 고령 등 부득이한 사정으로 후견사무 수행이 예상 밖에 중단되는 경우를 예측할 수 있다. 특히 장기간에 걸친 지속적 후견서비스 제공이 필요한 경우 그러한 리스크가 더욱 높아진다. 반면 후견인이 법인인 경우, 법인 내부에서 후견사무를 실제로 수행하는 담당인력의 교체는 있을 수 있지만, 담당자의 인수인계를 프로세스화하여 담당자 교체에 따른 신뢰관계의 손상을 방지할 수 있다(복수의 직원이 후견사무 담당 가능). 특히 젊은 발달장애인이 피후견인인 경우, 장기간의 후견서비스 제공이 필요할 수 있으므로 법인후견인이 보다 적합할 수 있다.

법인후견인은 법정후견 외에 임의후견인으로서도 적합할 수 있다. 가령 장래의 후견 수요에 대비하여 후견계약을 체결하면, 후견계약 체결 시부터 후견계약의 효력이 개시될 때까지 비교적 긴 세월이 경과하는 경우가 적지 않다. 이때에는 후견계약의 수임인도 장기간의 시일 경과에 따라 여러 개인적 사정에 변화가 생겨 당초 기대했던 후견사무 수행이 곤란한 경우가 빈번히 발생할 수 있다. 이러한 경우에 법인을 임의후견인으로 선임하면 법인 존속의 지속성으로 인해 안심하고 후견계약을 체결할 수 있다(안정적·지속적 후견서비스 제공).

이와 관련하여 자연인후견인은, 후견서비스 제공이 장기간 필요한 경우 후견인의 개인적 사정으로 서비스 제공의 단절 리스크를 배제하기 어렵다. 경우에 따라 본인과 후견인의 성격 부조화 등 주관적 부적합 요소가 있을 때에도 후견서비스에 장애가 초래될 가능성이 있다. 자연인의 경우 그러한 사정이 후견인 해임이나 개임의 사유가 될 수 있을지는 의문이다. 반면 후견법인은 법인 내부에서 담당자 교체 등의 방법으로 후견서비스의 단절 없이 서비스 제공자의 개인적 사정이나 특성에 따른 문제들을 효과적으로 제어할 수 있다는 장점도 있다(후견인의 개인적·주관적 사정에 따른 후견서비스 불안정 요소 배제).

나아가 후견서비스 제공에서는 법률, 재산관리, 복지, 요양, 의료 등에서 전문적 지식에 기초한 판단을 요하는 경우가 적지 않다. 법인후견인은 다수의 후견사무를 통해 지식과 경험을 축적하고 전문가의 지원역량을 효과적으로 동원한다. 따라서 후견역량을 지속적으로 강화·발전시키는 데 적합하다. 조직에 축적된 지식과 경험, 전문가 역량을 조직화하여, 자연인 개인역량의 한계(전문성의 편중 등)를 넘어 체계적이고 전문적인 후견서비스를 제공하는 데 유리하다(전문성의 체계적 축적).

뿐만 아니라 비영리법인의 경우 관할관청의 지도·감독, 법인 내부의 자체 관리·감독, 체크 시스템의 작동을 통해 별도의 후견감독인 없이도 효과적으로 후견서비스의 적절성을 체크할 수 있다. 실제 후견활동을 수행하는 보조인력을 효과적으로 교육·양성하고 지원·감독함으로써, 후견서비스의 질을 제고하고 균질화하는 데도 유리하다(후견활동 관리·감독에 용이).

나아가 법인의 경우 영속성이 있고 관할관청의 행정적 감독을 받으며 지속적 활동을 통해 사회적 신뢰를 확보하는 데도 유리하다.

(2) 법인후견의 약점

반면에 법인후견인에는 다음과 같은 약점도 있다. 먼저 실제 후견서비스 제공자는 후견인인 법인 내부 사정에 따라 변경될 가능성이 있으므로 피후견인과의 지속적 신뢰관계 구축에 불리할 수 있다(인적 친밀감 형성에서 불리). 그리고 일반적으로 예측되는 약점으로 후견사무 처리의 의사결정이 법인 내부의 의사결정 단계를 거치는 동안에 후견사무 처리가 지연되거나 현장에서 유연한 대처가 곤란할 수 있다(신속한 후견사무 처리와 결정에 불리).

나아가 의사결정지원을 중심으로 후견서비스 제공에서 피후견인을 실제로 접하는 서비스 제공 현장과 최종적 후견사무 처리를 결정하는 법인 내부의 결정 과정이 분리되어 있어 본인의 의사나 희망, 욕구나 선호를 반영하는 데 불리할 수 있다(서류화·형식화에 의한 의사결정지원에서 본인과의 거리). 무엇보다 본인에 대한 방문과 의견청취 등 실제로 후견서비스를 제공하는 사람과 후견사무의 결정권자가 분리되기 쉽다. 후견사무 처리에서 법인 내부의 여러 단계 결재 과정을 거치는 경우, 후견사무 처리 결정에 실질적 책임을 지는 사람이 누구인지 불분명해져서 의사결정의 책임성이 약화될 수도 있다(후견사무 처리에서 책임성 약화).

이하에서는 독일 성년후견제도 운용에서 주요한 역할을 수행하고 있는 독일의 후견사단에 대하여 살펴본다.

3. 독일 후견사단의 역할과 기능

1) 후견사단

(1) 후견사단의 역사
독일 후견사단(Betreuungsverein)은 새로운 성년후견제도(Betreuungsrecht)가 시행되기 전부터 후견활동을 해오던 단체가 새로이 인가를 받아 후견사단으로 이행한 경우가 적지 않다. 독일에서는 고아원, 양로원 및 종교단체가 오래전부터 고아, 질병자, 고령자를 지원해 왔다. 이러한 시설이나 종교단체에서 보호하는 사람은 보호시설이나 종교단체에 의하여 법적 보호와 재산관리를 받았다. 그 밖에 이미 독일 서부나 남부 지역에서는 오래전부터 후견사단이 활동해 왔고, 후거사단에 의한 고령자, 장애인, 질병자를 위한 후견활동이 인정되어 왔다.

단, 구동독 지역에서는 새로운 〈성년후견법〉 시행과 함께 후견법원, 후견청, 후견사단 등의 사회인프라가 새롭게 창설되었다. 새로운 〈성년후견법〉 시행 전에는 교회가 후견이나 장애인 보호활동을 하는 경우가 많았는데, 새로운 성년후견제도 시행으로 개인이 후견인 활동을 수임하는 경우 법무성 국고로부터 비용이 지출된다. 한편 종래 교회가 후견을 하는 경우에는 그 교회의 운영기관이 그대로 비용을 부담해야 한다. 이런 경제적 사정으로 인해 교회에서 후견활동을 하던 많은 사람이 교회에서의 활동을 중단하고 독립해 새로운 후견사단을 설립함으로써 후견활동의 주요 거점이 교회에서 후견사단으로 이행했다. [9]

(2) 후견사단의 인정요건

후견사단은 통상 3년 단위로 경쟁입찰을 통해 해당 지방자치단체의 사회복지과와 후견사단법인이 수행할 업무에 대해 계약을 체결하고 지원을 받는다. [10] 후견사단으로 인정받으려면 먼저 사단법인으로서 다음의 요건을 갖추어야 한다(〈독일민법〉 제1908조의 f).

첫째, 충분한 수의 적합한 직원을 고용하고, 이들을 감독하고 지속적으로 교육하며, 그 활동과 관련해 다른 사람에게 가할 수 있는 손해를 배상할 수 있도록 적절한 책임보험에 가입해야 한다(동조 제1항 제1호). 둘째, 명예후견인(ehrenamtlicher Betreuer) [11]을 발굴하기 위해 계획적으로 노력해야 하고, 이들을 직무에 참여시키고 양성해야 하며, 명예후견인과 장래대리인(Bevollmächtigte, 임의후견인)의 직무수행에 대해 자문을 제공하고 지원해야 한다(동조 제1항 제2호). 셋째, 장래 임의대리인과 후

---

9 青木仁美, 2015, 《オーストリア成年後見法制》, 成文堂, 324쪽 이하.

10 제철웅 외, 2016, 〈싱가포르와 독일의 성년후견 지원 정책 연구: 공공후견청·성년후견청 운영을 중심으로〉, 법무부 연구용역 보고서, 102쪽.

11 무보수의 비직업적 후견인을 뜻한다.

견에 관한 사전지시(*Betreuungsverfügung*)에 대해 계획적으로 정보를 제공해야 한다(동조 제1항 제2호 a). 넷째, 직원들 사이에 경험을 교환할 수 있도록 해야 한다(동조 제1항 제3호).

후견사단법인의 승인은 각 주(州)의 관할 안에서만 효력이 있다. 다만, 승인의 효력을 주의 일부로 제한할 수 있으며 승인을 철회할 수 있고 조건부로 승인을 할 수도 있다(동조 제2항). 승인에 관한 더 상세한 사항은 주법에서 정하고, 승인에 대해 그 밖에 추가적 요건을 둘 수 있다(동조 제3항). 많은 주에서는 후견사단의 소재지 및 활동영역이 당해 주 내에 있을 것과 후견사단의 공공성을 승인요건으로 규정한다.[12] 승인된 후견사단은 특별한 경우에는 장래 임의대리권의 수권에 관하여 본인에게 상담을 제공할 수 있다(동조 제4항).

(3) 후견사단의 운영 재정

2014년 기준으로 이미 838개의 후견사단이 활동하고 있다. 이들 후견사단의 주요 운영재원은 후견인 활동보수이지만 상당수는 주정부의 재정적 지원을 받는다. 2014년 619개의 후견사단에 총 1,028만 6,077유로의 보조금을 지원한 것으로 조사된 바 있다. 후견사단에 지급되는 후견인 활동보수는 후견인의 재정상황에 따라 피후견인의 재산이나 국고에서 지급되며 그 밖에 교회의 기부금 등에서 재원을 조달한다.[13]

후견사단이 재산관리 업무를 담당할 때는 이행보증금이 부과되지 않

---

12 靑木仁美, 2015, 《オーストリア成年後見法制》, 成文堂, 340쪽.
13 제철웅, 위의 보고서, 104쪽.

는다(〈독일민법〉제1908조 i, 제1837조 제3항). 후견사단은 후견인 보수를 청구할 수 없고, 피후견인이 자력 있는 경우에 한해 지출비용의 상환만 청구할 수 있다. 나아가 후견사단은 자신의 활동에 대한 보수를 받거나 관리비용을 상환받을 수 없다. 후견사단 소속 후견인이 선임되었을 때 그에게 지급될 보수를 받아 이를 그 사원에게 지급할 수 있을 뿐이다.[14]

2) 후견사단의 역할과 기능

(1) 후견사단의 역할 모델 (조직화된 인간적 관계에 의한 후견)

〈성년후견법〉을 개정하던 당시 본인에 대한 '인간적 관계에 의한 후견' (*Persönliche Betreuung*)이 거의 이루어지지 않는다는 점이 구제도에 대한 중요한 비판이었다. 여기서 '인간적 관계에 의한 후견'이란 인간적 관계, 즉 후견인과 피후견인의 개인적 의사소통을 통해 이루어지는 후견을 의미한다. 이는 후견인의 임무가 신상보호가 아니라 재산관리뿐인 경우에도 요구된다. '인간적 관계에 의한 후견'은 피후견인의 의사 존중이라는 주의의무 이행의 전제가 된다. 뿐만 아니라 UN 장애인권리협약 제12조의 이행으로 의사결정지원을 위한 불가결한 전제로서도 중요한 의미가 있다. 의사결정지원은 본인의 의사(또는 추정적 의사) 나아가 본인의 희망과 선호를 존중하는 것이고 이는 인간적 접촉 없이는 파악할 수 없기 때문이다.

그러나 〈개정 성년후견법〉 시행 초기에는 관청의 직원 한 사람이 수

---

14 제철웅, 위의 보고서, 105쪽.

백 명의 피후견인을 담당하는 등 인간적 관계에 의한 후견서비스를 기대할 수 없는 상황이었다. 이런 상태를 개선하는 대안으로 부상한 것이 '조직화된 인간적 관계에 의한 후견'이다. 이 개념을 명문화한 것이 〈독일민법〉 제1908조 f이다.

'조직화된 인간적 관계에 의한 후견'이라는 개념은 과거 100년 이상 후견활동을 전개해온 기독여성 사회봉사단체인 사회봉사 가톨릭여성회(SkF: Sozialdienst katholishceer Frauen)의 활동에서 유래한 것으로, 자원봉사자와 전 임직원이 협력하여 후견서비스를 제공하는 활동모델이다.[15]

이 모델에 따르면 먼저 후견이 필요한 사람에게 자원봉사자 후견인을 소개하고, 후견인이 된 자원봉사자는 SkF 지부단체와 긴밀히 연락해 SkF 지부 전 임직원과 협력하여 후견활동을 전개한다. 후견활동을 통해 본인을 직접 지원하는 것은 자원봉사자 후견인 개인이다. 하지만 SkF의 전 임직원이 자원봉사자를 선정하여 지도하고 조언과 지원을 함으로써 질 높은 후견서비스 제공을 보장한다는 점이 특징이다. 특히 자원봉사자가 전 임직원으로부터 조언을 받으면서 자원봉사자의 후견활동에 대한 심리적 부담이 경감되고, 그 자원봉사자의 후견활동에도 긍정적 영향을 미치는 것으로 알려졌다.[16]

---

15 SkF 홈페이지(https://www.skf-zentrale.de) 참조.

16 青木仁美, 위의 책, 326쪽. 다만, 이 모델이 처음 도입되었을 때에는 전 임직원이 담당하는 후견인 수가 지나치게 많아 전 임직원이 자원봉사자를 위해 충분한 시간을 확보하지 못하거나 전 임직원이 협력에 필요한 충분한 지식이나 능력을 갖추지 못하여 양자 간 협력이 원활히 이루어지지 못하는 문제점이 나타났다고 한다(위의 책, 327쪽).

(2) 후견사단의 임무

후견사단은 다음과 같은 임무를 갖는다. ① 후견사단에 소속된 후견인의 활동을 지원한다. ② 법인후견인으로서 직접 후견서비스를 제공한다. ③ 명예직후견인을 계획적으로 발굴·확보한다. ④ 명예직후견인의 후견활동에 대한 지도와 연수를 제공한다. ⑤ 명예직후견인에게 상담과 조언을 제공한다. ⑥ 장래대리권(*Vorsorgevollmacht*) 및 후견에 관한 사전처분(*Betreunngsvefügung*)에 대한 홍보활동을 해야 한다. ⑦ 후견활동에서 지역 내 후견관련 기관·단체와 협력해야 한다.

아래에서는 후견사단의 주요 임무에 대해 보다 상세히 살펴본다.

① 후견인력의 양성·관리·지원

후견서비스의 질(質)은 후견활동에 종사하는 사람의 능력과 자질에 의하여 좌우된다. 이에 〈독일민법〉에서는 특히 후견활동에 종사하는 인력을 확보하고 지속적 연수를 제공하며, 조언과 자문 등을 통해 소속후견인을 지원할 것을 후견사단의 승인요건으로 제시한다. 이는 후견사단의 주요 임무가 후견인 인력의 양성과 관리, 지원임을 명확히 하는 것이다.

첫째, 후견사단은 충분한 수의 적합한 직원을 고용하고, 이들을 감독하고, 지속적으로 교육하여야 한다(〈독일민법〉 제1908조 f 제1항 제1문). 직원은 스스로 후견인으로 활동할 수 있고, 자원봉사로 참여하는 명예후견인에게 전문적 조언과 상담, 지원을 제공하는 역할을 맡기 때문에 그에 걸맞은 전문적 지식과 경험을 갖추어야 한다. 후견인의 지원수요가 다양한 만큼 그에 대응하기 위해 전 임직원의 전문성도 다양하고 폭넓은 영역에 걸쳐 요구된다. 따라서 이러한 교육과 연수는 후견사단 자체 연수를 넘어 외부기관을 통해 이루어지는 경우도 있다. 17

둘째, 후견사단의 승인요건으로 자원봉사자인 명예후견인을 확보하기 위해 계획적으로 노력해야 하고 이들을 교육·양성하여 직무에 참여시켜야 하며, 명예후견인과 장래대리인에게 자문을 제공하고 지원해야 한다. 자원봉사 명예후견인의 확보를 위해 적절한 활동의 수행, 각종 이벤트성 행사, 홍보·선전 등 다양한 방법을 동원할 수 있고, 그러한 획득 활동은 계획적으로 이루어져야 한다. 18

셋째, 후견사단은 후견인들이 자신의 활동 경험을 공유할 수 있도록 적극적으로 교류의 기회를 제공해야 한다. 이와 관련하여 후견인은 후견사단 내에서 성년후견활동에 관한 비밀유지 의무를 지지 않으며 자신이 담당하는 후견활동에 대하여 보고할 권한이 있다. 물론 공유된 정보는 후견사단 밖으로 누설하면 안 된다. 19

② 후견인력의 확보

후견사단에 소속되어 실제 후견서비스를 제공하는 인력의 주류는 자원봉사자이다. 〈개정 성년후견법〉 시행 전부터 독일에서는 자원봉사자에 의한 성년후견이 행해졌다. 이것이 그 후 후견사단의 '조직화된 인간적 관계에 의한 후견'을 뒷받침했다. 〈성년후견법〉 개정 이전인 1986년 조사에 따르면, 그 당시에 이미 구서독에서는 자원봉사자 약 22만 명이

---

17 青木仁美, 위의 책, 339쪽.
18 青木仁美, 위의 책, 339쪽.
19 青木仁美, 위의 책, 339쪽 이하.

34만 3,000건의 성년후견 또는 취약자 보좌(*Gebrechlichkeitspflegschaft*)를 담당하였다.[20]

그럼에도 〈성년후견법〉개정 논의 당시 '인간적 관계에 의한 후견'이 제공되지 못하는 주요 이유로 한 사람의 후견인이 담당하는 후견 건수가 지나치게 많다는 점이 지적되었다. 가령, 〈성년후견법〉개정 당시 후견 업무를 담당하던 청소년청(*Jugenamt*) 등의 후견담당직원 한 명이 평균 100건의 후견사건을 담당했다. 이런 사정 때문에 후견인후보자를 확보하여 교육·양성하고 지속적 연수를 제공하는 한편 후견인에게 조언과 지원을 제공하는 것이 '인간적 관계에 의한 후견'을 실현하는 데 중요한 임무로 떠올랐다. 이러한 임무를 수행할 조직의 설립 및 임무 설정의 필요성에 따라 후견사단이 입법화되었다고 할 수 있다.[21]

③ 법인후견인으로서의 활동

후견사단이 법인으로서 후견인이 될 때 후견사단은 직원(자원봉사자 또는 유급직원)으로 하여금 업무를 수행하게 할 수 있다. 이때 담당직원은 후견인은 아니므로 후견법원의 관여 없이 후견업무를 수행하는 담당자를 교체할 수 있으나, 후견업무를 실제로 수행하는 담당직원에 대해서는 후견법원에 통지하여야 한다(〈민법〉제1900조 제2항). 다만, 후견사단은 불임시술을 위한 후견인이 될 수 없고, 피후견인이 후견사단이 운

---

20 靑木仁美, 위의 책, 327쪽.
21 靑木仁美, 위의 책, 329쪽 이하. 단, 후견인 한 사람이 수임할 수 있는 후견 건수를 제한하는 규정은 없다. 실제로 이러한 건수를 준수하는 것은 어렵다는 것이 그 이유라고 한다(위의 책, 330쪽).

영하는 시설에 수용되어 있는 경우 그 사단법인은 그 피후견인의 후견인이 될 수 없다(〈독일민법〉 제1897조 제3항).[22]

(3) 후견사단에 대한 감독

후견사단 인가는 주정부 권한이므로 주법에 따라 후견청은 후견사단을 관리하기 위해 1년에 한 번 또는 2년에 한 번 수임하는 후견 건수, 후견사단 직원 수, 후견사단 활동비용 및 후견사단 재원조달 등에 대해 후견청에 보고해야 한다. 그리고 후견사단에 대한 승인은 취소 가능한 행정행위로서 부대조항을 부과할 수 있고, 그 사무를 적절히 수행하지 못하는 경우에는 허가를 취소할 수 있다.[23]

4. 후견법인의 필요성과 육성방안

1) 후견법인의 필요성

친족후견인의 경우 핵가족화에 따른 가족유대의 약화로 적절한 가족후견인이 없거나 무연고장애인의 경우 선임할 수 없다. 전문직후견인의 경우 상당한 자산가가 아닌 한 보수지급의 부담 때문에 선임에 제약이 따르며, 전문성이 편중되어 균형 있는 후견서비스 제공에 반드시 유리

---

22 제철웅, 위의 보고서, 105쪽.
23 ドイツ成年後見ハンドブック, 2000, 《一ドイツ世話法の概説》, 勁草書房, 141쪽; 青木仁美, 위의 책, 341쪽.

하다고 할 수 없다. 자원봉사형 공공후견인의 경우, 보건복지부 공공후견인 양성사업을 중심으로 교육·양성하고 있으나, 지원자의 자질이 다양하고 짧은 교육기간, 매우 낮은 보수 수준으로 후견서비스의 질과 지속성을 장기간 안정적으로 확보하기 어렵다. 무엇보다 후견활동에 대한 지역사회의 꾸준한 지원과 관리·감독체계가 없으면 지속적 발전을 기대하기 어렵다.

따라서 후견활동과 후견서비스 제공에서 지속성과 안정성, 조직의 체계성과 균형 있는 전문성, 사회적 신뢰성이 높은 법인을 후견인으로 선임하여 활용할 필요성이 증대되고 있다. 다른 한편으로는 지역사회에서 가족후견인이나 공공후견인의 후견활동을 지원·감독하기 위해 제도적·조직적 기반을 마련하는 것도 시급한 과제이다. 이를 위해 법인후견인이 활동하는 것뿐만 아니라 지역사회에서 가족 및 공공후견인의 활동을 지원·감독할 후견법인24을 육성하고 지원하는 것이 긴급한 과제이다.

2) 후견법인의 근거: 활동형태와 적합성

(1) 후견법인의 법적 근거

〈민법〉제930조는 법인도 성년후견인이 될 수 있다고 규정하고 이를 한정후견인, 특정후견인, 임의후견인 및 각 후견감독인에게 준용한다. 25 그러나 후견인이 될 수 있는 법인의 형태나 자격에 대해서는 아무런 규정

---

24 후견활동을 법인의 목적으로 하는 법인.
25 〈민법〉제959조의 3, 제2항, 제959조의 10, 제959조의 14, 제940조의 7, 제959조의 16 제3항.

도 두지 않았다. 특히 영리법인도 법인후견인으로 선임할 수 있는지에 대해 해석상 논란이 예상된다. 〈민법〉제930조의 취지는 자연인뿐만 아니라 사회복지법인 등 법인도 성년후견인이 되어 임무를 수행할 수 있고, 또 장기적으로 후견법인 활성화가 기대된다는 점을 고려한 것이다.[26]

한편 서울가정법원에서 2015년 10월 법인후견인후보자로 사단법인 선(법무법인 원의 공익법인), 사단법인 온율(법무법인 율촌의 공익법인), 사회복지법인 성민(개신교단의 복지법인), 한국성년후견지원본부(법무사회)를 선정한 바 있다.

그 밖에 후견법인에 관한 법적 근거로서 보건복지부 성년후견이용지원사업과 관련해 〈발달장애인 권리보장 및 지원에 관한 법률〉및 시행령을 살펴보면 다음과 같다. ① 일상생활에서 의사를 결정할 능력이 충분하지 않거나 매우 부족하여 의사결정의 대리 또는 지원이 필요하다고 볼 만한 상당한 이유가 있는 경우, ② 발달장애인의 권리를 적절하게 대변하여 줄 가족이 없는 경우, ③ 별도의 조치가 없으면 권리침해의 위험이 상당한 경우에 지방자치단체장은 성년인 발달장애인이 자력으로 후견인을 선임하기 어렵다고 판단하면 가정법원에 성년후견개시, 한정후견개시 또는 특정후견심판을 청구할 수 있다(〈발달장애인법〉제9조 제1항).

지방자치단체장이 제1항에 따라 대통령령이 정하는 요건을 충족하는 사람을 후견인후보자로 하여 그 사람을 후견인으로 선임해 줄 것을 함께 청구해야 한다(동법 제2항). 또한 지방자치단체장은 중앙발달장애인지원센터의 장에게 후견인후보자를 추천해 줄 것을 의뢰할 수 있다(동

---

26 김형석, 2010, "민법개정안에 따른 성년후견법제", 〈가족법연구〉, 24권 2호, 130쪽.

법 제3항). 국가와 지방자치단체는 선임된 후견인의 후견사무 수행에 필요한 비용의 일부를 예산 범위에서 지원할 수 있다(동법 제4항).

한편 동법 시행령 제3조(후견인후보자의 요건)에서는 "법 제9조 제2항에서 '대통령령으로 정하는 요건을 충족하는 사람'이란 〈민법〉 제937조에 따른 결격사유가 없는 사람으로서 다음 각호의 어느 하나에 해당하는 요건을 갖춘 사람을 말한다"고 했다. 그러면서 ① 보건복지부 장관이 정하여 고시하는 '후견법인'에서 종사하는 사람으로서 발달장애인 권리보호 업무 등에 전문성이 있다고 보건복지부 장관이 인정하는 사람, ② 후견법인에서 보건복지부 장관이 정하는 교육을 받은 사람으로서 후견기간 동안 후견법인의 지원과 감독을 받는 사람 등을 열거했다.

동법 및 시행령에 따르면, 후견법인을 중심에 두고 그 소속 또는 그 지원과 감독을 받는 공공후견인 교육이수자를 지원대상 후견인후보자로 예정했다. 이는 〈민법〉에서 단순히 법인도 후견인으로서 후견서비스를 제공할 수 있다고 인정한 것을 넘어 후견제도 운영주체의 하나로 후견법인을 상정한 것으로 볼 수 있다. 27

(2) 후견법인의 활동형태

① 법인후견인으로서 후견서비스 제공
〈민법〉 제930조 제3항에 따라 법인도 후견인으로서 선임되어 자연인 후견인과 차별화된 후견서비스를 제공할 수 있다.

---

27 제철웅, 위의 논문.

② 지역사회 후견서비스 전달의 거점

우선 후견법인은 소속 후견인을 관리·감독한다. 소속직원이 자연인으로 수임한 후견사건 또는 공공후견인을 지원하고 관리하며 감독한다(〈발달장애인법〉시행령 제3조 제1호, 제2호).

둘째, 후견감독인으로서 선임되어 활동한다. 후견법인은 후견감독인도 될 수 있으므로 소속직원 또는 공공후견인이 수임한 후견사건이나 지역의 가족후견인에 대하여 후견감독인으로서 선임되어 후견인을 지원하고 관리·감독할 수 있다.

셋째, 지역사회에서 성년후견 거점으로서의 역할을 한다. 성년후견 교육과 홍보, 성년후견 수요자 발굴,28 후견인과 피후견인 매칭, 법인후견인 또는 후견감독인 취임, 지역사회 후견서비스 보급과 개발 등 지역사회 성년후견 거점으로서의 기능과 역할을 수행할 수 있다.

한편 가정법원의 입장에서도 후견법인에 일정한 기대를 할 수 있다. 가령 법원은 친족이 아닌 제3자 후견인 선임에서 후견사무가 재산관리 중심인지 신상보호 중심인지에 따라 변호사, 재무전문가가 많은 후견법인 또는 사회복지사, 요양보호사 등이 많은 후견법인을 선호할 것으로 보인다(후견법인의 전문성 확보).

법원에서는 감독업무의 부담을 경감시키기 위해 투명하고 신뢰할 만한 후견감독시스템을 갖춘 후견법인을 선호할 것이다. 가령 객관적 후견감독시스템을 갖춘 후견법인에 대해서는 현재 1년 단위 후견사무보고

---

28 인권침해, 권리옹호, 복지서비스 수요자의 발굴과 지원을 말한다.

서 제출을 수년 단위로 변경하여 법원의 후견감독업무를 경감시킬 수도 있다(객관적·자율적 후견감독체계 구축 요청).

나아가 현재 공공후견인 지원사업이 특정후견에 한정되어 성년후견이나 한정후견을 무보수로 맡아 줄 후견인이 부족하므로 사회공헌 차원에서 일정 비율을 무보수로 수임해 줄 것을 기대할 수 있다. 부수하여 현재 선임된 후견인의 법원사무에 대한 이해 부족으로 후견사무 보고의 내용에서 법원의 요청사항을 누락하거나 다른 방식으로 제출하여 법원 실무상 애로가 많으므로 후견법령 및 후견실무에 대한 지식이 필요하다 (후견법령 및 후견실무에 대한 이해).

그 밖에도 피후견인을 빈틈없이 돌보기 위해 콜센터를 운영하고, 의료시설과 연계 네트워크를 구축하며, 아울러 피후견인의 지위 향상을 위해 노력할 만한 사회적 신뢰성 내지 영향력이 큰 법인이 바람직하다 (일정 규모의 조직과 체계 구축 필요)

기타 후견사무 담당자의 유지 및 교체 시 보고체계를 구축하고 후견인 책임보험의 가입도 요청할 수 있다.

3) 후견법인의 균형 잡힌 전문성

서울가정법원에서는 피후견인의 후견 수요에 따라 재산관리에 역점을 두는 법률·재무전문가 중심의 후견법인(온율, 원, 성년후견지원본부)과 신상보호를 중점적으로 하는 사회복지 중심의 법인(사회복지법인 성민)을 법인후견후보자로 선정한 바 있다.

법률전문가 중심의 후견법인은 후견서비스 제공을 재산관리에 한정하려는 것이 아니라면 신상보호 및 의사결정지원 서비스의 전문성 부족을 어떤 방식으로 보충하고 실천할 것인지에 대하여 서비스 제공방법을 제시할 필요가 있다. 반대로 사회복지단체나 기관으로서 후견법인 후보자로 지정된 경우에는 법률 및 재산관리 등 종합적 후견서비스를 제공하기 위해 법인 내 전문성을 어떻게 확충할 것인지에 대한 대책이 필요하다.

현재 가정법원은 법인후견인 후보자를 공익법인에 한정하고 있으나, 그 밖에 참여 법인의 확대 가능성도 고려하여야 한다. 또한 그 활동이 무보수 공익활동에 한정된 것인지, 후견인의 보수지급도 상정한 것인지 법원의 입장을 분명히 할 필요가 있다. 보수지급을 상정한다면 참여 법인을 불과 수 개로 엄격히 제한하는 것은 바람직하지 않다. 이러한 사정을 고려하여 후견법인의 요건과 후견법인 활동에 적합한 조직체계 구축에 대한 조사와 연구가 필요하다.

4) 후견법인의 기능과 역할

(1) 후견법인의 역할 유형

가령, 영국의 경우 법인후견은 재산보관 목적의 후견서비스의 일환으로 재산보관 업무를 전문으로 하는 은행, 보험회사, 신탁회사 등에 한정된다. 그중 공공수탁자는 재산보관 후견인으로 선임되어 재산보관 업무를 담당하는데, 다른 적절한 후견인후보자가 없을 때 최후의 수단으로 선임되는 법정후견인이다. 영국 등의 보통법 국가에서 법인후견을 인정한 것은 재산관리 업무에 전문성이 있는 기관에 후견서비스 제

공기회를 부여하기 위한 것으로 이들의 역할은 재산관리 후견서비스를 제공하는 것에 한정된다. 29

반면 독일의 후견법인은 〈독일민법〉 제1908조의 f에 의해 비영리 사단법인에 한정된다. 후견법인은 시민후견인 또는 친족후견인에 대한 정보제공과 자문, 시민후견인의 모집과 양성, 장래대리권 활용에 대한 홍보와 자문 등의 업무를 지원한다. 뿐만 아니라 후견법인 소속 후견인이 저소득층의 피후견인을 위해 후견서비스를 제공하는 경우에는 지방자치단체에 보수지급을 청구하여 후견인에게 지급한다. 30 재정지원의 목적은 후견법인으로 하여금 후견관련 인프라 확충을 위한 활동을 수행하는 것을 지원하기 위한 것이다. 31

우리나라의 후견법원은 독일형의 적극적 역할이 기대된다고 할 것이다.

(2) 지역사회복지 네트워크 중심으로서의 후견법인 육성

후견서비스는 지역사회를 중심으로 제공되므로 지역사회에 기반한 사회복지 네트워크를 중심으로 후견법인을 발굴 또는 육성할 필요가 있다. 후견법인의 사회적 신뢰도와 조직적 역량 등을 고려하면, 전국 단위 지역조직을 갖춘 장애인단체 또는 부모의 자조단체 내지 조직 또는 지역사회에서 사회복지의 인적·물적 역량을 축적한 지역사회복지단체 등을 후견법인으로 육성할 필요가 있다.

---

29 제철웅 외, 2016, "후견법인의 역할과 기능에 관한 입법적 제안: 후견제도 운영주체로 설정할 필요성을 중심으로", 〈가족법연구〉, 30권 1호, 177쪽 이하.
30 지방자치단체의 재정지원 액수는 2005년의 경우 868개 후견법인에 약 920만 유로이다.
31 제철웅 외, 위의 논문. 179쪽 이하.

(3) 후견법인 중추로서의 지역사회 후견전문가 육성

후견서비스 제공이 사회복지 영역에서 새로운 분야이므로 후견전문가 양성은 향후 후견법인 육성사업의 조기 정착에 필수적인 과제이다. 후견전문가로는 지역사회의 장애인 인권 및 복지활동에서 지식과 경험을 쌓은 사람들 중에서 사회복지 지식과 법적 지식을 겸비한 전문인력을 발굴·육성해야 한다. 이를 위해 국가 지방자치단체의 적극적 지원이 긴요하다.

(4) 법인후견인으로서의 역할과 기능

법인후견인의 1차적인 제도적 의의는 법원으로부터 후견인으로 선임되어 자연인후견인과 차별화된 지속적이고 안정적인, 질 높은 후견서비스를 제공할 수 있다는 것이다.

한편 법인후견인의 약점에 대해서도 면밀한 검토와 대책이 필요하다. 가령, 후견활동의 중심이 되어야 할 의사결정지원은 피후견인에 대한 이해와 신뢰가 바탕이 되어야 한다. 따라서 개인후견인에 비해 친밀감 내지 신뢰관계 형성에서 부족함이 없도록, 후견담당자(후견활동보조인)가 가능한 한 장기적으로 신뢰관계를 형성할 수 있도록 지원·관리해야 한다. 대안으로 복수의 후견담당자를 지정하여 후견담당자 일신의 변화에 대비할 수 있어야 한다. 특히 법인이 후견인으로서 사무처리에 관한 결정을 하는 경우, 그 결정의 권한과 책임 소재를 의사결정의 경중에 따라 단계별로 명확히 체계화할 필요가 있다.

(5) 후견감독인으로서의 후견인의 지원과 감독

후견법인이 후견활동보조인을 매개로 스스로 후견인으로 선임되는 경우도 있지만, 지역사회에서 선임된 자연인후견인(가족후견인, 공공후견인 등)을 실질적으로 지원·감독하는 기능을 수행하기도 한다. 후견감독에 관한 실무의 동향을 보면, 임의기관인 후견감독인을 별도로 선임하지 않고 법원이 공인회계사 등 재무전문가를 감독전문위원으로 선임한다. 이들이 연 단위 후견활동보고서를 제출하면 이를 검토하도록 함으로써 적극적 감독조치가 필요한 문제 사안을 체크하고 파악하는 방법을 취하고, 문제성이 있는 사안에 대해서는 후견감독보조인을 선임하여 후견인 또는 피후견인을 면담하여 문제를 파악하는 등의 조치를 강구하고 있다.

현재 법원의 후견감독시스템은 사후적 체크 중심이라 할 수 있다. 주로 횡령, 배임 등 재산관리와 관련한 부정행위를 방지·적발하는 것에 중점을 두고 있다. 그러나 후견인은 의사결정지원을 중심으로 복잡 다양한 형태로 제기되는 후견서비스 수요에 대응해야 한다는 점에서 자연인후견인의 역량으로는 충분히 대처하기 어려울 것으로 예상된다. 따라서 후견감독 그 자체보다는 후견활동 전반에서 후견인을 지지하고 지원하는 체계 구축이 더 중요하다. 감독기능은 후견인을 지원·관리하는 과정에서 자연히 체크할 수 있는 사정으로 볼 수 있다.

전반적으로 자발성은 있으나 전문성이나 책임성은 부족할 수 있는 제3자 비전문직후견인의 경우, 후견활동에 대한 지속적 교육, 상담, 정보제공, 심리적 지지, 전문역량 지원 등 후견인에 대한 지원·관리 시스템 구축이 매우 중요하다. 이러한 후견인에 대한 지원·관리의 근거로서 공공후견사업의 예처럼 후견인 활동보수의 지원을 매개로 하는 가능성(계약기반)이 있으나, 후견감독이라는 제도적 기반을 활용하여 수행하는 것이 더 바람직하다고 생각한다. 가령 후견인이 얼마 안 되는 후견인 보수를 포기하는 경우 법적으로는 가족후견인이나 공공후견인에 대해 감독하기 곤란할 수 있다. 〈발달장애인법〉상 후견법인의 후견인에 대한 지원·감독의 제도적 보완으로서 후견법인을 후견감독인으로 선임하는 방안도 검토해 볼 필요가 있다.

(6) 지역사회 후견서비스 전달 거점으로서의 역할과 기능

후견법인은 지역사회에서 후견활동의 전문역량을 확보하고 후견활동의 경험과 지식을 축적함으로써 지역 내 후견활동의 거점이 될 수 있다. 지역사회 후견거점으로서 후견법인은 다음과 같은 역할을 할 수 있다.

우선, 성년후견의 교육홍보, 후견인후보자 발굴·육성 등을 위한 지역사회 후견센터로서의 역할을 한다. ① 요보호 대상자나 일반인을 상대로 성년후견 등 의사결정지원을 교육·홍보하고, ② 지역 내 요보호 대상자의 조기 발굴 모니터링과 함께 후견인후보자 및 후견활동보조인을 교육·양성하며, ③ 요보호 고령장애인과 후견인후보자를 매칭하고, ④ 성년후견 신청(가족, 지방자치단체장 신청)을 지원한다.

그 밖에 고령자·장애인 인권기관과 연계하여 지역사회에서 의사결정능력 장애로 학대, 착취, 폭력, 성폭력, 방임에 노출된 장애인들에게 필요한 후견서비스를 제공함으로써 지역사회의 고령자, 장애인들의 권익과 인권을 보호하는 기능을 수행할 수 있다.

5) 후견법인의 실천방향

(1) 후견서비스 다양화에 대응

재산관리라는 제한된 사무를 의사결정대행 방식으로 수행해 온 종전의 후견인과 달리 새로운 성년후견제도는 신상보호를 포함한다. 후견사무 내지 후견서비스 내용이 재산관리를 넘어 의료, 요양, 주거결정, 교육재활, 복지서비스 선택, 인적 교류와 문화생활 등 피후견인 생활 전반에 미치면서, 다양한 후견서비스 수요에 대한 대응이 필요해졌다. 이와 같은 다양한 후견서비스에 대응하려면 전문성과 경험의 축적이 제한적일 수밖에 없는 개인후견인으로는 한계가 있다. 반면, 법인후견은 다양한 전문역량을 조직화함으로써 후견서비스 수요의 다양화에 대처할 수 있다.

(2) 본인의 의사·선호 존중과 의사결정지원

종래 후견사무는 법률행위 대리 등 피후견인의 의사결정을 대행하는 방식으로 이루어지고 본인의 의사(will)나 선호(preference)에 대한 존중이 고려되지 않았다. 후견사무의 처리가 수임인으로서 선량한 관리자의 주의의무를 위반하지 않는 한 전적으로 후견인의 재량적 판단에 맡겨져 있었다. 즉, 후견사무 처리에서 피후견인에 대한 이해나 의사소통이 절대적으로 요청되지 않았다.

반면 새로운 제도는 장애인권리협약 제12조에 따라 본인의 법적 능력의 향유를 인정하고 그 행사를 위해 본인의 의사와 선호를 존중하여 의사결정을 지원할 것을 요청한다. 후견인이 이와 같은 의사결정지원 요청에 부응하려면 본인의 의사와 선호, 감정과 욕구, 희망을 이해하기 위해 본인과 부단한 의사소통을 지속해야 하고, 피후견인의 건강이나 생활환경 등의 변화를 신속히 파악할 수 있도록 노력해야 한다.

(3) 개인의 특성과 장애에 대한 이해, 의사소통 전문성 확보

의사결정지원에 중심을 둔 후견서비스를 제공하려면 무엇보다 자기 표현능력이 부족한 피후견인의 의사와 선호를 파악하기 위해 본인과의 의사소통, 본인의 욕구와 감정에 대한 이해 등이 매우 중요하다. 따라서 개인적 특성과 본인의 장애 특성에 대한 이해와 피후견인과의 친밀감 형성 내지 장애인과의 의사소통을 위한 전문적 역량을 확보하는 것이 중요하다.

개인적 특성의 파악과 장애에 대한 이해는 후견담당자(후견활동보조인)를 중심으로 수행되어야 한다. 의사소통에 대한 전문역량은 후견담당자의 교육, 상담, 패널구성 방법으로 지원할 수 있다. 특히 본인의 의사표현이 분명하지 못한 경우, 의사결정지원의 기초로서 본인의 의사나 선호를 해석하고 이해하는 데 있어 의사소통 전문역량의 조력을 받을 수 있어야 한다.

(4) 후견법인의 조직구성과 후견담당자의 역할

사단법인의 최고의사결정기관은 사원총회이지만, 후견사무에 관한 의사결정은 후견법인의 정관이나 내부 규정에 따라 처리하며, 의사결정의 권한과 책임은 이사에게 집중된다. 후견법인 조직상 후견사무 처리의 경중에 따라 단계적·체계적 의사결정 구조를 확보하여 의사결정 주체와 책임 소재를 분명히 할 필요가 있다.

가령 ① 일상적 신상문제나 소비지출에 대해서는 결정권한을 후견담당자에게 위임한다. ② 생활에 중대한 영향을 미치는 주거의 결정이나 중대한 의료행위에 대한 동의 등에 대해서는 전문성 강화를 위한 패널의 심의를 거쳐 담당이사가 결정하는 방식을 택한다. 그 중간적 중요성의 사안에 대해서는 ③ 후견팀 내 협의 또는 팀 내 패널 심의를 통하여 결정하는 식으로 의사결정 체계화가 요청된다.

법인 내 단계적 의사결정구조 안에서는 후견 결정의 책임 소재가 불분명해질 위험이 있다. 특히 법인후견인으로 결정하는 경우, 의사결정의 경중에 따라 후견서비스의 제공자(후견활동보조인), 법인의 담당책임자 또는 전문가 패널 등으로 결정권한과 책임 소재를 명확히 정해 둘 필요가 있다.

(5) 후견담당자의 지위와 교육양성 및 지원관리·감독

법인이 후견인이 되더라도 현장에서 피후견인과 접촉하여 본인의 의지와 선호를 파악하여 후견서비스의 내용과 방향을 결정하고 이를 구체적으로 집행하는 등의 사무는 자연인인 후견담당자(후견활동보조인)가 수행하게 된다. 후견담당자의 후견활동의 내용 여하에 따라 후견법인이 제공하는 후견서비스의 질이 결정되므로, 양질의 후견담당자 확보는 매우 중요한 사안이다. 이들을 적절히 교육하고 양성하는 교육양성체계를 확보해야 하며, 이러한 후견담당자 교육양성체계는 교육전문기관과 후견법인의 현장실습교육으로 이원적으로 운영할 수 있다.

후견법인 내 후견담당자(후견활동보조인)의 지위를 어떻게 설정할 것인가에 대해서는 후견법인의 사정과 정책동향을 살펴 결정할 필요가 있다. 즉, 후견담당자를 후견법인 소속직원으로 하는 방법, 후견담당자를 주로 자원봉사활동가를 중심으로 구성하고 후견법인이 이를 지원·관리·감독하는 방법, 양자를 혼용하는 방법 등을 고려할 수 있다.

참고문헌

김성우, 2016, "성년후견제도의 현황과 과제", 〈가족법연구〉, 30권 3호.
김형석, 2010, "민법개정안에 따른 성년후견법제", 〈가족법연구〉, 24권 2호.
대한변호사협회(연구책임자 송인규), 2021, 〈가정법원의 후견감독 시행방안에 관한 연구〉, 법원행정처 연구보고서.
박인환, 2021, "사적 자치의 원칙과 의사결정지원의 제도화의 모색", 〈민사법학〉, 95호.
제철웅, 2016, 〈싱가포르와 독일의 성년후견 지원 정책 연구: 공공후견청·성년후견청 운영을 중심으로〉, 법무부 연구용역 보고서.
_____·김원태·이용표·이세희, 2016, "후견법인의 역할과 기능에 관한 입법적 제안: 후견제도 운영 주체로 설정할 필요성을 중심으로", 〈가족법연구〉, 30권 1호.
青木仁美, 2015, 《オーストリア成年後見法制》, 成文堂
H. ベーム·A. レェースルマイヤー他, 2000, 《ドイツ成年後見ハンドブックードイツ世話法の概說》, 勁草書房.
Committee on the Rights of Persons with Disabilities, 2022, *Concluding Observations on the Combined Second and Third Reports of the Republic of Korea*, adopted by the Committee at its twenty-seventh session, 15 August-9 September.

5장
법인후견 실무사례 분석과 제도 개선방안*

배광열
(현 사단법인 온율 변호사)

1. 들어가며

성년후견제도가 도입되면서 법인도 후견인 또는 후견감독인이 될 수 있게 되었다. 그에 발맞춰 한국에서 후견법인의 활동은 2015년 하반기부터 발걸음을 떼기 시작했다. 그로부터 7년여가 지났으나, 아직까지 후견법인의 인정요건, 바람직한 역할상(像) 등에 대하여 명확한 정리가 이루어지지는 않았고, 각계의 심도 있는 논의도 진행되지 않았다.

그럼에도 복잡 다양한 후견사무 등 법인이 수행해야 하는 영역이 존재한다. 후견법인이 그 전문성을 바탕으로 후견제도의 정착과 발전에 기여할 영역이 분명히 있다는 점에서 앞으로 후견법인의 활동은 증가할 것

---

* 이 글은 필자가 〈가족법연구〉, 31권 3호(2017. 11)에 게재한 논문을 보완한 것이다.

이고, 그에 따른 깊은 논의도 이루어지리라고 예상한다.

그러나 2022년 현재 필자가 체감하는 것은 이런 기대와 반대로 실제로 활동하는 법인 숫자가 감소하는 등 후견법인 활동이 위축되고 있다는 점이다. 후견법인들 역시 적정한 수의 사건을 수임하기 어렵다는 점, 개별 사건의 보수가 낮은 편이라는 점 등 애로사항으로 후견의 전문성을 축적하는 방향으로 법인을 운영하기 어렵다는 난관에 봉착한 상황이다.

따라서 기존에 활동하던 후견법인 중에서 더 이상 후견사건을 수임하지 않는 법인, 사건수임을 늘리지 않는 법인, 나아가 해산하는 법인까지 나타나고 있다. 반면, 신규로 후견영역에 진입하는 법인은 거의 없는 실정이다. 요컨대 남아 있는 소수의 법인들이 소명의식 아래 희생을 감수하며 법인후견 사무를 수행하는 것이다.

여기서는 필자가 수행한 법인후견 실무사례를 소개하고, 실무에서 발생하는 문제점들을 지적하고자 한다.

2. 법인후견의 현황

1) 후견법인의 유형 및 기본현황

(1) 후견법인의 법적 근거

〈민법〉은 "법인도 성년후견인이 될 수 있다"고 규정하고(〈민법〉제930조), 이 규정을 후견감독인에도 준용한다(〈민법〉제940조의 7).[1] 그러나 정

---

1 이 규정들은 한정후견(감독)인, 특정후견(감독)인에도 각각 준용한다.

확히 어떤 법인이 후견인이 될 수 있는지에 대한 내용은 규정하지 않았다. 다만 후견인의 결격사유(〈민법〉 제937조)에 해당하지 않을 것만 규정한다.

(2) 후견법인의 유형

현재 우리나라 후견법인은 크게 ① 가정법원에 법인후견인후보자로 등록된 후견관련 직역전문가들로 구성된 법인과(이하 '전문후견법인') ② 정부에서 시행하는 공공후견사업을 수행하는 공공후견법인으로 분류된다. 2

(3) 후견법인의 현황

① 전문후견법인

서울가정법원은 여러 차례 공모에 걸쳐 18개 법인을 후견인후보자로 등록해 두었다.

서울가정법원은 2015년 9월 법인후견인후보자를 최초로 모집하고, 3 법무사 직역의 사단법인 한국성년후견지원본부, 변호사 직역의 사단법인 온율, 사단법인 선, 사회복지 직역의 사회복지법인 성민 등 총 4개 법인을 후견인후보자로 지정했다.

---

2 그 외에도 법인후견인을 비영리법인후견인과 영리법인후견인으로 분류하고, 비영리법인후견인을 사적 후견법인과 공공후견법인으로 재분류하는 분석도 있다(사법정책연구원, 2017, 《성년후견제도의 운영에 관한 연구》, 394쪽)
3 당시 서울가정법원은 비영리법인이면서 법인 목적에 후견사무가 등기되어 있는 법인으로 지원자격을 제한하였다.

그 후 서울가정법원은 증가하는 법인후견인 수요에 발맞추기 위해 법인후견인후보자를 추가로 모집하였다. 현재 기준 법무사 직역 법인 1곳, 변호사 직역 법인(사단법인, 법무법인) 11곳, 사회복지 직역 법인 6곳, 회계법인 1곳을 후견인후보자로 두고 있다.

비영리법인으로 자격을 제한했던 최초 후견인후보자 모집과 달리, 서울가정법원이 비영리법인이 아닌 법무법인과 회계법인도 후견인후보자로 선정했다는 점은 주목할 만하다. 그러나 법무법인 중 전문후견사건을 중심으로 운영하는 곳은 없고, 개별 법무법인별 실제 후견사건 수임 건수도 적은 편이며, 2022년 현재 사건을 수임하지 않는 법무법인도 있다. 아직까지 사단법인과 같은 비영리법인이 후견법인의 주축을 차지하는 것이다.

② 공공후견법인

후견인의 도움이 필요하지만, 무연고자, 친족에 의한 학대피해자, 저소득층 등과 같이 후견개시 청구 및 후견인 조력을 받기 어려운 사람들에게 국가가 복지서비스로서 후견개시심판 청구 및 후견인 매칭, 양성, 후견인 감독 등을 지원하는 제도를 공공후견제도라고 한다.

현재 발달장애인, 치매노인, 정신질환자에 대한 공공후견사업이 시행 중이다. 이 중 발달장애 공공후견사업에서는 사단법인 한국지적발달장애인복지협회와 사단법인 한국장애인부모회가, 정신질환자 공공후견사업에서는 한울정신건강복지재단, 사회복지법인 감리회태화복지재단, 사단법인 한국정신건강전문요원협회, 사단법인 한국정신재활시설협회가 각각 공공후견법인으로 지정되었다.

특히 정신질환자 공공후견사업의 경우 모든 사건에서 공공후견법인이 후견인으로 선임되어 후견사무를 수행한다. 4 다수의 사건을 수행하면서 축적한 상당한 수준의 전문성을 바탕으로 높은 수준의 공공후견서비스를 제공한다.

2) 법인후견의 기대효과

(1) 제3자 전문후견인의 필요성

성년후견제도가 도입되면서 제3자도 후견인이 될 수 있게 되었다. ① 피후견인에 대한 친족들의 부양에는 한계가 있고, ② 친족들이 재산이나 부양과 관련하여 피후견인과 이해관계가 상충하는 경우도 많으며, ③ 친족들이 피후견인을 학대하거나, ④ 피후견인을 돌볼 친족이 없는 경우도 적지 않았기 때문이다.

이는 실제 후견사건처리 통계를 보더라도 확인할 수 있다. 서울가정법원이 성년후견제도가 시행된 2013년 7월 1일부터 2019년 9월 30일까

---

4 구 〈정신보건법〉상 강제입원제도에 대한 헌법재판소의 헌법불합치결정(2014헌가9) 이후 2016년 5월 29일 〈정신건강증진 및 정신질환자 복지서비스 지원에 관한 법률〉(이하 〈정신건강복지법〉)이 시행되었고, 부칙 제5조는 이 법 시행 전에 최초로 입원 등을 한 후 3개월이 경과한 정신질환자에 대하여 법 시행일로부터 1개월 이내에 퇴원 등을 시키거나 〈정신건강복지법〉에 따른 보호의무자에 의한 입원 연장 심사청구를 하도록 했다. 그런데 보건복지부에서 전수조사한 결과 정신요양시설에 장기간 입원한 환자 중 사실상 무연고자가 약 500명이었다. 이들에 대해서는 위와 같은 입원 연장 심사청구가 불가능했으며, 곧바로 퇴원하기에는 사회에 복귀할 준비가 되지 않았으므로, 급하게 이들에 대한 공공후견사업을 실시했다. 이를 위해 당시 정신장애인의 권익옹호를 위해 활발히 활동하던 4개 법인이 후견인으로 선임되었다.

표 5-1 서울가정법원 선임 전문가후견인 추이(2013~2019)

구분	2013년	2014년	2015년	2016년	2017년	2018년	2019년
성년후견	20	45	48	46	56	50	27
한정후견	3	7	7	8	16	14	9
특정후견	5	22	20	0	4	4	7
임의후견	0	0	0	0	0	0	0
합계	28	74	75	54	76	68	43

지 접수·심판한 사건들 중 친족 등 관계인들의 다툼이 있을 때 제3자 전문후견인(변호사, 법무사, 사회복지사 등)이 후견인으로 선임되는 경우가 56.4%에 이르렀다.[5] 발달장애인을 위한 공공후견사업의 일환으로 선임된 공공시민후견인도 88명에 달하여 제3자 전문후견인이 선임되는 경우는 점증하는 경향을 보인다.[6]

나아가 서울가정법원이 2013년부터 2019년까지 선임한 전문가후견인 추이는 〈표 5-1〉과 같다.[7]

(2) 제3자 개인후견인의 단점

자연인 제3자 후견인의 경우 단점은 다음과 같다. ① 개인의 전문성에 기댄 후견서비스 제공을 기대할 수밖에 없다는 점에서 복잡하고 다양한 전문성을 바탕으로 체계적 후견활동이 필요한 경우에 대응하기 어렵

---

[5] 다툼이 없는 경우, 전문후견인이 선임된 비율은 1.5%에 불과하다.

[6] 김성우, 2016, "성년후견제도의 현황과 과제", 〈가족법연구〉, 30권 3호, 한국가족법학회, 428쪽. 김성우 전게 논문 이후 이와 관련한 갱신된 통계가 존재하지 않는 점은 아쉽다.

[7] 서울가정법원, 2020, 〈후견사건 통계자료〉; 이지은, 2020, "공공후견과 후견법인의 역할", 〈법학논총〉, 47호, 숭실대 법학연구소, 297쪽 재인용.

다. ② 친족 간의 극심한 분쟁이 내재되어 있는 사안에서는 친족들에게
끌려 다니면서, 피후견인을 위한 후견서비스를 제공하지 못하는 경우
도 있다. ③ 질병, 사고, 고령 등 일신상의 이유로 후견활동을 계속하
지 못하는 경우가 발생할 수 있는데, 이때에는 후견인을 변경할 때까지
후견의 공백이 불가피하다. ④ 후견인이 피후견인 재산 횡령 등과 같은
범죄에 연루될 위험이 있다. 8

(3) 법인후견인의 장점 및 기대효과

법인후견인의 경우 장점 및 기대효과는 다음과 같다. ① 축적된 다양한
경험과 법인 구성원들의 다양한 전문성을 집적하여 복잡한 후견 수요에
대응할 수 있다. ② 친족들이 후견인을 좌지우지하려고 시도하더라도,
법인의 의사결정과정을 거쳐 후견사무를 수행하기 때문에 그 자체가 불
가능에 가깝고, 법인에서는 후견담당자를 변경함으로써 친족들의 시도
에 효과적으로 대응할 수 있다. ③ 개인후견인에 비해 비교적 오랜 기
간 후견업무를 수행할 수 있으므로 신뢰관계를 지속적으로 형성할 수
있다. 9 ④ 후견담당자의 일신상의 사유가 발생하더라도, 담당자를 변
경하면 되기 때문에 후견의 공백이 발생할 우려가 적다. 10 ⑤ 법인 내

---

8 박인환, 2016, "한국에서의 후견법인의 실천방향", 성년후견법인의 제문제 심포지엄, 사단
　법인 온율 주최; 김성우, 앞의 글, 447쪽 참조.
9 타타누마 히로시, 박인환(역), 2014, "일본 법인후견의 실천과 전망", 〈성년후견〉, 2집,
　한국성년후견학회, 43쪽 이하 참조.
10 다만, 변경된 후견담당자가 피후견인 및 그 친족들과 신뢰관계를 구축하는 데는 어느 정도
　시간이 소요될 것이나, 이는 법인 내부 시스템 구축에 따라 얼마든지 단축할 수 있는 기간
　이다.

부의 관리·감시체계와 외부감사 등을 통해 후견담당자의 피후견인 재산에 대한 범죄를 예방할 수 있고, 후견법인이 사용자 책임(〈민법〉 제756조)을 질 것이므로, 피후견인의 재산 보호에 충실할 수 있다. ⑥ 후견감독사건의 누적으로 가정법원의 부담이 급증하는 상황에서 후견법인이 후견감독인으로 선임될 경우, 법원의 후견감독 기능의 상당 부분을 분담할 수 있다. ⑦ 후견지원신탁과 같이 우리나라에 익숙하지 않은 후견지원제도, 후견대체제도에 대한 선행 연구를 통해 개인후견인보다는 적극적으로 위 제도들을 이용할 수 있다.

이와 같은 장점 때문에 서울가정법원은 성년후견제도 시행 초기부터 법인후견인을 확충할 준비를 해왔다.[11] 전문후견법인을 후견인 또는 후견감독인으로 선임한 사건이 2017년 2월 28일 기준으로 총 114건이다.[12]

---

11 김지숙, 2015, "성년후견제도의 운영현황과 과제", 대한변호사협회 성년후견법률지원소위원회·서울가정법원 간담회, 대한변호사협회 주최; 김성우, 앞의 글, 447쪽 참조.

12 이 중에는 심판이 확정되기 전에 취하되거나, 상급심에서 후견인이 변경된 사건도 있어 실제 활동하는 사건 수와는 일치하지 않는다(김성우, 2017, "한국 후견제도의 운영과 가정법원의 역할", 〈법조〉, 66권 2호, 법조협회, 138쪽). 참고로 일본에서 2016년 한 해 동안 선임된 법인후견인은 총 446건이고, 이 중 변호사법인은 192건, 사법서사법인은 248건, 세무법인 1건, 행정서사법인 5건이다(最高裁判所事務總局家庭局, 2017, 〈成年後見關係事件 槪況〉 참조).

3. 온율 후견업무 처리

1) 조직 구성

온율은 변호사 4명, 사무국장 1명, 사회복지사 2명으로 구성되어 있다. 법인후견 사무를 수행하는 하위기관으로 '온율 성년후견지원센터'를 설치해 운영하는데, 구성원 중 필자를 포함한 변호사 2명, 사회복지사 2명이 업무를 주로 수행한다. 그 밖에도 개개의 사안에 따라 나머지 인력이 참여한다.

2) 후견업무 수행 과정

(1) 업무분장

기본적으로 후견사건마다 변호사 1인과 사회복지사 1인을 주 담당자로 지정하고, 이들이 주축이 되어 업무를 수행한다. 담당변호사는 후견사건을 총괄하면서 법률적 판단이 필요한 사무, 재산관리 업무 등을 수행한다. 사회복지사는 신상보호에 관한 사무를 주로 담당하면서 그 외 후견사무에서 필요한 조력을 한다.

현재 온율 후견사무담당자들의 경우 필자는 6년, 사회복지사들은 2년 이상 후견사무에 종사하여 상당한 경험과 전문성이 축적되어 있다. 변호사와 사회복지사의 업무가 비교적 명확하게 구분되어 있으며, 각 영역에서 긴급한 사안이 발생하더라도 즉시 대응이 가능한 수준을 유지하고 있다.

처음에는 온율 내부 인력만으로 판단이 곤란한 복잡한 사안이 있을 경우, 법무법인 율촌의 지원을 받았다. 현재는 온율 자체 역량 향상으로 거의 모든 사무를 독자적으로 처리한다.

(2) 기본적 재산관리 사무

정기적 병원비 지출, 생활비 지출 등 단순하거나 반복적 업무는 통상 후견개시 초기 친족 등 이해관계인과 면담을 통해 조사하고, 공백이 발생하지 않은 채 지급될 수 있도록 주의를 기울인다. 우선 정기 지출내역이 파악되면, 사회복지사가 직접 이해관계인들과 소통한 뒤 업무를 처리한다. 담당변호사는 정기적으로 이와 같은 지출내역을 확인한다. 가급적 자동이체, CMS 신청 등으로 업무부담을 낮추려 한다.

(3) 중요한 의사결정

법원에 대한 서면 제출, 후견사무보고서 제출, 특정 계약 체결 등 중요한 의사결정의 경우 담당변호사가 온율 법인 사무를 총괄하는 이사(율촌 변호사)에게 이메일 결재를 받고, 담당변호사가 직접 해당 업무를 수행하거나, 사회복지사 등과 함께 업무수행 후 이메일로 사후처리를 보고한다.

(4) 소송행위

원칙적으로 피후견인이 당사자가 되는 민사소송에 대해서는 온율이 직접 수행하지 않고, 외부 변호사에게 소송을 위임하여 진행한다. 각 후견사건 담당변호사가 직접 사건을 수행할 경우, 후견인 본연의 업무수행에 지장이 있고, 책임 소재가 불분명해지는 문제13가 있기 때문이다.

소송대리인 선임의 원칙은 만약 해당사건에 대해 이미 소송대리인으로 선임된 변호사가 있다면, 특별한 문제가 없는 이상14 기존의 소송위임을 추인하여 계속 해당사건을 수행하도록 한다. 해당사건에 대한 이해가 높은 기존 소송대리인이 있다면, 그가 계속 사건을 수행하는 것이 적절하기 때문이다.

새롭게 소송대리인을 물색해야 할 경우에는 피후견인과 해당사건에서 이해관계가 대립하지 않는 자녀들이 추천하는 변호사가 있다면 그 변호사에게 사건상담을 해본 뒤 위임한다. 자녀들의 추천을 받는 것 자체가 적절하지 않을 경우에는 온율이 자체적으로 변호사를 물색하여 선임한다. 참고할 것은 온율은 외부 변호사를 소송대리인으로 선임하는 경우, 특수관계가 있는 법무법인 율촌에는 사건을 위임하지 않는다는 것이다.

다만, 피후견인 중에 변호사 선임료를 감당하기 어렵거나, 소송가액이 낮고, 사건이 간단하여 변호사를 따로 선임하는 것이 불필요한 사건은 온율에서 담당변호사가 직접 수행한다.

(5) 신상보호

2017년까지 온율은 조직 내에 현업에서 종사하는 사회복지사를 확보하지 않았고, 피후견인의 신상보호에는 상대적으로 취약했다. 따라서 사실상 피후견인의 신상을 보호하는 친족들의 도움에 상당 부분을 의존하

---

13 중대한 과실(불변기간 도과 등)로 패소할 경우 법적 책임을 질 여지가 있고, 그렇지 않더라도 직접 수행 후 패소할 경우, 그에 대한 이해관계인들의 비난에 직면할 것이기 때문이다.
14 사실상 이해관계가 상충하는 편(다른 자녀, 소송 상대방 등)에서 선임하거나, 그의 영향력 아래에 있는 변호사, 소송대리인의 기존 소송수행태도가 적절하지 않는 경우 등이다.

면서, 그들의 피후견인 보호에 부적절한 점이 있는지 감독하는 수준에서 신상보호를 진행했다.

그러나 ① 친족들 역시 신상보호에 전문성이 부족하고, ② 신상보호에서 친족들과 피후견인의 이해관계가 상충하거나, ③ 간병인, 요양보호사와 친족들 사이의 대립이 발생하기도 했다. ④ 극심하게 대립하는 친족들 사이에서 온율이 불가피하게 피후견인의 신상보호를 주로 담당하는 친족과 신상에 대한 논의를 주로 진행함에 따라, 다른 친족들에게 중립성을 의심받는 상황이 초래되기도 했다. ⑤ 친족들의 신상보호를 감독하기에는 온율 인력의 신상보호의 전문성이 부족함에 따라, 일반인 수준의 감독이 이루어질 뿐이라는 자체적 반성이 있었기 때문에, 신상보호의 전문성을 보유한 사회복지사를 확보하기로 결정했다.

이에 온율은 자체 채용절차를 거쳐 2018년 5월부터 후견인 활동 경력을 보유한 사회복지사를 채용하였다. 현재는 기존의 소극적 감독을 벗어나, 적극적 신상보호활동에 나서고 있다. 이를 통해 온율 내부 전문성 함양뿐만 아니라, 피후견인 친족들도 신상보호의 전문성이 함양됨에 따라, 피후견인 돌봄의 질이 전반적으로 향상되고 있다.

이에 따라 온율은 비단 법률전문성뿐만 아니라 사회복지 전문성까지 갖춘 명실상부한 종합 후견법인으로서 발돋움했다. 피후견인의 복리향상뿐만 아니라 친족을 비롯한 이해관계인들의 만족도도 높은 편이다.

(6) 이해관계 상충 점검

가정법원에서 최초 후견인 수임 의견청취서가 도달하면, 온율에서는 법인과 피후견인, 이해관계인들 사이에 이해관계 상충이 없는지 확인한다. 여기서 이해관계란 피후견인, 이해관계인, 피후견인이 대주주로 있는 법인이 법무법인 율촌의 고객이고, 후견사건의 원인이 된 분쟁 등과 밀접한 관련이 있는 사건의 일방 당사자를 법무법인 율촌이 대리하는 경우를 말한다. 따라서 피후견인, 이해관계인 등과 법무법인 율촌과의 이해관계 상충 사실이 밝혀질 경우, 온율은 후견인으로 선임되는 것을 모두 거부한다. 15

4. 온율 수행 후견사례 통계

1) 개 요

2022년 9월 1일 기준 사단법인 온율이 수행한 법인후견 사건은 총 42건이고, 44명에 대한 후견인 또는 후견감독인으로 선임되었다. 16

표 5-2 온율 수행 법인후견 사건 현황 (2022. 9)

구분	진행 상태	건수
후견인	진행 중	20
임시후견(직무대행 포함)	-	2
후견감독	-	5
종결	(피후견인 사망, 기간만료 등)	15
계	-	42

---

15 다만, 법무법인 율촌이 후견사건의 원인이 된 분쟁과 관계없는 피후견인이나 이해관계인이 당사자인 민형사 사건을 대리했다는 것만으로 이해관계가 상충되는 것인지에 대하여는 의문이 있다. 그러나 온율 외에도 전문후견법인들이 다수 활동하는 현재, 온율이 무리하면서까지 그런 사건들을 수임하지는 않다.

16 하나의 사건에서 부부 모두에 대한 후견인으로 선임한 사건 2건이 있다.

2) 선임 원인 분석

온율이 진행한 본후견, 임시후견, 후견감독사건 총 42건[17]을 분석한 결과, 피후견인을 둘러싼 이해관계인들의 분쟁이 있던 사례(이하 '분쟁형')는 29건이었다. 피후견인 주위에 후견인으로 적절한 사람이 없거나, 학대피해 등을 입어서 후견인의 지원이 필요한 사례(이하 '지원형')는 6건이었다. 이해관계인들 간의 실현된 분쟁은 존재하지 않으나, 객관적 제3자에 의한 재산관리 등이 필요한 사례(이하 '재산관리형')는 7건이었다.

그림 5-1 선임 원인 분석

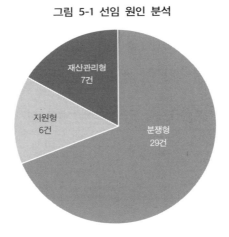

---

17 임시후견인으로 선임된 건을 제외한 나머지 미확정 1건은 제외하였다.

3) 후견개시 원인

피후견인에게 후견이 개시된 원인을 분석한 결과, 피후견인이 치매환자인 경우가 25건이었고, 뇌사고(뇌졸중, 뇌경색 등)가 있었던 경우는 9건, 조현병 등 정신질환을 가진 경우는 2건이었으며, 발달장애는 2건이었다. 아울러 미성년자에 대한 후견감독인으로 선임된 사건이 1건이 있다. 이는 온율이 선임되는 후견사건의 경우 재산을 보유한 고령의 피후견인을 둘러싼 친족들의 분쟁사례가 많기 때문인 것으로 보인다.

그림 5-2 후견개시 원인에 따른 분류

4) 피후견인의 재산규모에 따른 분류

피후견인의 재산규모에 따라 사건을 분류해 보면, 재산[18]이 5억 원 미만인 경우는 18건, 5억 원 이상 10억 원 미만인 경우는 5건, 10억 원 이상 20억 원 미만인 경우는 3건, 20억 원 이상인 경우는 12건이었다. [19]

---

18 적극재산 및 소극재산을 포함한다.
19 이 글 작성 시점을 기준으로 재산조회 중이거나, 재산조회 중에 종결되어 재산내역이 파악되지 않은 4건은 제외했다.

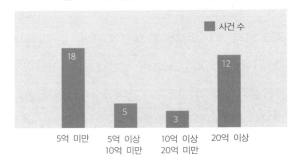

그림 5-3 재산규모에 따른 후견사건 분석

이처럼, 온율이 후견인으로 선임되는 경우는 어느 정도 피후견인에게 재산이 있었다. 막대한 재산을 가진 경우보다는 10억 원 내외를 보유한 경우가 절반 이상이었으며, 5억 원 미만인 경우도 18건이나 되었다.

참고로 5억 원 미만 사건 중 온율이 애당초 공익사건으로 수임한 사건이 7건이다. 그 외에 적극재산은 수십억 원대에 이르나, 체납세금, 대출 등 채무도 수십억 원에 이르러 남은 재산이 별로 없는 경우, 30평대 아파트 한 채만 보유한 경우, 친족들에게 재산을 모두 빼앗겨 남은 재산이 거의 없는 경우 등 다양한 사례가 존재하고, 대부분 분쟁이 존재하는 상태다.

5) 후견인의 권한범위 분석

온율이 후견인으로 지정되면서 재산과 신상에 대한 권한을 모두 부여받은 사건은 28건이었다. 재산에 대해서만 권한을 부여받고, 별도의 신상후견인이 지정된 사례는 9건이었다. 20

---

20 감독인으로 선임된 5건을 제외했다.

종래에는 피후견인의 신상을 보호하는 친족이 존재하고, 그의 신상보호에 대해 후견심판 과정에서 특별한 문제점이 발견되지 않았다. 그러나 친족들 간 분쟁 혹은 신상보호자의 일신상 사정 등에 비추어 볼 때, 그가 피후견인의 재산까지 관리하는 것은 적절하지 않은 경우에 온율과 그 친족을 공동후견인으로 선임하되, 권한을 분장하는 경향이 있었다. 최근에는 특정한 경향성이 보이지는 않고, 사안의 개별적 특수성에 비추어 재판부가 재량껏 판단하는 것으로 보인다.

6) 보수액

후견보수는 매년 정기후견사무보고서를 제출한 뒤 보고 기간 동안의 후견사무 수행내역에 따라 후불로 수여받는 것이 실무로 정착했다. 온율의 경우 평균 연 1,000만 원의 보수를 수여받고 있다. 온율은 사건별 본인의 재산규모, 후견사무 투입시간, 사건의 난이도 등을 종합적으로 고려하여 보수수여심판 청구를 한다. 통상 첫해의 보수가 가장 높고, 해가 지날수록 보수액은 감액되는 경향이 있다.

첫해 수여받는 보수를 기준으로 보면 연 1,500만 원에서 2,000만 원 이내가 가장 많고, 그 후 보수액은 연 500만 원에서 800만 원 이내가 가장 많다. 특히, 만 3년 이상 후견사무를 수행한 사건들은 복잡한 사무가 정리되고, 비교적 단순하고 반복적인 업무만 남는 경우가 많아 보수액도 그에 비례하여 낮게 수여받는 편이다.

7) 사 임

온율은 후견사무 수행을 통해 분쟁을 해결하면서 피후견인 본인에게 더 이상 전문가후견인이 필요하지 않은 상황이 도래하면 최대한 후견인에서 사임하고, 본인의 복리에 가장 부합하는 사람21을 후견인으로 선임하려고 노력한다. 그러나 실제로 온율이 가족에게 후견인 지위를 인계하고, 사임한 경우는 3건에 불과하다.

전술한 바와 같이 통상 만 3년 이상 후견사무를 수행하면 본인을 둘러싼 대부분의 큰 분쟁은 일단락되는 편이다. 그럼에도 가족들 사이의 관계 회복으로까지 이어지는 경우는 많지 않다. 따라서 온율은 가족들에게 서로 잘 협의해서 그들이 피후견인의 후견인으로 활동할 것을 권한다. 한편 피후견인의 가족은 온율에 계속 후견인으로 남아 달라고 요청하는 상황이 많이 일어난다.

후견법인의 활동으로 전문가의 도움이 더 이상 필요하지 않은 상황에 이르면, 그는 후견인에서 사임하고 평온한 상황에서 피후견인의 복리를 위해 성심성의껏 활동할 수 있는 가장 믿을 수 있는 사람을 후견인으로 선임해야 한다. 이는 후견의 보충성, 자기결정권 존중이라는 후견제도의 대원칙에 비추어 보더라도 당연하다. 나아가 후견법인 입장에서도 복잡한 사무가 해결되어 단순 반복적 사무만 남은 경우, 그와 같은 기계적인 일을 수행하는 데 시간을 들이고, 그에 비례하여 낮은 보수를 수여받는 것은 운영상 적절하지 않기도 하다.

---

21 통상 본인을 부양하는 가족인 경우가 많다.

5. 온율 후견 수행 사례

1) 사안의 개요

피후견인은 80대 남성으로서 치매로 망상과 배회증상이 있으나, 병원 진료를 거부하여 수년째 치매관리가 전혀 이루어지지 않았다. 배우자는 수년 전 뇌졸중으로 쓰러진 뒤 의식이 없는 상태였다. 이들의 유일한 자녀는 해외에서 거주했다.

이를 기화로 피후견인의 지인과 친척들이 피후견인 재산을 빼앗아간 적이 있었고, 피후견인의 남은 재산마저 빼앗아가려고 시도하는 것으로 보였다. 그들은 딸이 입양되었다고 주장하면서 피후견인 명의로 파양신청까지 제기하기에 이르렀다. [22]

보다 못한 딸은 한국에 잠시 귀국하였을 때 피후견인에 대한 성년후견 개시심판을 제기하였다. 온율은 피후견인과 그 배우자 모두에 대한 후견인으로 선임되었다.

2) 신상보호

(1) 자기결정권 존중 원칙

이 사건의 경우, 피후견인은 치매증상이 있음에도 전혀 치료를 받지 않으면서 지역사회에서 생활했으며, 달리 이를 돌봐 줄 친족이 없었다. 피후견인이 안전하게 치매관리를 받으며 생활할 수 있는 보호체계를 구

---

22 파양신청은 딸이 그 경위를 확인하자 곧 취하하였다.

축하는 것이 가장 중요하고 시급한 문제였다.

온율은 피후견인 신상보호에서 자기결정권과 정상화(*normalization*) 원칙을 존중하여 가능한 한 피후견인이 지역사회에서 안전하고 자유롭게 생활할 수 있도록 돕는다는 방침을 세웠다.

(2) 피후견인의 생활 모습

피후견인은 치매증상으로 가끔 배우자를 인지하지 못할 때가 있었으나, 병석에 누워 있는 배우자를 돌볼 사람은 본인뿐이라고 생각했다. 하루빨리 배우자가 깨어날 수 있도록 돕는 것이 본인의 임무라고 여겼고, 하루에도 몇 번씩 거주지와 병원(차로 약 7분 거리)을 왕복하는 것으로 하루를 보냈다.

문제는 피후견인은 새벽 5시경부터 배우자 병원으로 가곤 했는데, 배회증상으로 길을 잃기 일쑤였고, 택시기사에게 행선지를 말하지 못하거나, 폭력적인 모습을 보여 경찰에 의해 거주지에 돌아오는 일이 빈번했다는 것이다.

(3) 개인 보호사 마련

온율은 피후견인이 거동이 가능한 상태였고, 자유롭게 살아 온 그의 일생을 존중하여 개인 보호사를 붙여 피후견인이 자유롭고 안전하게 살아갈 수 있도록 했다. 보호사는 피후견인이 배회증상으로 길을 잃고 위험에 빠지는 일을 미연에 방지할 수 있다. 또 보호사와 라포(*rapport*)가 형성되면 그의 설득 아래 치매진단 및 진료를 받을 수 있고, 더 안전하게 피후견인이 여생을 살아갈 수 있으리라고 기대했다.

(4) 여러 문제점들

피후견인은 보호사와 라포를 형성할수록, 보호사에게 일상적 폭력을 가했고, 치매진단은 계속하여 거부했다.

한편 보호사는 후견인의 거듭된 주의에도 사전보고 없이 피후견인을 병원에 데려간 후 수술을 해야 한다며 막무가내로 병원비를 달라고 하거나, 피후견인의 버릇을 고친다는 명목으로 무단결근을 하는 등 문제 행동을 보였다.

게다가 온율이 보호사의 활동을 직접 관리·감독하는 데는 한계가 있었다. 보호사나 피후견인의 배우자가 입원한 요양병원 관계자의 사후보고를 받아 보는 것 외에 달리 방법이 없었다.

(5) 다른 방안 모색

결국 온율은 현행 보호체계는 지속할 수 없다는 결정을 내렸다. 피후견인이 지역사회에서 안전하게 살아갈 다른 방법을 모색했고, 피후견인에 대한 사회안전망을 구축하기로 했다. 노인장기요양등급 신청을 통해 정식으로 방문요양보호 서비스와 지방자치단체의 독거노인 지원사업, 치매지원센터의 치매환자관리 프로그램 등의 도움을 받아 보려 하였다.[23]

그러나 지방자치단체의 독거노인 지원사업은 저소득층을 대상으로 한다는 이유로 서비스 수급을 거부당했고, 치매지원센터 프로그램은 피후견인의 거부로 제대로 이루어지지 못했다. 피후견인에 대한 사회

---

23 피후견인은 국가유공자로서 보훈 혜택을 받았기 때문에 2016년 11월까지 국민건강보험에 가입되어 있지 않았다.

안전망 구축은 무위로 돌아갔다.

결국 온율은 피후견인을 요양병원에 입소시켜 치매치료를 받게 하는 것 외에는 달리 선택할 방법이 없다는 결론을 내렸고, 딸의 동의 아래 요양병원 입소를 위한 격리허가심판 청구 등을 준비하기로 했다.

(6) 긴급한 요양병원 입원 사유 발생

그러던 중, 피후견인의 보호사는 더 이상 근무할 수 없다고 일방적으로 통보를 한 후 그날부터 출근하지 않았다. 피후견인은 홀로 밖을 배회하고 다니기 시작했고, 그 소재조차 제대로 파악되지 않기에 이르렀다.

온율은 준비하던 격리허가청구를 서둘러야 함을 절감했고, 당일 격리허가청구를 접수했다. 담당판사에게 긴급한 사정을 알리고 빠른 판단을 요청했고, 그와 함께 종래 물색해 두었던 요양병원에 연락하여 최대한 빨리 입원절차를 진행할 수 있도록 조치를 취해 두었다.

법원은 격리행위 허가심판을 즉시 내려 주었고, 온율은 곧바로 피후견인의 요양병원 입소 절차를 진행하였다.

(7) 피후견인 사망 후 사무

피후견인의 유일한 자녀인 딸은 미국에서 거주했기 때문에 피후견인과 배우자에 대한 신상변화에 즉각적으로 대처하기에는 무리가 있었고 온율에 크게 의존했다.

피후견인의 배우자는 2017년 2월경 사망했는데, 배우자의 사망 확인, 장례식장 물색, 안치 등의 사후 사무를 딸이 진행할 수 없었다. 이역시 온율이 수행할 수밖에 없었고, 상속인인 피후견인의 후견인으로서 배우자의 장례사무를 딸과 함께 진행했다.

온율 담당변호사는 사망 소식을 전해 듣자마자 배우자가 입원했던 병원에 방문하여 배우자의 사망을 확인했고, 사망진단서를 발급받은 후, 인근 대학병원 장례식장에 배우자를 임시 안치하였다. 아울러 딸에게 배우자의 사망 사실을 알리고 최대한 빨리 귀국해 달라고 전했으며, 딸의 귀국 이후 장례식을 치르는 데 필요한 지원(비용지급 등)을 제공하였다.

피후견인은 배우자가 사망하고 얼마 지나지 않은 일요일 급성 심장마비로 사망했다. 이때에도 배우자가 사망했을 때와 동일하게 온율은 담당변호사가 피후견인의 장례절차를 조력하도록 했다.

3) 재산관리

(1) 부동산 매각
당시 피후견인과 그 배우자는 아파트 한 채를 소유했는데, 이를 매수하면서 대출한 채무와 체납세금, 공과금, 기타 채무들을 부담하고 있었다. 그 아파트에는 정작 아무도 살지 않는 상태였고, 상당한 금액의 이자가 발생하는 상황이었다. 온율은 후견업무 시작과 함께 이 부동산 매각 허가신청을 제기하였고, 곧바로 매각 절차에 들어갔다.

(2) 배우자 사망에 따른 상속사무 처리
온율이 함께 후견하던 뇌졸중으로 의식이 없던 배우자가 먼저 사망하였고, 온율은 그에 따른 상속사무를 처리했다.

상속인으로는 피후견인과 미국에서 거주하는 미국 국적의 딸이 하나 있었다. 그런데 딸이 한국에서 장기체류하기 곤란한 일신상의 사정이 있어 상속관련 업무 진행도 지연될 수 있는 상황이었다.

배우자의 상속재산은 예금 약 5억 원이었는데, 이를 상속지분대로 피후견인과 딸에게 나누기로 했다. 딸은 온율의 소속변호사 개인에게 이 업무를 위임하기로 하고, 아포스티유 공증위임장을 보내주었으며, 이를 통해 상속업무를 진행할 수 있었다.

6. 법인후견 사무수행 실무의 문제점과 개선책

1) 은행업무[24]

(1) 제한적 비대면거래 허용

피후견인에 대해 성년후견이 개시되면, 인터넷뱅킹 등 통상적 비대면거래를 이용하는 데 제한이 있고, 원칙적으로 은행창구에 직접 방문해서만 은행업무가 가능하다. 물론 현재는 직불카드를 통해 ATM을 이용할 수 있는 은행이 늘어나는 등 후견제도 도입 초기에 비해 은행업무의 비효율적인 면은 많이 개선되었다. 그러나 시중 주요 은행 중에 여전히 후견인이 재산조회신청을 하면 본인이 사망했을 때와 동일하게 계좌를 동결하는 등 비효율적 업무형태를 고수하는 곳이 있어 어려움이 많은 상황이다.

---

24 배광열, 2016. 12, "서울가정법원·금융기관 간담회 발표문".

(2) 거래 시 과다한 서류 요구

은행업무와 관련하여 가장 어려운 점은 후견인이 간단한 계좌이체를 하려고 해도, 다양한 서류들을 매번 또는 최소한 3개월에 1회는 제출해야 한다는 점이다. 예를 들어 후견인이 피후견인의 병원비를 납부할 때, 준비할 서류는 ① 법인인감이 날인된 위임장, ② 후견개시심판문, ③ 확정증명원, ④ 후견등기부등본, ⑤ 3개월 이내에 발급된 법인등기부등본, ⑥ 법인 고유번호증(혹은 사업자등록증), ⑦ 3개월 이내에 발급된 법인인감증명서, ⑧ 수임인(온율 담당자)의 신분증 사본 등이다. 이 문서들을 발급받으려면 비용이 발생하고, 과도한 시간이 소모된다. 그런데도 이런 실무는 거의 개선되지 않았다.

이런 상황은 상대적으로 다양하고 복잡한 사건들을 담당하는 후견법인에는 큰 부담이다. 한 달에도 수십 건에 이르는 은행업무를 처리하는 온율의 경우, 위와 같은 은행 실무는 업무에 불필요한 비효율성을 극대화하는 장애물로 작용한다.

(3) 거래의 실질적 타당성 확인

온율이 법인후견을 시작한 초기에는 은행에서 예금해지, 계좌이체 등 은행거래의 실질을 확인하고 판단하려 하면서 법원허가를 요구하는 등 어려움이 많았다.

만기가 도래한 정기예금을 해지하려 하자, 후견인이 피후견인의 예금액을 횡령할 가능성을 배제할 수 없다는 등의 이유로 법원허가를 요구한 사례, 피후견인의 임차인에게 보증금을 반환하기 위해 계좌이체를 신청하자 실제 임대차계약이 존재하는지 여부와 상대방이 실제 임차인인지 여부를 소명할 수 있는 임대차계약서를 요구한 사례 등이 대표적이다.

은행에 은행거래 당사자가 해당 금융자산의 실질적 권리자인지의 여부를 조사·확인할 의무까지 있다고 볼 수 없다.25 은행 직원은 특별한 사정이 없는 한 단순히 인감 대조 및 비밀번호 확인 등의 통상적 조사 외에 당해 청구자의 신원을 확인하거나 전산 입력된 예금주의 연락처에 연결하여 예금주 본인의 의사를 확인하는 등의 방법으로 그 청구자가 정당한 예금인출 권한을 가졌는지 여부를 조사해야 할 업무상 주의의무를 부담하지 않는다.26 이는 기우(杞憂)에 불과하다.

즉, 은행은 법정대리인인 후견인이 그 자격을 증명한 경우라면 그가 피후견인 계좌를 개설하거나, 그 계좌를 해지하고 예치금을 다른 계좌로 이체하는 행위를 하는 데 있어 추가적 증빙을 요구하지 않아도 법적 책임을 부담하지 않는다.

나아가, 법정대리권을 보유한 후견인의 위와 같은 업무수행에 있어 은행이 추가로 거래목적을 소명하게 하거나, 법원허가 결정을 받아오게 하는 것은 법적 근거 없이 법에서 정한 후견인의 권한을 부당하게 제한하는 월권(越權) 행위이다.

이에 온율은 지속적으로 이와 같은 일이 발생할 때마다 은행에 법원

---

25 대법원 2006년 1월 13일 선고, 2003다54599 판결. 해당 판례는 그럼에도 금융기관으로서는 대리인을 자처하는 사람에게 예금계좌를 개설해 주는 과정에서 위임장과 인감증명서를 제출받고 대리인의 신분증을 확인하는 등 최소한의 확인조치를 취해야 할 주의의무가 있다는 취지이다.
26 대법원 2013년 1월 24일 선고, 2012다91224 판결.

허가가 불필요하다는 점을 설명했다. 필요하면 은행에 내용증명까지 발송했다. 다행히 현재는 위와 같은 일이 거의 발생하지 않고 있다.

2) 요양기관, 요양보호사 등의 문제

일부 요양기관에서는 온율이 후견인으로 지정되었다는 이유만으로 피후견인의 퇴거를 요구한 사례가 있었다. 온율이 후견인으로 선임되기 전까지는 요양기관 내 의사가 정상적으로 피후견인에게 약을 처방해 오다가, 그 후부터는 온율이 피후견인을 대동하고 요양기관 내 '의사실'에 방문하지 않는 이상 약 처방을 거부한 사례도 있었다.

이는 요양기관이 피후견인의 친족이 아닌 제3자[27]가 방문하여 시빗거리를 만들 것이라고 우려하는 데서 기인한 것으로 추정되는바, 온율은 모두 법원허가를 받아 진행했다.

나아가 많은 요양기관은 후견인이 피후견인에 대한 신상결정권한이 있음에도, 최초 입원 시 피후견인의 '보호자'로 등록된 자와만 소통하려 한다. 후견인의 연락 및 후견인과 피후견인의 면접 역시 '보호자'의 허락을 받은 뒤에 협조한다.

요양기관이 주보호자 역할을 해온 자녀의 민원을 감당하기 어렵고, 익숙한 사람으로 소통창구를 단일화하길 희망하는 것은 이해한다. 그러나 요양기관이 후견인이 선임된 사실, 그에게 신상결정권한이 부여

---

[27] 특히 온율이 로펌의 공익법인이라는 점에서 요양기관의 경계심이 한층 높았던 것으로 보인다. 예를 들어, 피후견인의 퇴거를 요구한 요양기관의 경우 비슷한 규모의 로펌에 비용을 지급하고 자문까지 받았다고 한다.

되었다는 사실을 알면서도 그런 결정권한이 없는 사람으로부터 피후견인의 의료행위에 대한 동의 등을 받는 것은 부적절한 행동임이 분명하다. 그에 따라 피후견인에게 손해가 발생한 경우 그 책임에서 자유로울 수 없으므로, 각별히 주의해야 한다.

온율은 가족들 사이에 특별한 이의가 없으면 보호자로 지정된 자녀가 후견인과 사전에 협의를 거친 뒤, 그에 따라 의료행위 동의 등을 진행하게 한다. 가족들 사이에 보호자가 누가 될 것인지 다툼이 있는 경우라면 온율이 후견인 지위에서 직접 요양기관과 소통하고 필요한 결정을 한다. 후자의 경우 요양기관들도 처음에는 보호자였던 자녀의 눈치를 보고 부담스러워하나, 시간이 지나면 후견인과 소통하는 것을 선호하는 편이다.

요양보호사들의 경우, 후견제도에 대한 이해가 부족하여 후견인이 지정된 이후에도 기존에 신상을 관리해 오던 친족 중 1인과만 의사소통을 하고, 후견인에게는 피후견인의 신상변화를 잘 알려 주지 않는 경향이 있다. 나아가 가족들 사이에 분쟁이 있는 것을 이용하여 비교적 편하게 업무를 처리하는 요양보호사들의 경우, 후견인이 등장하여 근태관리를 하기 시작하면 불편함을 숨기지 않기도 한다. 이럴 때는 피후견인의 복리를 위해서라도 요양보호사를 교체한다.

3) 권한범위 내 업무를 법원허가 받는 관행

앞서 살펴본 바와 같이 후견업무를 수행하면서, 권한범위 내의 행위임에도, 은행과 같은 상대방이 이를 거부하는 경우가 자주 있다. 이때의

실무는 비록 법원의 허가가 필요한 권한초과행위가 아니지만, 법원의 허가결정을 받아 해결한다. 이 경우, 불필요한 다툼을 해결함으로써 후견인의 업무수행 편의가 보장되는 장점이 있다.

그러나 위와 같은 실무는 법원 인지대, 송달료뿐만 아니라 법무사, 변호사 등 법률전문가에게 서면작성, 심판절차 등을 위임함에 따라 발생하는 수임료 등 불필요한 비용이 발생한다. 불필요한 데에 피후견인 재산을 낭비하는 결과를 초래한다.

후견인의 권한범위 내의 행위라면 원칙적으로 법원허가 없이 후견인이 수행할 수 있어야 함이 마땅하다. 위와 같이 법원허가를 받아 진행하면, 해당 기관(특히 금융기관)이 해당 행위는 법원허가를 받아야 한다고 인식할 우려가 있고, 실무관행으로 굳어질 가능성이 높다.

실제로 금융기관을 중심으로 이러한 잘못된 관행이 실무로 굳어져 맹목적으로 법원허가를 요구하는 경우가 증가하고 있다. 이들은 과거에도 그와 비슷하게 업무를 해왔다는 점을 근거로 내세운다. 이러한 상황이 반복되면 장기적 관점에서 후견인의 업무수행에 큰 지장을 줄 것이다. 피후견인의 복리 측면에서도 적절하지 않으며, 법원의 업무부담도 늘어난다. 이에 대한 개선이 반드시 이루어져야 한다고 사료된다.

따라서 후견감독법원은 후견인의 권한범위 내 행위에 대한 허가신청이 있으면 이를 기각하되, 그 이유에 법원허가를 받을 필요가 없는 권한범위 내 행위라고 기재해 주는 것이 장기적 관점에서 볼 때에 바람직하다.

4) 친족들과의 관계 설정

(1) 개 요

후견인은 피후견인의 입장에서 그의 추정적 의사를 존중함과 동시에 그의 복리를 최우선으로 생각하면서 의사결정을 해야 한다. 그리고 그와 같은 의사결정을 하면서 피후견인과 가장 가까운 관계인 가족의 의견은 반드시 청취해야 한다. 나아가 가족의 협조 없이 후견인이 후견사무를 수행하는 것은 대단히 어렵고, 많은 시간과 노력이 필요하므로, 가급적 가족과 원만한 관계를 유지하기 위해 항상 신경을 써야 한다.

(2) 분쟁이 없는 경우(혹은 친족과 법인이 공동후견인인 경우)

종래에는 피후견인의 친족 간 분쟁이 없음에도, 후견인으로 제3자인 법인이 선임되면 친족들은 그러한 법원의 결정 자체에 불만이 있는 경우가 많았다. 그러나 최근에는 가족 사이에 특별한 문제가 없거나, 당장은 아니지만 향후 분쟁이 예상되는 경우, 후견개시심판 청구 단계에서부터 전문가를 후견인으로 선임해 달라고 하는 사례가 많아지고 있다. 그런 경우, 가족도 제3자의 등장을 용인하고 후견개시심판 청구를 한 것이기 때문에 큰 불만이 없는 편이다.

문제는 어느 경우든 가족이 제3자 후견인의 후견사무 수행에 불만을 갖는 경우가 발생한다. 제3자가 후견인으로 선임되어 불편과 비효율만 가중되었고, 후견인이 선임된 것이 특별히 피후견인이나 '자신들'에게 이익이 되지 않는다고 생각하는 경우가 대표적이다.

특별한 분쟁이 없음에도 보수의 부담 등을 감내하며 제3자 후견인을 청구한 가족은 후견인이 자신들의 민원이나 부탁을 들어줄 것이라고 기대하기 마련이다. 피후견인의 복리를 우선하고, 가족의 의견은 그런 전제 아래에서 참고하는 것이 원칙인 실제 전문가후견인의 업무수행 방식을 직면하면 실망감을 넘어 배신감을 토로하는 사례까지 있었다.

예를 들어 그간 피후견인에 대한 병원비, 생활비 등을 피후견인 계좌에서 직접 이체받아 사용해 온 가족이 후견인이 선임된 뒤에도 마찬가지 방식으로 후견인에게 피후견인 계좌에서 일정한 돈을 자신들 계좌로 이체해 달라고 하거나, 피후견인 소유 부동산의 임차인 등 관계인들에게 후견인의 존재를 숨기고, 후견인과 그들 사이의 접촉을 차단하는 경우 등이 대표적이다.

가족은 그동안 자신들이 해온 방식을 합법적으로 유지하기 위한 방편으로 후견제도를 이용하려는 동기가 강하다. 그런데 후견인이 사용처를 증빙한 금액만 이체해 주겠다고 하거나, 직접 피후견인 부동산 관리에 나서며 임차인 등 관계인과 접촉하면, 자신들의 기대와 정반대의 모습에 직면한 가족은 이럴 것이면 후견신청을 하지 않았다고 반발하게 된다.

만약, 그와 같은 가족의 태도가 피후견인의 복리보다 자신들의 이익을 위한 것이라면 후견인으로서 단호하게 대처해야 한다. 한편 이들의 태도가 그간 피후견인 돌봄방식과 후견인 선임 이후 변화된 상황에 따른 혼란에서 기인했다면 충분히 설명해야 한다. 가족에게 기대되는 역할은 변함없으며, 후견인을 전폭적으로 지원해 주면 후견인도 가능한 범위에서 최대한 협조를 하겠다는 뜻을 전해야 한다.

온율은 이를 위해 후견이 개시된 이후 재산목록보고서를 작성할 때까지 약 2개월 동안 피후견인의 친족들과 라포를 형성하는 데 집중한다. 제3자 후견인이 친족들의 일상적 사건본인 돌봄을 방해하는 사람이 아니고, 오히려 사건본인의 편안한 노후 영위라는 공동 목표를 위해 활동하는 사람이라는 점을 이해시키려고 노력한다.

(3) 분쟁이 있는 경우

① 개 요
피후견인을 둘러싼 가족 사이의 분쟁이 있는 경우, 후견인은 후견사무 수행과 처신에서 신중해야 한다. 후견인의 일거수일투족, 담당자의 말 한마디 한마디를 두고 친족들은 예민하게 반응하고, 갖은 오해를 하기 때문이다.

그러므로 후견인은 전술한 업무태도를 견지하면서 추가적으로 아래와 같은 점들을 유의하는 것이 적절하다.

② 피후견인을 부양하는 자녀와 다른 가족들 사이의 분쟁
피후견인과 동거하거나 가까운 곳에 거주하며 그를 부양하는 가족(이하 '부양가족')과 다른 가족 사이에 분쟁이 있는 사례에서 전문가후견인이 단독 후견인으로 선임된 경우는 후견사건 중에서도 난이도가 높은 편이다.

부양가족은 자신의 삶을 희생하면서 피후견인을 돌보는데, 다른 가족들은 도움을 주기는커녕 온갖 트집을 잡으며 방해할 뿐이라는 불만을 가진 경우가 많다. 한편 다른 가족들은 실제로 경제적 능력이 없는 부양가족이 피후견인 부양을 핑계로 그에게 빌붙어 생활을 유지한다고 여기는 경향이 있다. 실제 부양은 간병인이나 요양보호사 등 돌봄종사자들이 제공하고, 부양가족은 하는 일은 없다거나, 재산을 불투명하게 관리하여 피후견인의 재산을 빼돌리며, 돌봄의 질도 낮은 편이라 피후견인의 복리에 반한다고 주장하는 편이다.

지금까지 필자가 경험한 사례들은 양자의 주장 모두 어느 정도 타당한 경우가 많았다. 실제로 부양가족은 본인의 생업을 포기하고 피후견인 돌봄에 종사하는 경우가 많았다. 그러다 보니 자신의 생활을 유지할 경제적 수단이 없어 불가피하게 피후견인 재산에서 일정 부분 지원을 받는 상황에 놓인 편이었다.

자신의 생업과 균형을 유지하기 위해 상주 간병인이나 요양보호사를 두는 경우에도, 부양가족은 이들을 관리·감독하고, 돌봄종사자들의 휴무일에는 본인이 직접 피후견인을 부양해야 하며, 피후견인의 각종 재산관리, 병원진료 등을 챙기기 위해 생업을 일정 부분 희생하는 편이다. 그런데 다른 가족들은 생업이나 자신들의 가족 등을 이유로 협조하지 않으니 부양가족 입장에서는 서운한 감정이 누적된 경우가 많다.

한편, 부양가족은 피후견인과 가장 가까운 거리에서 그를 부양하다 보니 실제로 피후견인 재산과 본인 재산을 특별히 구분하지 않고 사용하는 경우가 많다. 수차례 불분명한 이유로 피후견인으로부터 금전을 받기도 하며, 피후견인 계좌거래내역 중 불투명한 거래가 다수 발견되기도 한다. 그런 사정을 발견한 다른 가족들은 부양가족을 의심하고 신뢰하지 못하게 된다. 그와 함께 부양가족 역시 돌봄에 비전문가이고, 적정한 돌봄방식은 상당히 주관적인 개념이기 때문에 다른 가족들이 보기에 부양가족과 피후견인이 동거하는 현 상황이 위험하게 느껴질 수 있다.

그런 상황에서 전문가후견인이 선임되면, 부양가족은 최소한 전문가후견인은 자신의 희생과 진심을 확인해 주어 자신의 억울함을 풀어 주고, 다른 가족들의 부당한 간섭을 차단해 주리라고 기대한다. 다른 가족들은 후견인이 부양가족을 철저히 견제하며, 그간 의심스러운 재산관리 내역을 샅샅이 찾아내 법적 조치를 취하고, 부양가족이 피후견인의 문제에 개입하는 것을 최대한 차단하리라고 기대한다.

　　실제로 후견인이 수상한 재산관리 내역을 조사하면, 상당수는 부양가족이 그 사유를 소명하는 편이다. 일부 소명을 하지 못하였더라도, 다른 소명 사유들, 소명하지 못한 지출내역 규모 등을 감안할 때 피후견인을 위해 사용한 것으로 보이는 경우가 많았다. 정말로 문제가 있는 부분은 반환하는 경우가 대부분이었다. 그러다 보니 온율이 후견인으로 선임된 뒤 부양가족이 피후견인의 재산을 빼돌렸다는 이유로 민사소송을 제기하는 등 법적 조치를 취한 경우는 많지 않았다.

　　문제는 다른 가족들은 그와 같은 후견인의 결정에 수긍하지 못하는 경우가 많다는 것이다. 설사 수상한 지출내역에 대한 소명이 이루어지더라도, 이를 곧이곧대로 신뢰하지 않는다. 후견인이 찾아내지 못한 비리가 분명히 존재할 것이라고 생각하고, 후견인이 업무를 적정하게 수행하는지 의심하며 민원을 제기하는 경우가 왕왕 있다.

　　부양가족과 후견인 사이의 문제도 많다. 부양가족은 가능한 한 자신의 부양방식에 변화를 주지 않으려는 편인데, 후견인이 보기에 현재 상황이 피후견인의 복리에 반하고, 변화가 불가피한 경우, 부양가족과 대립하게 되는 것이다.

　　후견인으로서는 피후견인과 부양가족을 완전히 차단해야 하는 상황이 아닌 이상, 그의 협조가 필요하기 때문에 정면에서 그와 부딪히는 것을 피해야 한다. 최대한 원만하게 현재 상황이 피후견인에게 적절하지 않으므로 돌봄방식에 변화가 불가피하다고 부양가족을 설득해야 한다.

특히 앞으로 투명하게 지출내역을 정리하고, 피후견인을 위해서만 피후견인 재산을 지출할 수 있음을 이해시켜야 한다. 그 밖에 그 재산에서 부양가족의 생활비 등을 지급받기를 희망한다면 가정법원의 허가가 필요하다는 점, 후견인과의 사전 소통 없이 피후견인을 마음대로 병원에 입원시키면 안 된다는 점 등을 납득시키는 것이 중요하다.

만약, 부양가족과 전문가후견인이 공동후견인으로 선임되어 신상에 대한 결정권한은 부양가족이, 그 밖의 재산관리 권한은 전문가후견인이 각각 행사하는 형태로 권한이 분장된 경우라면 피후견인의 돌봄문제는 전문가후견인의 영역이 아니므로 난이도가 낮아진다. 그러나 결국 신상에 대한 결정권한도 재산관리로 귀결되므로, 전술한 문제들로부터 완전히 자유로울 수는 없다.

③ 외동아들과 딸들의 분쟁

외동아들과 나머지 딸들의 분쟁에서 딸들은 사건본인이 외동아들을 편애하며 많은 지원을 아끼지 않았던 것에 불만을 가지고, 아들이 사건본인의 재산을 더 이상 마음대로 사용하지 못하도록 막고 싶어한다. 한편 아들은 장남으로서 부모를 부양하고, 피후견인도 장남을 믿고 재산을 맡겼다고 생각하면서 자신의 재산과 피후견인의 재산을 구분하지 않고 사용하는 경우가 많다. 아들 입장에서는 피후견인이 자신만 신뢰했고, 누나 또는 여동생은 불신했으며, 후견개시 신청사건에서 분쟁이 발생한 것을 보더라도 피후견인의 판단은 틀리지 않았다고 주장하기도 한다.

이런 의견 차이에서 시작한 분쟁은 특히 부친이 먼저 사망하고, 치매 등으로 의사표현이 어려운 모친만 남은 경우에 상속분쟁과 함께 모친의 재산관리, 돌봄을 놓고 그 양상이 격렬해진다.

이런 사례에서 피후견인을 진정으로 위하고 돌볼 자격이 있는 사람은 본인뿐이라고 굳게 믿는 아들과 아들이 하는 일이라면 무조건 반대부터 하는 딸들 사이에서 후견인은 양자를 조율하면서 피후견인에 대한 결정을 내리는 데 어려움을 겪는다. 전술한 부양가족과 그 밖의 가족들과의 문제와 유사하다.

또한, 딸들은 후견인에게 피후견인 명의로 아들에게 민사소송을 제기하여 '빼앗긴' 재산을 회복해 달라고 요구하는 경우가 많다. 그런데 이와 같은 소송 제기는 단순히 피후견인의 재산이 어느 친족에게 유출되었는지 여부만을 경제적으로 판단해서는 안 된다. 피후견인의 종전 의사를 최대한 추정하여, 같은 상황에서 피후견인이 아들을 상대로 재산 반환을 요구했을 것인지 따져 보아야 하는 어려움이 있다.

④ 다면(多面) 분쟁

피후견인의 자녀가 4인 이상이면서 아들과 딸이 각각 2인 이상일 때 발생하는 분쟁은 다면구조를 취하는 경우가 많다. 여러 명의 자녀가 있는 경우, ① 크고 작은 사고를 자주 내왔고, 그때마다 피후견인의 도움으로 문제를 해결한 자녀가 적어도 한 명 이상은 있기 마련이다. ② 피후견인으로부터 지속적인 경제적 지원을 받아온 자녀도 있기 마련이다. 그런데 다른 자녀들과 이와 같은 이른바 '사고뭉치' 형제들 사이에는 수

십 년간 쌓인 불신이 있다. 이런 경우, 각 자녀들은 서로를 신뢰하지 않고, 피후견인을 둘러싼 여러 문제들에 대해 사안별로 이합집산(離合集散) 하는 양상을 보인다.

이런 사례가 후견인으로서 대응하기 가장 어렵다. 의견이 대립되는 친족 무리가 세 집단 이상인 경우, 같은 논의를 세 집단과 별도로 또는 같이 진행하기 때문에 더욱 신중해야 하고, 의사결정에 시간이 필요하며, 그럼에도 의견합치가 이뤄지지 않는 경우가 매우 많기 때문이다. 그렇다고 후견인이 독자적으로 판단하면, 그에 대한 친족들의 문제제기 역시 세 집단 이상에서 동시에 쏟아지므로 매우 번거로운 상황이 발생한다.

⑤ 분쟁사례에서 후견인이 친족들을 대하는 자세

가. 후견개시 직후

분쟁 상황에서 후견인이 선임된 경우, 통상 후견개시청구를 한 친족이 먼저 연락하고, 만남을 요구한다. 그러나 분쟁이 극심하고, 어느 편이 피후견인을 진정으로 위하는지 불분명한 상황에서 먼저 연락 오는 친족을 만나는 것은 주의해야 한다. 먼저 만난 친족이 후견인과 나눈 이야기를 부풀리거나 왜곡하여 전달함으로써 첫 단추부터 잘못 끼는 경우가 생길 수 있기 때문이다.

따라서 후견인은 후견개시 사건기록을 검토한 뒤, 이해관계인인 친족들 모두와 연락을 취한 뒤, 면담일정을 잡아야 한다. 적어도 최초의 면담일정은 친족들 모두에게 공개하는 것이 불필요한 오해를 줄이는 방법이다.

나. 의사결정에서 친족들의 의견청취가 필요한 경우

후견인이 의사결정을 함에 있어 친족들의 의견청취가 필요한 경우가 있다. 예를 들면 피후견인의 생명과 직결되는 문제는 아니지만 의료행위, 보험해지 등이 그것이다.

위와 같은 행위들은 후견인이 스스로 수행하기보다 자녀들 중 1인이 후견인에게 요구하는 경우가 대부분이고, 다른 친족들 역시 위와 같은 요구가 대립하는 상대편 친족들에 의한 것이란 점을 알고 있다. 따라서 후견인은 피후견인 친족들 모두의 의견을 청취하는 것이 반드시 필요하다.

이러한 요구를 받은 후견인은 해당 친족에게 그와 같은 행위의 필요성을 소명할 수 있는 자료들을 요구하고, 그 자료들을 바탕으로 그와 같은 행위가 필요한지 여부를 판단해야 한다.

그와 같은 행위가 필요하다고 판단하면 후견인은 다른 친족들에게 그와 같은 행위를 함에 있어 의견을 달라고 요구하면서, 후견인의 판단도 함께 공유할 필요가 있다. 만약, 그와 같은 행위가 피후견인에게 반드시 필요한 경우라면 다른 친족들도 그 행위를 함에 있어 크게 반대하지 않기 때문이다.

후견인이 그 행위 적부를 판단하기 어려운 경우28 후견인은 친족들 전원의 의견 일치를 요구할 필요가 있다. 만약 친족들 모두가 그 같은 행위를 요구하면 후견인은 그에 따르나, 그렇지 않을 경우 현상을 유지한다.

후견인이 그 행위를 수행하는 것이 적절하지 않다고 판단했다면, 이를

---

28 치과치료, 안과치료 등은 잘되면 피후견인의 생활이 윤택해지는 장점이 있으나, 피후견인이 고령이라 치료 경과가 좋지 않을 가능성이 있고, 치료 자체가 피후견인의 신체에 부담을 주는 경우가 많아 후견인이 당부 여부를 판단하기 어려운 대표적 사례다.

요구한 친족에게 거부 의사를 밝힌다. 그러나 경우에 따라 친족들 중 다수가 이를 요구하기도 한다. 이때에는 ① 친족들에게 후견인은 그와 같은 행위를 하지 않을 것이라는 점과 함께 〈민법〉 제954조29에 따라 가정법원에 후견사무에 관한 처분명령 청구를 하라고 안내한다. 또는 ② 후견인이 후견감독재판부에 해당 행위에 대한 허가신청을 제기한 뒤, 심문기일을 개최해 줄 것을 요청하여, 그 자리에서 친족들의 의견과 후견인의 의견을 후견감독재판부에 전달한 후, 재판부의 판단을 구한다.

그 외에도 친족들의 의견을 수렴하는 것이 어려울 경우, 후견인은 법원의 허가신청을 적극적으로 이용하는 것이 업무수행에 효율적이다.

다. 불필요한 오해 발생 방지

친족들이 전문후견인에게 제기하는 큰 불만 중 하나는 후견인이 친근하지 않고, 기계적이며, 피후견인의 재산관리에만 관심 있다는 것이다. 이와 같은 문제제기는 대부분 후견인에게 불만을 가진 친족들 편에서 제기된다. 후견인이 이에 하나하나 신경 쓰기 시작하면 친족들에게 끌려다니면서 업무수행을 제대로 할 수 없게 되므로, 주의할 필요가 있다.

그러나 어느 정도는 피후견인 친족들의 이야기를 경청하는 자세를 취함으로써 신뢰관계를 형성하는 것이 장기적으로 원활한 후견업무 수행을 위해 적절하다.

---

29 〈민법〉 제954조(가정법원의 후견사무에 관한 처분)에 따라 가정법원은 직권으로 또는 피후견인, 후견감독인, 제777조에 따른 친족, 그 밖의 이해관계인, 검사, 지방자치단체의 장의 청구에 의해 피후견인의 재산상황을 조사하고, 후견인에게 재산관리 등 후견임무 수행에 관해 필요한 처분을 명할 수 있다.

7. 법인후견 활성화를 위한 제언[30]

1) 개 요

법인후견인의 약점으로 주로 지적되는 사항은 다음과 같다. ① 피후견인과 지속적 신뢰관계를 구축하는 데 불리하고, ② 법인 내 의사결정단계를 거치면서 신속한 후견사무 처리, 결정이 어렵다. ③ 법인 내 의사결정과 현장의 분리로 피후견인을 위한 결정을 내리는 데 어려울 수 있고, ④ 법인 내부의 의사결정단계를 거치면서 의사결정의 책임성이 약화될 우려가 있다.[31]

위의 지적 사항 중에 실제 후견업무를 수행하면서 느낀 한계점과 고민해야 할 점들은 아래와 같다.

2) 의사결정의 장기화

후견법인이 후견담당자가 피후견인의 입장을 가장 잘 알고 있다는 점을 감안하여 의사결정과정을 최소화하고, 후견담당자의 재량을 넓게 인정한다 해도, 법인이라는 특성상 의사결정에서 개인후견인보다 오랜 시간이 걸리는 것은 부정할 수 없다.

---

30 이하 내용은 필자의 "한국 성년후견법인의 현황과 과제"(한독 성년후견대회 발표문, 서울가정법원 · 한국성년후견학회 공동주최, 2017. 3)를 수정 · 보완한 것이다.
31 박인환, 2016, "한국에서의 후견법인의 실천방향", 성년후견법인의 제문제 심포지엄, 사단법인 온율 주최.

온율을 예로 들면, 간단하고 일상적인 사무들은 후견담당자가 단독 결정으로 수행한다. 병원 입원, 퇴원과 같은 신상에 관한 중요한 결정, 재산처분, 소송행위 등 재산관리에 관한 중요한 결정들은 법인 회의에서 결정한다. 중요하면서 긴급한 사무는 일단 법인 사무국에서 논의를 거치고 사후 보고를 한다. 이와 같은 후견법인의 의사결정과정은 신중하면서도 긴급하게 결정해야 하는 일에 대하여는 신속히 이루어지나, 피후견인의 가족은 법인의 의사결정이 오래 걸린다고 느끼는 편이다.

그러나 개인후견인의 경우에도 후견사무 수행에 대한 의사결정은 기본적으로 신중해야 한다. 복잡하거나 친족들 간 의견이 첨예하게 대립하는 경우에는 신속한 결정이 어렵다. 단순히 법인이기 때문에 의사결정이 오래 걸린다고 보는 것은 무리가 있다.

문제는 후견법인이 의사결정하기 곤란한 사안에 대하여 법인 내부 의사결정 과정을 핑계로 결정을 미루는 경우다. 이는 후견인으로서 적정한 업무수행 태도가 아니며, 실제로 피후견인의 복리에 반하는 결과를 야기할 수 있다.

3) 편중된 전문성

여전히 전문가후견법인들은 편중된 전문성을 보유하는 한계가 있다. 즉, 법률전문직역 법인은 법률가들만으로 구성되어 있고, 사회복지전문직역 법인은 사회복지사들로 구성되어 있으므로, 재산관리와 신상보호가 복합적으로 이루어져야 하는 후견사무를 빈틈없이 제공할 수 있는 역량을 갖추지 못한 것이다. 전문가후견법인 중에서 실제로 후견 영역에 전문성을 가진 법인은 부재한다고 볼 수도 있다.

이 문제는 법인후견이 활성화되면 해결되리라고 예상한다. 온율이 대표적인데, 최초에는 법률가 중심으로 법인후견을 시작했으나, 신상보호 영역에서 전문성 부족을 절감하고, 사회복지사를 충원하여 현재는 공백 없이 후견서비스를 제공한다. 그 외에 정신질환자 공공후견사업에 종사하는 공공후견법인의 경우, 사회복지전문직역 법인이나 다수의 후견사건들을 처리하며 담당자들의 역량이 강화되어 현재는 재산관리에서도 상당한 전문성을 보유하고 있다. 현재 활발히 활동하는 후견법인들의 이런 사례는 후견법인의 전문성 축적과 관련해 시사하는 바가 크다.

나아가 초기에 재산에 관한 복잡한 문제나 분쟁들은 법률전문직역 법인이 후견인으로서 처리하고, 그 후 사회복지전문직역 법인이 후견인으로서 피후견인을 보호하는 방안,[32] 재산에 관하여는 법률전문직역 후견법인이, 신상에 대하여는 사회복지전문직역 후견법인이 권한을 가지는 형태로 공동후견인이 되는 방안[33]도 고려할 수 있다.

4) 부족한 후견법인 수

현재 법인후견인후보자는 과거에 비해 오히려 축소되었다. 법인후견의 필요성이 낮은 것이 아닌 이상, 이에 대한 수요는 계속되고 증가될 것

---

32 후견개시 당시 당면한 분쟁과 재산문제 등을 해결하면, 그 후부터는 피후견인에게 필요한 재산에 관한 후견사무는 기본적 일상생활비 지출에 그치는 경우가 많다. 따라서 이때에는 법률전문직역 후견인이 굳이 활동할 필요가 없다.

33 다만, 이 방법의 경우 수(數) 개의 후견인이 선임됨으로써 과도한 후견비용이 발생할 수 있다.

이므로 지속적으로 후견법인을 확보하고 그 역량을 키우려고 노력해야 할 것이다.

그러려면 후견법인들에 대한 일정 수준의 지원은 불가피하다고 생각한다. 현재의 보수 수준으로는 후견법인이 오롯이 후견보수만으로 법인을 운영할 수 없다. 그 외에 법인재산을 투여하면서까지 법인후견을 계속할 이유도 없다. 이러한 현실이 후견법인 수가 지속적으로 줄어드는 가장 큰 원인이다.

5) 후견법인의 지역 편중

후견법인들의 대부분은 서울에 주사무소를 두고, 주 활동영역도 서울과 수도권이다. 현재 전문후견법인들 중 전국적 조직을 보유한 곳은 사단법인 성년후견지원본부 정도다. 나머지 법인들은 법인 소속 담당자가 후견업무를 수행하고, 지방에 지부를 따로 두지 않고 있다. 따라서 서울 및 수도권 일부 지역 외에 거주하는 피후견인에 대한 후견사무를 수행하는 것은 불가능에 가깝다.

법인후견인이 필요한 후견사무가 서울에 편중되어 있다고 볼 수 없고, 서울과 지방의 후견제도 전반에 걸친 격차를 감안할 때, 각 지역을 거점으로 활동하는 다양한 후견법인들을 육성해야 한다고 본다.

단, 공공후견법인의 경우 서울 및 수도권 외에도 전국에 지부를 두고, 전국 단위 후견사건들을 수임한다. 그러나 지부 담당자들의 후견제도에 대한 이해, 경험, 역량 등의 편차가 커서, 결국 중앙의 후견사무 담당자들이 전국의 후견사건들을 수행하는 경우가 많다.

6) 후견법인 역할의 다양화

현재 우리나라 후견법인들의 활동을 보면, 직접 후견인으로 선임되어 활동하는 것에 집중하는 경향이 있다. 물론, 온율을 비롯한 많은 후견법인이 자신들의 경험과 연구를 바탕으로 한 성과들을 발표하고, 세미나 등을 개최하여 일반인들에게도 정보를 제공한다. 공공후견법인에서는 공공후견인을 양성하고 지원하기도 한다.

앞으로 후견법인이 우리나라 후견제도 운영의 한 축으로서, 제도 정착과 발전을 위한 역할을 다하려면 후견인으로 활동하는 것 이상으로 노력해야 한다. 후견대체제도(임의후견, 신탁 등)의 연구 및 홍보, 개인후견인(전문후견인, 친족후견인, 공공후견인)에 대한 후견실무 공유, 자문, 후견인 양성·교육, 후견제도 인식개선 활동 등 후견제도 연구·정착 활동에 집중해야 한다. [34]

특히, 임의후견제도, 후견신탁과 같은 후견대체제도의 경우, 친족후견인을 비롯한 개인후견인이 앞장서서 이용하는 데는 무리가 있다. 따라서 후견법인들이 전문성을 바탕으로 적극적으로 후견대체제도를 연구하여, 우리나라에 맞는 모델을 마련하고 활용하는 데 앞장서야 할 것이다.

---

[34] 제철웅, 2016, "후견법인의 역할과 기능에 관한 입법적 제안: 후견제도 운영 주체로 설정할 필요성을 중심으로", 〈가족법연구〉, 30권 1호, 한국가족법학회, 206쪽 참조.

8. 나가며

고령사회에 접어들면서 치매 등으로 인지기능이 부족해진 노인의 재산과 신상을 둘러싼 분쟁은 앞으로 급증할 것이다. 발달장애인, 정신장애인 등 의사결정능력 장애인들의 자기결정권 존중과 신상보호 문제 역시 계속 중요해질 것이다. 이들에게 후견인이 선임된다면, 후견인의 도움 아래 본인이 원하는 삶을 안전하게 영위할 수 있다.

그런데 복잡 다양한 피후견인들을 둘러싼 문제들처럼, 후견인이 수행해야 할 사무들도 다양하다. 개인후견인보다 다양한 전문성을 지닌 구성원과 축적된 경험을 통해 장기간 균질한 후견서비스 제공이 가능한 후견법인에 대한 수요는 꾸준히 늘어날 것이다.

후견법인이 활성화되려면 넘어야 할 산이 많다. 후견제도에 대한 이해가 부족한 관계기관들과의 문제, 예민해져 있는 친족들과의 원만한 관계 설정 문제, 후견법인의 상대적으로 느린 의사결정 문제 등이 그것이다.

아직까지 이런 문제들에 대한 깊은 논의가 이루어지지는 않았지만, 향후 후견법인들의 활동사례가 누적되면 이에 대한 연구도 활발해지리라고 기대한다.

참고문헌

김성우, 2016, "성년후견제도의 현황과 과제", 〈가족법연구〉, 30권 3호, 한 국가족법학회.

_____, 2017, "한국 후견제도의 운영과 가정법원의 역할", 〈법조〉, 66권 2 호, 법조협회.

김지숙, 2015. "성년후견제도의 운영현황과 과제", 대한변호사협회 성년후견법 률지원소위원회·서울가정법원 간담회, 대한변호사협회 주최.

박인환, 2016. "한국에서의 후견법인의 실천방향", 성년후견법인의 제문제 심포지엄, 사단법인 온율 주최.

배광열, 2016. 12, "서울가정법원·금융기관 간담회 발표문".

_____, 2017. 1, "서울가정법원·법인후견인 간담회 발표문".

_____, 2017. "한국 성년후견법인의 현황과 과제", 한독 성년후견대회 발표 문, 서울가정법원·한국성년후견학회 공동주최.

법원행정처, 2015, 《후견사건 처리 실무》, 법원행정처.

사법정책연구원, 2017, 《성년후견제도의 운영에 관한 연구》, 사법정책연구원.

신권철, 2013, 《성년후견제도와 사회복지제도의 연계》, 집문당.

이지은, 2020, "공공후견과 후견법인의 역할", 〈법학논총〉, 47호, 숭실대 법 학연구소.

제철웅, 2017, "정신건강증진 및 정신질환자 복지서비스 지원에 관한 법률 제43조 및 〈민법〉 제947조의 2 제2항에 의한 비자의 입원의 상호관 계", 〈가족법연구〉, 31권 1호, 한국가족법학회.

_____, 2012, "성년후견인의 〈민법〉 제755조의 책임: 그 정당성에 대한 비 판적 검토", 〈법조〉, 61권 7호, 법조협회.

_____, 2016, "후견법인의 역할과 기능에 관한 입법적 제안: 후견제도 운영 주체로 설정할 필요성을 중심으로", 〈가족법연구〉, 30권 1호, 한국 가족법학회.

진병주·김건호, 2013, "일본 성년후견인의 유형 동향과 한국에의 시사점: 岡山지역의 법인후견을 중심으로", 〈한국콘텐츠학회논문지〉, 13권

4호, 한국콘텐츠학회.

타타누마 히로시, 박인환(역), 2014, "일본 법인후견의 실천과 전망", 〈성년
후견〉, 2집, 한국성년후견학회.

最高裁判所事務總局家庭局, 2017, 〈成年後見關係事件 槪況〉.

6장

성년후견제도 이용촉진법의 제정*

그 의의와 과제

아라이 마코토

(현 주오대학 연구개발기구 교수)

1. 제정의 배경과 경위

1) '요코하마 선언'의 파급력

〈성년후견제도의 이용촉진에 관한 법률〉(이하 〈이용촉진법〉)은 2016년 4월 8일에, 성년후견 사무의 원활화를 도모하기 위한 〈민법〉 및 〈가사사건절차법〉의 일부를 개정하는 법률(이하 〈원활화법〉)[1]은 같은 해 4월 6일에 성립되었다.

〈이용촉진법〉 성립의 유인은 '요코하마 선언'이었다. 2010년 당시 성

---

* 이 글은 화제의 법령(時の法令) No. 2120, No. 2122, No. 2124, No. 2126(2021)에 게재된 졸고에 후생노동성 성년후견제도 이용촉진실의 자료를 추가하여 전체를 재구성한 후 새롭게 정리한 것이다.

1 이 법도 넓은 의미에서 〈이용촉진법〉에 속한다.

년후견제도 시행 10주년을 맞아 이 제도를 둘러싼 이론과 실무 양측이 근본적 변혁을 맞이했음에도 구체적 개혁을 향한 태동은 보이지 않았다. 이러한 상황에서 일본성년후견법학회가 중심이 되어 세계회의를 개최하고 그 자리에서 성년후견제도를 개혁하기 위한 선언을 공표하기로 계획했다.

그리고 2010년 10월 2일부터 3일간 요코하마시에서 세계 최초로 성년후견법 세계회의가 개최되어 그 총괄로서 '요코하마 선언' 공표가 승인되기에 이르렀다. '요코하마 선언'의 목표는 특별법의 제정이었는데 이를 입법화한 것이 〈이용촉진법〉이었다.

2) 입법 과정

〈이용촉진법〉은 입법화 과정에서 난항을 겪었다. 입법 과정을 기술하려면 방대한 지면이 필요하므로, 2 여기서는 관계자가 정리한 내용을 더욱 간략하게 기술하고자 한다. 3

(1) 시초
2010년 11월 11일 일본성년후견법학회(이사장 필자, 부이사장 오누키 마사오)가 세계회의의 보고와 〈이용촉진법〉 제정의 진정을 위해 당시 집

---

2 오구치 요시노리·타카기 미치코·타무라 노리히사·모리야마 마사히토, 2016, 《핸드북 성년후견 2법: 〈성년후견제도 이용촉진법〉, 〈민법〉 및 〈가사사건절차법〉 개정법의 해설》, 소에이샤: 산세이도쇼텐 참조. 〈이용촉진법〉에 관한 필독 문헌으로 입법 과정이 상세히 망라되었다.
3 오누키 마사오, 2016, "〈성년후견제도 이용촉진법〉 성립의 경위와 의의", 〈실천성년후견법〉, 63호, 12~16쪽.

권 여당이던 민주당의 정부관계자, 여야 국회의원을 방문했다.

이에 따라 2011년 2월 2일에 공명당이 '성년후견제도 프로젝트팀'(이하 '공명당 PT')을 출범시키고, 필자가 중심이 되어 〈이용촉진법〉 원안을 작성했다. 같은 해 8월에 원안이 완성되었고, 10월 공명당 PT에서 '이용촉진법 요강 골자(안)'이 마련되었다.

2012년에 변호사회, 사법서사4회, 사회복지사회 등을 대상으로 한 의견 조회, 각 부처와의 조율을 거쳐 같은 해 7월에 법안 요강 골자가 확정되었다. 아울러 의원 입법이 상정되어 있었으므로 중의원 법제국 담당자가 관여하였음을 더불어 밝혀 둔다.

여기까지는 모든 일이 순조로워서 〈이용촉진법〉의 성립은 목전에 있다고 생각했다.

(2) 교착

2012년 말에 정권교체가 이루어지면서 자민당이 정권을 잡았다. 처음부터 '다시 준비'할 필요가 생겨 2013년 성립은 어려워졌다.

이러한 교착 상황을 타개하기 위해 일본성년후견법학회가 주최하는 '연구집회'가 개최되어 자민당, 공명당에서 〈이용촉진법〉을 적극적으로 추진해야 한다는 분위기가 엿보이게 되었다.

(3) 여당의 태동

이즈음부터 자민당에서 〈이용촉진법〉에 대한 이해가 깊어지기 시작했다. 2015년에 자민당이 '성년후견제도에 관한 프로젝트팀'(이하 '자민당

---

4 등기 또는 공탁에 관한 절차 대리 등을 수행하는 전문직. 한국의 법무사와 유사하다. ─ 옮긴이.

PT')을 설치하고 〈이용촉진법〉이 성립될 수 있도록 전진하는 분위기가 조성되었다.

한편 같은 시기에 자민당 PT가 마련한 '우편물 전송'과 '사후사무'를 정비하는 〈민법〉 개정안이 부상하면서, 성년후견 사무의 원활화를 도모하기 위한 〈원활화법〉이 2016년 10월 13일에 시행되었다. 〈원활화법〉 제정에 따라 〈민법〉 860조의 2가 신설되면서 후견인은 가정법원에 본인 앞으로 보내는 우편물 등을 후견인에게 배달해야 한다는 취지의 촉탁을 신청할 수 있게 되었다. 또한 〈민법〉 873조의 2가 신설되면서 후견인은 본인의 사망 후에도 ① 특정 상속재산의 보존행위, ② 변제기가 도래한 채무의 변제, ③ 본인의 화장 또는 매장에 관한 계약 체결 등 기타 상속재산의 보존에 필요한 행위5를 할 수 있게 되어 후견인 권한의 명확화가 모색되었다.

(4) 여야 갈등의 심화

안전보장 법제를 둘러싸고 여야가 첨예하게 대립하면서 2015년 가을 임시국회 통과를 목표로 했던 〈이용촉진법〉은 정국 상황으로 인해 임시국회가 소집되지 않아 통과되지 못했다.

(5) 성립 직전의 과제

가장 큰 과제는 심의일정을 확보하는 것이었다. 자민·공명 양당은 법안을 내각위원회에서 심의하는 것을 전제로 절차를 진행했는데 내각위

---

5 ①, ②, ③을 '사후사무'라고 한다.

원회에 미처리 법안이 상당수 남아 있어 심의일정을 설정하기가 매우 어려웠다. 2016년 3월 중 통과는 불가능한 상황이었지만, 법안은 어떻게든 3월 중에 통과시켜야 했다.

법안에서는 내각부에 특별한 기관으로서 성년후견제도 이용촉진회의를 설치하도록 규정했다(13조). 그런데 이른바 '내각부 슬림화법'[6]은 내각부 업무의 추가를 선셋 방식으로 하는 등 새로운 업무를 억제하도록 요구했다. '내각부 슬림화법'이 시행되면 만약 법안이 통과되어도 2016년 4월부터 제도가 작동하지 않으므로 어떻게든 3월 말까지 통과시켜야 했다.

그러나 2015년 가을에 개최 예정이던 임시국회가 소집되지 않았다. 2016년 정기국회 심의는 우선 추경예산, 다음으로 2016년 예산관련 법안, 내각제출 법안, 그 후에 의원입법을 통한 제출 법안 순으로 심의가 진행되었다. 따라서 3월 중 법안 통과는 거의 불가능한 상황이었다.

(6) 결단

이 상황을 타개한 것은 자민당·공명당·민주당의 합의였다. 이에 따라 법안을 예외 취급하여 최우선시하기로 결정했다. 2016년 3월 23일 중의원 내각위원회가 개최되어 초당파 의원 제안에 의한 법안이 이 위원회에서 승인되었고, 다음 날인 24일 중의원 본회의를 통과하였다.

참의원에서는 법안에 반대하는 당이 내각위원회 이사직에 있어 위원장 제안으로 할 수 없어 연도 내 통과는 불가능해졌다. 3월 31일 내각위원회가 개최되어 법안의 취지 설명만 이루어졌고 심의는 4월로 미루어

---

6 정식 명칭은 〈내각의 중요정책에 관한 종합조정 등에 관한 기능의 강화를 위한 국가행정조직법 등의 일부를 개정하는 법률〉이다.

졌다. 그 결과 법안은 '내각부 슬림화법'의 예외로 삼기 위해 일부 수정이 필요하게 되어 수정법안이 4월 5일에 제안되어 가결되었고, 다음 날인 6일에 참의원 본회의에서 가결되었다. 참의원이 법안을 일부 수정하여 중의원에서 재의결이 필요해지자 다시 4월 8일 참의원 본회의에서 동의 가결됨으로써 〈이용촉진법〉이 성립되었다.

'요코하마 선언'으로부터 5년 6개월의 세월이 흘렀다. 〈이용촉진법〉 제정에 당초부터 관여한 필자로서는 애써 주신 모든 분들께 진심으로 감사의 말씀을 드리고 싶다.

3) 〈이용촉진법〉의 특징

〈이용촉진법〉의 특징에 대해서는 〈이용촉진법〉의 제정을 촉구한 당사자의 독자적 시점에 기초해 분석한 내용이 있는데, 매우 유익하며 시사적이다. 여기서는 그 견해7에 의거해 이야기해 보고자 한다.

(1) 기본법으로서의 성격

〈이용촉진법〉은 성년후견제도의 원점으로 돌아가 성년후견제도 전체를 관철하는 근본이념을 정하고 공적 지원의 중요성을 명확히 하며 소관하는 조직을 갖추어 장래에 걸친 개혁 방향을 제시하면서 제도의 그랜드 디자인을 그리고 있다. 따라서 〈이용촉진법〉은 '성년후견제도 기본법'인 것이다.

---

7 오누키 마사오, 앞의 글, 16~18쪽.

(2) 통일법으로서의 성격

성년후견제도에 관한 법률로 〈민법〉, 〈임의후견계약법〉, 〈후견등기 등에 관한 법률〉, 〈노인복지법〉, 〈고령자학대방지법〉 등이 있다. 이들 법률은 각각 독립적이며 성년후견제도하에서는 유기적으로 연계하여 작동해야 한다. 그러나 실제로는 각각의 법률이 공통된 이념하에서 작동하지 않는다. 각각의 법률 간의 연계가 제대로 작동하지 못했던 것이 성년후견제도의 이용이 저해되어 온 이유이다.

〈이용촉진법〉에 따라 기본이념과 기본방침이 명확히 정해지면서 〈이용촉진법〉에는 통일법으로서의 역할이 주어졌다.

(3) 복지법으로서의 성격

〈이용촉진법〉은 1조(목적)에서 "정신상의 장애가 있어 재산관리 또는 일상생활 등에 지장이 있는 자를 사회 전체가 서로 도울 것", 3조(기본이념)에서 "성년피후견인 등의 재산관리뿐만 아니라 신상의 보호가 적절히 이루어져야 할 것"(1항), 11조(기본방침)에서 "고령자, 장애인 등의 복지에 관한 시책과 유기적 연계를 도모할 것"(주석)을 규정한다.

이에 따라 〈민법〉의 수비 범위가 크게 확충되고 재산관리 일변도에서 벗어나 복지법제 분야로 크게 나아가게 되었다.

(4) 프로그램법으로서의 성격

정부는 기본방침(11조 각호)에서 정한 항목에 대해 재검토 및 개선·정비 계획을 마련하고, 성년후견제도 〈이용촉진법〉 계획에 근거해 시정촌과8 도도부현9이 하나가 되어 성년후견제도의 이용 촉진을 도모한다.

하지만 〈이용촉진법〉이 시행된다고 해서 당장 실무나 운용이 바뀌는 것은 아니다. 그러한 의미에서는 〈이용촉진법〉을 프로그램법으로 정의할 수 있다.

〈이용촉진법〉이 이처럼 기본법, 통일법, 복지법, 프로그램법이라는 네 가지 성격을 지닌다는 분석은 탁월한 식견이며 이를 통해 필자도 많은 것을 배울 수 있었다.

4) 〈이용촉진법〉의 도전

성년후견제도는 원래 〈민법〉의 제도이다. 하지만 〈이용촉진법〉은 성년후견제도를 〈민법〉 고유의 틀에서 해방시켰다. 사회의 여러 사람, 조직, 법률 등과 연계해야 비로소 성년후견제도가 유기적으로 작동하는 것이다. 이러한 개념을 '성년후견의 사회화'라고 하며 독일의 〈돌봄법〉을 그 효시로 삼는다. 그렇다면 〈이용촉진법〉하에서 '성년후견의 사회화'란 어떤 것일까? 이를 구체화한 것이 기본계획이다.

어찌되었든 성년후견제도는 〈이용촉진법〉에 의해 새로운 지평을 열게 되었다.

---

8 일본의 기초지방자치단체 단위.
9 일본의 광역자치단체 단위.

2. 기본계획

1) 이용촉진위원회의 검토

〈이용촉진법〉은 2016년 4월 8일 통과되었고, 같은 해 5월 13일에 시행되었다. 〈이용촉진법〉의 시행에 따라 성년후견제도 이용촉진회의(이하 '이용촉진회의')와 성년후견제도 이용촉진위원회(이하 '이용촉진위원회')라는 두 개의 회의체가 출범하였다.

〈이용촉진법〉에서는 내각부의 특별기관으로 이용촉진회의를 설치해 성년후견제도 이용촉진 기본계획안을 마련하도록 하였다(13조, 14조). 이용촉진회의 의장은 내각총리대신으로, 성년후견법제를 담당하는 기관의 수장에 내각총리대신이 오른 것은 그 의의가 결코 작지 않다.

또한 〈이용촉진법〉은 이용촉진위원회를 설치하여 기본적 정책에 관한 주요사항 등을 조사·심의하도록 했다. 이용촉진위원회는 2016년 9월부터 같은 해 12월까지 여섯 차례의 위원회와 일곱 차례의 워킹그룹 회의를 개최하여 최종 의견을 수렴했고, 위원회 의견은 2017년 1월 13일에 내각총리대신에게 제출했다.

2) 기본계획의 개요

위원회 의견을 바탕으로 2017년 1월 19일부터 2월 17일까지 의견 공모 절차가 실시된 후 기본계획 원안이 정리되어 같은 해 3월 24일에 각의 결정되었다.

기본계획10은 성년후견제도의 이용촉진에 관한 시책의 종합적이고 계획적인 추진을 도모하기 위해 수립된 것으로 정부가 구상하는 성년후견제도 이용촉진방안의 가장 기본적인 계획으로 자리매김했다. 시정촌은 국가의 기본계획을 감안하여 해당 시정촌 구역의 성년후견제도 이용촉진에 관한 기본계획을 정하도록 했다(23조 1항). 아울러 여기서 수립된 기본계획은 2017년부터 2021년까지 5년간을 염두에 두고 정해졌다.

기본계획은 '기본적 견해'를 다음과 같이 표명했다. 성년후견제도는 정상화나 자기결정권 존중 등의 이념과 본인 보호의 이념이 조화된 관점에서 정신상 장애로 판단능력이 불충분하여 계약 등 법률행위 시 의사결정이 어려운 사람에게 성년후견인·보좌인·보조인이 그 판단능력을 보완함으로써 생명, 신체, 자유, 재산 등의 권리를 옹호한다는 점에 제도 취지가 있다. 이러한 점을 근거로 국민이 이용하기 쉬운 제도로 만드는 것을 목표로 도입된 것이다. 또한 향후 치매고령자 증가와 단독세대고령자 증가가 예상되는 가운데 성년후견제도의 이용 필요성이 높아질 것으로 생각한다.

그러나 성년후견제도의 현재 이용 상황을 살펴보면, 성년후견제도 이용자 수는 최근 증가 추세에 있지만 치매고령자 등의 수와 비교하여 현저히 적다.

또한 성년후견 등의 신청 동기를 보아도 예·저금 해지 등이 가장 많

---

10 여기서는 기본적으로 스다 토시유키, "성년후견제도 이용촉진 기본계획의 개요", 〈실천성년후견〉, 69호, 4~17쪽에 의거했다. 스다 씨는 내각부 성년후견제도 이용담당 참사관으로 기본계획의 정리를 주도했다.

고, 다음으로 개호보험계약(시설 입소)을 위해서였다. 또한 후견·보좌·보조의 세 가지 유형 가운데 후견 유형 이용자의 비율이 전체의 약 80%를 차지한다.

이러한 상황이 살펴보면, 사회생활에서 큰 지장이 발생하지 않는 한 성년후견제도가 그다지 이용되지 않음을 알 수 있다. 또한 후견인에 의한 본인 재산의 부정사용을 막는다는 관점에서 친족보다 법률전문직 등의 제3자가 후견인으로 선임되는 경우가 많아지고 있다. 그러나 제3자가 후견인이 되는 경우 의사결정지원이나 신상보호 등의 복지적 시각이 부족한 채 운용이 이루어진다고 지적된다.

더욱이 후견 등의 개시 후에 본인이나 그 친족, 그리고 후견인을 지원하는 체제가 충분히 정비되어 있지 않다. 이들의 상담에 후견인을 감독하는 가정법원이 사실상 대응하지만, 가정법원에서는 복지적 관점에서 본인의 최선의 이익을 도모하기 위해 필요한 조언을 하기는 어렵다. 따라서 성년후견제도 이용자가 이점을 실감하지 못하는 경우도 많다고 지적된다.

향후 성년후견제도 이용을 촉진하려면 성년후견제도의 취지인 ① 정상화, ② 자기결정권 존중의 이념으로 돌아가 다시 그 운용방식을 검토해야 한다.

지금까지 성년후견제도는 재산 보전의 관점만 중시하여 본인의 이익이나 삶의 질 향상을 위해 재산을 적극적으로 이용한다는 시각이 결여되는 등의 경직성이 지적되었다. 이를 고려하면, 본인의 의사결정지원이나 신상보호 등의 복지적 관점도 중시하여 운용할 필요가 있다. 향후 ③ 신상보호의 중시라는 관점에서 각각의 경우에 따라 적절하고 유연한 운용을 한층 더 검토해야 한다.

기본계획은 '기본적 견해'를 이와 같이 표명하면서 시책의 목표와 종합적이고 계획적인 시책을 내걸었다. 아울러 '기본적 견해'는 필자가 지금까지 이야기한 성년후견제도의 본연의 모습에 부합하는 것임을 확인해 두고자 한다.

(1) 시책의 목표

향후 시책의 목표로 네 가지가 언급되었다.

① 이용자가 이점을 실감할 수 있는 제도·운용으로 개선을 추진한다.

② 전국 어느 지역에서나 필요한 사람이 성년후견제도를 이용할 수 있도록 각 지역에서 권리옹호지원 지역네트워크의 구축을 도모한다.

③ 후견인에 의한 횡령 등의 부정을 철저히 방지하면서 이용 편의성과의 조화를 도모하여 안심하고 성년후견제도를 이용할 수 있는 환경을 정비한다.

④ 피후견인의 권리제한에 관한 조치(결격사유)를 재검토한다.

(2) 종합적·계획적 시책

시책 목표에 따라 이용촉진을 위한 종합적이고 계획적인 시책이 정해졌다.

① 이용자가 이점을 실감할 수 있는 제도·운용의 개선

　(제도 개시 시·개시 후의 확실한 신상보호)

② 권리옹호지원 지역연계 네트워크 구축

③ 철저한 부정 방지와 이용 편의성의 조화

　(안심하고 이용할 수 있는 환경 정비)

④ 피후견인의 의료·개호 등에 관한 의사결정이 어려운 사람에 대한 지원 등의 검토

⑤ 피후견인의 권리 제한에 관한 조치의 재검토

⑥ 사후사무 범위의 검토

3) 기본계획의 핵심 = 지역연계 네트워크

기본계획 시책에는 몇 가지 중요한 포인트가 있다. 후견인 등의 부정방지책도 매우 중요하지만, 필자는 지역연계 네트워크의 구축이 핵심이라고 생각한다. 지역연계 네트워크 구상의 원점은 '요코하마 선언'[11]에 있다.

'요코하마 선언'에 따르면, 성년후견제도는 이용자 자산의 다과, 신청인 유무 등에 관계없이 '누구나 이용할 수 있는 제도'로 자리매김해야 한다. 이를 위해 행정기관이 성년후견제도 전체를 지원하는 것은 필수이다. 이러한 공적 지원 시스템은 '성년후견의 사회화'를 실현하는 것으로 행정기관에 의한 지원 시스템의 창설을 이미 제언하였다.

공적 지원 시스템의 설립은 초미의 과제다. 지향해야 할 공적 지원 시스템은 장애인권리협약에 의거한 새로운 지원 시스템이어야 한다. 특히 장애인권리협약 12조 3항[12]이 요청하는 자기결정 지원을 위한 시

---

11 요코하마 선언에 대해서는 아라이 마코토, 2011, "'요코하마 선언'과 성년후견제도의 개혁", 〈주리스트〉, 1415호, 2~7쪽 참조.

12 "협약 체결국은 장애인이 그 법적 능력을 행사할 때 필요한 지원을 이용하기 위한 적당한 조치를 취한다"는 내용이다.

스템을 만드는 것이 중요하다. 무턱대고 불필요한 성년후견을 개시하는 것이 아니라 지원 시스템은 "후견인이 피후견인의 목소리를 주의 깊게 듣고, 그 요구를 충족하기 위한 후견계획을 세워 나가는 작업을 피후견인과 협동하여 실시하고, 그 계획에 따라 필요한 사회복지를 비롯한 제도·서비스를 준비해"[13] 두어야 할 것이다.

지금까지 공적 지원 시스템 경험이 전혀 없었던 것은 아니다. 2010년 성년후견법 세계회의에서 이시와타리 교수는 지역의 지원 네트워크 사례로 시마네현 이즈모시와 요코하마시의 시스템을 소개했다. 여기서는 이들 사례를 다루고자 한다.[14]

요코하마시는 2010년 주요 과제인 "부모가 세상을 떠난 뒤에도 안심하고 지역생활을 할 수 있는 시스템의 구축"을 목표로 '후견적 지원 추진 프로젝트 팀'을 설치했다. 여기서 '후견적 지원'이란 "민법상의 성년후견제도뿐만 아니라 지원이 필요한 장애인의 권리옹호라는 관점에서 지역에서 안심하고 생활할 수 있는 지원 시스템"으로 정의된다.

이즈모시에는 예전부터 보건, 의료, 복지 분야에 다양한 네트워크가 존재했다. '이즈모 성년후견센터'는 법원, 변호사, 사법서사, 의사, 간호사, 정신보건복지사, 현청 직원 등 100명이 연계하여 신청 지원, 후견활동 지원 등을 해왔다. 이러한 기존 네트워크를 배경으로 장애가 있

---

13 오키쿠라 토모미, 2011, "'장애인의 권리에 관한 협약'과 일본의 성년후견제도", 아라이 마코토·아카누마 야스히로·오누키 마사오 편저, 《성년후견법제 전망》, 니혼효론샤, 241~242쪽.
14 여기서의 소개는 이시와타리 카즈미, 2010, "고차뇌기능장애와 성년후견: 지역의 네트워크 구축을 위하여", 성년후견법 세계회의 보고를 따른다. 코부에 케이코, 2011, "'고차뇌기능장애와 성년후견' 보고", 〈실천성년후견〉, 36호, 95~97쪽도 참조했다.

어도 그 사람 본연의 모습으로 생활할 수 있도록 폭넓은 지원이 이루어졌다.

성년후견제도가 기반으로 자리 잡고 있지만, 성년후견인 등과 별개로 신상보호나 지킴이 역할로서 ① 이웃 시민에 의한 자원봉사 성격의 지킴이, ② 필요한 전문성을 익히고 본인의 의사를 대변하는 행정기관의 위탁, ③ 사회복지 전문직으로 권리옹호의 관점에서 필요한 서비스를 조정하는 지역의 책임자가 관여하여 담당하는 시스템으로 '주민의 유대'일 뿐만 아니라 행정기관이 공적으로 관여한다는 사실이 중요하다. 신상보호를 비롯해 성년후견인 등이 감당할 수 없는 부분을 지역주민이 확실히 역할을 분담하여 자원봉사 정신을 중요하게 여긴다. 또한 행정기관에서 지역연계 네트워크 출범을 위한 재정상 지원 등을 뒷받침하여 공적 책임을 지는 시스템이다.

이러한 요코하마시와 이즈모시의 시스템은 장애인권리협약의 이념에 입각한 공적 지원 시스템 중 하나의 모습일 것이다. 기본계획의 핵심인 지역연계 네트워크의 시초라고도 할 수 있지 않을까.

4) 기본계획의 시행

일본 정부는 이미 〈노인복지법〉을 개정하여 32조의 2를 창설했다. 시정촌장은 심판 청구가 적절하게 실시되는 데 이바지하도록 후견 등의 업무를 적정하게 수행할 수 있는 인재의 육성 및 활용을 도모하는 일정 조치를 강구하도록 노력하기로 했다(2012년 4월 1일 시행). 이러한 시민 후견인을 활용한 행보는 기본계획의 선구자 역할을 하기도 했다.

기본계획은 좋은 선례를 바탕으로 삼으면서, 필자가 기회 있을 때마다 도입을 주장해 온 독일 〈돌봄법〉의 사법·행정·민간 연계 시스템을 배우고자 한 것이다.

　그렇다면 기본계획에 따라 성년후견법제 전반에서 공적 지원 시스템을 구현한 지역연계 네트워크의 구축은 실제로 얼마나 진전되었을까?

3. 기본계획 중간검증 보고

1) 중간검증 보고의 정리

2020년 3월 17일에 성년후견제도 이용촉진 전문가회의(이하 '이용촉진 전문가회의')15는 성년후견제도 이용촉진 기본계획에 관한 중간검증보고서(이하 '중간보고')를 정리하고, 같은 달 24일에 성년후견제도 이용촉진회의16에 제출했다. 정부는 중간보고를 바탕으로 2017년 3월 24일에 각의 결정된 기본계획에 제시된 시책을 더욱 강력히 추진할 계획을 갖추었다.

　기본계획은 2017년부터 2021년까지 5년간을 계획기간으로 삼고, ① 이용자가 이점을 실감할 수 있는 제도·운용의 개선, ② 권리옹호지원을 위한 지역연계 네트워크 조성, ③ 철저한 부정 방지와 이용 편의성의 조화 등 세 가지 내용을 핵심으로 삼았다. 이용촉진 전문가회의는

---

15 내각부에 설치되어 있던 성년후견제도 이용촉진회의 및 성년후견제도 이용촉진위원회는 폐지되고 (동명의) 성년후견제도 이용촉진회의 및 성년후견제도 이용촉진 전문가회의가 설치되었다. 그 사무는 후생노동성이 맡고 있다.

16 법무대신, 후생노동대신, 총무대신으로 구성되었다.

세 가지 핵심이 어느 정도까지 성년후견제도를 뒷받침하는지 진척상황을 정리·검토하기 위해 기본계획에서 제시하는 각 사항에 대해 검증을 실시하고 워킹그룹의 논의를 바탕으로 중간보고를 정리하였다.

중간보고에서는 기본계획의 세 가지 핵심에 따라 항목을 만들고 기본계획 수립 후 각 시책의 진척상황 및 개별과제, 향후 대응 등을 정리하였다. 이 중간보고의 내용은 현재 성년후견제도의 실상을 알 수 있는 귀중한 자료를 제공한다.

여기서는 중간보고를 단서로 삼아 〈이용촉진법〉에 근거한 행보와 향후 과제에 대해 이야기하고자 한다.

2) 지금까지의 행보

첫째, 기본계획은 "이용자가 이점을 실감할 수 있는 제도·운용의 개선"을 목적으로 재산관리뿐만 아니라 의사결정지원 및 신상보호도 중시한 적절한 후견인의 선임·교체, 본인이 처한 생활 상황 등을 고려한 진단 내용에 대해 기재할 수 있는 진단서의 방향성 검토를 요청해 왔다.

이에 대해 각 지역에서 적절한 후견인후보자를 가정법원에 추천하는 활동을 순차적으로 실시했다. 2019년 1월 대법원은 적절한 후견인의 선임 등에 관한 기본적 견해17를 일부 가정법원에서 실시하였다. 또한 대법원이 진단서 서식을 개정하여 2019년 4월부터 운용을 시작하였다.

둘째, 기본계획은 "권리옹호지원 지역연계 네트워크 구축"을 목적으

---

17 친족 등의 후보자가 있는 경우, 우선 친족을 선임하는 방향으로 검토하거나 유연하게 후견인을 교체하는 것이다.

로 본인을 보살피는 '팀', 지역 전문직단체 등의 협력체제인 '협의회', 코디네이터 기능을 담당하는 '핵심기관'의 정비를 요청해 왔다.

이에 대해 2018년부터 핵심기관의 운영비와 관련한 교부세를 조치했다. 2019년부터는 핵심기관을 설립하여 선진적 행보에 대한 예산 보조를 조치하였다.

셋째, 기본계획은 "철저한 부정 방지와 이용 편의성의 조화"를 목적으로 후견제도지원신탁과 병립하거나 이를 대체하는 새로운 방안의 검토를 요청해 왔다.

이에 대해 2018년 3월 금융단체나 관계부처 등에 의해 성년후견제도 지원 예·저금[18]이라는 구조를 정리하여 금융기관에서 순차적으로 도입하고 있다.

3) 향후 과제

기본계획의 행보를 성년후견제도의 이용 상황에 비추어 살펴보겠다. 향후 치매고령자 증가와 단독세대고령자 증가가 예상되어 성년후견제도 이용의 필요성은 늘고 있고 이용자 수도 증가 추세에 있다고는 하나, 그 이용자 수는 치매고령자, 지적 장애인, 정신장애인의 수와 비교하여 극히 적다.

성년후견제도 이용이 필요하다고 생각되는 대상은 치매고령자 211만 8,000명, 지적 장애인 54만 7,000명, 정신장애인 302만 8,000명, 대상

---

18 가정법원의 허가를 받아 출금 가능한 예·저금.

자 합계 569만 3,000명이다.[19] 반면, 2019년 12월 말 현재 성년후견제도 이용자는 22만 4,442명으로 기본계획 목표 달성까지 갈 길이 멀다.

또한 기본계획에서는 전국 어느 지역에서나 필요한 사람이 성년후견제도를 이용할 수 있는 지역체제 구축을 지향하며 모든 시정촌에서 핵심기관 등의 정비와 시정촌 계획의 수립을 요구한다. 그러나 중간연도(2019년 10월)의 핵심기관 등을 살펴보면 589개 시구정촌(33.8%)만 정비했고, 시정촌 계획은 134개 시구정촌(7.7%)만 수립한 것이 현실이다.

하지만 기본계획의 시책에 따라 필요한 사람이 필요한 때에 성년후견제도를 이용할 수 있는 체제의 구축이 전국적으로 진행되고 있다. 치매고령자나 장애인의 의사결정지원의 중요성이 국민에게 인식되면서 "상생사회 실현에 이바지하는 것"에 대한 이해도 깊어지고 있다. 차기 계획에서는 2025년을 맞이하여 우선 단카이세대[20]가 후기고령자가 되는 것을 고려해 성년후견제도 이용이 필요한 사람의 증가에 대비해 체제를 정비해야 한다. 다음으로 의사결정지원을 추진해 본인에게 의미 있는 형태로 성년후견제도의 이용을 촉진하도록 도모해야 한다.

---

19 일본 전국의 치매고령자 수는 후생노동성의 《2015년 고령자 개호》, 지적 장애인·정신장애인 수는 후생노동성의 《2009년 장애인백서》를 참고했다.
20 일본의 베이비붐세대를 가리키는 말이다.

4. 핵심기관의 정비

1) 지역연계 네트워크 구축

기본계획은 성년후견제도 이용을 촉진하려면 지역연계 네트워크 구축이 필수이며, 이를 위한 기초가 되는 것이 핵심기관의 정비라고 보았다.

핵심기관을 정비하는 방식은 다음과 같이 여러 가지가 있다.

① 시정촌이 직영으로 정비
② 시정촌이 사회복지협의회(이하 '사협') 등과 연계
③ 시정촌이 사협 등에 위탁
④ 여러 시정촌이 협정을 맺고 광역적으로 사협 등에 위탁
⑤ 시정촌, 사협, 특정비영리활동법인(NPO 법인) 등으로 기능을 분산
⑥ 각 시정촌이 직영 또는 위탁으로 핵심기관을 정비하고 협정에 따라 일부 사업을 실시하는 완만한 광역 연계

도쿄도의 지금까지의 실례를 검토해 보겠다. 시나가와구 사협 성년후견센터는 방식 ③에 해당한다. 조후시, 히노시, 고마에시, 다마시, 이나기시의 5개 시가 공동으로 운영하는 일반사단법인 다마 남부 성년후견센터는 방식 ⑥에 해당한다. 스기나미구와 스기나미구 사협이 협조·출자하여 운영하는 공익사단법인 스기나미구 성년후견센터는 어느 방식에도 해당하지 않는다.

이와 같이 핵심기관의 정비에 다양한 방식이 있다는 점은 쉽게 이해하기 어렵다.

이하 시나가와구 사협의 핵심기관으로서의 역할을 살펴본다.

2) 선구자 시나가와구 사협의 경우[21]

시나가와구 사협이 법인후견을 실시한 데는 1995년부터 '재산보전·관리서비스'라는 사업에 착수한 배경이 있다. 이 사업의 주안점은 이용자가 의사능력을 상실해도 특약과 일정한 감독하에 해당 서비스는 계속된다는 데 있다. 사실 이 개념이 〈임의후견계약법〉 제정으로 이어진 것이다. 그리고 요양보험의 등장 전후로 2002년 사협에 성년후견센터가 설립되었다.

여기서 실천한 사업은 다음과 같다.

(1) 법정후견 코스: 즉시 지원이 필요한 구민에게

치매가 상당히 진행된 경우에는 신속하게 제도와 연결되도록 시나가와구 사협 성년후견센터는 구와 연계하여 구청장이 가정법원에 성년후견을 신청하도록 한다.

지원이 필요한 구민이 발견되어 구청장 신청을 한 후 심판이 내려질 때까지의 공백기간에 시나가와구 사협 성년후견센터는 구와 협력하여 합리적 범위 내에서 적절하게 지원한다. 이러한 조치를 '복지적 대응'으로 삼는다.

---

21 키노시타 토오루, 2005, "시나가와구 사회복지협의회 성년후견센터의 법인후견", 〈성년후견법연구〉, 2호, 65~70쪽 참조.

예를 들어, 헬퍼(방문개호원)가 방문했는데 고령자가 쓰러져 있을 때 입원시킨 후 의료비를 지급하고 집 안에 있는 금전을 관리하는 것은 행정기관 차원에서 무시할 수 없다. 그러나 〈지방자치단체법〉 제235조의 4 제2항에서 행정기관은 "그 소유에 속하지 아니하는 현금 또는 유가증권은 법률 또는 정령의 규정에 의한 것이 아니라면 이를 보관할 수 없다"고 규정한다. 따라서 행정기관의 위탁에 따라 시나가와구 사협 성년후견센터가 그 금전관리 부분을 중심으로 필요한 지원을 한다.

구체적으로 행정기관에서 통장이나 인감 등의 관리 의뢰서를 요구하고 시나가와구 사협 성년후견센터에서는 보관증서를 발행하는 동시에 '복지적 대응 지원 플랜'을 작성하여 구와의 사이에서 지원항목과 그 구체적 내용을 명확히 한다. 또한 '성년후견센터 운영위원회'에 보고하는 형태로 적정성을 담보한다.

(2) 임의후견 코스: 장래의 불안에 대비하고자 하는 구민에게

가까운 주변에 친족이 없거나 친족이 있어도 관여를 거부하여 장래에 판단능력이 저하되었을 때가 걱정된다는 고령자가 많다. 시나가와구 사협 성년후견센터에서는 임의후견과 관련하여 '안심 3종 세트'라는 이름의 사업을 실시한다. 이와 관련해서는 후술하고자 한다.

(3) 지역 유대 네트워크

시나가와구 사협 성년후견센터에서는 지역 변호사, 사법서사, 의사 등과 인적 네트워크를 구축한다. 일상적으로 필요한 금전 인출이나 본인의 인도 등 비교적 정형적인 업무는 지원인력을 활용한다. 지원인력은 유상재택서비스 협력회원, 민생위원 OB 등이다. 여의치 않은 경우에는 사회복지사에게 의뢰하기도 한다.

(4) 운영위원회 설치를 통한 적정한 운영 확보
법정후견의 수임 등과 관련된 적합성 여부, 임의후견계약 체결과 관련된 적합성 여부 등은 성년후견센터 운영위원회에 의견을 물어 성년후견센터의 사무집행을 점검한다.

3) 시나가와구 사협 성년후견센터의 획기적 실천[22]

시나가와구 사협 성년후견센터는 첫째, 2015년 '의사결정지원 라이프 플랜 노트'를 작성하였다. 이 노트는 '나의 일', '생활 금전관리', '건강', '장례 및 유언 준비'로 구성되었다. 친족이나 신뢰할 수 있는 사람 등 앞으로 지원을 맡기고 싶은 사람과 함께 생각하며 글을 쓰는 내용으로 되어 있다. 지원자와 함께 이 노트를 작성함으로써 지원자가 자신의 의사를 이해할 수 있도록 하는 역할도 한다. 시나가와구 사협 성년후견센터에서는 '의사결정지원 라이프 플랜 노트'를 설명하는 세미나를 개최하여 장례나 유언 등 관심이 높은 주제와 함께 임의후견제도를 알리는 계기로 삼았다.
　이 세미나에 참석한 구민들은 "급하게 입원 절차를 밟거나 입원비를

---

22 여기서 다루는 세 가지 사안은 시나가와구 복지부 복지계획과, 2021. 10, 〈시나가와구 성년후견제도 이용촉진 기본계획〉, '칼럼'을 참고하였다.

지급해야 할 때 부탁할 사람이 없다", "치매에 걸리면 누가 도와줄까?", "내가 죽었을 때 장례나 보리사23에 연락하고 납골해 줄 사람이 없다", "재산 정리, 잔치물 처분, 집 처분이 걱정이다" 등의 상담을 요청했다. 이런 어려움에 대한 지원의 하나로 시나가와구 사협 성년후견센터에서 '안심 3종 세트'를 제공하는데, 이는 다음에 언급한다.

둘째, '안심 3종 세트'란 충분한 판단능력이 있는 독거노인이나 고령자 부부 세대를 대상으로 안심서비스계약, 임의후견계약, 공정증서유언서 작성 지원 등 세 가지를 조합한 서비스이다. ① 판단능력이 있을 때부터 지킴이 역할을 하고 ② 판단능력이 저하되었을 때를 지켜보며 ③ 사망 후에도 일관되게 지원하는 유상서비스이다.

그림 6-1 안심 3종 세트의 흐름 (판단능력 저하가 보였을 경우)

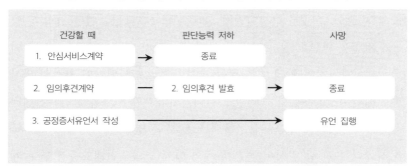

23 장례식을 거행하는 불교사원을 가리킨다.

(1) 안심서비스계약

안심서비스는 위임계약에 근거하여 서비스가 제공된다. 본인의 희망에 따른 지원 플랜을 작성하여 일상생활에 필요한 금전관리와 각종 절차 대행, 통원 동행 등 개별 서비스를 제공하는 것이다. 본인의 상황을 파악하기 위해 정기방문을 중시하고 임의후견감독인의 선임을 적시에 신청하도록 판별한다.

(2) 임의후견계약

판단능력이 저하되었을 때를 대비하여 본인과 시나가와구 사협 성년후견센터가 지원 내용에 대해 공정증서로 계약을 해둔다. 또한 정기방문을 확실히 실시하고 본인과 관련된 복지, 의료, 지역 등의 관계자와 밀접한 연계를 통해 다각도로 본인의 상황을 파악한다. 본인의 판단능력이 저하되었을 때에는 계약에 따라 시나가와구 사협 성년후견센터가 임의후견인 선임신청을 하여 후견인으로서 지원한다.

(3) 공정증서유언서 작성 지원

본인이 희망한 장례나 자택 정리, 상속이 실행될 수 있도록 공정증서 유언서 작성 절차를 지원한다. 희망에 따라 시나가와구 사협 성년후견센터가 장례집행이나 유언집행을 맡아 본인의 마지막 의사를 실현할 수 있다.

셋째, 시나가와구 사협 성년후견센터에서는 변호사, 사법서사, 사회복지사 등과 연계를 강화하고 지역에서 후견활동을 하는 다음과 같은 단체와 협력하여 지역에서 지원하는 네트워크를 구축한다.

(1) NPO 법인 시민후견인회
2006년에 임의단체인 '시민후견인회'로 출범하여 2008년에 특정비영리 활동법인으로 등기되었다. 출범 초기부터 시나가와구 사협 성년후견센터와 연계하여 매년 시민후견인 양성 강좌를 주최한다.

(2) 일반사단법인 친근성년후견서포트
구내에 지점을 둔 신용금고 5곳에 의해 2015년 금융권 최초의 성년후견 법인으로 설립되었다. 지역신용금고의 전 직원이 후견담당자로 지원함으로써 지역과 밀착된 활동을 지향한다.

(3) NPO 법인 도쿄 시민후견 서포트 센터
도쿄대학과 쓰쿠바대학의 시민후견인 양성 프로젝트와 도쿄도의 사회공헌형 후견인 양성 강좌의 수료자를 중심으로 2011년에 설립되었다. 보급활동과 함께 시민의 관점에서 지원활동을 실시한다.

(4) NPO 법인 프렌드
2012년에 설립되어 여성 임원의 세심한 대응을 목표로 활동한다. 다양한 지식과 경험을 지닌 시민이 힘을 합쳐 지역의 성년후견 향상을 목적으로 전문직과 연계한다.

(5) NPO 법인 라이프 서포트 도쿄

2005년 행정서사들이 뜻을 모아 시나가와구에 설립하여 현재는 간토24 지역에서 광범위하게 활동한다. 일반시민 외에 사회복지사, 사회보험 노무사,25 변호사, 케어매니저 등 다양한 전문직이 참여한다.

4) 기본계획과 시나가와구의 사례

기본계획은 지역연계 네트워크 및 핵심기관에 다음의 네 가지 기능을 단계적이고 계획적으로 정비하도록 요구한다. 이를 정비함으로써 본인 의사결정의 존중, 후견인 등의 부정 방지가 기대된다고 본다.

(1) 홍보 기능

지역연계 네트워크에 참여하는 사법, 행정, 복지, 의료, 지역 등의 관계자는 성년후견제도가 본인의 생활을 지키고 권리를 옹호하는 중요한 수단이라는 인식을 공유한다. 또한 이용하는 본인에 대한 계몽활동과 함께 목소리를 낼 수 없는 사람을 발견하여 지원하는 것의 중요성, 제도의 활용이 유효한 경우 등을 구체적으로 알리고 계발해 나가도록 노력한다.

___

24 일본 도쿄를 포함한 주변지역 — 옮긴이.
25 한국의 노무사와 유사한 전문직 — 옮긴이.

(2) 상담 기능

전국 어디에 살아도 성년후견제도의 이용이 필요한 사람이 제도를 이용할 수 있는 지역체제의 구축을 지향하며 각 지역의 상담창구를 정비한다.

(3) 이용촉진 기능

각 지역에서 전문직이나 관계기관이 연계체제를 강화하고, 성년후견제도의 이용이 필요한 사람을 발견했을 때 적절하게 필요한 지원으로 연결해 주는 지역연계 시스템을 정비한다.

또한 향후 성년후견제도 이용 수요에 대응하기 위해 지역 주민 중에서 후견인 등 후보자를 육성하고 지원을 도모하는 동시에 법인후견담당자를 육성함으로써 후견 등 활동담당자를 충분히 확보한다.

(4) 후견인 등 지원 기능

후견인 등의 일상적 상담에 대응하면서 필요한 경우 후견인 등과 본인과 가까운 친족, 복지·의료·지역 등의 관계자가 팀이 되어 본인을 보살피고 의사결정지원과 신상보호를 중시한 후견활동이 원활히 이뤄지도록 지원한다.

이상과 같은 기본계획의 개념은 이미 시나가와구 사협 성년후견센터에서 실천되고 있다. 기본계획의 전국적 실행에 있어 시나가와구 사협 성년후견센터의 실천에서 배울 점이 많다. 그리고 시나가와구 사협 성년후견센터에서도 성년후견제도가 더욱 확충되도록 기본계획을 추가적으로 구체화하는 데 과감히 착수할 것을 기대한다. 현재 수립 중인 차기 기본계획을 구체화할 때에도 시나가와구 사협 성년후견센터와 같이 선진적으로 실천에 임하기를 함께 기대한다.

그림 6-2 제1기 계획의 과제와 제2기 계획의 대응

제 1 기 계획의 과제 (2017~2021) (2017~2021)	제 2 기 계획의 과제 (2022~2026) (2017~2021)

성년후견제도와 그 운용 관련
• 후견인 등이 선임되면 판단능력이 회복되지 않는 한 예·저금 해지 등의 과제 해결 후에도 성년후견제도의 이용이 계속되어 본인의 요구 변화에 대응할 수 없다는 점이 있음 (제도가 별로 이용되지 않음)
• 후견인 등이 본인의 의사를 존중하지 않는 경우가 있음
  - 친족 20%
  - 친족 이외 80%
  (이 중 변호사 26%, 사법서사 38%)
	성년후견제도를 재점검하기 위한 검토와 권리옹호 지원방안의 종합적 내실화
	• 성년후견제도(〈민법〉)를 재점검하기 위한 검토 실시
	• 성년후견제도 이외의 권리옹호 지원방안 검토 실시(민간사업자·기부에 의한 권리옹호 지원에 대한 활동 등을 촉진하기 위한 방안 검토. 검토를 토대로 복지제도·사업의 재점검을 검토)
	성년후견제도의 운용 개선
	• 가정법원과 지역 관계자의 연계를 통해 본인에게 적절한 후견인의 선임이나 상황에 따른 후견인의 교체를 실현
	• 도도부현에 의한 의사결정지원 연수 실시.

후견인의 보수에 관하여 • 후견인 등의 전문성이나 사무 내용에 맞는 보수액의 결정이 반드시 이루어지는 것은 아님 • 시정촌에 따라 보수조성사업의 실시 상황이 다름	**후견인에 대한 적절한 보수 부여** • 대법원·가정법원에서 적절한 후견인 보수산정을 위한 검토 실시 • 보수조성사업 재점검을 포함한 대응 검토 • 성년후견제도 재점검 시 보수의 기본 방향 검토 • 관계부처에서 보수조성 등의 제도 방향 검토
지역연계 네트워크 구축 관련 • 소규모 시정촌을 중심으로 본인의 권리옹호 지원을 적절히 실시하는 지역연계 네트워크(행정·복지·법률전문직·가정법원의 연계 구조)의 정비가 진행되지 않고 있음 • 고령자 증가에 따른 제도 이용 요구 증가에 대응하기 위한 담당자 확보	**지역연계 네트워크 구축의 추진** • 도도부현의 기능 강화(도도부현 차원의 법률전문직·가정법원을 포함한 회의체 설치 등)를 통해 지역연계 네트워크를 전체 시정촌에서 조기에 정비(정비율은 2020년 10월: 15%, 2021년도 말 예상: 44%) • 지역연계 네트워크의 계획적 정비를 위한 전체 시정촌에서 기본계획을 조기에 수립 (책정률 2020년 10월: 16%, 2021년도 말: 59%) • 시민 후견인 및 법인후견담당자 육성 (도도부현이 육성방침 수립) • 담당자 지원은 지역연계 네트워크에서 실시

5. 나가며

이 글에서는 〈이용촉진법〉 제정의 의의와 과제를 검토하고 이 법에 따라 책정된 제1기 기본계획의 내용과 실시 상황을 검토하였다. 제2기 기본계획이 2022년 3월 25일 각의 결정되었지만 이 글에서는 다룰 여유가 없었다.

여기서는 지면상 제1기 기본계획과 제2기 기본계획의 요점만 차트로 보여 준다(〈그림 6-2〉 참조). 이를 바탕으로 성년후견제도가 꾸준히 발전해 나가기를 기대한다. 머지않아 기회를 생긴다면 제2기 기본계획의 실시 상황도 검토하고자 한다.

7장

고령자·장애인을 위한 해외의 신탁제도

제철웅

(현 한양대 법학전문대학원 교수)

1. 들어가며

최근에 UN 장애인권리위원회가 성년후견제도를 장애인의 자기결정권을 침해하기 때문에 이를 즉시 폐지할 것을 권고했다. 이에 따라 후견제도의 한계가 부각되고,[1] 후견제도를 피후견인의 자기결정권 행사를 보완하거나 최후의 수단으로써 활용하는 방안이 국제적으로 많이 논의되고 있다. 우리나라에서도 재산관리의 측면에서 성년후견 또는 한정후견(*full guardianship or limited guardianship*)을 대체하는 수단으로써 신탁제도 활용을 제안하는 주장도 있다.[2]

---

[1] UN Committee on the Rights of Persons with Disabilities, 2014, *General Comment*, No. 1, CRPD/C/GC/1, n. 28 이하 참조.

[2] 제철웅, 2017, "성년후견과 신탁: 새로운 관계설정의 모색", 〈가족법연구〉, 31권 2호, 1쪽 이하 참조.

필자는 2014년부터 '특별수요신탁제도' 관련 연구를 수행해 왔다. 먼저 2014년 〈비교사법〉에 "중증발달장애인의 보호를 위한 특별수요신탁제도의 도입 필요성"(제철웅·최윤영 공저)에 관한 논문을 발표하였다. 여기서 우리 학계에서는 최초로 특별수요신탁제도가 장애인에게 왜 필요한지 설명하였다.

2015년 〈법학논총〉에 게재한 "발달장애인 신탁의 필요성과 활용방안"에서는 〈자본시장법〉상의 신탁이 아닌 현행 신탁법하에서도 즉시 시행 가능한 장애인신탁의 활용방안을 제시함으로써 한국자폐인사랑협회에서 수행하는 발달장애인신탁사업의 이론적인 모델을 제시하였다.

위 발달장애인신탁사업을 통해 발달장애인 부모들의 욕구를 접하면서 특별수요신탁제도를 도입할 필요성이 높다고 판단하여, 2016년에는 〈원광법학〉에 "미국의 특별수요신탁에 관한 일고찰"(제철웅·김원태·김소희 공저)을 발표하였다. 장애인의 자기결정권 존중에 대한 요구를 반영하여 2017년에는 〈가족법연구〉에 "성년후견과 신탁"의 관계를 이론적으로 고찰하였다.

이어서 2018년에는 〈법학논총〉에 "고령자·장애인을 위한 집합특별수요신탁제도의 입법제안" 논문을 발표하였다. 필자의 이전 연구성과와 실천활동을 기반으로 발달장애인신탁을 특별수요신탁으로 제도화하여 고령자와 장애인 일반이 폭넓게 그 혜택을 향유할 수 있게 그 이론적 공감대 형성을 위해 가안으로서 입법안을 제시한 것이다. 이로써 특별수요신탁제도에 관한 1단계 연구를 마무리하였다.

이 글은 그 후 온율 성년후견세미나에서 해외의 신탁제도를 중심으로 발표한 내용을 정리한 것이다. 이 글은 종전의 필자의 글들을 적절히 조합하여 작성하였다.

2. 특별수요신탁은 왜 필요한가?

1) 신탁기법과 재산관리의 특징

신탁은 위탁자가 자신의 재산을 수탁자에게 이전시키고 수탁자가 위탁자가 정한 신탁 목적을 위해 그 신탁재산을 관리·처분하여 얻은 수익과 원본을 수익자에게 배분 또는 귀속시키는 것을 의미한다(〈신탁법〉 제2조 참조). 신탁에는 위탁자·신탁자·수익자의 세 당사자가 개입한다. 물론 위탁자와 수익자가 동일인인 경우(자익신탁)도 있고, 위탁자와 수익자가 다른 사람인 경우(타익신탁)도 있다. 이처럼 수익자가 모두 확정되거나 확정될 수 있게 한 경우를 사익신탁이라 한다. 한편 공익을 위해 신탁한 것으로 수익자가 지정되지 않은 경우도 있는데, 이를 공익신탁이라 한다.[3]

  신탁에서는 위탁자의 재산이 수탁자에게 이전되기 때문에 위탁자 또는 수탁자의 채권자로부터의 공취에 대해서도 신탁재산이 보호되고(〈신탁법〉 제22조), 수탁자의 개인적 재산으로부터도 신탁재산은 독립

---

3 공익신탁의 개관은 김진우, 2012, "공익신탁의 법적 구조", 〈비교사법〉, 19권 1호, 1쪽 이하; 임채웅, 2015, "공익신탁에 관한 연구", 〈민사법학〉, 70호, 139쪽 이하 참조.

되며(〈신탁법〉제23조, 제24조), 동시에 재산보유자인 수탁자가 목적 이외의 용도로 신탁재산을 처분할 때 추급 가능성도 보장한다(〈신탁법〉제75조 이하). 나아가 국가가 신탁의 안정적 유지를 위해 제한적으로 개입함으로써4 안전장치도 확보할 수도 있다. 5

이런 이유 때문에 신탁이란 법수단은 다양한 경제활동에 활용될 수 있다. 그러나 〈신탁법〉에 따른 신탁은 거의 활용되지 않았다. 그럼에도 2011년 〈신탁법〉이 전면 개정된 이후 재산승계의 법적 수단인 상속의 보완 내지 대체 수단으로 유언대용신탁 등에 관한 논의가 적지 않았다. 6

특정 장애인을 위해 사익신탁으로 신탁을 설정하는 방법은 위탁자와 수탁자 간의 계약, 위탁자가 신탁선언을 통해 신탁을 설정하는 것, 유언으로 신탁하는 것 등이 가능하다(〈신탁법〉제3조).

그중 가장 쉽게 활용될 수 있는 것이 위탁자와 수탁자 간의 계약을 통한 신탁설정이다. 누구라도 자신의 재산을 장애인(= 수익자)을 위해 사용하도록 할 목적으로 수탁자에게 맡긴다면 그 사람이 위탁자가 된다.

---

4 〈신탁법〉상의 신탁관리인제도(〈신탁법〉제67조 이하), 법원의 명령에 의한 신탁종료(〈신탁법〉제100조), 이해관계인의 청구로 또는 직권으로 신탁사무에 대해 감독 등을 할 권한을 법원에 부여하는 것(〈신탁법〉제105조) 등이 그 예이다. 신탁에 관하여는 수탁자의 보통재판적이 있는 지방법원이 관할권을 가진다(〈비송사건절차법〉제39조 이하 참조).

5 위와 같은 관점에서 법인과 신탁의 기능적 유사성에 관한 논의는 제철웅, 2007, "단체와 법인: 사회적 기능의 유사성과 적용법리의 상이의 합리적 조정을 위한 시론", 〈민사법학〉, 36호, 91쪽 이하 참조.

6 〈신탁법〉의 개정 이후 재산승계제도로서 신탁을 활용하기 위한 방안에 관하여 여러 논문이 있었음은 주지의 사실이다. 가령 김재승, 2011, "신탁과 관련된 상속세 · 증여세 문제와 Estate Planning 도구로서 신탁의 이용가능성", 〈조세법연구〉, 17권 3호, 42쪽 이하; 최수정, 2011, "〈개정 신탁법〉상의 재산승계제도", 〈법학논총〉, 31권 1호, 65쪽 이하; 최수정, 2006, "상속수단으로서의 신탁", 〈민사법학〉, 34권, 565쪽 이하 등이 있다.

위탁자가 자기 재산을 타인(= 수탁자)의 관리·처분에 맡기는 이유는 그것이 특정 목적의 달성에 더 나을 것이라 판단하기 때문이다.

고령자, 장애인을 위한 재산의 관리에 신탁을 활용하면 여러 가지 장점이 있다. 첫째, 수탁자가 신탁재산에 대해 법적 권리를 보유하기 때문에 위탁자의 채권자라든지, 위탁자와 그 친족, 또는 수익자의 친족 등이 그 재산을 빼앗아갈 가능성이 대부분 없어진다. 7

둘째, 신탁재산은 실질적으로는 수익자의 권리이기 때문에 수탁자의 채권자로부터도 안전하게 보호받을 수 있다. 이런 특징 때문에, 장애인이 자신의 재산을 신탁해 둘 경우, 그 장애인의 친족이나 이웃이 신탁재산을 빼앗아갈 수 없게 되고, 장애인의 채권자로부터도 신탁재산이 보호된다. 따라서 신탁에서 정한 목적이 장애인의 일상생활, 요양, 치료의 목적 등으로 그 재산을 사용하는 것이라면 장애인의 삶의 질의 향상에 이바지할 수 있다. 8

셋째, 일단 신탁이 유효하게 설정된 후에는 위탁자나 수익자의 의사능력이 없어지더라도 수탁자는 신탁재산에서 나온 수익이나 원본을 애

---

7 이에 대해서는 최수정, 2009, "신탁계약의 법적 성질", 〈민사법학〉, 45권, 1호, 492쪽 참조. 그러나 위탁자와 수익자가 합의하거나(위탁자와 수익자가 동일인일 경우 단독으로), 위탁자가 없어진 경우에는 수익자가 단독으로 수탁자를 해임하여 신탁 업무를 중단시킴으로써(〈신탁법〉 제16조), 신탁재산을 되찾아 갈 수 있다. 그 후 위탁자나 수익자의 친족들이 장애인의 재산을 가져가는 것이 가능할 것이다. 신탁계약의 철회 가능성에 대해서는 최수정, 위의 논문, 495쪽 참조.
8 다만 법적으로는 위탁자의 채권자 또는 수익자의 채권자가 신탁재산에 대한 권리를 행사할 가능성은 여전히 남아 있다. 그 가능성마저 봉쇄하고자 할 경우에는 특별법의 제정이 필요한데, 발달장애인의 특별한 욕구에 사용하기 위한 재원이기 때문에 보호해야 한다는 점이 이를 정당화할 수 있다. 이에 대해서는 후술한다.

초에 위탁자가 지정한 대로 사용하는 데 아무런 어려움이 없다. 신탁재산은 이미 수탁자에게 이전되었기 때문이다.

넷째, 위탁자나 수익자의 의사능력이 없어지더라도 신탁재산의 사용에 수익자의 욕구를 반영할 수 있도록 설계할 수도 있다. 수익자의 욕구 또는 욕구변화를 반영할 수 있는 권한을 수탁자에게 설정하면 된다. 그러나 신탁 역시 위험이 있다. 가장 큰 위험은 수탁자가 그 재산을 횡령할 가능성이다. 또 다른 위험은 장기간 지속되도록 설정한 신탁임에도 신탁계약의 내용에 그사이의 사정변경이 반영되도록 설계하지 않을 경우 발생한다. 달리 말하면 장애인을 위해 장기간 존속할 신탁의 경우 신탁설계 단계에서 전문가의 조력이 필요하다는 것이다. 9

2) 고령자 및 장애인의 재산관리 상황

자기결정권의 행사를 통해 자신의 삶을 영위하도록 설계되어 있는 자유민주주의 정치질서 또는 시장경제질서하의 성인들 중에 치매, 정신장애, 발달장애, 뇌사고 등으로 의사결정에 장애를 겪는 성인(이하 의사결정능력 장애인)은, 안전한 삶을 안정적으로 영위할 수 없다는 점에서 보면, 우리 사회의 가장 취약한 계층에 속한다. 의사결정이 사회생활에서의 필수요소임에도 거기에 장애가 있기 때문이다.

그중 발달장애인은 가장 취약한 계층에 속한다. 발달장애인은 타인

---

9 이러한 목적의 신탁으로 한국자폐인사랑협회가 발달장애인신탁을 운영한다. 그것의 이론적 근거나 신탁운영 기법에 관하여는 제철웅, 2015, "발달장애인 신탁의 필요성과 활용방안", 〈법학논총〉, 32권 4호, 425쪽 이하 참조.

과 거래관계를 형성하면서 생활하는 영역에서는 의사소통에서 어려움을 겪기 때문에, 10 지속적으로 타인의 돌봄이 필요하다. 돌봄제공자는 대부분 동거하는 사람일 것이다. 한 조사에 따르면 지적 장애인(전국 추정치 16만 8,283명)의 경우 약 86,8%, 자폐장애인(전국 추정치 1만 8,668명)의 약 89.7%가 동거인의 도움을 받는다고 답했다. 그러나 동거인이 장년의 부모가 아닌 한, 부모가 돌본다 하더라도, 그 돌봄은 취약할 수 있다. 돌봄을 제공하는 사람이 부모가 아닌 여타의 친족 등일 경우 돌봄의 정도는 더욱 취약하다.

한편 발달장애인 중 약 2만 3,926명은 장애인거주시설에 있다. 그 거주시설은 이른바 법인시설로 기초생활수급자를 우선적으로 입소시키므로 그들 대부분이 기초생활수급자라는 것이다. 아동 발달장애인도 거주시설에 있을 수 있지만 그 비율은 매우 낮을 것이므로, 11 시설거주 장애인의 거의 대부분은 성인이라 할 수 있다.

이들에게 가족이 있더라도, 12 1년에 1～2회 이상 방문하지 않을 것이

---

10 사회복지 영역에서는 가령 수단적 일생생활 동작 중 물건사기, 금전관리 등의 영역에서 완전 자립하여 생활할 수 있다고 응답하는 비율은 지적 장애인의 약 14.2%, 9.2%에 불과하고, 자폐장애인은 5.4%, 5.8%에 불과하다. 김성희 외, 2015, 〈2014년 장애인실태조사 보고서〉, 보건복지부, 255쪽 참조.

11 2013년 보건복지부 시설유형별 장애인 수에 따르면, 아동시설에 거주하는 장애인 수는 등록장애인 중 시설거주자의 약 1.4%에 달한다. 아동거주시설에 모두 아동이 있다고 가정하더라도 시설거주 성인 발달장애인은 약 2만 3,592명으로 추정할 수 있다.

12 우리 〈민법〉의 가족 개념은 2005년 〈민법〉 제779조의 개정을 통해, 확대가족인 가족(호주, 호주의 배우자, 혈족, 기타 〈민법〉에 의하여 그 가에 입적한 자)으로부터 실생활을 영위하는 가족(배우자, 직계혈족, 형제자매, 직계혈족의 배우자, 배우자의 직계혈족 및 배우자의 형제자매로서 생계를 같이하는 자)으로 축소되었다. 이들은 같이 동거하지 않더라도 가족의 범주에 포함된다.

므로 가족 돌봄이 없거나 매우 취약할 것이다. 의사결정에 장애가 있다는 점에서는, 만성정신질환자로서 정신요양시설에 있거나 정신병원에 있는 기초생활수급자 역시 발달장애인과 크게 다르지 않다.

경제적으로 가난하고, 부모나 친족에 의한 돌봄이 취약하기 때문에 위에서 언급한 장애인들은 재산이 있더라도 그 재산을 제대로 활용하여 사회생활을 영위하기가 어렵다. 신안염전 피해자, 그 밖의 지역사회에서의 노동착취, 금전착취, 성적 착취, 시설에서의 금전횡령과 착취 등이 그 예이다.

빈곤한 장애인에 대한 경제적 지원은 더 많은 일자리를 마련하거나, 공공부조를 강화하면 어느 정도 해결할 수 있다. 하지만 장애인이 스스로 재산을 관리할 수 없다면 장애인 자신을 위해 제대로 사용된다는 것을 보장할 수 없다. 뿐만 아니라 공공부조는 최저한의 생활을 위한 지원이기 때문에 장애인을 위한 일자리가 마련되지 않는다면, 장애인은 최저수준에서의 삶을 불안정하게 살아갈 수밖에 없을 것이다.

치매환자의 경우도 이와 다르지 않다. 전문가의 충실한 자문을 얻을 능력 있는 고령층이라면 치매나 고령으로 판단능력의 저하가 올 것을 미리 예상하고 자신의 판단능력이 가까운 미래에 상실되거나 저하될 시점에서의 의사결정방법을 미리 준비할 수도 있다. 그러나 신격호 회장 사례에서 보듯이 재력이나 학식이 있더라도 자신의 미래를 낙관하여 의사결정능력 상실 또는 쇠퇴라는 느닷없이 닥쳐올 미래를 미리 대비하는 사람은 거의 없다. 치매가 악화되어 의사능력이 쇠퇴하게 되면 비록 가족이 있다 하더라도 의사결정에서는 장애인보다 더 못한 상태로 전락하는 경우가 빈번하게 발생한다.

3) 고령자 및 장애인과 특별수요신탁

우리나라에서 신탁은 전통적으로 투자 목적을 위해 상업적으로 활용되어 왔다. 그러나 우리나라 신탁제도의 특징인 신탁 목적 구속성, 재산의 독립성, 계약성으로 인해 신탁은 의사결정능력 장애인의 재산관리에 가장 효과적으로 활용할 수 있는 수단으로 발전할 수 있다. 이를 위해서는 〈자본시장법〉이 아니라 〈신탁법〉의 적용을 받는 민사신탁에서 신탁의 추가적 목적을 개발해야 한다.

전통적 상사신탁은 단순히 재산의 보존, 관리, 증식을 위한 목적이었다면, 의사결정능력 장애인을 위한 신탁에서 중점적 신탁 목적은 신탁재산을 개인의 현재와 미래 생활상의 수요에 맞게끔 지출될 수 있도록 보장하는 것이어야 한다. 달리 말하면, 의사결정능력 장애인을 위한 신탁에서는 이들이 재산관리 관련 의사능력이 없는 상태에서도 일상생활, 치료, 요양에 필요한 재원을 확보하여 지역사회에서 최대한 오래 생활할 수 있도록 지원하기 위한 서비스에 초점을 맞추어야 한다. 그 점에서 상사신탁과 의사결정능력 장애인 신탁의 연계가 필요할 수도 있다.[13]

위와 같은 의사결정능력 장애인을 위한 신탁 목적을 실현하기 위해서는 다음의 요소가 신탁계약에 반드시 반영되어야 한다. 첫째, 그 장애인의 현재 및 장래의 생활상의 수요를 예측하고, 재평가하는 시스템이 신탁계약에 포함되어야 한다. 사회복지계에서 널리 활용하는 일종의

---

[13] 미국의 집합특별수요신탁회사, 싱가포르의 특별수요신탁에서 신탁재산을 금융기관이나 공공신탁청에 재신탁하는 것이 그 예이다. 싱가포르 특별수요신탁회사의 활동은 싱가포르 특별수요신탁회사 홈페이지(https://www.sntc.org.sg, 2017. 6. 29 최종 방문) 참조.

개인별 지원계획의 수립과 점검, 재평가 과정이 그 모범이다.

둘째, 신탁재산은 최대한 생존기간 동안 모두 지출되는 것을 목표로 설계해야 한다. 이 신탁의 목적은 재산증식이 아니라 의사결정능력 장애인이 지역사회에서 안심하고 생활할 수 있도록 보장하는 것이기 때문에 사망 시까지 재산을 모두 소진하도록 설계하는 것이 가장 바람직하다. 그래야만 그 재산으로 최대한 편익을 향유하면서 인간답게 살다가 생애를 마감할 수 있기 때문이다. 이렇게 하는 것이 사회 전체적으로 보더라도 유익하다. 의사결정능력 장애로 자칫 사장되거나 불법적으로 유출되어 낭비적으로 사용되기 쉬운 재산을 본인을 위해 최대한 사용되는 것을 보장하므로, 사회 전체의 입장에서는 의사결정능력 장애에도 건전한 소비자가 시장에서 왕성하게 활동하는 것과 동일한 효과를 가져올 것이기 때문이다.

셋째, 신탁재산 및 그 수익금이 의사결정능력 장애인을 위해 실질적으로 지출될 수 있도록 지원하는 인력의 배치도 신탁계약에 필수적으로 포함되어야 할 것이다. 그 인력은 수탁자일 수도 있고, 가족일 수도 있으며, 후견법인이 직원일 수도 있다.

이런 내용의 신탁서비스를 제공하는 기관14의 주요업무는 의사결정능력 장애인에게 필요한 재원의 마련, 그의 개인적 요구 파악, 변화하

---

14 〈신탁법〉에 따르면 수탁자가 되는 데 별도의 제한이 없기 때문에 누구라도 의사결정능력 장애인을 위한 신탁서비스를 제공할 수 있다. 그럼에도 이 글에서는 안전성, 신뢰성, 장애인권존중성 등의 관점을 고려하여 공익법인이나 공공기관이 수탁자의 중심이 되도록 해야 한다는 것을 전제로 논의한다. 이렇게 할 필요성은 제철웅, 위의 논문, 448쪽 이하 참조.

그림 7-1 고령자·장애인 민사신탁서비스의 전달체계

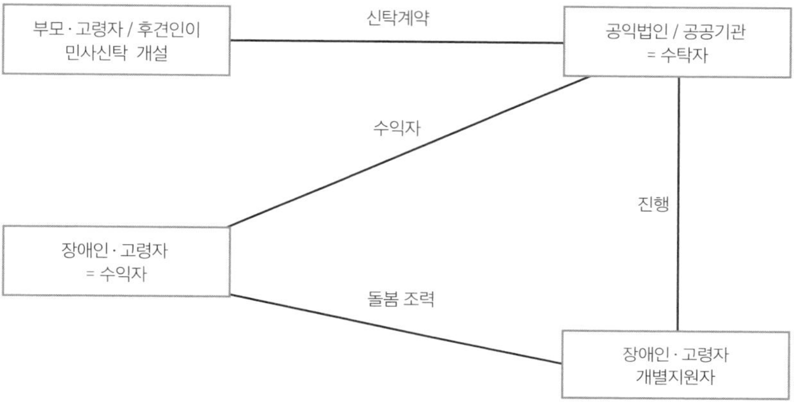

출처: 제철웅, 2015, 441쪽 이하 논의를 고령자에게까지 확대한 그림이다.

는 개인적 수요 예측, 신탁재산 및 수익금 사용을 지원하는 자의 관리 등이 될 것이다. 이 점에서 전통적 상사신탁과는 다른 형태의 신탁인 셈이다. 그래서 이 신탁은 〈신탁법〉에 따른 민사신탁으로 작동되도록 보장하는 것이 필요하다.15 〈그림 7-1〉은 이런 민사신탁의 작동기제를 표현한 것이다.

이 목적의 신탁에 신탁할 재산에는 금전, 동산과 부동산 소유권, 기타의 재산권 등 아무 제한이 없다. 그 재산이 의사결정능력 장애인 의 생활상의 수요에 충당되거나 기여할 수 있는지 여부가 중요하다. 신탁재산이 금전인 경우 가장 효과적으로 관리하는 방법은 이를 집합

---

15 현재 한국자폐인사랑협회의 신탁·의사결정지원센터에서 위와 같은 이론에 근거하여 아산 재단의 지원으로 발달장애인 민사신탁서비스를 제공한다. 그 활동은 한국자폐인사랑협회 홈페이지(https://www.autismkorea.kr, 2017. 6. 29. 최종 방문) 참조.

화하여 투자하고, 각 수익자는 집합투자신탁재산에 대한 자기 지분을 갖도록 하는 것이 가장 바람직하다. 규모의 경제가 실현될 수 있기 때문이다.

그런데 이를 실현하는 데는 몇 가지 어려움이 있다. 첫째, 〈신탁법〉 제37조 제2항, 제3항의 해석이 문제된다. 수탁기관이 이를 직접 신탁재산을 집합화하여 투자전문기관 또는 자문위원회의 자문에 따라 투자할 경우, 개별 신탁재산 분리의 원칙이 준수될 수 있는지가 문제이기 때문이다. 만약 동조의 해석상 신탁기관이 신탁재산을 집합화하는 것이 가능하지 않다면,16 각 개별 신탁재산별로 투자해야 하는 어려움이 따른다.

둘째, 신탁재산인 금전관리 방법을 규정하는 〈신탁법〉 제41조도 어려움으로 작동한다. 민사신탁기관이 투자회사에 신탁재산을 재신탁하여 그 투자회사가 투자하여 신탁금전을 증식시키는 방법은 〈신탁법〉에서 허용하는 금전관리 방법이 아니기 때문이다.

셋째, 〈신탁법〉에 따라서도 수탁자는 보수를 받을 수 있지만(〈신탁법〉 제47조), 이를 지속적으로 할 때에는 '영업'에 해당될 수 있기 때문에, 영업규제를 어떻게 할 것인가라는 문제가 남는다. 그렇다고 이런 민사신탁기관을 〈자본시장법〉에 따라 규율하는 것은 바람직하지 않다.

이러한 점을 감안한다면, 의사결정능력 장애인을 위한 신탁으로 그 업무의 주요 내용이 신탁재산 및 수익을 그 장애인의 생활상의 수

---

16 〈신탁법〉 제37조 제3항은 금전이나 대체물인 경우 계산을 명확히 하여 분별 관리가 가능하다고 하는데, 이는 대체물에 통상 발생하는 혼화 문제에 대응하기 위한 규정으로 해석할 수 있기 때문이다.

요충족에 지출하기 위한 것인 신탁에 관한 특별법이나 특별규정이 필요하다.

의사결정능력 장애인을 위한 신탁에서 또 하나의 주요한 쟁점은 이들의 특별한 수요에 충당하기 위한 신탁재산을 〈국민기초생활보장법〉상의 소득환산 자산에서 제외시킬 필요가 있느냐는 것이다. 17 이를 긍정할 수 있는 요소는 다음과 같다. 첫째, 〈사회보장기본법〉의 공공부조 수급권 자격은 자산조사를 기초로 하는데, 자산조사에서는 부양의무자의 자산도 포함시켜 수급자 여부를 판단한다. 공공부조에 관한 기본법적 성격이 있는 〈국민기초생활보장법〉은 부양의무자를 1촌의 직계혈족 및 그 배우자로 한다(동법 제2조). 이 규정으로 인해 한편에서는 여러 사유로 가족 돌봄에서 방치된 사람들은 공공부조의 수급권자 지위를 갖지 못하여 빈곤의 사각지대에 있게 되고, 18 다른 한편에서는 부모 사후 장애인의 형제자매가 장애인의 재산을 없앰으로써 기초생활 수급자로 만들기도 한다. 19

둘째, 공공부조가 최저한의 생계를 보장하는데, 고령자 아닌 의사결정능력 장애인의 대부분은 그 장애 발생 이후 〈장애인고용촉진법〉에도 불구하고 취업 등을 통해 다른 소득을 얻기 어렵다. 의사결정능력 장애는 우리 사회에서 중증장애로 분류되는데, 이들을 위한 고용 사정

---

17 이하 논의는 특별수요신탁의 필요성에 관한 것이다. 이에 관해서는 제철웅·최윤영, 2014, "중증발달장애인을 위한 특별수요신탁의 도입 필요성", 〈비교사법〉, 21권 3호, 1163쪽 이하, 특히 1172쪽 이하 참조.

18 대표적인 예가 송파 4모녀 자살사건이다.

19 신안염전 피해 중에도 이런 사례에 해당되는 일이 적지 않다.

이 전반적으로 변화되지 않는 한, 공공부조가 이들의 소득의 대부분이 될 것이다.

셋째, 이들이 부모로부터 조금이나마 재산을 상속받거나 소득 등으로 재산을 모았다 하더라도 최저생계비의 수준을 넘는 순간 공공부조가 삭감된다. 그렇기 때문에 약간의 예금이 누적되면 친족, 이웃 등이 별다른 죄의식 없이 이를 착취하는 경향이 있다. 이들은 최저한의 삶을 살아갈 수밖에 없는 악순환의 고리에 있다.

이런 사정들은 의사결정능력 장애인의 생활상의 수요에 충당할 목적인 신탁재산을 소득환산 재산에서 공제하는 것을 긍정적으로 고려할 수 있는 요소이다. 최소한 이 범위에서는 UN 장애인권리협약 제5조, 〈장애인차별금지법〉 제4조 제2항의 장애인을 위한 정당한 편의 제공으로 볼 수 있기 때문이다.

한편 이들의 신탁재산을 소득환산재산에서 제외하면 이를 악용할 가능성이 있다는 점이 그 도입을 주저하게 하는 요소이다. 그런데 이는 이 목적의 신탁기관을 특정하고, 신탁재산 사용처를 관리함으로써 극복할 수 있다. 그 점에서는 선진국에서 활용하는 특별수요신탁제도를 참고할 수 있다.

3. 해외의 특별수요신탁

1) 미국 미주리주의 가족특별수요신탁[20]

미국은 일찍부터 65세에 달하지 않은 장애인의 특별한 욕구 또는 수요 충족을 위해 신탁재산 원본이나 수익(*incomes*)을 사용하도록 설정된 신탁, 즉 특별수요신탁(*Special Needs Trusts*) 제도를 이용해 왔다.[21] 특별수요신탁에 포함된 신탁재산 원본 또는 수익은 의료보호(Medicaid)나 공공부조(*public benefit*) 자격부여 절차에서 수익자의 자산으로 산정되지 않음으로써 수익자가 공공부조를 받으면서도 추가적으로 신탁재산 원본 및 수익으로써도 생활상의 특별한 수요를 충족시킬 수 있기 때문에 장애인의 인간다운 생활을 보장하는 데 매우 중요한 역할을 했다.[22]

특별수요신탁에는 여러 유형이 있으나[23] 그중 특히 우리나라의 관점

---

20 이 부분의 설명은 제철웅·김원태·김소희, 2016, "미국의 특별수요신탁에 관한 일고찰", 〈원광법학〉, 32권 2호, 162쪽 이하, 특히 167쪽 이하 내용을 토대로, 집합수요신탁제도에 관한 후속 연구를 보완한 것이다.

21 특별수요신탁은 설정 당시 65세 미만인 장애인이 수익자여야 한다. 이에 대해서는 K. Urbatsch, 2016, *Administering the California Special Needs Trust*, p. 27 참조. 그러나 집합특별수요신탁은 65세 이상 장애인도 이용할 수 있다. 다만 재산이전에 대한 별도의 벌금(*a transfer penalty*)을 내야 한다. Nadworny and Haddad, 2007, *The Special Needs Planning Guide*, p. 205.

22 특별수요신탁의 원본이나 수익을 배분받더라도 공공부조(SSI)나 의료부조(Medicaid)를 받으려면 원본이나 수익이 수익자에게 직접 배분되지 않아야 한다. 수익자의 특별한 수요를 충족시키기 위한 지출로 물품과 서비스를 구입하더라도 그 대금은 수익자에게 지급되어 그가 지출하는 것이 아니라 수탁자가 직접 지급한다. 그렇지 않을 경우 공공부조나 의료부조 수급자격 산정의 소득으로 간주되어 공공부조가 감액될 수 있다. K. Urbatsch, *Ibid*, p. 32 참조.

에서 주목할 부분은 비영리공익법인이 여러 위탁자로부터 신탁재산을 수탁받아 운영하는 집합특별수요신탁이다. 집합특별수요신탁(Pooled SNT)은 42 U. S. C. Section 1396p (D) (4) (C) 상에서 인정되는 수익자 자신의 출연이나 제3자의 출연으로 설정되는 신탁으로 (D) (4) (C) 신탁이라고도 한다. 주정부로부터 설립이 허가된 민간・비영리기관에 의해 운영되고,24 관리되는 집합 SNT는 자산이 자산조사형 보조금(means test based supplementary benefit) 수급자격을 상실시킬 정도 이상이지만 (D) (4) (A) 신탁의 설정 비용을 보장하기엔 불충분한 장애인25에게 유용하다. 비용 절감을 위한 관리 목적으로 다른 장애인들의 재산을 '결합'하는 것이다.

그 주요 특징으로, ① 수익자의 계좌는 '자기출연'일 수도 있고 '제3자 출연'26일 수도 있다는 점, ② 자기출연일 경우 수익자 자신이나 그 부모, 조부모27 또는 후견인, 법원이 설정자가 된다는 점, ③ 다수의 수익

---

23 미국 특별수요신탁의 개관은 제철웅・최윤영, 위의 논문, 1166쪽 이하 참조. 1993년 〈연방법〉 개정 이후 현행 특별수요신탁이 자리 잡게 되었다. 〈연방법〉 상의 혜택을 받는 특별수요신탁은 자기출연 특별수요신탁 ― (D) (4) (A) 신탁, 연금, 사회보장급여 기타 개인소득으로 신탁재산을 구성하고 수익인 장애인이 사망한 후 신탁재산에 잔여액이 있을 때 장애인을 위해서 지출한 의료보호(Medicaid) 급여액을 반환하는 조건으로 인정되는 (D) (4) (B) 신탁, 집합특별수요신탁인 (D) (4) (C) 신탁 등 세 종류가 있다.

24 대부분의 주에서 하나 또는 둘 이상의 집합특별수요신탁을 가지는데, 종종 발달장애인협회(ARC) 같은 장애인 인권단체나 루터 자선단체 같은 사회복지기관에 의해 운영된다.

25 42 U. S. C. Section 1382c (a) (3) 에서 정의하는 장애인을 의미한다.

26 42 U. S. C. Section 1396p (D) (4) (C) 는 자기출연을 전제로 한 규정이지만, 주별로 제3자 출연의 경우에도 가능하다.

27 부모 또는 조부모가 수익인 장애인의 재산으로 신탁을 설정할 수 있는 경우란 수익자에게 신탁설정의 의사능력이 있을 때이다. 부모 또는 조부모가 이들의 의사결정을 지원하여 신탁을 설정할 수 있기 때문이다. K. Urbatsch, *Ibid*, p. 29.

자가 있지만, 각각의 수익자가 집합신탁 내에서 당해 수익자에 의하거나 당해 수익자를 위한 집합신탁(master trust)으로 이전된 재산을 분별하는 개별적 '서브 계좌'를 가진다는 점, 28 ④ 수탁자는 공공부조로 충족되지 않는 것들을 위한 추가적 수요를 위해서만 신탁재산을 사용해야 하고, 수익자에게 직접 현금으로 지급할 수 없고 수익자를 대신하여 물품이나 서비스를 구매하여야 한다는 점, ⑤ 수익자 사망 시, 잔여신탁재산은 주정부(Medicaid)에 우선 상환되거나 집합신탁의 다른 구성원을 위해 비영리기관에 잔존시킬 수 있다는 점 등을 들 수 있다. 29

특별수요신탁 중 위 (D) (4) (A), (D) (4) (B) 신탁에서는 위탁자가 자신이나 영리법인 기타 제3자를 수탁자로 지정할 수 있다. 그런데 현실에서는 소액의 재산만을 가진 사람은 특별수요신탁을 이용하는 데 어려움이 있을 수밖에 없다. 은행을 수탁자로 한 경우 수탁자의 보수를 지급하기 어렵거나 신탁관련 법을 잘 이해하는 수탁자를 찾기 어렵기 때문이다. 30 동시에 은행이 요구하는 최소 신탁원본은 50만 달러 이상인데31 그 정도의 재산을 장애자녀를 위하여 맡길 수 있는 경우는 그리 많

---

28 Sebastian V. Grassi, Jr., 2008, *Estate Planning Essentials for Special Needs Families*, ACTEC big 10 regional Conference, Chicago, IL, December 6, p. 4.
29 42 U. S. C §1396p(D) (4) (C) (iv)에서 상환 규정을 두었지만, 잔여신탁재산이 주정부 대신 집합신탁의 다른 수익자에게 분배될 수 있다는 점에서 (D) (4) (A) 신탁의 경우와 다소 다르다.
30 특별수요신탁의 수탁자는 장애인의 삶에 매우 중요한 역할을 한다. 의료부조나 공공부조를 받으면서 신탁재산 원본과 수익을 수익자를 위해 지출해야 하는 의무가 있기 때문에 이를 수행하기가 쉽지 않다. 수탁자의 역할과 의무에 대한 개관은 K. Urbatsch, *Ibid*, p. 5 참조.
31 K. Urbatsch and M. Fuller, 2015, *Special Needs Trusts*, 6th ed., p. 127.

지 않다. 또한 법률상의 어려움도 적지 않다. 가령 개인 등이 수탁자인 특별수요신탁의 경우 수익자가 위탁자인 '자기출연' 신탁을 설정하고자 하고, 수익자가 신탁설정의 의사능력이 없는 경우에는 법원의 명령으로 신탁을 설정할 수 있는데, 이렇게 해서 설정된 신탁은 그 후 신탁서류의 변경, 신탁재산 배분 집행 등에 있어 법원허가를 받거나 보고하도록 신탁을 설정하여야 한다.[32]

이에 반해 (D) (4) (C) 특별수요신탁은 비영리법인이 수탁자로 운영하기 때문에 낮은 관리비로 인해 신탁원본이 소액이라도 신탁개설이 가능하다. 비영리기관이 운영하는 집합특별수요신탁에 맡길 수 있는 신탁재산은 통상 5,000달러 내지 2만 5,000달러 정도이다. 또한 수탁자가 유의해야 할 법률상의 문제를 전문적으로 해결할 수 있다.[33] 나아가 신탁설정의 의사능력 없는 수익자가 법원의 명령으로 집합특별수요신탁을 설정하는 경우에도 개인 등이 수탁자로 되는 특별수요신탁과 달리 법원은 매년 보고 등을 요구하지 않는다.[34] 비영리법인의 활동에 대한 별도의 법률과 주정부 차원의 감독장치가 있기 때문이다. 이런 이유로 집합특별수요신탁은 개별특별수요신탁의 대안으로 등장했다.[35]

---

32 그렇기 때문에 신탁설정이 매우 복잡하여 전문 법률가의 조력이 필요하다고 한다. 가령 K. Urbatsch, *Ibid*, p. 28 참조.

33 특별수요신탁의 수탁자는 수탁자로 하여금 공공부조나 의료부조 자격을 유지하면서도 그의 생활이 최저한도의 수준에 머물러 있지 않도록 신탁재산 원본과 수익으로부터 편익을 제공받을 수 있게 하는 것이 주된 역할의 하나이다. 이에 관하여는 K. Urbatsch, *Ibid*, p. 112 참조. 이 역할을 개인 수탁자가 수행하기에는 어려움이 있다.

34 K. Urbatsch, *Ibid*, p. 29 참조.

35 K. Urbatsch and M. Fuller, *Ibid*, p. 18 참조.

집합특별수요신탁은 위탁자가 1개의 주 신탁(*master trust*)에 가입하는 형식으로 신탁을 설정한다. 각 개별신탁상의 수익자는 전체 신탁재산에서 점하는 위탁자 신탁재산의 비율만큼 신탁재산을 사용할 수 있다. 36 집합특별수요신탁을 운영하는 비영리기관은 매우 다양하기 때문에 수수료, 비용, 운용방법 등이 각기 다르다. 그러나 대부분 신탁설정 당시 받는 가입비, 신탁재산을 출연하지 않은 신탁계좌의 경우 갱신비, 관리비, 특별서비스비 등으로 구성되며, 37 설정비, 관리비 등을 받는다.

그중 특히 주목할 집합특별수요신탁으로 미주리가족신탁이 있다. 이는 주정부가 직접 관리하는 수탁자에게 수탁자의 업무를 맡기는데, 특히 장애자녀를 둔 중산층이나 저소득의 장애인 당사자에게 유익하다. 또한 미주리주 〈SNT 특별법〉은 우리나라에서 관련 법률을 제정할 때에도 참고할 만한 내용이기 때문에 관련 법률을 좀 더 자세히 살펴보겠다. 〈표 7-1〉은 미주리주 〈특별수요신탁에 관한 법률〉을 개관한 것이다. 38

---

36 K. Urbatsch and M. Fuller, *Ibid*, p. 121 참조.

37 가입비는 500~1,500달러, 갱신비는 매년 75~100달러, 관리비는 신탁계좌 원본의 1~3%, 특별서비스비는 시급 또는 일정액으로 받는다. K. Urbatsch and M. Fuller, *Ibid*, p. 134 참조.

38 D. English, 2011, *The Missouri Family Trust as a Possible Model for Japan*에서 아시아 지역에서 재산관리를 위한 성년후견을 대체하는 하나의 대안으로 집합특별수요신탁인 미주리가족신탁을 제시한다.

표 7-1 미주리주 〈특별수요신탁에 관한 법률〉의 개관

조문	규율대상	내용
제402.199조	주의 정책선언	• 장애인에 대한 기본적 지원과 서비스 제공은 미주리주 정부의 본질적 기능임 • 장애인은 재원이 부족하기 때문에 주가 제공하는 지원과 서비스에 의존할 수밖에 없음 • 미주리주가 제공하는 지원과 서비스를 보완하는 것이 주의 최선의 이익이자 장애인의 건강, 안전, 복지 증진을 위해 바람직함 • 이러한 이유로 미주리주가 인가한 '미주리가족신탁' 계좌에 신탁재산을 보유하더라도 주가 제공하는 지원과 서비스를 감축시키지 않는다는 점을 선언함
제402.200조	정의	• 미주리주가 인가해 설립한 '미주리가족신탁'의 운영에 사용되는 각종 용어에 대한 정의 • 특히 수익자, 수탁자위원회, 자선신탁, 공동수탁자, 장애, 미주리가족신탁, 순수익(net income), 원본 가액(principal balance), 잔여액 수익자(remainder beneficiaries), 수탁자 등
제402.201조	수탁자위원회	• 1986년의 미국 연방 내국세법 제501조(c)(3)에 따른 면세조직으로 주상원의 동의로 주지사가 임명하는 9인의 위원으로 구성 • 3인은 정신장애가족 중에서, 3인은 발달장애가족 중에서, 3인은 사업 및 관련 절차 전문가 중에서 임명 • 위원은 보수를 받지 않고, 실비변상만 받음 • 위원회는 연간보고서를 주지사 등에게 제출함 • 위원회는 제402.199조의 미주리가족신탁의 정책, 절차, 규칙, 세부시책 등을 제정하고 시행함 • 수탁자위원회가 수탁자(trustee)임
제402.202조	신탁계정, 제한신탁계정, 자선신탁 등	• 미주리가족신탁은 신탁계정, 제한신탁계정, 자선신탁을 보유. 이들 계정은 각각 독립되지만 투자와 관리의 목적으로 각 재산을 집합시킬 수 있음
제402.203조	신탁설정	• 수익자, 부모, 후견인, 법원 등이 위탁자로서 42 USC 제1396조p(d)(4)(c)에 따라 집합신탁에 재산을 이전함으로써 신탁을 설정할 수 있음 • 수익자의 재산이 출연된 경우 자기출연신탁이라 함 • 위탁자는 공동수탁자를 지정할 수 있음. 공동수탁자 이외에 그의 승계인도 미리 정할 수 있음. 수익자는 공동수탁자가 될 수 없음 • 공동수탁자가 의무 위반 시, 수탁자위원회는 그를 해임하고 공동수탁자의 승계인을 수탁자로 임명할 것을 법원에 신청할 수 있음 • 수익자가 사망하면, 수익자가 의료부조를 받은 주정부에 이를 통지함 • 잔여신탁원본의 25%를 자선신탁에 배분하고, 나머지 원본은 의료부조를 제공한 주정부에 그 가액만큼 인도하며, 나머지 잔여액은 잔여수익자나 그 밖의 권리자에게 지급함

표 7-1 계속

조문	규율대상	내용

제402.204조	제3자 출연신탁	• 수익자 또는 수익자의 배우자가 아닌 제3자가 수익자를 위해 재산을 신탁할 수 있음. 이를 제3자 출연신탁이라 함
		• 위탁자는 공동수탁자, 그의 승계인을 지정할 수 있음. 그러나 수익자나 수익자의 배우자는 공동수탁자가 될 수 없음
		• 공동수탁자가 의무를 위반할 경우 그를 해임하고 그의 승계인을 공동수탁자로 지정하거나 미주리가족신탁 수탁자위원회가 단독으로 수탁자가 될 수 있음
		• 수익자가 사망한 경우, 수탁자위원회는 수익자를 위해 지출한 비용, 수탁자위원회의 비용을 공제한 잔액을 다음 기준에 따라 위탁자가 지정한 자에게 지급함
		  - 수익자가 신탁계좌 이용으로 제공되는 사회보장급여를 받지 않은 경우 잔여원본의 100%
		  - 수익자가 신탁계좌 이용으로 제공되는 사회보장급여를 받은 경우 잔여원본의 75%
		  - 잔여원본 75%를 받을 자가 없는 경우 자선신탁
		  - 잔여액 수익자가 생존하지 않은 경우, 잔여액 수익자의 상속인
		• 위탁자가 자발적으로 잔여액 수익자에게 더 적은 비중의 잔여원본을 지급하도록 설정하는 것은 가능함

제402.205조	신탁재산의 인출	• 철회 가능한 제3자 출연신탁은 위탁자나 공동수탁자는, 신탁서에 권한이 있는 경우, 수탁자위원회에 서면으로 고지하고 또 수탁자위원회의 승인하에 신탁재산 중 위탁자 또는 공동수탁자가 지정한 부분은 언제나 인출할 수 있음(그러나 인출 가능한 금액에 제한 있음).
		• 철회 가능한 제3자 출연신탁은, 위탁자가 신탁서에 권한이 있는 경우, 위탁자 또는 공동수탁자의 서면고지 및 수탁자위원회의 승인하에 신탁을 철회하고 신탁계좌를 종료할 수 있음. 이때 수탁자위원회는 즉시 신탁원본을 확정한 후 다음 방식으로 배분함
		  - 위탁자가 철회·종료한 경우: ① 수익자가 신탁계좌 이용으로 제공되는 사회보장급여를 받지 않은 경우 잔여원본의 100%는 위탁자에게 지급, ② 수익자가 신탁계좌 이용으로 제공되는 사회보장급여를 받은 경우 잔여원본의 75%는 위탁자에게 지급, ③ 잔여원본 75%를 받을 자가 없는 경우 자선신탁에 지급
		  - 권한 있는 공동수탁자가 철회·종료한 경우: ① 수익자가 신탁계좌 이용으로 제공되는 사회보장급여를 받지 않은 경우 잔여원본의 100%는 대기신탁(standby trust: 집합특별수요신탁의 종료 후 잔여신탁원본을 권리자에게 지급하기 위해 설정된 신탁) 수탁자에게 지급, ② 수익자가 신탁계좌 이용으로 제공되는 사회보장급여를 받은 경우 잔여원본의 75%는 대기 신탁의 수탁자에게 지급, ③ 잔여원본 75%를 받을 자가 없는 경우 자선신탁
		• 예비신탁의 수탁자는 수익자의 생존기간 동안 수익자의 교육, 건강, 복지 증진을 위해 신탁원본을 관리·배분해야 함

표 7-1 계속

조문	규율대상	내용
제402.206조	신탁재산 관리방법	• 자기출연신탁 및 제3자 출연신탁 재산은 다음 방식으로 관리함 　- 수탁자위원회는 수익자의 교육, 건강, 복지증진의 목적으로 　　신탁재산을 재량적으로 관리하고 배분. 다만 공동수탁자와 협의 　- 신탁재산에서 지출할 비용은 오로지 수익자의 이익과 수익자의 　　삶의 질을 개선하기 위해 사용되어야 함 　- 예컨대, 공적 부조에 포함되지 않는 치과, 의료 및 진단비용, 　　사적 재활훈련, 보충교육, 오락, 정기적 휴가와 여행, 수익자의 　　이익, 재능, 취미 강화비용, 공적 부조 자격에 영향을 주지 않는 　　개인용품과 서비스로 삶의 질을 쾌적하고 편안하게 하는 것의 　　구입비용, 수탁자위원회는 공동수탁자와 협의해 수익자의 휴가 　　및 여행에 동행하거나 친지방문 등에 동행할 사람의 비용 지불 • 신탁재산은 수익자의 기본적 생활을 위하여 지출되어서는 안 됨 　- 공동수탁자는 수탁자위원회의 동의를 얻어 최소 1년마다 　　수익자를 위하여 지출할 신탁재산원본, 수익금 액수를 정함 　- 공동수탁자와 수탁자위원회가 지출할 금액, 제공할 혜택, 　　신탁재산관리 등에 대해 의견일치를 보지 못할 경우 공동수탁자는 　　수탁자위원회가 정한 규칙에 따라 이의를 제기할 수 있음
제402.207조	자선신탁	• 수탁자위원회는 장애인의 이익을 위하여 자선신탁을 설립함 • 수탁자위원회는 신탁계좌 종료 시 잔여신탁재산으로부터 또는 　수탁자위원회가 정한 절차에 따라 여타의 제3자로부터 기부금 수령 • 수탁자위원회는 자선신탁의 원본과 수익으로 개별 장애인을 　위하여 지출할 금액을 정함. 이때 수익자의 공적 부조 자격에 　영향이 없도록 해야 함. 개별 장애인을 위해 사용되지 않는 　수입은 원본에 추가하여야 함 • 누구라도 수탁자위원회의 승인을 얻어 자선신탁 내에 제한적 　계좌(restricted account)를 설정하여 그 계좌에서 혜택을 받을 　특정 집단의 장애인을 지정할 수 있음
제402.208조	비용 등	• 수탁자위원회는 신탁계좌 관리비용을 정하여 징수할 수 있음 • 수탁자위원회는 공동수탁자에게 해당 신탁계좌에 관하여 　정기보고를 할 수 있는 절차를 정해야 함 • 수익자는 신탁계좌에 대하여 어떤 재산적 권리도 보유하지 　않으며, 이를 타인에게 양도하거나 담보 제공할 수 없음 • 신탁계좌 수익이나 원본 등은 수익자의 채권자가 공취할 수 없음 • 철회 가능한 신탁으로서 제402.205조에 따른 인출이나 철회를 　제외하고 위탁자나 공동수탁자는 신탁재산을 양도하거나 담보 　제공할 수 없음 • 철회 가능한 신탁재산의 수익과 원본에 대하여 위탁자나 　공동수탁자의 채권자가 공취할 수 없음

출처: 제철웅·김원태·김소희, 2016, 표 3에서 불충분한 내용을 보완하여 재구성했다. 제철웅, 2018, "고
　　령자·장애인을 위한 특별수요신탁제도 입법제안", 〈법학논총〉, 35권 1호, 297쪽 이하에 게재했다.

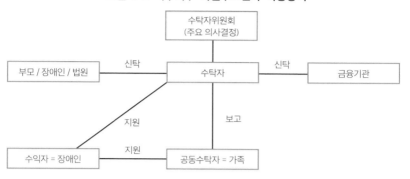

그림 7-2 미주리주 특별수요신탁 작동방식

위 법에 따른 특별수요신탁의 작동방식 그림으로 나타내면 〈그림 7-2〉와 같다. 특별수요신탁의 재산은 의료부조 및 공공부조에 의해 포섭되지 않는 의료, 요양, 재활, 교육, 기타 일상생활상의 편익을 증진시킬 목적으로만 이용된다(제402. 206조). 신탁재산의 배분은 수탁자의 판단에 따라 지급되기 때문에 수탁자가 수익자의 특별한 수요를 파악하여 그 목적으로 지출할 권한이 있다.

그러나 수탁자가 직접 그것을 판단하기는 어렵기 때문에 공동수탁자를 지정하여 공동수탁자의 의견을 들어 지출할 용처를 판단하게 된다. 공동수탁자는 수익자의 부모, 가족, 기타 제3자가 될 수 있다. 위탁자가 신탁을 설정할 때 공동수탁자만이 아니라 그의 승계인들을 지정하기 때문에 수익자를 가장 잘 알고 있는 사람을 공동수탁자나 승계인으로 지정하여 지출될 용처를 정할 수 있다. 공동수탁자가 권한 남용 등의 의무 위반이 있을 경우 수탁자가 그를 해임하여 승계인에게 공동수탁자로서 역할을 하도록 할 수 있다(제402. 203조, 제402. 204조).

미주리가족신탁의 특징은 수익자의 재산을 신탁한 경우는 철회

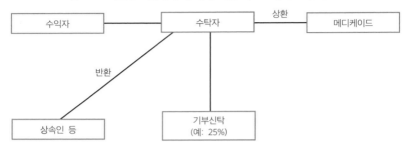

그림 7-3 특별수요신탁의 수익자 사망 후 신탁재산 정리 과정

불가능하게 하지만, 수익자 아닌 그의 가족 등의 재산을 신탁한 경우에는 위탁자 또는 공동수탁자가 철회 가능하도록 한다는 점에 있다.

후자의 경우 중도인출이 가능하며(제402.205조), 신탁이 종료된 경우에도 수익자가 얻은 의료부조 및 공공부조 전액을 공제하는 것이 아니라 25%만 공제하여 자선신탁에 귀속시키고 나머지는 예비신탁의 수탁자에게 이전함으로써(제402.205조) 위탁자가 다른 목적으로 자기 재산을 사용할 수 있게 한다. 이로써 위탁자가 수익자에게 증여하지 않은 상태에서 신탁재산의 원본과 수익을 수익자에게 증여하는 형식을 취하는 셈이다.

반면 전자의 경우 신탁이 종료되면 25%는 자선신탁에 귀속시키고, 나머지는 사회보장급여를 받은 만큼 잔여신탁원본에서 이를 공제한 뒤의 잔여액을 귀속권리자에게 반환한다(제402.203조). 나아가 누가 위탁자이든 수익자에게 배분되는 신탁재산은 양도나 압류 대상에서 제외시킨다(제402.208조). 이것은 특별수요신탁의 사적 소유권의 성격을 최소화하여 수익자의 특별한 수요가 충족될 수 있게 하는 방편의 하나다. 〈그림 7-3〉은 수익자가 사망한 후 특별수요신탁재산 정리 과정을 표시했다.

표 7-2 관리신탁 재산별 연간 관리비

관리신탁 재산액	연간 관리비
1만 달러 이하	연간 관리비 460 달러
2만 달러 이하	연간 관리비 552 달러
5만 달러 이하	연간 관리비 1,080 달러
10만 달러 이하	연간 관리비 1,760 달러
25만 달러 이하	연간 관리비 2,829 달러

이처럼 집합특별수요신탁제도 운영의 한 예를 소개한 글39을 보면 그 운영실태를 알 수 있다.

특별수요신탁 운영의 연간 수익률은 평균 연 12.5%이다. 공동수탁자가 없는 경우에는 수탁자가 직접 관리를 하지만 비용을 줄이기 위해 다양한 방법을 동원한다. 운영비용은 〈표 7-2〉와 같이 소액의 관리비로 충당하기 때문에 이를 초과하는 연간 수익률은 모두 수탁자에게 돌아간다. 우리나라에서 가까운 사람 또는 무상 또는 소액의 비용 상환으로 지원할 개별 지원자를 두자고 제안하는 것도 운영비용 절감을 통해 수익자에게 혜택을 주기 위한 것이다. 수익자의 약 3분의 1이 의료급여(Medicaid)를 이용하는 저소득층이다.

---

39 Lusina Ho and Rebecca Lee(eds.), 2019, *Special Needs Financial Planning: A Comparative Perspective*, Cambridge University Press에서 Roy Froemming의 WISPACT 신탁 사례 참조.

2) 캐나다의 취약성인 재산관리지원 서비스로서의 특별수요신탁

캐나다는 연방 차원에서 장애인의 소득보장을 위해 장애인수당제도인 RDSP(Registered Disability Savings Plan)를 지원한다. 59세까지 저축하도록 하는 장애지원 저축계획인데, 계좌개설은 49세까지 할 수 있고, 최대한도는 20만 달러이다. 저소득층의 경우40 정부가 매년 1,000달러씩 20년간 매칭펀드로 저축을 지원한다.

한편 장애인이 널리 활용하는 것 중 하나는 자산조사 기반 공공부조 수급의 자격을 잃지 않으면서 재산을 관리하는 방법으로 특별수요신탁이 있다. 이런 특별수요신탁은 정부 산하기관인 공공후견인 및 수탁자 관청에서 직접 수행하기도 한다.

고령자와 장애인은 당사자의 일상생활 관련 재산관리 방법으로 〈대리합의법〉상 대리합의를 활용하여 대리인으로 하여금 재산관리를 할 수 있도록 한다. 재산이 많은 경우 서면대리권(Power of Attorney) 제도를 활용하여 재산관리를 할 수 있도록 한다. 이런 것을 활용하지 못할 경우 비로소 후견제도가 활용된다. 고령자와 장애인이 지역사회에서 통합되어 생활할 수 있도록 지원하는 체계를 전체적으로 나타내면 〈그림 7-4〉와 같다.

장애인과 고령자가 학대 등의 피해를 입고 있다면 공공후견인 및 수탁자 관청에서 조사해 피해구제와 재발방지를 지원할 수 있다. 당사자들은 개별적으로 특별수요신탁제도를 활용하여 재산관리를 하거나,

---

40 연소득 3만 1,000달러 이하인 경우다.

그림 7-4 캐나다 브리티시컬럼비아의 취약성인 권리지원체계

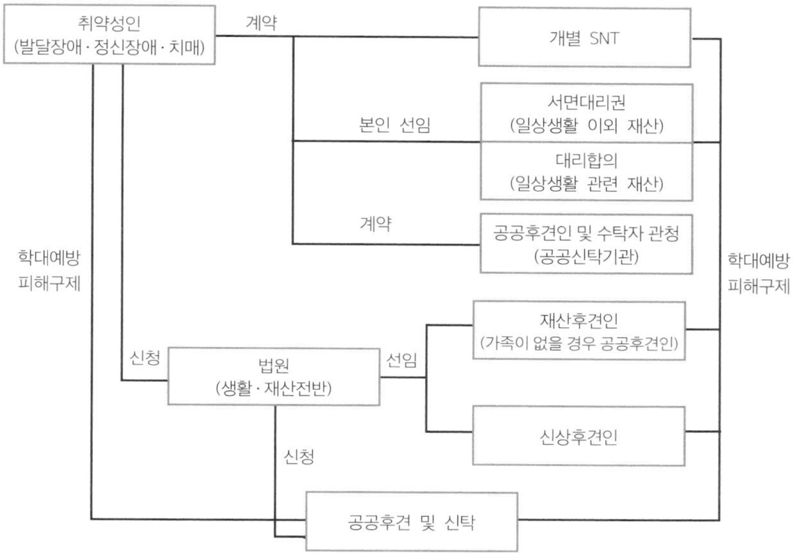

대리합의제도나 서면대리권제도를 활용할 수 있다. 공공후견인 및 수탁자 관청에게 자신의 재산을 신탁하여 재산관리를 지원받을 수도 있다. 이런 제도를 미리 활용하지 못할 경우 후견제도를 이용할 수 있는데, 재산관리 후견인과 신상보호 후견인이 있고 이들은 별개의 명칭으로 불린다. 그러나 동일인이 두 역할을 다 할 수도 있다.

공공후견인 및 수탁자 관청에서 관리하는 신탁재산은 2020년 기준 약 2억 4,200만 캐나다 달러이고, 이 업무에 종사하는 직원은 약 44명이며, 2,778명의 수익자가 있다. 재산운영 수익은 연평균 9.05%이다. 앞서 언급한 미국의 특별수요신탁 운영주체의 수익률보다는 낮지만, 안정성에 최우선의 가치를 두고 운영하기 때문일 것이다. 41

4. 나가며

미국을 중심으로 확대되어 온 특별수요신탁제도는 그중 의사결정능력
에 장애가 있는 성인의 재산관리지원 서비스의 측면이 두드러진 특징
이 있기 때문에 다수의 나라에서 이와 유사한 제도를 활용한다. 호주는
주정부가 설립한 신탁공단에서 재산관리후견인으로서 또는 수탁자로
서 이들의 재산을 관리한다. 42 아시아 지역에서는 싱가포르 사회가족
발전부(the Ministry of Social and Family Development)가 설립한 특별
수요신탁회사가 장애인과 고령자를 위한 특별수요신탁서비스를 제공
한다. 43

재산관리에서 지원이 필요하다는 특별한 욕구 또는 수요가 있는 성
인을 위해 국가가 직접 재산관리지원 서비스를 제공하는 것은 대가족이
해체되고 지역공동체가 더 이상 작동하지 않는 현대사회에서 국가가 마
땅히 해야 할 일일 것이다.

---

41 이에 대해서는 BC the Office of the Public Guardian and Trustee, *Annual Report 2020* 참조.
42 이에 대해서는 제철웅·박현정, 2020, "성년후견제도의 미래: 호주 뉴사우스웨일스주의
   후견제도로부터의 시사점", 〈의생명과학과 법〉, 24호, 51쪽 이하 참조.
43 그 활동은 SNTC 홈페이지(https://www.sntc.org.sg) 참조.

참고문헌

김성희 외, 2014, 〈2014년 장애인실태조사보고서〉, 보건복지부.

김재승, 2011, "신탁과 관련된 상속세·증여세 문제와 Estate Planning 도구로서 신탁의 이용가능성", 〈조세법연구〉, 17권 3호.

김진우, 2015, "공익신탁의 법적 구조", 〈비교사법〉, 19권 1호.

임채웅, 2015, "공익신탁에 관한 연구", 〈민사법학〉, 70호.

제철웅, 2015, "발달장애인 신탁의 필요성과 활용방안", 〈법학논총〉, 32권 4호.

_____, 2017a, "성년후견과 신탁: 새로운 관계설정의 모색", 〈가족법연구〉, 31권 2호.

_____, 2007b, "단체와 법인: 사회적 기능의 유사성과 적용범리의 상이의 합리적 조정을 위한 시론", 〈민사법학〉, 36호.

_____·최윤영, 2014, "중증발달장애인을 위한 특별수요신탁의 도입 필요성", 〈비교사법〉, 21권 3호.

_____·김원태·김소희, 2016, "미국의 특별수요신탁에 관한 일고찰", 〈원광법학〉, 32권 2호.

최수정, 2006a, "〈개정 신탁법〉상의 재산승계제도", 〈법학논총〉, 31권 1호.

_____, 2006b, "상속수단으로서의 신탁", 〈민사법학〉, 34호.

_____, 2009, "신탁계약의 법적 성질", 〈민사법학〉, 45권 1호.

English, D., 2011, "The Missouri Family Trust as a Possible Model for Japan", Conference Presentation.

Grassi, Sebastian V. Jr., 2008, "Estate Planning Essentials for Special Needs Families", ACTEC Big 10 Regional Conference, Chicago, IL, December 6.

Ho, Lusina and Lee, Rebecca(ed.), 2019, *Special Needs Financial Planning: A Comparative Perspective*, Cambridge University Press.

Nadworny and Haddad, 2007, *Special Needs Planning Guide*, Paul H. Brookes Publishing.

UN Committee on the Rights of Persons with Disabilities, 2014, *General

Comment No. 1, CRPD/C/GC/1.

Urbatsch, K. 2016, *Administreing the California Special Needs Trust*, Kevin Urbatsch and Michele Fuller.

Urbatsch, K. and Fuller, M., 2015, *Special Needs Trusts*, 6th ed., Bang Printing.

8장
성년후견에서의 신상보호와 신상결정

박인환
(현 인하대 법학전문대학원 교수)

1. 들어가며

새로운 성년후견제도 도입의 중요한 의의 가운데 하나는 신상보호를 후견인의 직무의 하나로 도입한 것이다. 2013년 7월 1일 시행된 〈개정민법〉 제938조는 후견인이 피후견인의 법정대리인이 되고(제1항), 가정법원이 그 대리권의 범위를 정할 수 있다고 규정한 데(제2항) 이어 제3항에서 "가정법원은 성년후견인이 피성년후견인의 신상에 관하여 결정할 수 있는 권한의 범위를 정할 수 있다"고 규정하였다.

　　그리고 제947조에서는 후견사무 처리 기준으로서 피후견인의 복리에 부합하는 방법과 본인의 의사 존중을 제시하면서, 성년후견인의 후견사무로서 "재산관리와 신상보호를 할 때"를 제시하였다. 나아가 제947조의 2에서는 본격적으로 "피성년후견인의 신상결정 등"이라는 표제하에 신상결정에 관한 피후견인의 자기결정의 원칙(제1항), 정신병원 입원 등에 있어 가정법원의 허가(제2항), 성년후견인의 신상결정의 대행(제3항), 중대한 의료행위에 대한 가정법원의 허가(제4항), 거주 부동산 처분에 있어서 가정법원의 허가(제5항)에 대하여 규정하였다.[1] 이런 일련의 규정은 모두 2011년 〈개정민법〉에 의하여 도입된 것으로 피후견인의 재산관리 이외에 신상보호가 후견인의 주요한 직무임을 보여 준다.[2]

이는 과거 금치산·한정치산제도와 분명히 구별되는 점이다. 종래 금치산·한정치산제도는 후견인을 피후견인의 법정대리인으로 규정하면서도 후견인의 직무로서 피후견인 재산관리에만 중점을 두고 피후견인의 신상에는 큰 관심을 두지 않았다. 후견인은 재산관리 이외에 신분관계, 즉 〈가족법〉상의 행위에 대하여도 법정대리인으로서 동의나 대행

---

1 이들 규정은 널리 〈독일민법〉 및 〈프랑스민법〉, 〈영국 정신능력법〉, 〈일본민법〉의 신상보호에 관한 각 관련 규정을 참고한 것이다. 김형석, 2010, "민법개정안에 따른 성년후견법제", 〈가족법연구〉, 24권 2호, 16쪽, 각주 32에 각 외국의 참고입법이 열거되어 있다. 당초 법무부 개정안 제947조의2 제5항(공청회 단계에서 법무부 개정안 제947조 제4항)에 규정되어 있던 피후견인의 신체의 완전성, 거주, 이전, 통신, 주거의 자유, 사생활에 대한 중대한 침해를 수반하는 성년후견인의 신상결정에 대하여 가정법원의 허가를 요한다는 규정은 삭제되었다(김형석, 2009, "민법개정안 해설", 《성년후견제 도입을 위한 민법개정안 공청회 자료집》, 175쪽 이하). 그 밖에 신상보호사무를 전제로 새로 도입된 규정으로 〈민법〉 제930조는 "성년후견인은 피성년후견인의 신상과 재산에 관한 모든 사정을 고려하여 여러 명을 둘 수 있다"고 규정하고, 제946조 제2항에서는 "후견감독인은 피후견인의 신상이나 재산에 대하여 급박한 사정이 있는 경우 그의 보호를 위하여 필요한 행위 또는 처분을 할 수 있다"고 규정하였다.

2 본격적 입법 작업에 선행하여 이루어진 새로운 성년후견제 도입을 위한 기초연구에서도 재산관리뿐만 아니라 그동안 보호의 사각에 놓여 있던 신상문제와 관련한 보호도 동시에 제공한다는 것이 입법의 기본방향으로 제시되었다. 제철웅, 2008, "성년후견제도의 개정방향", 〈민사법학〉, 42호, 111쪽 이하.

권한을 행사하도록 규정하였으나3 피후견인의 신상에 관하여는 별다른 규정을 두지 않았다는 점이 이를 뒷받침한다. 4 과거 금치산·한정치산자제도에서는 유일하게 〈민법〉 구 제947조5에서 후견인의 금치산자에 대한 요양·감호에 관한 주의의무(제1항), 금치산자의 사택 감금 및 정신병원 등에 감금 치료 시 법원의 허가(제2항)에 관해 규정하였는데, 이 조항은 거의 같은 취지였던 〈일본 메이지민법〉 제922조 및 전후 이를 개정한 〈구 일본민법〉 제858조의 취지를 답습한 것이다. 6 〈일본 메이지민법〉 제922조는 〈구 일본민법〉 인사편 제227조를 경유하여 〈프랑스민법〉 제510조를 계수한 것이다. 그 주된 입법 목적은 후견인의 재산관리 방법과 그에 부수한 주의의무로서 금치산자의 요양간호에 관해 규정한 것에 지나지 않았다. 7 즉, 〈구 일본민법〉 인사편 제227조는 금치산자의

---

3 자의 성과 본의 변경청구권에 관한 〈민법〉 제781조 제6항, 혼인의 취소청구권자에 관한 제817조, 인지청구의 소에 관한 제863조, 입양의 동의 또는 대락에 관한 제869조, 입양취소청구에 관한 제885조, 친양자 입양에 대한 동의 또는 대락에 관한 제908조의2 등이다.

4 이 점은 친권에 갈음하는 미성년후견인(〈민법〉 제928조)이 친권자에 준하여 자의 보호와 교양의 권리의무(제913조), 거소지정권(제914조), 징계권(제915조, 2021년 폐지), 미성년자의 신분에 관한 후견인의 권리의무(제945조) 등에 기초하여 미성년자에 대하여 폭넓은 신상결정권을 행사하는 것과 차이가 있다.

5 〈개정민법〉 제947조 "① 금치산자의 후견인은 금치산자의 요양·감호에 일상의 주의를 해태하지 아니하여야 한다. ② 후견인이 금치산자를 사택에 감금하거나 정신병원 등 기타 장소에 감금 치료함에는 법원의 허가를 얻어야 하며, 다만 긴급을 요할 상태인 때에는 사후에 허가를 청구할 수 있다."

6 〈일본 메이지민법〉 제922조 "① 금치산자의 후견인은 금치산자의 자력에 따라서 그 요양간호에 힘쓸 것을 요한다. ② 금치산자를 정신병원〔瘋癲病院〕에 입원시키거나 사택에 감치할 것인지 여부는 친족회의 동의를 얻어 후견인이 이를 정한다." 전후 〈일본민법〉 친족 편 개정과정에서 인권침해의 우려가 큰 사택감치제도가 폐지되고, 가제도의 폐지에 따른 친족회 폐지로 제2항의 친족회 동의는 가정법원의 허가로 변경되었다(〈구 일본민법〉 제858조).

신상감호의 내용으로 금치산자의 재산 사용에 있어 요양간호에도 배려하라는 취지로 이해되었다. 8 그 연속선상에 있는 〈일본 메이지민법〉 제922조에서도 '그 자력(資力)에 따라'라는 문언으로부터 피후견인의 자산을 어떻게 사용할 것인가에 대하여 그 기준을 정한 것으로 파악되었다. 9 결과적으로 스스로 신상에 관한 결정을 할 수 있는 상태에 있지 않은 사람의 신상결정에 관한 한 보호의 흠결 내지 법의 흠결이 있었다고 할 수 있다. 10

---

7 道垣內弘人, 1998, "身上監護: 本人意思の尊重 について", 〈ジュリスト〉, 1141號, 31面 이하; 床谷文雄, 2000, "成年後見における身上配慮義務", 〈民商法雑誌〉, 122卷 4·5號, 536面; 大村敦志, 2004, 《家族法 第2版 補訂版》, 有斐閣, 260面.

8 〈구 일본민법〉 인사편 제227조 "疾病ノ性質ト資産ノ狀況トニ從ヒテ禁治産者ヲ自宅二療養セシメ又ハ之ヲ病院二入ラシムルハ親族會ノ決議二依ル但瘋癲病院二入ラシメ又ハ自宅二監置スル手續ハ特別法ヲ以テ之ヲ定ム."(질병의 성질과 자산 상황에 따라서 금치산자를 자택에 요양토록 하거나 병원에 입원시키기는 것은 친족회의 결의에 의한다. 단, 정신병원에 입원시키거나 자택에 감치하는 절차는 특별법으로 이를 정한다).

9 다른 한편으로 〈일본 메이지민법〉의 입법자인 우메켄지로(梅謙次郎)는 요양간호에 재산을 사용하여야 하는 것은 〈민법〉 제922조 제1항 이전에 이미 후견인의 선량한 관리자로서의 주의의무로부터 나오는 것으로 보았다는 점(梅謙次郎, 1899, 《民法要義卷之四》〈親族編〉, 復刻版, 467쪽)에 착안하였다. 어떤 방법으로 요양간호를 할 것인지 정하는 것은 선량한 관리자로서의 주의의무의 내용이지만, 그 방법의 결정은 "비용 면에서 다를 뿐 아니라 금치산자의 건강에 크게 영향이 있는 것"이므로 "모두 친족회의 동의를 얻어 이를 정하는 것"으로 하는 데에 〈일본 메이지민법〉 제922조의 의의가 있다는 것이다. 따라서 제922조는 제2항에 무게가 있는 것이고, 제1항은 법률 체제상의 필요에 의하여 규정된 것에 지나지 않는다는 견해도 있다(道垣內弘人, 위의 논문, 31쪽 이하). 이에 관한 보다 상세한 논의에 관해서는 박인환, 2011, "새로운 성년후견제도에 있어서 신상보호: 신상결정의 대행과 그 한계", 〈가족법연구〉, 25권 2호 158쪽 이하 참조.

10 이에 대하여 일부의 견해는 〈민법〉 구 제947조에 의거하여 "후견인은 의료계약의 법정대리인으로서, 그리고 금치산자의 요양에 관한 후견적 사무를 처리하는 자로서, 그 의료계약 과정에서 이루어지는 수술 등 신체를 침해하는 행위에 관하여는 의사로부터 설명을 듣고 금치산자를 위한 동의 여부에 관한 의사를 표시할 수 있다"고 본다(대법원 2009년 5월 21일 선고, 2009다1717 판결에서 김지형·박일환 대법관의 별개 의견).

이와 같이 신상에 관한 결정에 별다른 주의를 기울이지 않는 입법 태도는 — 역사적으로 근대민법의 성립 당시 나아가 그 역사적 전통을 계승하는 우리나라 〈민법〉의 제정 당시에도 — 신상에 관한 결정의 법적 중요성을 충분히 인식하지 못한 그 시대의 법의식 수준을 반영한 것이다.[11] 신상에 관한 결정에서 가장 중요하고 대표적인 의료행위에 대한 동의 개념이 확립된 것은 1960년대에 이르러서다. 적어도 그전에는 판단능력이 부족한 사람의 신상결정 문제는 독립적인 법적 문제로 의식되지 못하였다.[12] 그 법적 중요성이 인식되기 전까지 의료동의나 주거결정 등 오늘날 중요한 신상결정은 부양의무 이행과정에서 근친의 가족에 의해 사실상 행해졌을 뿐이다.

---

11 신상결정에서 가장 중요한 의료행위에 대한 설명 후 동의 개념을 의료윤리 내지 법 규범으로 확립한 미국에서도 설명 후 동의 개념은 1950년 후반에서 1960년대 초에 비로소 형성된 것이다. 그 배경으로는 당시 자기결정권에 대한 법적 관심 고조, 자율과 개인주의 존중에 대한 철학적 관심 고조, 그 후 다양한 권리지향적 사회운동의 영향이 거론된다. 특히, 1960년대 이래 시민권 운동, 여성권리운동, 소비자운동, 재소자와 정신질환자 권리운동이 제기한 과제 가운데 건강문제와 관련된 것이 많았다. 그 밖에 제2차 세계대전의 나치스 (Nazis) 잔학행위와 미국 피실험자 학대사건에 대한 반성도 설명 후 동의 개념 형성에 큰 영향을 미쳤다. Ruth R. Faden and Nancy M. P. King, Tom L. Beauchamp, 1986, *A History and Theory of Informed Consent*, Oxford University Press, 1986(酒井忠昭・秦洋一譯, 1994, 《インフォムコンセント》, みすず書房, 78쪽). 연구윤리에서 피험자의 동의요건은 제2차 세계대전 종전 후 1948년 뉘른베르크 군사법정에서의 나치스하 의사의 사람을 대상으로 한 의학적 실험에 대한 재판에서 형성한 '뉘른베르크 강령'과 이에 자극을 받은 세계의사회에서 1961년 작성한 '헬싱키 선언'에 의하여 비로소 확립되었다. 위의 책, 120쪽 이하.

12 물론 〈형법〉상 정당한 의료행위에 의한 침습행위에 대한 위법성 조각사유로서의 '피해자의 승낙' 법리는 자신의 신체와 자유 등 신상에 관한 보편적 자기결정권이란 개념 이전부터 〈형법〉상 중요 개념으로 확립되어 있었다.

그러나 현대사회에서는 의료행위에 대한 동의, 정신병원 입원 결정 등을 중심으로 신상결정이 중요한 법적 문제로 인식되었다. 어떤 사람이 신상에 관한 결정을 스스로 할 수 없는 경우, 이를 누가 대신 결정할 수 있는가라는 형태로 법적 규율의 필요성이 제기되었다. 종래 판단능력이 부족한 사람의 재산관리에 대하여는 후견인이 법률규정에 근거한 가정법원의 결정으로 법률행위를 대리하는 제도(법정대리)가 마련되어 있었다. 그러나 신상에 관한 결정은 법률효과 발생을 의욕하는 법률행위와는 그 성질이 달라 법정대리인이라 하여 그에 관한 권한이 당연히 인정된다고 할 수 없다. 무엇보다 그 일신전속적 성질 때문에 법정대리의 개념을 그대로 적용하는 것은 적합하지 않다고 생각되었다. 결국 이에 관한 명문 규정을 두지 않은 근대민법과 그 전통 위에 서 있는 우리나라 〈민법〉은 현대사회의 변천에 따라 새롭게 발견된 신상에 관한 결정권 및 그 보호에 관한 한 흠결이 있다고 할 수 있다.

다른 한편 우리 사회에서 이러한 법의 흠결을 메우던 것이 전통적 가족주의 관념이었다. 어떤 사람이 사고나 질병으로 판단능력이 취약한 상태에 빠진 경우, 그를 부양하고 보호할 의무가 있는 근친의 가족이 전통적 가족주의적 관념에 따라 그 사람의 신상에 관한 결정을 대신하였고, 그 정당성과 합리성에 대해 별다른 의심을 하지 않았다. 이러한 법관념은 적어도 과거의 어느 시점에는 일종의 법적 확신에 이르렀다고 해도 좋을 만큼 우리 사회 일반의 의식에 확고히 자리 잡고 있었다.

이러한 관념은 오늘날에도 여전히 의료현장의 의료인과 환자가족들을 지배하는 것으로 생각된다. 의료현장에서 중요한 의료행위 시술에 앞서 본인 이외에 보호자의 서명을 요구하는 일은 흔하다. 특히 중환자

실에 입원하는 경우에는 환자의 가족에게 흔히 보호자라는 명칭 아래 연명의료에 관한 여러 조치들에 대한 동의 여부를 확인받는다. 환자 본인이 스스로 의사를 표시할 수 있을 때조차 이러한 경우가 많다. 환자의 보호자라는 이름으로 근친의 가족이 환자의 중요한 의료행위에 관하여 동의 여부를 요구받는 것은 근친의 가족이 환자의 의료행위에 일정한 결정권한이 있음을 전제로 한다.

이는 전통적 가족주의 관념에 부합한다는 것 외에 실정법적 근거는 희박하다. 물론 가족의 이러한 역할을 법적으로 평가할 수 없는 것은 아니다. 의료현장에서 환자가 의식불명 등으로 필요한 의료행위에 대하여 설명을 듣고 동의할 수 있는 상태에 있지 않고 그에게 신상결정권 있는 후견인 등도 선임되어 있지 않은 경우, 실정법상 일종의 보호의 흠결이 존재하게 된다.13 이러한 규율의 공백 상태에서 근친의 가족이 이를 대신할 권한이 있다는 관념에 대하여 사회일반이 — 전통적 가족주의 관념을 배경으로 — 일종의 법적 확신을 갖고 있다고 말하는 것도 불가능하지 않다.

그렇다면 적어도 신상에 관한 중요한 결정을 할 수 없는 상태에 있는 환자에 대하여 성년후견인 등이 선임되지 않은 경우에는 근친의 가족에 의한 동의는 관습법에 의하여 인정된다고 말할 수 있을지 모른다. 특히 새로운 성년후견제도 시행 이후에도 가족의 돌봄하에 있는 요보호 성인

---

13 가령 일회적 의료행위의 동의를 위하여 특정후견인 선임에 의한 신상결정이 가능하다면 법의 흠결이 존재한다고까지 말할 수 없을지 모른다. 그러나 이 모든 경우에 성년후견인 또는 한정후견인을 선임하여 그의 신상결정권 행사를 기다려야 한다는 것은 어느 모로 보나 현실성이 없다.

에 관한 한 상당한 판단능력 저하에도 불구하고 성년후견 등 개시심판을 청구하는 경우가 매우 드문 현실도 이러한 견해의 사회적 유용성을 뒷받침한다.

그러나 이러한 견해를 취하는 데는 몇 가지 난점이 있다. 첫째, 근친의 가족이라는 것 외에 근친의 가족이 여러 명이 있을 때 누구의 동의를 얻어야 하는가와 관련하여 불명확성이 존재한다.

둘째, 핵가족화의 진행에 따라 가족의 동의권을 뒷받침하던 가족 간 유대가 특히 비동거 가족에서 급격히 약화되고 있다. 그에 따라 근친의 가족이 본인의 신상에 관한 결정을 대행하는 것이 적합한가에 대한 의문이 끊임없이 제기된다. 오히려 개호노동에 지친 가족이 본인의 의사나 희망을 대변하기보다 다른 사정으로 그에 반하는 결정을 내릴 가능성도 적지 않다.

셋째, 가족에 의한 신상결정에 관한 한 그 권한행사의 적절성을 감독할 수 있는 체계가 전혀 없다. 이는 성년후견인 등의 중요한 신상결정[14]에 대하여 가정법원의 허가를 요하도록 하는 것과 대비된다.

넷째, 최근 의사결정능력 장애인의 법적 능력 행사로서 신상에 관한 자기결정권의 중요성이 국내외적으로 강조되면서 가족에 의한 신상결정에 관한 사회일반의 법적 확신이 흔들리고 있다.

첫째의 문제점은 배우자, 근친의 순서, 동순위자가 복수인 경우에 공동결정, 사실상 권한을 행사할 수 없는 경우에는 차순위자의 권한행사 등 합리적 해석의 여지가 있다. 둘째의 문제점과 관련해서는 여전히 가

---

14 정신병원 입원이나 중요한 의료행위에 대한 동의를 말한다.

족은 본인의 의사나 희망을 누구보다 잘 파악할 수 있다는 점에서 반론의 여지가 있다. 셋째의 문제점은 — 특히 둘째의 위험과 관련하여 — 관습에 기초한 가족에 의한 신상결정 대행에 있어 피하기 어려운 한계이다. 넷째의 문제점과 관련해서도 신상결정에 관한 포괄적 법제도화의 필요성이 크다.

물론 성년후견제도에 신상보호 및 신상결정에 관한 후견인의 권한이 제도화된 이상 의사결정능력을 상실한 사람에 대해서는 모두 성년후견제도를 통해 신상결정 문제를 처리해야 한다는 견해가 있을 수 있다. 그러나 일시적으로 신상결정 불능상태에 빠진 경우까지 모두 성년후견제도에 의하여 신상결정 문제를 처리해야 한다는 것은 후견제도의 필요 최소개입 원칙에 비추어 바람직하지 않다. 또 현행법에 따르면 일시적·일회적 후견 수요에 대비한 특정후견에는 신상결정권 부여에 관한 준용 규정의 부재로 법원 실무적으로 신상결정권 부여가 부인되는 현실적 장벽이 존재한다.

이와 같이 새로운 성년후견제도가 스스로 신상에 관한 결정을 할 수 없는 상태에 있는 사람의 신상결정 문제에 대하여 제도화의 문을 열기는 하였으나 포괄적 해결책을 마련하지는 못하였다. 그리고 신상보호와 신상결정 개념을 제도화한 성년후견제도의 틀 안에서도 신상보호와 신상결정의 개념과 제도는 명확하지 못한 부분이 적지 않다.

근대민법은 사적 생활에서 재산관계에 관해서는 오랜 역사를 통하여 축적된 경험과 지식을 바탕으로 매우 정교한 법체계를 구축하였던 데 반하여, 신상결정 또는 신상보호라는 관념은 비교적 최근에 그 중요성에 대한 인식과 더불어 형성되기 시작한 것으로서 아직은 학설이나 판례에 의한 개념의 구체화와 규범적 체계화가 불충분하다.

이러한 문제의식으로부터 이 글은 의료행위에 대한 동의를 중심으로 신상결정과 신상보호에 관한 개념의 구체화와 제도화에서 고려해야 할 점들에 대해 검토해 보고자 한다. 이를 위해 먼저 성년후견에서 신상보호사무와 신상결정의 의의를 살펴보고(2절), 이어서 신상보호사무의 핵심인 신상결정에서 본인의 신상결정능력과 그 평가를 검토한 후(3절), 신상결정에서 의사결정지원 방안을 모색해 본다(4절).

2. 신상보호와 신상결정

1) 성년후견에서 신상보호사무의 도입

신상보호 및 신상결정이라는 개념은 2011년 〈민법〉 개정으로 처음 우리 《민법전》에 도입되었다. 입법 당시 그 입법 취지에 대하여 다음과 같이 설명했다.

현행 〈민법〉의 한정치산·금치산 규정은 기본적으로 요보호인의 재산관리를 주요 규율대상으로 하고 있으며, 요보호인의 신상보호라는 측면에서는 그다지 큰 주의를 기울이고 있지 않다. 그러나 성년후견의 입법에서 있어서는 요보호인의 재산관리 외에도 신상에 관한 중요한 결정에 대하여 성년후견인이 조력할 것을 명백히 하면서 동시에 그에 대한 감독을 가능하게 하는 규정이 요청된다. 요보호인이 직면하는 어려움을 단지 재산상의 문제에 한정할 수는 없기 때문이다. 오히려 신체의 완전성에 대한 중대한 침해를 내용으로 하는 치료행위나 거주의 자유를 중대하게 위협하는 내용의 법률행위에 대한 동의 등에 대해서도 가정법원의 감독을 가능하게 할 필요가 있다. 〈민법〉제947조 제2항과 같은 취지의 규정은 단순히 신체의 자유를 박탈하는 사안에 한정될 수는 없다. 오히려 신체의 완전성에 대한 중대한 침해를 내용으로 하는 치료행위나 거주의 자유를 중대하게 위협하는 내용의 법률행위에 대한 동의 등에 대해서도 가정법원의 감독을 가능하게 할 필요가 있다. 15

요컨대, 신상에 대한 결정은 일반적 법률행위가 아니므로 법정대리인이라 하여도 성년후견인이 당연히 이를 대리할 수는 없다. 무엇보다도 피성년후견인의 의사가 결정적 의미를 가지는 일신전속적 결정이라는 점에서 그러하다. 그럼에도 불구하고, 본인이 스스로 신상에 관하여 결정할 수 있는 상태에 있지 않을 때 누군가 이를 대신하여 결정할 필요가 있다. 이러한 이유에서 성년후견인에게 본인이 스스로 결정할 수 없을 때 이를 보충적으로 결정할 수 있는 권한을 부여할 필요가 있다. 또한 그런 신상에 관한 결정은 피성년후견인의 복리에 큰 영향을 미치는 경우가 많기 때문에 그에 대한 감독이 필요하다. 16

이러한 취지에서 〈개정민법〉에서는 제938조 제3항을 신설하여 성년후견인이 피성년후견인의 신상에 관해 결정할 수 있는 권한의 범위를 정할 수 있도록 했다. 제947조에서는 후견사무 처리 기준으로 본인의 복리와 의사 존중을 제시하면서 재산관리 이외에 신상보호를 할 때를

---

15 김형석, 위의 논문, 135쪽.
16 김형석, 위의 논문, 136~138쪽.

적시하여 성년후견인이 수행해야 할 사무로서 신상보호를 내세웠다. 제947조의2에서는 본격적으로 신상결정에 있어서 피후견인의 자기결정 우선의 원칙(동 제1항), 피성년후견인을 치료 등의 목적으로 정신병원 등에 격리하는 경우 가정법원의 허가(동 제2항), 피성년후견인이 침습적 의료행위에 대하여 동의할 수 없는 경우에 성년후견인의 결정권한(동 제3항), 성년후견인이 피성년후견인이 사망하거나 중대한 장애를 입을 위험이 있는 의료행위에 동의할 때에 가정법원의 허가(동 제4항), 성년후견인이 피성년후견인을 대리하여 거주하는 부동산을 처분하는 경우에 가정법원의 허가(동 제5항) 등을 규정하였다.

이와 같이 신상보호를 성년후견인 직무의 하나로 인정한 〈개정민법〉에서는 성년후견사무를 크게 세 가지 유형으로 나누었다. 첫째, 재산관리 및 그에 수반하는 법률행위에 대한 동의 내지 대리 등 재산관리에 관한 사항, 둘째, 이른바 신분행위, 즉 〈가족법〉상 법률행위 등에 대한 동의나 대행 등 신분관계에 관한 사항,17 셋째, 침습적 의료행위에 대한 동의 등 피후견인의 치료 요양에 관한 결정, 주거 또는 거소의 결정, 그 밖에 신체의 완전성 내지 사생활에 대한 침해를 수반하는 결정 등 피후견인의 신상보호에 관한 사항 등이다.18

---

17 성년후견인은 피성년후견인의 약혼(〈민법〉 제802조), 혼인(제808조 제2항), 협의이혼(제835조), 인지(제856조), 협의파양(제902조)에 대해 동의권이 있다. 혼인취소(제817조), 인지청구의 소(제863조), 입양취소(제887조), 상속의 승인과 포기(제1019조, 제1020조) 등에 대해서는 대리권이 있다.

18 박인환, 위의 논문, 154쪽.

2) 성년후견 유형과 신상보호

(1) 후견 유형별 신상보호

후견의 유형별로 정해진 보호조치와 개별 후견사건에서 가정법원이 내린 구체적 결정에 따라 후견인이 수행해야 할 사무의 유형과 범위가 달라진다. 가령 성년후견인은 원칙적으로 재산관리와 신분행위에 대하여 포괄적 권한을 갖지만, 신상결정에 대해서는 가정법원의 신상에 관한 권한부여의 결정이 있고 피성년후견인이 스스로 자신의 신상에 관한 결정을할 수 없는 경우에만 피성년후견을 대신하여 그의 신상에 관한 결정을 할수 있다(〈민법〉 제938조 제3항, 제947조의 2 제1항).

한정후견인은 재산관리사무와 대리권 범위도 신상에 관한 결정과 마찬가지로 가정법원이 정하는 바에 따라 권한을 갖는다(〈민법〉 제959조의 4, 제1항, 제2항, 제959조의 6).

반면 특정후견인은 일정한 기간이나 특정한 사무에 관하여 대리권을 부여받지만(〈민법〉 제959조의 11), 신상에 관한 결정권을 부여받기 위한 준용규정이 없어 논란이 된다.

(2) 특정후견에서의 신상결정

현재 가정법원의 실무는 준용규정의 부재를 이유로 특정후견인에게는 신상에 관한 결정권한을 부여하지 않는다. 반면에 지배적 학설은 모두 특정후견인에게도 신상결정권한을 부여할 수 있고 부여할 필요가 있다고 주장한다. 그 근거는 입법 과정에서 특정후견인에게 신상결정권한을 부여하는 명문의 준용규정을 두지 않은 것이 그러한 내용을 명시적

으로 배제하고자 취한 입장은 전혀 아니라는 것이다. 19

특정후견에 대하여 신상결정에 관한 권한 부여에 대하여 준용하는 규정을 두지 않은 것은 특정후견에서는 일반적으로 동의유보가 예정되어 있지 않다는 점에서 피특정후견인은 적어도 신상의 관한 결정 능력은 대개 보유한다는 점을 전제로 한 것은 아닌가 생각된다. 또한 특정후견의 경우 특정사무 처리를 목적으로 한다는 점에서 일회적으로 특정 신상문제에 관한 결정이 필요한 때는 그에 갈음하는 처분을 명함으로써 특정후견인의 신상결정권한의 부여를 대체할 수 있다는 점도 고려했을 수 있다. 20

그러나 그 후 특정후견은 성년후견이나 한정후견에서와 같은 정신적 제약의 정도와 무관하게 필요최소개입 원칙에 따라 일시적·일회적 후견 수요에 대응하기 위한 일종의 — 전통적 후견제도에 대한 — 후견대체제도라는 점이 명확히 인식되면서 위와 같은 평가는 더 이상 유지될 수 없게 되었다. 특히 특정후견은 일시적이거나 특정한 사무에 관하여 필요한 범위 내에서만 후견제도를 이용할 수 있도록 함으로써 불필요하게 장기간 후견제도에 의한 보호를 강요함으로써 피후견인의 자율성을 제약하는 것을 막기 위하여 도입한 제도라는 점에서 그 의의가 있다.

가족이나 친지, 기타 조력자들의 도움으로 살아가던 의사결정능력 장애인이 사고나 질병으로 치료를 받거나 새롭게 시설 입소 등 주거를 변

---

19 김형석, 2013, "배인구의 '성년후견제도에서의 가정법원의 역할'에 대한 토론문", 국가인권위원회·한국성년후견학회 공동주최, 자기결정권 존중을 위한 성년후견제 국제 컨퍼런스, 204~205쪽; 김형석, 2014, "피후견인의 신상결정과 그 대행", 〈가족법연구〉, 28권 2호, 270쪽.
20 박인환, 위의 논문, 181쪽.

경할 필요가 있는 경우, 본인 스스로 이러한 결정을 할 수 없는 상태에 있다면 당해 의료행위나 주거결정 처리(만)를 위한 후견제도의 이용이 가능해야 한다. 어떤 면에서는 지속적 관리가 필요한 재산관리보다 신상에 관한 결정 문제에서 일회적·일시적 후견 수요가 자주 발생할 것으로 예상할 수 있다. 이 점에 있어 일시적 혹은 특정한 신상결정에 관한 명문의 준용 규정이 없다는 것은 일종의 보호의 흠결이 존재한다고 할 수 있다. 반면, 특정후견을 정신적 제약의 정도가 낮은 경우에 제한적으로 이용될 제도라고 한정하지 않는 한, 달리 특정후견인에게 신상에 관한 결정권한을 부인해야 할 합리적 이유는 찾기 어렵다.

따라서 〈민법〉 제938조 제3항 및 제4항을 유추하여 가정법원이 특정후견인에게 신상에 관한 결정권한을 부여할 수 있고, 이를 부여받은 특정후견인은 제947조의 2의 각 항에 따라 신상결정권한을 행사할 수 있다고 보아야 한다.[21]

다른 한편으로 〈민법〉 제958조의 8에 의하면 "가정법원은 피특정후견인의 후원을 위하여 필요한 처분을 명할 수 있다." 동조에 의거하여 가정법원은 피특정후견인의 후원을 위하여 필요한 처분의 하나로 특정 의료행위에 대한 동의나 주거에 관한 결정을 하거나 그러한 결정을 대행할 권한을 특정후견인에게 부여하는 것을 생각해 볼 수 있다.

---

21 김형석, 위의 글, 271쪽; 제철웅, 2011, "요보호성인의 인권존중의 관점에서 본 새로운 성년후견제도: 그 특징, 문제점, 그리고 개선방안", 〈민사법학〉, 56호, 306쪽; 구상엽, 2012, "〈개정민법〉상 성년후견제도에 대한 연구", 서울대 박사학위 논문, 134~135쪽; 윤진수·현소혜, 2013, 《〈개정민법〉해설》, 143쪽; 현소혜, 2012, "의료행위 동의권자의 결정", 〈홍익법학〉, 13권 2호, 193쪽 참조. 반대의 견해로 이진기, 2012, "〈개정민법〉 규정으로 본 성년후견제도의 입법적 검토와 비판", 〈가족법연구〉, 26권 2호, 106쪽 참조.

즉, 특정후견개시심판과 동시에 또는 의료행위에 대한 동의 여부가 문제된 상황에서 가정법원은 〈민법〉제958조의 8에 의거하여 '필요한 처분'의 하나로서 특정후견인에게 의료행위에 대한 동의를 포함하는 신상결정권한을 부여할 수 있고, 다시 제959조의 11 제2항 또는 제947조의 2를 유추 적용하여 정신병원에의 입원이나 사망 또는 장애 위험이 있는 중대한 의료행위에 대해서는 가정법원의 허가를 얻도록 제한할 수 있다.

여기서 가정법원의 〈민법〉제958조의 8에 의거하여 '필요한 처분'의 하나로 직접 의료행위에 대한 동의의 결정을 하는 것도 조문상 가능하다고 볼 수 있다. 그러나 의료행위에 대한 동의 여부의 결정을 내리는 데 있어 피후견인의 추정적 의사, 희망, 선호 등을 고려하여야 한다는 점에서 법원 스스로 일정한 의사를 형성하는 것은 적절하지 않다. 따라서 특정후견인에게 본인을 대신하여 결정할 권한을 부여하는 것이 적절하다.

(3) 임의후견에서의 신상보호

그 밖에 〈개정민법〉은 새롭게 임의후견제도를 도입하여 후견계약에 관한 규정을 명문화하였다. 후견계약은 본래 사무처리를 위한 위임계약에 속한다.

영미법(Common Law)에서는 임의대리권을 부여한 본인이 의사능력을 상실하면 수여한 임의대리권의 효력도 소멸하므로 장래 후견사무 처리를 위한 대리권 수여가 불가능했다. 영미법에서 이를 가능하기 위해 지속적 대리권에 관한 제정법이 성립한 이유이다. 22 반면에 대륙법계 〈민법〉에서는 위임인의 의사능력 상실이 대리권의 소멸 원인이 아니므로 후견사무 처리를 위해 통상의 위임계약을 체결하는 것은 원래부터 가능하였다.

그럼에도 〈개정민법〉은 일본의 후견계약에 관한 법률을 본받아 거의 유사한 구조의 후견계약을 《민법전》에 편입하였다. 그 제도의 입법 취지는 후견계약 체결의 법적 안정성을 위하여 공정증서 작성을 요구하는 한편, 임의후견감독인 선임을 후견계약의 효력 발생 요건으로 함으로써 의사능력이 저하된 위임인(본인)을 대신하여 수임인(임의후견인)의 사무를 감독할 수 있도록 보장한다는 것이다.

또 하나 후견계약과 위임계약의 결정적 차이는 신상에 관한 결정권한을 수임인에게 부여할 수 있다는 점이다.[23] 통상의 위임계약에 의하여 신상에 관한 결정권한을 수여하는 것은 이를 부인할 합리적 이유는 없으나 명문의 근거가 없기 때문에 재산관리를 위한 대리권의 수여 외에 신상보호를 위한 신상결정권을 부여하는 것에 대해서는 법적 불안정성이 존재한다. 특히, 임종기(臨終期) 의료와 관련된 연명의료의향서 외에 일반적 의료요양지시가 법제화되지 않은 상황에서 신상결정권 부여를 포함하는 후견계약은 신상보호에 관한 중요한 제도 발전 방향을 지시하고 있음에 틀림없다. 유감인 것은 이러한 후견계약이 당초 기대와 달리 거의 이용되지 않는다는 점이다.[24]

---

22 박인환, 2015, "실질적 자기결정 존중의 관점에서의 후견계약의 평가와 의사결정지원 방안의 모색", 〈가족법연구〉, 29권 2호, 106쪽 참조.

23 〈민법〉 제959조의 14 ① 후견계약은 질병, 장애, 노령, 그 밖의 사유로 인한 정신적 제약으로 사무를 처리할 능력이 부족한 상황에 있거나 부족하게 될 상황에 대비하여 자신의 재산관리 및 신상보호에 관한 사무의 전부 또는 일부를 다른 자에게 위탁하고 그 위탁사무에 관하여 대리권을 수여한다는 내용이다.

3) 신상보호의 의의와 기능

(1) 신상보호의 개념

〈개정민법〉의 제도화에도 불구하고 구체적으로 신상보호가 어떤 사태를 염두에 둔 것인지, 법률행위와 다른 신상결정의 성질은 무엇인지 등 신상 또는 신상보호의 개념이 법적으로 명확히 확립되지 않았다. 통상의 언어적 관용에 따르면, 신상이란 어떤 사람의 개인적이고 사적인 신변(身邊)에 관한 사항을 의미한다. 법적으로는 생명, 신체, 건강, 자유, 사생활 등 널리 인격적 이익에 밀접하게 관련된 생활관계를 의미하는 것으로 이해할 수 있다.

〈개정민법〉은 그중에서도 법적으로 중요한 것으로 정신병원 등의 입원결정(제947조의2 제2항), 침습적 의료행위에 대한 동의(제947조의 제3항) 등에 대하여 명문 규정을 두었다. 그 밖에도 주거・거소 결정, 면접교섭, 통신교류, 기타 신체의 완전성, 프라이버시 등 널리 사생활과 관련된 사항이 이에 속한다고 볼 수 있다.[25]

(2) 신상보호와 사실행위

〈개정민법〉의 취지에 따라 성년후견인 등은 피후견인의 생명, 신체, 건강, 자유, 기타 사생활에서 자신의 의사와 희망, 선호에 따라 자신의

---

24 그 이유에 대해서는 박인환, 위의 논문, 107쪽 이하; 제철웅, 2014, "〈개정민법〉상 후견계약의 특징, 문제점 그리고 개선방향: 후견대체제도의 관점을 중심으로", 〈민사법학〉, 66호, 119쪽 이하 참조.

25 박인환, 위의 논문, 153쪽; 김형석, 위의 논문, 247쪽.

생활관계를 형성해 나갈 수 있도록 필요한 보호와 지원을 제공하여야
한다. 건강 상태의 유지를 위하여 적절한 의료서비스를 받게 하거나 본
인의 희망과 여건에 맞는 주거에서 거주할 수 있도록 지원하는 것을 비
롯하여 의식주 전반에 필요한 생활상의 수요가 적절히 제공될 수 있도
록 지원하여야 한다.

　다만 여기서 유의할 것은 신상보호를 성년후견인 등의 직무로 인정
한 것이 성년후견인 등에게 피후견인의 신상보호에 필요한 재화나 역무
를 제공할 의무를 부과하는 것은 아니라는 점이다. 제도 도입을 전후하
여 일시적으로 성년후견인이 판단능력이 부족한 노인이나 장애인에 대
하여 ― 마치 활동지원사와 같이 ― 사실행위로서의 서비스를 제공해
줄 것이라는 기대가 있었다. 이것은 본인의 법적 의사결정지원 또는 대
행을 목적으로 하는 성년후견제도의 취지에 대한 오해에서 비롯된 것이
다. 성년후견에서 신상보호는 그에 관한 피후견인의 의사결정지원이나
대행에 의해서만 이루어지고 신상보호를 위해 필요한 사실행위는 성년
후견의 제도 목적을 벗어난 것이다.

　그러나 실제에 있어 의사결정지원 또는 대행의 과정이나 그 전후에
신상보호와 관련한 사실행위가 부수적으로 행해지는 것은 오히려 일반
적이고 또 필요한 경우가 적지 않다. 가령, 성년후견인은 본인에게 적
절한 신상보호를 제공하려면 우선 본인의 신상, 의식주를 비롯한 생활
의 수요와 그에 따른 재화나 서비스가 적절히 제공되는지 살펴보기 위
해 본인의 주거나 거소에 방문할 필요가 있다. 의료행위에 대한 계약의
체결(수진)이나 침습적 의료행위에 대한 동의 대행을 위해 의료기관에
동행할 필요가 있을 수도 있다. 하지만 이것은 모두 신상보호를 위한

의사결정(법정대리권 혹은 신상결정권 행사)을 적절히 수행하기 위하여 사실상 필요한 것일 뿐 그것 자체가 의무는 아니다.

생활에 필요한 재화나 서비스가 부족한 경우, 성년후견인 등은 피후견인의 재산에서 비용을 지출하여 재화를 구입하거나 가사돌보미를 고용하여 대응할 수 있다. 피후견인 자신의 자력(資力)이 부족한 경우에는 기초생활보장급여나 각종 장애인 또는 고령자에 대한 사회복지서비스 신청을 대행하는 등의 방법으로 대응할 수 있다. 어떤 경우에나 자신의 비용으로 재화를 공급하거나 스스로 역무를 제공할 의무는 없다. 그러나 현실적으로는 이를 엄격히 구별하여 제공하는 것이 곤란할 수도 있다. 신상에 관한 결정은 법적으로 중요한 의사결정일 뿐만 아니라 일상생활에서 사소한 생활양식에까지 영향을 미칠 수 있다. 이러한 면이 사실상 개호노동과의 구별을 어렵게 만들 수 있기 때문이다. 26

(3) 신상보호와 재산관리의 기능적 변화

성년후견인이 피후견인의 신상에 관해 적절한 보호를 제공하도록 하기 위해 〈개정민법〉은 성년후견인 등의 피후견인 신상에 관한 결정권한을 명문화했다. 이에 따라 종래 재산관리사무나 법률행위에 대한 대리권의 목적과 기능에도 변화가 필요하다.

종래 금치산·한정치산제도에서 법률행위 대리권은 주로 재산관리에 관한 후견사무 처리를 위한 수단으로만 여겨졌다. 재산관리에 부

---

26 가령 일본에서는 성년후견제도 시행 초기에 일상생활상의 신상보호는 개호노동에 지나지 않는다는 비판이 있었다. 이를 둘러싼 논쟁에 대해서는 박인환, 위의 논문, 171쪽 이하.

수하여 금치산자의 치료와 요양에 재산이 적절하게 사용될 수 있도록 배려해야 할 주의의무가 부과되었을 뿐이었다. 27 법률행위 대리권은 재산관리, 달리 말하면 재산의 보존에 그 목적을 두고 있었다고 할 수 있다.

그런데 〈개정민법〉이 신상보호를 성년후견인 등의 본격적 후견사무로 수용한 것을 계기로 재산관리와 그 이행을 위한 법률행위 대리권 역시 신상보호의 관점에서 재평가되어야 한다. 즉, 재산의 보전 측면만이 아니라 본인의 신상에 관한 복리가 실현될 수 있도록 본인의 의사나 희망, 선호를 고려하여 적절한 재화나 용역에 제공될 수 있도록 ─ 적절한 재산의 사용이라는 관점에서 ─ 재산관리사무를 처리하고 법률행위 대리권을 행사할 필요가 있다.

요컨대 종래의 금치산·한정치산제도는 재산관리를 중심에 두고 본인의 신상보호를 재산관리에 부수하는 사정으로 고려하는 데 그쳤다. 반면 새로운 성년후견제도에서는 자기결정적 삶을 살아갈 수 있도록 보장하기 위해 본인의 신상보호를 중심에 두고 그 목적이 실현될 수 있도록 본인 삶의 만족도를 높이는 방향으로 적극적 재산의 소비(비용 지출)를 포함하여 적절히 재산을 관리해야 한다. 이런 점에서 제도 목적의 주종에 전환이 일어났다고 평가할 수 있다.

이러한 변화는 금치산·한정치산제도가 가족생활의 경제적 기반으로서 가산에서 비롯된 재산을 잘 보전하여 이를 후대에까지 잘 계승되도록 보장하기 위한 제도였던 데 반하여 새 제도는 본인이 의사결정능

---

27 개정 전 〈민법〉 제947조 제1항.

력을 상실한 이후에도 본인의 희망과 선호에 따라 자기결정적 삶을 살아갈 수 있도록 보장하기 위한 것으로 제도의 패러다임 (*paradigm*) 이 전환된 결과이다.

4) 신상보호와 신상결정에 관한 권한

성년후견에서 신상보호는 전통적 후견사무인 재산관리에 대해 상대적 개념으로 구별된다. 가령 의료계약 체결은 법률행위에 관한 법정대리권으로 행해질 수 있으나, 침습적 의료행위에 대한 설명 후 동의 (*informed consent*) 는 법률효과 발생을 의욕하는 의사표시 (법률행위) 가 아니라 법적 의사와 구별되는 자연적 의사 (*natürliche Wille*) 로서 법정대리권으로부터 당연히 도출되는 것이 아니다. 28

　따라서 후견인 등 법정대리인이 대리하여 의료계약을 체결하였다고 하더라도 침습적 의료행위에 대한 설명 후 동의 여부는 여전히 본인이 스스로 결정해야 한다. 스스로 결정할 수 없는 경우에는 법정대리권과 별개로 신상에 관한 결정권한이 문제된다. 주거의 결정과 관련해서도 성년후견인 등은 법정대리권에 기하여 피후견인의 요양 등을 위한 거주시설에 입소계약을 체결할 수 있으나 입소 여부에는 피후견인의 자연적 의사로서의 동의가 필요하고, 29 성년후견인 등이 신상에 관한 결정권

---

28 신상에 관한 결정은 법률효과 발생을 의욕하는 의사가 아니라는 점에서 법률행위가 아니라 법률에 의하여 일정한 효과가 부여되는 준법률행위에 해당한다고 본다. 제철웅, 2018, "비자의 입원절차의 정신질환자를 위한 절차지원제도 도입에 관하여", 〈법조〉, 통권 727호, 555쪽.
29 〈민법〉상 주소를 설정하는 데에도 법적 의사를 요하지 않는다는 것이 통설이다.

한이 없는 한 이를 대신하여 결정할 수 없다. 30

나아가 제3자를 위한 의료계약이나 요양계약도 가능하지만 — 이 경우 본인이 그 의료계약 또는 요양계약상의 이익(진료 및 요양을 받을 채권의 취득)을 받겠다는 수익의 의사표시를 해야 하고(〈민법〉 제539조), 수익자가 아니라 의료계약의 당사자가 의료 또는 요양서비스 제공자에게 의료비 또는 요양비를 지급할 채무를 부담한다. — 이때에도 구체적 치료행위나 돌봄서비스의 제공에서는 역시 본인의 동의가 있어야 한다. 31

반면에 의료계약 또는 요양계약은 임의대리인 또는 법정대리인이 본인을 대리하여 체결할 수 있다. 뿐만 아니라 구체적 치료행위나 돌봄서비스의 제공에서 본인에게 의사능력이 없을 때에는 그의 대리인 또는 법정대리인은 대리권한의 범위 내에서 위법성을 조각시키는 효력 있는 동의를 대리하는 것도 가능하다는 견해도 있다. 32

이 견해는 일신전속적 법률행위나 준법률행위는 대리할 수 없다고 하면서도 연명의료 결정과 같이 생명에 직결되는 의료행위에 대한 동의 또는 부동의만이 일신전속적이라고 본다. 그 밖에 치료행위나 돌봄서비스의 위법성을 조각하는 동의는 그것이 준법률행위라 하여 이를 대리하지 못하는 것은 아니라고 한다.

생명에 직결되는 의료행위에 대한 동의가 일신전속적 행위라는 근거로 자기결정권이 〈헌법〉상의 행복추구권에서 도출되는 기본권이고,

---

30 같은 취지로 김형석, 위의 논문, 247쪽 참조.
31 제철웅, 위의 논문, 556쪽.
32 제철웅, 위의 논문, 557쪽 이하.

행복추구권은 인간 존엄의 실현 그 자체라는 점, 국가는 국민의 생명을 보호할 책임을 진다는 점, 생명은 인간에게 가장 본질적인 가치이자 기본권이라는 점을 든다.

그러한 예로 가령 우리나라 법에서는 〈호스피스 및 완화의료와 임종 상태에 있는 환자의 연명치료에 관한 법률〉에서 연명치료 거부에 관한 의사표시의 대리를 인정하지 않기 때문에 이 의사표시는 일신전속적 동의로 대리가 허용되지 않는다고 한다. 대체로 의료행위 등 신상에 관한 결정 전반을 일신전속적 행위라고 보는 다수의 견해와 구별되는데, 자신의 신체에 관한 처분을 포함하는 그 밖의 의료행위 등에 대한 동의가 일신전속적 행위가 아니라는 근거는 제시되어 있지 않다.

성년후견인의 관점에서 피후견인의 신상에 관한 결정권한은 피후견인의 신상보호사무를 처리하기 위해 부여된 수단이다. 따라서 성년후견인은 그 권한의 행사에서 자기결정 내지 본인 의사 존중의 원칙에 따라 본인이 자신의 신상에 관해 스스로 결정할 수 있는 상태에 있는 한 본인의 결정을 존중한다. 뿐만 아니라 결정에 어려움이 있는 경우에도 가능한 한 결정할 사안을 쉬운 언어로 이해시키고 선택 가능한 대안들과 그에 따라 발생할 수 있는 이익과 불이익에 대한 정보를 제공하는 등의 방법으로 스스로 결정할 수 있도록 지원한다. 실행 가능한 지원을 다했음에도 스스로 결정할 수 없는 경우에 비로소 본인의 희망과 선호 또는 과거 언행 등으로부터 추단되는 본인의 추정적 의사를 고려하여 결정을 대행할 의무가 있다. 33

---

33 보다 상세한 사항은 이하 '신상결정에서 의사결정지원의 원칙' 참조.

이하에서는 피후견인의 신상보호를 위한 중요한 연결점인 신상결정능력과 의사결정지원에 대하여 살펴본다.

3. 신상결정능력과 의사결정지원

1) 신상결정능력

〈민법〉 제947조의2 제1항에 따라 피성년후견인은 그의 상태가 허락하는 범위에서 자신의 신상에 관한 사항을 결정한다. 여기서 상태가 허락한다는 의미는 피성년후견인이 정신적 제약에도 불구하고 자신이 결정해야 하는 문제 사항이 무엇인지 알고 있고 그에 대해 자신의 입장과 의사를 밝힐 수 있는 상태에 있음을 말한다.

이러한 의사는 의사표시에서 전제하는 법적 의사가 아니라 자연적 의사이다. 따라서 그에 요구되는 정신적 능력도 의사능력이 아니라 개별적 상황에서 피성년후견인의 상태를 고려하여 판단해야 하는 구체적이고 개별적인 능력이다. 이러한 피성년후견인의 의사는 반드시 합리적 이유가 수반될 필요는 없다. 주관적 가치관념, 정서적 반응, 오랜 생활습관 등에 기초하여 결정해도 충분하다. [34]

한편 〈독일민법〉 제1904조의 피후견인의 동의능력에 관한 독일 판례와 학설에 따르면, 의료행위의 동의에 필요한 판단력은 행위능력은

---

34 박인환, 위의 논문, 168쪽; 김형석, 위의 논문, 247쪽 이하.

아니고 개별적으로 확정되는 사실상의 인식 또는 제어능력(*Natürliche Einsichts- und Steuerungsfähigkeit*)이다. 이것은 개별적·구체적으로 확정되는 것이며 행위능력에는 미치지 못하더라도 인정될 수 있다. 따라서 성년에 임박한 미성년자에게도 인정될 수 있다. 35 성년자의 경우에도 행위능력이 아니라 사실상의 통찰력 내지 제어(판단)능력을 기준으로 하므로 다른 영역에서는 행위무능력자라 하더라도 의료에 관한 동의능력은 있을 수 있다. 반대로 경우에 따라 의료에 관해서는 동의능력 없는 행위능력자도 있을 수 있다. 36

결국 동의능력이란 결정해야 할 구체적 당해 의료적 처치의 종류, 의미, 결과를 인식하고 그에 따라 자신의 의사를 결정할 수 있는 능력이라 할 수 있다. 37 따라서 그에 대한 의학적 설명과 조언을 받은 다음 그 의료조치의 종류, 중요성, 결과를 이해하고 그에 따라 자신의 의사를

---

35 미성년자의 동의능력에 관하여 독일 판례가 언급한 개념 정의에 따르면 "미성년자 본인의 개별적인 정신적 및 도덕적 성숙도에 따른 의사의 의료행위의 의미와 영향을 제대로 이해할 수 있는 능력"으로 이해된다. 그리하여 동의능력 인정의 결정적 기준은 의료행위에 관한 위험성과 효용성을 비교하여 선택할 수 있는 판단능력 내지 인식능력을 의미한다. 윤석찬, 2008, "醫療行爲에 있어 未成年者의 同意能力에 관한 考察: 독일에서의 논의를 중심으로", 〈법학논총〉, 28권 1호, 286쪽 이하 참조. 독일 실무에서는 만 14세에 이르기 전까지는 승낙능력이 존재하지 않으나, 16세 이후에는 당연하다는 듯 거의 대부분이 승낙능력을 가진다고 본다. 서종희, 2017, "의료계약 및 임상시험계약에 있어서 미성년자 보호에 관한 소고: 독일 및 스위스에서의 논의 소개를 중심으로", 〈의생명과학과법〉, 17권, 195쪽 참조. 한편 영국 법에서는 16세 이상 미성년자는 의학적 치료에 대한 동의 또는 거부능력을 인정하며, 그보다 어린 나이라고 일률적으로 동의 또는 거부능력이 부인되는 것은 아니라고 본다. 백승흠, 2019, "길릭(Gillick) 판결과 아동의 동의능력", 〈법학연구〉, 30권 2호, 76쪽.

36 Münchkomm-BGB / Schwab, §1904 Rn. 8, Aufl. 참조.

37 Jugeleit, 2010, *Betreuungsrecht (Handkommentar)* 2. Aufl. §1904 BGB, Rn. 28 참조.

결정할 수 있다면 동의능력이 있는 것이다.

이것은 한 사람의 피후견인이 특정한 의료행위에는 동의능력이 있지만 다른 의료행위에는 동의능력이 없는 경우가 있을 수 있음을 의미한다. 가령 감기나 골절 등과 같이 구체적으로 떠올릴 수 있는 질병에 대한 단순 처치에는 동의능력이 있지만, 복잡한 병상(病狀)에 대한 복잡한 침해 — 가령, 중대한 수술, 암질환에 대한 화학 방사선 요법 — 에는 동의능력이 없을 수 있다. 38

종래 신상결정능력을 포함하여 어떤 사람의 법적 능력의 존부를 판단함에 있어 사실상의 판단능력(정신능력, mental capacity)을 법적 능력 판단의 지표로 삼는 것이 일반적이었다. 법적 능력의 제한과 연결된 정신능력 판단방법으로는 세 가지 접근법이 알려져 있다.

첫째, 정신능력에 일정한 손상이나 장애가 있다는 진단(상태)을 근거로 그 사람의 법적 능력을 제한하는 것이다(상태적 접근법). 둘째, 어떤 사람이 비합리적이고 불이익한 결정을 하는 경우에 그 결정의 부정적 결과를 근거로 그 사람의 정신능력을 평가하여 법적 능력을 부인하는 것이다(결과적 접근법). 셋째, 어떤 사람이 결정의 성질과 결과를 이해하는지 그리고 / 또는 관련정보를 사용하거나 형량할 수 있는지에 기초하여 당해 사안에 대하여 결정할 법적 능력이 있는지 평가하는 것이다(기능적 접근법).

기능적 접근법을 취하는 2005년 〈영국 정신능력법〉에서는 개인이

---

38 Jürgens and Lesting, Marschner, Winterstein, 2011, *Betreuungsrecht Kompakt*, 7 Aufl., C. H. Beck, Rn. 186; 박인환, 위의 논문, 187쪽 이하.

다음 사항 중 어느 하나라도 수행할 수 없을 경우 의사결정이 불가능한 것으로 간주한다. 첫째, 의사결정과 관련된 정보를 이해하는 것, 둘째, 이러한 정보를 의사결정 과정의 일부로 사용하는 것, 셋째, 정보의 경중을 헤아리는 것, 넷째, 본인의 결정에 대해 말하거나 수어를 사용하거나, 다른 수단을 활용해 의사소통하는 것이다. 39 이러한 기능적 접근법은 현행 〈민법〉상 법률행위에 관한 의사능력의 판단기준과 본질에 있어 다르지 않다. 40

그러나 이러한 법적 능력의 부인과 연결된 정신능력 평가는 장애인에게 차별적으로 적용되고, 이를 근거로 법적 능력을 부인하는 것은 장애인 차별에 해당하여 허용될 수 없다고 본다. 41 그렇다면 스스로 신상에 관한 결정을 할 수 있는 상태에 있지 않은 피후견인의 신상결정을 위한 대안은 무엇인지 검토해 볼 필요가 있다.

---

39 제철웅·정민아, 2020, "신상보호 영역에서의 지원의사결정 제도", 〈의생명과학과 법〉, 23권, 17쪽.

40 우리나라 판례는 의사능력에 관하여, "자신의 행위의 의미나 결과를 정상적인 인식력과 예기력을 바탕으로 합리적으로 판단할 수 있는 정신적 능력 내지는 지능을 말하는 것으로서, 의사능력의 유무는 구체적 법률행위와 관련하여 개별적으로 판단되어야 할 것"이라고 했다〔대법원 2002년 10월 11일 선고, 2001다10113 판결(공2002, 2675); 대법원 2012년 3월 15일, 선고 2011다75775 판결(미공간)〕. 나아가 "어떤 법률행위가 그 일상적인 의미만을 이해하여서는 알기 어려운 특별한 법률적 의미나 효과가 부여되어 있는 경우, 의사능력이 인정되기 위하여는 그 행위의 일상적 의미뿐만 아니라 법률적 의미나 효과에 대하여도 이해할 수 있을 것을 요한다"고 한다〔대법원 2006년 9월 22일, 선고 2006다29358 판결(미공간); 대법원 2009년 1월 15일, 선고 2008다58367 판결(공1999상, 155)〕.

41 UN 장애인권리위원회 장애인권리협약 제12조에 관한 일반평석 제1호(Committee on the Rights of Persons with Disabilities, 2014, "Equal recognition before the law", *General Comment*, No. 1 Article 12, Eleventh session 31 March-11 April 2014, par. 15 (https://tbinternet. ohchr. org, 최종 방문 2022. 9. 1).

2) 신상결정에서 의사결정지원의 원칙

UN 장애인권리협약[42] 제12조[43]에서는 모든 장애인의 법 앞의 평등한 인정을 전제로 다른 사람들과 동등한 조건에서 법적 능력의 향유와 그 행사를 지원하는 조치를 취할 것과 그 조치가 갖추어야 하는 안전장치(*safeguards*)들을 규정한다. 협약 제12조에 규정된 장애인의 권리는 자유와 평등에 관한 권리로서 당사국은 협약 제12조에서 규정한 조치들을

---

[42] 협약의 성립 경위와 배경 및 각 조항의 규범적 내용에 대하여는 국가인권위원회, 2007, 《장애인권리협약해설집》, 한학문화, 그 밖에 협약의 시행에 따른 국내법적 과제를 포함한 최근의 문헌으로 김형식 외, 2019, 《UN 장애인권리협약해설: 복지에서 인권으로》, 어가 참조. UN 장애인권리협약(이하 협약) 제12조와 관련하여 성년후견제도에 미치는 영향에 대하여는 우선 제철웅, 2014, "UN 장애인권리협약이 관점에서 본 한국 성년후견제도의 현재와 미래", 〈가족법연구〉, 28권 2호, 211쪽 이하; 박인환, 2014, "UN 장애인권리협약과 성년후견 패러다임의 전환: 의사결정대행에서 의사결정지원으로", 〈가족법연구〉, 28권 3호, 171쪽 이하; 박인환, 2021, "사적 자치의 원칙과 의사결정지원의 제도화", 〈민사법학〉, 95호, 3쪽 이하 참조.

[43] 협약 제12조(법 앞에서 평등하게 인정받을 권리) ① 당사국은 장애인이 어디에서나 법 앞에 인간으로서 인정받을 권리가 있음을 재확인한다. ② 당사국은 장애인들이 삶의 모든 영역에서 다른 사람들과 평등한 조건에서 법적 능력을 누려야 함을 인정한다. ③ 당사국은 장애인들이 그들의 법적 능력을 행사하는 데 필요한 지원에 접근할 수 있도록 적절한 입법 및 기타 조치를 취한다. ④ 당사국은 법적 능력 행사와 관련이 있는 모든 입법 또는 기타 조치들이 국제인권법에 따라 남용을 막기 위한 적절하고 효과적 안전장치(*safeguards*)를 제공하도록 보장해야 한다. 그러한 안전장치들은 법적 능력 행사와 관련 있는 조치들이 개인의 권리, 의지, 선호를 존중하고, 이해충돌과 부당한 영향이 없고 당사자가 처한 환경에 맞추어 그에 비례하여야 하며, 가능한 한 최단기간에 적용하고, 권한 있고 독립적이며 공정한 기관 또는 사법기관에 의한 정기적 심사의 대상이 되도록 보장해야 한다. 안전장치는 그러한 조치들이 개인의 권리와 이익에 미치는 영향의 정도에 비례해야 한다. ⑤ 당사국은 본 조항 규정에 따라 장애인이 재산을 소유·상속하고 자신의 재산을 관리하며, 은행대출, 주택융자, 기타 금융신용에 평등하게 접근할 수 있도록 보장하고, 그들의 재산이 자의적으로 빼앗기지 않도록 보장하는 모든 적절하고 효과적인 조치를 취해야 한다.

즉시 실현하지 않으면 안 된다. 44

　UN 장애인권리위원회는 협약 제12조와 관련하여 종래 정신능력에 대한 평가에 근거하여 법적 능력(행사)을 부인하는 것은 본질적으로 장애를 이유로 하는 차별로서 더 이상 허용될 수 없다는 취지를 분명히 하였다. 45 협약의 국내법적 이행에 관한 정부의 국제법상 의무와 별개로 협약 제12조 규정이 우리 사회에 직접 적용되는 강제력이 있는 것은 아니다. 그러나 장애인권리협약 제12조는 우리나라가 가입 비준한 국제조약이자 장애인 인권에 관한 국제기준으로서 존중되어야 한다. 이는 개인의 존엄과 가치, 평등권을 규정한 우리 〈헌법〉이나 〈장애인차별금지법〉 등 제반 법령의 취지에도 부합한다.

　따라서 종래의 정신능력 판단기준에 따라 의사결정능력이 없다고 인정되는 경우에도 본인의 신상에 관한 결정능력을 쉽사리 부인해서는 안 된다. 오히려 협약 제12조 각항에서 정하는 취지에 따라 신상에 관한 의사결정을 지원하는 조치를 취해야 한다. 46

　이와 관련하여 오늘날 각국의 정신보건법제는 정신질환자를 자상·

---

44 *General Comment*, No. 1, *Ibid*, para. 30. 협약에 규정된 당사국의 의무는 즉각적으로 이행해야 할 의무와 점진적으로 실현해야 할 의무로 나뉜다. 경제적·사회적·문화적 권리에 대해서는 당사국의 가용자원이 허용하는 최대한의 조치를 점진적으로 달성할 의무가 있다(협약 제4조 제2항). 그 밖에 자유와 평등에 관한 시민적·정치적 권리는 즉각적으로 실현해야 할 의무가 발생한다.

45 *General Comment*, No. 1, *Ibid*, para. 13~15. 그에 관한 소개와 평가에 대해서는 박인환, 위의 논문, 14쪽 이하.

46 최근 협약 제12조의 의의와 〈민법〉 개정을 포함하는 국내법상의 전면적 제도화를 촉구하는 것으로 우선 박인환, 위의 논문 및 박인환, 2021, "공공후견과 의사결정지원 촉진을 위한 입법과제", 〈법조〉, 통권 제747호, 43쪽 이하 참조.

타해의 임박한 위험으로부터 보호하기 위해 가족이나 후견인의 동의로 정신질환자를 본인의 자연적 의사에 반해서도 정신병원에 입원시키거나 본인에 대한 설명 후 동의 없이 치료를 허용하는 제도를 가졌다. 47 이에 대해 위원회는 비자발적 또는 동의 없는 치료, 요양, 병원 또는 시설 입원에 관하여 당사자가 결정할 법적 능력을 부인하는 것은 협약 제14조뿐만 아니라 협약 제12조에 위반하는 것이라며, 당사국에 대해 비자의 입원제도 전면 철폐를 요청하고 있다. 48

---

47 우리나라의 경우, 〈정신건강증진 및 정신질환자 복지서비스 지원에 관한 법률〉 제43조 이하 참조. 동법의 개정 경위와 비자의 입원절차에 대한 검토로서 신권철, 2018, 《정신건강복지법 해설》(입원 편), 법문사; 박인환, 2016, "정신장애인의 인권과 지역사회통합의 관점에서 본 2016년 〈정신건강증진법〉의 평가와 과제", 〈의료법학〉, 17권 1호, 209쪽 이하; 박현정, 2019, "행정법적 관점에서 비자의 입원의 법적 성격과 절차", 〈행정법연구〉, 56호, 145쪽 이하 참조. 우리나라 강제입원 절차의 변천에 대해서는 신권철, 2009, "정신질환자의 강제입원과 퇴원: 인신보호법상 구제요건을 중심으로", 〈저스티스〉, 통권 113호, 211쪽 이하 참조. 특히 〈민법〉 제948조의 2와 관련한 비자의 입원절차 개선과제에 대해서는, 이동진, 2018, "〈개정 정신건강복지법〉상 비자의 입원 규제에 대한 입법론적 고찰: 〈민법〉 제947조의 2 제2항의 검토를 겸하여", 〈의료법학〉, 19권 2호, 99쪽 이하; 제철웅, 2021, "〈민법〉 제947조의 2 제2항의 자유박탈조치의 개선 및 관련 사회보장법의 정비", 〈민사법학〉, 94호, 291쪽 이하 참조.

48 2015년 9월 위원회는 장애인에 대한 비자의 입원제도의 전면 철폐를 요구하는 가이드라인 (Committee on the Rights of Persons with Disabilities, 2015, *Guidelines on article 14 of the Convention on the Rights of Persons with Disabilities: The Right to Liberty and Security of Persons with Disabilities*, Adopted during the Committee's 14th session) 을 공표했다. 이는 그동안 자상·타해의 임박한 현저한 위험을 회피하기 위하여 엄격한 절차하에 정신질환자에 대한 비자의 입원을 허용해온 1991년 정신질환자의 보호 및 정신보건의료의 개선을 위한 원칙(*Principles for the Protection of Persons with Mental Illness and for the Improvement of Mental Health Care*, Adopted by General Assembly Resolution 46/119 of 17 December 1991, 이른바 MI 원칙, https://www. ohchr. org) 을 사실상 대체하는 것이라고 본다. 아울러 UN 고문방지조약위원회 특별보고관의 보고서는 정신병원에서 강제적 치료 관행은 장애인권리협약 제15조, 제17조 위반일 뿐 아니라 고문방지조약

정신질환과 같은 장애의 성질상 병식(病識)이 없어 입원이나 치료에 대하여 동의할 수 없거나 그의 자연적 의사에 반하는 경우, 비자의 입원이나 치료를 허용하지 않은 결과, 본인이 치료를 받지 못하고 방치됨으로써 정신건강상 회복하기 어려운 손해가 발생할 수 있다. 이때에는 국가의 국민 건강 등에 대한 〈헌법〉상 보호의무와 충돌이 문제될 수 있다.

협약 제12조에 따르면, 이 경우에 국가의 보호의무는 비자의 입원이나 치료 방법이 아니라 의사결정지원 방법으로 이행할 것을 요청한다.49 결국 협약 제12조는 의사결정능력의 장애로 법적 능력을 행사할 수 없는 경우, 법적 능력 행사에 대한 권리를 제한하고 본인 보호를 위해 타인의 결정에 복종시키는 것이 아니라, 의사결정능력 장애에도 불구하고 생활의 모든 영역에서 스스로 결정할 수 있도록 지원할 것을 요청한다.50

이러한 관점에서 〈민법〉 제947조의2의 각 항의 적용에 유의할 필요가 있다. 〈민법〉 제947조의 2 제1항은 신상결정에서 자기결정 우선의 원칙을 규정하여 스스로 결정할 수 있는 상태에 있는 한 피후견인 본인

___

위반이 될 수 있다고 한다. Juan E. Mendez, 2013, *Report of the Special Rapporteur on Torture, and Other inhumane or Degrading Punishment*, UN General Assembly, 1 Feb(A/HRC/22/53), para 63 (https://www.ohchr.org).

49 현행 〈정신건강복지법〉상 비자의 입원절차의 전제인 보호의무자제도를 보호자제도로 수정하여 보호자가 치료와 입원 및 입소절차에서 정신장애인을 심리적으로 지지하는 역할을 부여하는 한편 중립적 지위의 전문가(전문적 절차보조인)에 의한 권익옹호서비스 도입을 주장하는 견해가 있다(제철웅, 2018, "비자의 입원절차의 정신질환자를 위한 절차지원제도 도입에 대하여", 〈법조〉, 통권 727호, 547쪽 이하). 이 글은 보호의무자의 동의에 의한 비자의 입원절차에서 정신질환자 본인의 동의에 갈음하여 동의권을 행사하는 보호의무자제도 (대체의사결정)를 폐지하고 부양의무를 지는 가족 등이 보호자로서 심리적 지지라는 형태로 의사결정을 지원하는 역할을 맡길 것(의사결정지원)을 제안한다는 점에서 주목된다.

50 박인환, 위의 논문, 17쪽 이하.

이 자신의 신상에 관하여 결정해야 한다. 반면에 스스로 결정할 수 있는 상태에 있지 않은 경우에는 성년후견인 등이 그 신상에 관한 결정을 대행하는데, 여기에는 의사결정지원이라는 개념이 고려되어 있지 않다.

그럼에도 UN 장애인권리협약 제12조의 취지를 존중하여 본인이 스스로 결정할 수 있는 상태에 있지 않더라도 성년후견인 등은 피후견인의 추정적 의사, 평소 본인의 희망과 선호 등을 고려하여 가능한 한 본인의 원하는 바대로 결정을 할 의무가 있다.[51] 이러한 의무는 성년후견제도의 목적에 관한 재해석을 근거로 선량한 관리자의 주의의무(〈민법〉 제681조) 로서 인정될 수 있다.

신상에 관한 의사결정지원에서 한계상황은 반드시 필요한 의료적 처지나 입원에 관하여 피후견인 본인이 이를 완강히 거부하여 그의 자연적 의사에 따른 치료나 입원이 불가능한 경우이다.

가령 치과치료에 과도한 공포심을 가진 발달장애인이 장기간 방치된 충치로 치통에 시달리고 음식을 잘 섭취하지 못하면서도 발치와 임플란트 치료를 완강히 거부하는 경우를 살펴보자. 그의 자연적 의사를 존중하여 치과치료를 보류하여야 하는가? 아니면 그의 치료거부 의사는 치료행위가 가져올 이익에 대한 합리적 판단을 하지 못한 결과이므로 차료행위에 관한 신상결정능력이 없다고 보아 그의 의사에 반하여 치과치료를 강행해야 하는가? 어떤 사람은 〈민법〉 제947조 단서[52]의 반

---

51 UN 장애인권리협약 제12조에 관한 일반평석 제1호에 의하면, 의사결정을 지원하는 사람이 "상당한 노력을 경주한 후에도 개인의 의사나 선호를 결정하는 것이 실현 불가능할 경우 '최선의 이익'(best interest) 대신에 '의사와 선호에 대한 최선의 해석'(best interpretation of will and preferences)을 해야 한다"고 강조한다. General Comment, No. 1, 2014, Ibid, para. 21.

대해석에 근거하여 피후견인의 복리를 위해 치과치료를 강행할 수 있다고 할지도 모르겠다.

이러한 사태에서 피성년후견인의 의사와 선호에 대한 심층적 음미가 도움이 될 수 있다. 아마 치통에 시달리는 피후견인의 진정한 의사는 치통에서 하루빨리 해방되고 음식을 잘 먹을 수 있게 되는 것이라고 추론할 수 있다. 그러나 과거 치과치료에서 겪었던 고통의 기억이 그의 치료 결정을 방해하는 것이고, 그러한 고통의 불이익과 치료를 통해 얻어질 장기적 이익을 합리적으로 교량하여 판단할 능력이 부족한 것이다.

이때 의사결정지원 방법은 단순하게는 치료를 통해 얻어질 이익을 강조하여 피후견인을 설득하거나 혹은 전신마취처럼 치료의 고통을 회피할 수 있는 다른 대안을 제공하는 것일 수 있다. 따라서 판단능력의 손상 때문에 자신이 진정으로 원하는 바를 실현하는 데 어려움을 겪는 경우, 본인의 진정한 의사와 선호를 실현하기 위해 피후견인의 자연적 의사에 반하는 치료의 가능성이 완전히 부인되는 것은 아니라 할 수 있다.

그러나 어떤 경우에나 본인의 자연적 의사에 반할 뿐 아니라 물리적 억압하에 강제치료를 시행하는 것은 응급상황의 경우 이외에는 허용되어서는 안 된다. 그에 따른 트라우마 발생과 본인의 신체의 자유, 인격적 법익에 대한 침해 등을 초래하는 것은 극력 억제되어야 하기 때문이다. 혹자는 의료나 돌봄 현장에 이를 관철하는 것이 현실적이지 않다고 느낄 수 있다. 그러나 그 비현실감은 우리가 피후견인 등 의사결정능력 장애인의 의사결정지원을 위해 투여할 시간과 노력, 결국 그에 따른 비용 증

---

52 성년후견인은 피성년후견인의 복리에 반하지 아니하면 피성년후견인의 의사를 존중해야 한다.

가를 현실적으로 받아들일 준비가 되지 않은 데서 비롯된 것일 뿐이다.

　그 밖에 신상결정과 관련한 또 다른 중요한 문제는 의료요양시설에 입소하는 경우이다. 치매나 심한 발달장애로 주거시설에 입소 또는 입원하는 경우에 근친의 가족 등이 입소계약을 체결하고 보호자라는 이름으로 가족의 동의에 의해 입소나 입원이 결정되는 경우가 많다. 그러한 주거시설은 병동의 구조, 감시체계, 폐쇄장치를 통해 출입이 제한되는 경우가 대부분이다.

　이러한 폐쇄시설에 본인의 동의 없이 입소나 입원을 시키는 것은 결국 강제수용, 나아가 형사적으로 감금의 죄책이 문제될 수 있다는 점에 유의해야 한다. 과거 이러한 관행은 전통적 가족주의 관념과 본인 보호의 필요성이라는 명목하에 사회적으로 용인되었다. 그러나 오늘날 높아진 장애인 인권의식에 비추어 이러한 사회적 관행은 법적으로 더 이상이 용인되기 어렵다.

　본인 스스로 입소나 입원을 결정할 수 없는 경우라면 성년후견제도 등에 의한 적법절차를 준수해야 한다. 이것 역시 주거시설에의 입소나 입원이라는 일회적 결정을 위해 성년후견인이나 한정후견인을 선임해야 하는가라는 문제가 있다. 성년후견제도 이외에도 의사결정능력에 장애가 있는 사람의 신상결정과 그 지원에 관한 보편적이고 포괄적인 제도화가 요청되는 이유이다. 아마도 신상에 관한 의사결정지원은 최후의 지원수단(*last resort*)으로서의 의사결정의 대행도 포함하여 근친의 가족에 의하여 제공되거나 근친의 가족이 없거나 의사결정지원을 할 수 없는 경우 사회서비스의 하나로 제공하는 방안을 모색할 필요가 있다.

3) 의사결정지원 방안으로서의 사전의료요양지시

신상에 관한 의사결정지원 방안으로 다양한 제도와 조치들이 고려된
다.53 그중에서도 신상에 관한 의사결정에 특유한 지원방법으로 사전의
료요양지시 (*Advance Directives*) 를 활용하는 방안이 유력한 대안이다.54
특히 치매와 같이 의사결정능력 손상이 점진적으로 진행되거나 급성기
정신질환과 같이 질병에 의해 갑자기 발생하는 경우, 사전에 예상되는
의사결정능력 손상에 대비하여 사전의료요양지시를 활용할 수 있다.

특히 정신장애인은 자신의 의사능력이 있는 동안에 자기가 신뢰하는
사전의료요양지시서를 작성하여 둘 수 있다.55 스스로 정신병원 등에
의 입원이나 치료에 관한 적절한 결정을 할 수 없을 때를 대비하여 정신
장애인은 정신병원의 입원과 치료에 관한 자신의 의사를 밝혀 두거나
그리고 / 또는 자신을 대신하여 자신이 정한 기준과 방침에 따라 입원
과 치료에 관해 결정할 권한을 제3자에게 부여해 둘 수 있다.56

이와 관련해 연명의료에서는 〈호스피스・완화의료 및 임종과정에 있
는 환자의 연명의료결정에 관한 법률〉 제10조 이하에 연명의료계획서,
제12조 이하에 사전연명의료의향서에 관한 규정을 두었다. 이를 사전 등

---

53 우선 〈영국 정신능력법〉 제도 중심의 소개는 제철웅・정민아, 위의 논문, 5쪽 이하 참조.
54 후견계약과 관련해 치매노인의 신상결정지원을 위한 사전의료지시 활용방안에 대해서는
　박인환, 2015, "실질적 자기결정 존중의 관점에서의 후견계약의 평가와 의사결정지원 방
　안의 모색", 〈가족법연구〉, 29권 2호, 105쪽 이하, 특히 129쪽 이하 참조.
55 정신과 의료에서 사전의료요양자시서의 소개와 활용 가능성에 대해서는 박인환, 2019, "정
　신장애인의 권익옹호와 의사결정지원 방안", 〈후견과 신탁〉, 2권 2호, 101쪽 이하 참조.
56 박인환, 위의 논문, 123쪽 이하.

록해 그 활용을 지원하는 제도가 확립되어 전국에서 활발히 이용되고 있다.57 한편 보다 포괄적·일반적 의료나 요양에 관한 사전지시는 제도화되지 않았다. 사전의료요양지시제도는 신상결정에 관한 의사결정지원의 유력한 대안이 될 수 있다는 점에서 조속한 입법화·제도화가 요청된다.

사전의료요양지시를 법제화하기 이전에는 사전의료요양지시서를 작성했더라도 그 법적 효력을 둘러싸고 논란이 불가피하다. 가령, 어떤 사람이 자신의 장래 의료나 요양에 관해 사전에 그 처리기준이나 방침 또는 그러한 결정을 대행할 사람을 정해 둔 경우 거기에 의료인이나 요양서비스제공자가 구속되는가? 이를 근거로 의료인이나 요양서비스 제공자가 의료나 요양서비스를 제공할 수 있는가? 법제화 이전에 사전의료요양지시는 본인의 의사를 추정하는 유력한 증거가 될 수 있으나 거기에 확정된 법적 효력을 부여하기는 어렵다.

따라서 그 법제화 이전에 단기적으로 후견계약과 결합된 사전의료의향서의 활용을 모색해 볼 수 있다. 앞서 살펴본 바와 같이 후견계약은 신상보호를 사무 내용으로 하고 신상결정권한을 임의후견인에게 부여할 수 있다. 그러므로 치매에 대비하여 혹은 정신질환의 급성기의 도래에 대비하여 의료나 요양에 관하여 자신이 희망하는 바를 사전의료요양지시와 유사한 형태로 후견계약을 작성하고 이를 실행해 줄 사람을 임의후견인으로 선임하여 둔다면, 본인의 의사결정능력 상실 이후에도 본인이 평소 원하는 바에 따라 의료·요양서비스를 받을 수 있다.

---

57 사전연명의료계획서 및 연명의료의향서의 이용방법과 이용동향에 대해서는 국립연명의료기관 홈페이지(https://lst.go.kr/main/main.do) 참조.

4. 나가며

종래 의사결정능력에 장애가 있는 사람의 신상보호는 근친의 가족 간 부양의무 이행으로 처리되어 왔다. 의료에 있어 설명 후 동의와 같은 새로운 법적 개념 형성과 더불어 자신의 신체 등의 처분을 포함한 신상에 관한 자기결정의 법적 중요성이 인식되자 비로소 우리나라 〈민법〉에서 신상결정에 관한 법적 흠결이 부각되었다. 2013년부터 시행된 새로운 성년후견제도에서는 신상에 관한 자기결정의 원칙을 전제로 성년후견인에게 보충적 신상결정권한을 부여하는 입법적 조치를 취하였다. 그러나 법리적으로나 실무적으로 신상보호의 개념과 그 사무에 대한 이해는 충분하지 않다.

이러한 문제의식하에 이 글은 우리나라 〈민법〉 규정의 연혁, 새로운 성년후견제도 도입 취지, 국내외 관련논의 및 UN 장애인권리협약 제12조 및 동조에 관한 UN 장애인권리위원회의 일반평석 제1호 견해 등을 참고하여 신상보호의 개념, 성년후견인의 신상보호사무, 신상결정능력, 신상결정에 관한 의사결정지원의 중요성 등을 검토했다. 그리고 신상에 관한 의사결정지원 방안의 하나로 사전의료요양지시제도의 도입과 후견계약을 결합한 활용방안을 제시하였다.

신상보호사무는 피후견인 등의 자기결정적 삶을 실현하는 데에 있어 무엇보다 중요한 것인 만큼 앞으로 신상보호 이론과 실무에 관한 체계적 논의가 본격화되기를 기대한다.

참고문헌

구상엽, 2012, "〈개정민법〉상 성년후견제도에 대한 연구", 서울대 박사학위 논문.

국가인권위원회, 2007, 《장애인권리협약해설집》, 한학문화.

국립연명의료기관 홈페이지, https://lst.go.kr/main/main.do.

김형석, 2009, 《민법개정안 해설》, 성년후견제 도입을 위한 민법개정안 공청회 자료집.

_____, 2010, "민법개정안에 따른 성년후견법제", 〈가족법연구〉, 24권 2호.

_____, 2013, "배인구의 '성년후견제도에서의 가정법원의 역할'에 대한 토론문", 자기결정권 존중을 위한 성년후견제 국제 컨퍼런스, 국가인권위원회·한국성년후견학회 공동주최.

_____, 2014, "피후견인의 신상결정과 그 대행", 〈가족법연구〉, 28권 2호.

김형식 외, 2019, 《유엔장애인권리협약해설: 복지에서 인권으로》, 어가.

박인환, 2011, "새로운 성년후견제도에 있어서 신상보호: 신상결정의 대행과 그 한계", 〈가족법연구〉, 25권 2호.

_____, 2014, "UN 장애인권리협약과 성년후견 패러다임의 전환: 의사결정 대행에서 의사결정지원으로", 〈가족법연구〉, 28권 3호.

_____, 2015, "실질적 자기결정존중의 관점에서의 후견계약의 평가와 의사결정지원 방안의 모색", 〈가족법연구〉, 29권 2호.

_____, 2016, "정신장애인의 인권과 지역사회통합의 관점에서 본 2016년 정신건강증진법의 평가와 과제", 〈의료법학〉, 17권 1호.

_____, 2019, "정신장애인의 권익옹호와 의사결정지원 방안", 〈후견과 신탁〉, 2권 2호.

_____, 2021a, "사적자치의 원칙과 의사결정지원의 제도화", 〈민사법학〉, 95호.

_____, 2021b, "공공후견과 의사결정지원 촉진을 위한 입법과제", 〈법조〉, 통권 747호.

박현정, 2019, "행정법적 관점에서 비자의입원의 법적 성격과 절차", 〈행정법연구〉, 56호.

백승흠, 2019, "길릭(Gillick) 판결과 아동의 동의능력", 〈법학연구〉, 30권 2호.

신권철, 2009, "정신질환자의 강제입원과 퇴원: 인신보호법상 구제요건을 중심으로", 〈저스티스〉, 통권 113호.

신권철, 2018, 《정신건강복지법 해설》(입원편), 법문사.

윤석찬, 2008, "醫療行爲에 있어 未成年者의 同意能力에 관한 考察: 독일에서의 논의를 중심으로", 〈법학논총〉, 28권 1호.

윤진수・현소혜, 2012, 《2013년 〈개정민법〉 해설》, 민속원.

이동진, 2018, "〈개정 정신건강복지법〉상 비자의입원 규제에 대한 입법론적 고찰: 〈민법〉 제947조의 2 제2항의 검토를 겸하여", 〈의료법학〉, 19권 2호.

이진기, 2012, "〈개정민법〉 규정으로 본 성년후견제도의 입법적 검토와 비판", 〈가족법연구〉, 26권 2호.

제철웅, 2008, "성년후견제도의 개정방향," 〈민사법학〉, 42호.

_____, 2011, "요보호성인의 인권존중의 관점에서 본 새로운 성년후견제도: 그 특징, 문제점, 그리고 개선방안", 〈민사법학〉, 56호.

_____, 2013, "유엔 장애인권리협약이 관점에서 본 한국 성년후견제도의 현재와 미래", 〈가족법연구〉, 28권 2호.

_____, 2014, "〈개정민법〉상 후견계약의 특징, 문제점 그리고 개선방향: 후견대체제도의 관점을 중심으로", 〈민사법학〉, 66호.

_____, 2018, "비자의입원 절차의 정신질환자를 위한 절차지원제도 도입에 관하여", 〈법조〉, 통권 727호.

_____, 2021, "〈민법〉 제947조의 2 제2항의 자유박탈조치의 개선 및 관련 사회보장법의 정비", 〈민사법학〉, 94호.

현소혜, 2012, "의료행위 동의권자의 결정", 〈홍익법학〉, 13권 2호.

大村敦志, 2004, 《家族法》(第2版 補訂版), 有斐閣.

道垣內弘人, 1998, "〈身上監護〉〈本人意思の尊〉について", 〈ジュリスト〉, 1141號.

梅謙次郎, 1899, 《民法要義卷之四》(親族編), 復刻板

床谷文雄, 2000, "成年後見における身上配慮義務", 〈民商法雜誌〉, 122卷 4・5號.

酒井忠昭・秦 洋一譯, 1994, 《インフォムコンセント》, みすず書房.

Andreas, Jugeleit(Hrsg), 2010, *Betreuungsrecht(Handkommentar) 2*, Aufl. Nomos Verlags.

Committee on the Rights of Persons with Disabilities, 2014, *General Comment No. 1*, *Article 12: Equal Recognition Before the Law*, Eleventh session 31 March‐11 April, from chrome-extension://efaidnbmnnnibpcajpcglclefindmkaj/https://documents-dds-ny.un.org/doc/UNDOC/GEN/G14/031/20/PDF/G1403120.pdf?OpenElement.

_____, 2015, *Guidelines on Article 14 of the Convention on the Rights of Persons with Disabilities: The Right to Liberty and Security of Persons with Disabilities*, Adopted during the Committee's 14th session, held in September, from www.ohchr.org/Documents/HRBodies/CRPD/14thsession/GuidelinesOnArticle 14.doc.

Faden, Ruth R. and Nancy M. P. King, Tom L. Beauchamp, 1986, *A History and Theory of Informed Consent*, Oxford University Press.

Jürgens and Lesting, Marschner, Winterstein, 2011, *Betreuungsrecht Kompakt*, 7 Aufl. C. H. Beck.

Mendez, Juan E., 2013, *Report of the Special Rapporteur on Torture*, and *Other Inhumane or Degrading Punishment*, UN General Assembly, 1 Feb(A/HRC/22/53, from https://www.ohchr.org/documents/hrbodies/hrcouncil/regularsession/session22/a.hrc.22.53_english.pdf.

Münchkomm-BGB/Schwab, §1904., 4 Aufl.

United Nations Human Rights, 1991, *Principles for the Protection of Persons with Mental Illness and for the Improvement of Mental Health Care*, Adopted by General Assembly Resolution 46/119 of 17 December from https://www.ohchr.org/EN/ProfessionalInterest/Pages/PersonsWithMentalIllness.aspx.

9장

가정법원 후견감독실무의 현황과 과제

전현덕

(현 서울가정법원 가사조사관)

1. 들어가며

가정법원은 법률에 따라 심판으로 피후견인에게 필요한 후견의 유형을 결정하고 적합한 후견인을 선임한다. 후견인을 선임할 때는 후견인의 대리권 및 동의권의 범위를 정하고 후견인의 의무로 재산목록과 후견사무보고서의 제출 기한과 방식도 함께 심판한다. 후견인을 선임한 후에는 후견이 종료될 때까지 후견인의 후견사무를 견제하고 지원하는 방향에서 후견활동을 감독한다.

〈민법〉은 정신적 장애가 있는 성인이나 미성년자와 같이 스스로 의사를 결정하거나 실현하는 데 어려움이 있는 사람을 보호하고 지원하기 위해 후견(後見) 제도를 두었다. 성년후견은 정신적 제약으로 사무를 처리할 능력이 결여되거나 부족한 성년자를 대상으로 개시되며, 후견인이 필요한 의사결정을 대행하거나 지원함을 목적으로 한다. 미성년후견은 미성년자에게 친권자가 없거나 친권자가 있더라도 그 친권의 행사가 제한되는 경우 개시되며, 미성년자가 성인이 될 때까지 건강하게 보호하고 양육함을 목적으로 한다.

후견제도를 이용하는 피후견인은 사무처리 및 의사결정능력이 부족하거나 미숙하다. 따라서 피후견인 스스로 부적합한 후견인의 사무처리에 이의를 제기할 가능성이 낮다. 후견인은 피후견인의 재산관리와 신상에 관한 전반적 사무를 맡기 때문에 후견인의 업무소홀과 비위발생은 피후견인의 권리를 침해하는 결과를 초래한다. 경우에 따라 피후견인에게는 회복할 수 없는 손실이 이어질 수 있다. 그러나 피후견인은 그 특성상 권익침해에 대응해 자신의 권리를 회복하거나 후견인의 행위를 제지하기 어렵다. 이런 이유로 상시적으로 후견인을 견제하고 적시에 후견인의 사무에 개입하는 감독행위가 필요하다.

현행 〈민법〉은 감독기관으로 후견감독인과 가정법원을 상정한다. 다만 후견감독인은 임의기관으로 실무상 선임이 많지 않음을 고려할 때, 감독기관으로서 가정법원의 후견감독 기능이 상대적으로 중요해지고 있다.

이 글은 2013년 7월 후견제도 시행 이후 정립된 가정법원의 후견감독 실무 현황과 실무상 해결해야 할 과제 검토를 목적으로 한다. 이를 위해 먼저 가정법원의 후견감독 방식과 일반적 후견감독 절차를 검토하고자 한다. 이후 2021년 7월부터 시행 중인 서울가정법원 후견센터의 후견감독 절차 개선 내용과 후견감독실무를 통해 보다 심화된 후견감독실무 현황을 공유할 것이다. 그리고 이를 통해 가정법원 후견감독실무의 개선과제를 제시하고자 한다.

2. 가정법원 후견감독실무

1) 후견감독의 필요성

(1) 성년후견제도

〈개정민법〉은 성년자를 위한 후견제도로서 후견인과 후견개시의 시기, 후견인에게 위탁할 사무의 범위 등을 후견을 받을 사람의 의사에 따라 계약으로 정하는 '임의후견제도'와 가정법원이 재판을 통해 정하는 '법정후견제도'를 두었다. 법정후견제도는 정신적 제약으로 사무를 처리할 능력이 지속적으로 결여된 사람을 대상으로 하는 성년후견, 그 능력이 부족한 사람을 대상으로 하는 한정후견, 일시적이거나 특정한 사무에 관하여 후원이 필요한 사람을 대상으로 하는 특정후견으로 구분된다.

성년후견제도는 후견을 받을 사람의 상태, 의사, 필요에 따라 적합한 후견제도를 이용할 수 있도록 설계되었다. 또한 피후견인에 따라 제한되는 능력이나 동의유보 사항, 대리권 범위를 개별적이고 탄력적으로 정할 수 있게 함으로써 후견을 받을 사람의 인권과 자기결정권을 보호하고 필요 이상으로 행위능력이 제한되지 않도록 한다.

이처럼 성년후견제도는 과거 금치산·한정치산제도와 비교하면 사건본인에게 적합한 후견인을 선임하고 후견 내용을 구체적 사정에 맞게 다양화할 수 있는 장점이 있다. 한편, 후견인 선정과 임의기관으로서 후견감독인 선임부터 감독에 이르기까지 모든 과정에 가정법원이 관여함으로써 가정법원의 역할과 책무가 중요해졌다.

(2) 미성년후견제도

개정 전 〈민법〉은 유언으로 지정된 후견인이 없으면 미성년자의 최근친 연장자인 친족 순서대로 후견인이 되었다. 이런 법정후견인제도는 미성년자의 의사, 그 친족과의 관계 또는 친밀도, 그 친족의 후견에 대한 의사나 능력, 미성년자의 보호·교육과 관련한 후견인으로서의 적합성, 양육환경 등에 대한 고려가 없었으므로 미성년자의 보호에 미흡했다.

〈개정민법〉은 법정후견인제도를 폐지하고 미성년자의 복리를 고려해 가정법원이 직권으로 미성년후견인을 선임하도록 한다. 또한 성년후견과 같이 임의기관으로서 후견감독인제도를 신설하여 가정법원이 미성년후견에 대해서도 최종적 감독기능을 담당하게 했다. 따라서 미성년후견도 개시 여부 결정, 후견인의 선정, 후견감독에 이르기까지 가정법원의 역할과 책임이 중요해졌다.

2) 가정법원의 후견감독 방식

(1) 후견감독 기관

〈민법〉은 후견인에 대한 감독기관을 후견감독인과 가정법원으로 정하였다. 다만 감독기관으로서 후견감독인은 임의기관이고 1차적 감독기능을 수행하는 반면, 가정법원은 후견감독인을 선임하지 않은 사건과 후견감독인 사무에 대한 감독을 하며 최종적 감독기능을 맡는다.

① 후견감독인

〈민법〉은 후견인의 사무를 감독하는 별도의 감독기관으로 후견감독인을 둔다. 법정후견의 후견감독인은 〈민법〉 개정 과정에서 피후견인의 재산에서 보수를 지급하는 규정으로 피후견인의 경제적 부담을 가중시킬 수 있고, 앞으로 전문적 후견인이 양성되면 후견감독인 수요가 감소할 것으로 예상된다는 점 등을 이유로 임의기관으로 규정되었다.[1]

가정법원은 필요하다고 인정하면 직권 또는 청구권자의 청구에 의해 성년후견감독인(〈민법〉 제940조의 4 제1항), 한정후견감독인(〈민법〉 제959조의 5 제1항), 특정후견감독인(〈민법〉 제959조의 10 제1항), 미성년후견감독인(〈민법〉 제940조의 3 제1항)을 선임할 수 있다. 다만 법정후견과 달리 임의후견은 후견계약의 효력 발생을 위해 가정법원의 임의후견감독인(〈민법〉 제959조의 15 제1항) 선임이 필수이다.

가정법원은 법정후견을 개시하고 후견인을 선임했다고 반드시 후견감독인을 선임해야 하는 것이 아니고 제반 사정을 구체적으로 심리해 선임 여부를 결정한다. 후견감독인을 선임해 감독하게 함이 피후견인의 복리를 위해 바람직하다고 판단되면 후견감독인을 선임하나, 후견감독인의 보수와 같은 현실적 문제로 실무상 후견감독인 선임은 저조한 편이다.[2]

---

1 정정호, 2018, "〈개정민법〉상 성년후견제도와 가정법원의 역할", 〈가사재판연구〉, 3권, 서울가정법원 가사소년재판연구회, 313쪽.

2 2014년 하반기부터 2019년까지 후견감독사건의 누적 접수 건수는 2만 1,027건이고, 이 중 후견감독인을 선임한 사건의 누적 건수는 1,870건이다. 이 가운데 1,115건은 공공후견지원사업으로 지방자치단체가 후견감독인으로 선임되는 특정후견임을 감안할 때, 실제 후견감독인 선임은 755건으로 전체의 3.5% 정도에 불과하다(법원행정처, 2021, 〈가정법원의 후견감독 시행방안에 관한 연구〉, 37쪽 재인용).

가. 후견감독인의 임무

후견감독인은 후견인의 사무를 감독하고 후견인이 없는 경우 지체 없이 가정법원에 후견인의 선임을 청구해야 한다. 또한 후견감독인은 피후견인의 신상이나 재산에 대하여 급박한 사정이 있는 경우 그 보호를 위해 필요한 행위 또는 처분을 할 수 있다. 후견인과 피후견인 사이에 이해가 상반되는 행위에 관해서는 후견감독인이 피후견인을 대리한다 (〈민법〉 제940조의 6).

이외에도 후견감독인이 권한을 수행하는 항목은 다음과 같다.

① 후견인의 피후견인 재산조사와 목록작성 참여(〈민법〉 제941조 제2항)
② 후견인의 재산목록 작성 완료 전 후견인과 피후견인 사이에 채권·채무 관계 확인(〈민법〉 제942조 제1항)
③ 후견인의 대리권에 대한 동의권 행사(〈민법〉 제950조) 3
④ 후견인이 피후견인에 대한 제3자의 권리를 양수하는 경우 동의와 취소(〈민법〉 제951조 제2항)
⑤ 후견인에게 임무수행에 관한 보고와 재산목록 제출 요구, 피후견인의 재산상황 조사(〈민법〉 제953조)
⑥ 후견인의 임무가 종료된 때 피후견인의 재산에 관한 계산 참여 (〈민법〉 제957조 제2항)

---

3 ① 영업에 관한 행위, ② 금전을 빌리는 행위, ③ 의무만을 부담하는 행위, ④ 부동산 또는 중요한 재산에 관한 권리의 득실변경을 목적으로 하는 행위, ⑤ 소송행위, ⑥ 상속의 승인, 한정승인 또는 포기 및 상속재산 분할에 관한 협의는 후견감독인의 동의가 필요하다.

나. 후견감독사무의 감독

가정법원의 감독의무는 후견감독인을 선임했다고 끝나는 것이 아니다. 가정법원은 후견감독인이 감독업무를 충실히 이행하는지 여부까지 감독할 필요가 있다. 만일 후견인과 후견감독인이 공모하는 일이 발생한다면 피후견인의 재산 등을 보호할 방법이 거의 없다 해도 과언이 아니다.[4] 따라서 가정법원은 후견감독인의 선임과정에서 일정한 보고의무 준수를 명하거나, 권한을 제한하거나, 후견사무 감독 규정(〈가사소송법〉 제45조의 4)을 활용하는 방법으로 후견감독인에 대해서도 후견감독을 시행한다.

② 가정법원

〈민법〉은 후견감독인의 1차적 감독기능 외에 후견인에 대한 감독기능을 가정법원에 위임한다. 따라서 후견인의 선임과 감독 업무는 모두 가정법원에 의해 이루어진다.

가. 가정법원의 후견감독에 관한 일반적 규정

가정법원의 후견감독에 관한 일반적 규정 중 후견사무에 관한 처분은 가정법원의 후견사무에 관한 처분을 규정한 〈민법〉 제954조와 후견사무 등에 관한 지시를 규정한 가사소송규칙 제38조의 2가 있다.

---

4 정정호, 앞의 글, 313쪽.

〈민법〉 제954조(가정법원의 후견사무에 관한 처분)

가정법원은 직권으로 또는 피후견인, 후견감독인, 제777조에 따른 친족, 그 밖의 이해관계인, 검사, 지방자치단체장의 청구에 의하여 피후견인의 재산상황을 조사하고, 후견인에게 재산관리 등 후견임무 수행에 관하여 필요한 처분을 명할 수 있다.

'가사소송규칙' 제38조의 2(후견사무 등에 관한 지시)

가정법원이 성년후견인·한정후견인·특정후견인·성년후견감독인·한정후견감독인·특정후견감독인·임의후견감독인을 선임한 때에는 그 후견인 또는 후견감독인에 대하여 그 후견사무 또는 후견감독사무에 관하여 필요하다고 인정되는 사항을 지시할 수 있다.

후견감독에 관한 일반적 규정 중 후견사무의 감독을 규정한 〈가사소송법〉 제45조의 4, 임의후견감독사무의 실태 조사를 규정한 제45조의 7은 가정법원의 후견감독사무에 관한 대표적 규정이다. 또한 가사소송규칙 제38조의 6도 후견사무 등의 감독에 관한 규정이다.

〈가사소송법〉 제45조의 4 (후견사무의 감독)

① 가정법원은 전문성과 공정성을 갖추었다고 인정할 수 있는 사람에게 성년후견사무·한정후견사무·특정후견사무의 실태 또는 피성년후견인·피한정후견인·피특정후견인의 재산상황을 조사하게 하거나 임시로 재산관리를 하게 할 수 있다. 이 경우 가정법원은 법원사무관 등이나 가사조사관에게 사무의 실태나 재산상황을 조사하게 하거나 임시로 재산관리를 하게 할 수 있다.

《가사소송법》 제45조의 7 (임의후견감독사무의 실태 조사)

가정법원은 법원사무관 등이나 가사조사관에게 임의후견감독사무의 실태를 조사하게 할 수 있다.

'가사소송규칙' 제38조의 6 (후견사무 등의 감독)

① 법 제45조의 4 및 제45조의 7에 따라 가정법원으로부터 사무의 실태 또는 재산상황을 조사하거나 임시로 재산관리를 할 수 있는 권한을 부여받은 사람은 그 업무처리를 위하여 가정법원의 허가를 얻어 그 후견인 또는 후견감독인에게 그 후견사무 또는 후견감독사무에 관한 자료의 제출을 요구하거나 제출한 자료에 대한 설명을 요구할 수 있다.

② 제1항에 규정한 사람은 업무를 수행함에 있어 그 후견인 또는 후견감독인을 변경할 필요가 있거나 《민법》 제954조에 따른 조사 또는 처분의 필요가 있다고 판단한 때에는 즉시 이를 가정법원에 보고하여야한다.

나. 후견감독담당관 운영

《가사소송법》은 법원사무관 등이나 가사조사관에게 사무의 실태나 재산상황을 조사하게 하거나 임시로 재산관리를 하도록 할 수 있다(제45조의 4 제1항)고 규정한다. 후견사건의 처리에 관한 예규는 법원사무관 등 또는 가사조사관이 후견감독사건에 관한 업무를 수행하면서 후견인 등의 변경, 후견감독사건의 개시 등 법원의 조치가 필요하다고 판단한 경우에는 즉시 이를 담당판사에게 보고하여야 하고, 판사의 후견감독 조사명령에 따라 조사를 마친 때에는 후견감독조사보고서를 작성하여 담당판사에게 보고하여야 한다(제8조)고 규정한다.

위 규정을 근거로 가정법원은 실무상 후견감독사무를 담당하는 법원사무관 등 또는 가사조사관을 후견감독담당관으로 운영한다. 후견감독담당관의 지위와 역할은 다음과 같다.

① 후견감독담당관은 후견감독사건을 배당받아 초기후견감독, 정기후견감독 등 감독사건의 개시부터 종료까지 사건을 관리한다. 또한 배당된 후견감독사건의 권한초과행위 허가, 후견인의 임무수행에 관하여 필요한 처분명령 등 기타사건이 접수되거나, 후견인의 후견사무 중 변동사항 보고 등이 있을 때는 비정기적 후견감독도 시행한다.

② 후견감독담당관은 후견감독사건의 직권개시 직후부터 친족후견인 교육을 맡고 필요시 후견인의 후견사무를 지원하고 원조하는 지원자로서 역할을 맡는다.

③ 후견감독담당관은 후견인 또는 후견감독인에게 그 후견사무 또는 후견감독사무에 관한 자료의 제출을 요구하거나 제출한 자료에 대한 설명을 요구할 수 있다('가사소송규칙' 제38조의 6 제1항). 또한 후견인 또는 후견감독인을 변경할 필요가 있거나 〈민법〉 954조에 따른 조사 또는 처분의 필요가 있다고 판단한 때에는 즉시 이를 가정법원에 보고해야 한다('가사소송규칙' 제38조의 6 제2항). 위 보고에 대한 보고서는 가사조사보고서의 규정을 준용한다('가사소송규칙' 제38조의 6 제3항).

③ 법률과 심판에 의한 감독

가. 법률에 의한 감독

법률에 의한 감독은 법률에 의한 후견인의 대리권 제한을 허가하는 절차에서 이뤄지는 가정법원의 예방적 후견감독이다.

대표적으로 성년(한정)후견인은 피후견인이 거주하는 건물 또는 대지에 대한 매도, 임대, 전세권 설정, 저당권 설정, 임대차 해지, 전세권 소멸, 그 밖에 이에 준하는 행위를 하는 경우나 피후견인을 치료 등의 목적으로 정신병원이나 그 밖의 다른 장소에 격리하려는 경우, 피후견인이 의료행위의 직접적 결과로 사망하거나 상당한 장애를 입을 위험이 있을 때는 가정법원의 허가를 받아야 한다(〈민법〉 제947조의 2). 또한 후견인과 피후견인 사이에 이해상반 행위가 있을 때는 특별대리인 선임(〈민법〉 제949조의 3)을 규정한다.

이처럼 〈민법〉은 법률에 의해 후견인의 대리권을 제한한 후 필요한 경우 가정법원의 허가를 받도록 하고 있다. 따라서 가정법원은 후견인 청구의 인용 여부를 위해 후견인이 적합한 후견사무를 수행하는지도 심리함으로써 후견인을 감독한다.

나. 심판에 의한 감독

심판에 의한 감독은 후견개시심판 단계에서 심판문의 주문에 후견인의 의무를 규정하고 대리권 목록에 대리권 등을 제한하는 가정법원의 예비적 · 예방적 후견감독 방식이다.

〈민법〉은 가정법원이 직권으로 후견인에게 전반적 후견임무 수행에 관해 필요한 처분을 명할 수 있도록 한다(〈민법〉 제954조). 실무상 가정법원은 후견인(후견감독인)의 선임과정에서 심판을 통해 재산목록보고서, 후견사무보고서(후견감독사무보고서) 제출 등 보고의무 부과와 준수를 명하거나, 후견인의 대리권, 동의권 등 권한을 제한하는 방법으로 향후 후견감독을 고려한 결정을 한다.

가정법원의 후견감독실무는 후견감독 과정에서 후견인의 심판에 의한 의무이행과 권한제한의 준수를 살피며, 필요한 경우 추가로 후견인에게 필요한 사무를 지시하는 방식으로 살피고 후견감독을 시행한다.

3) 후견감독 절차

그간 가정법원의 후견감독 절차는 표준적 지침 없이 각급 법원의 사정에 따라 후견감독 인력이 배치되고 감독절차가 운영된다는 한계가 있었다. 그러나 《법원실무제요: 가사》 개정판이 2022년 초 전국 법원에 배포되고 개정판에 후견이 새로 수록되었을 뿐만 아니라 가정법원의 후견감독이 독립된 절로 집필되어 후견감독 절차가 통일적으로 운영될 수 있는 여건이 마련되었다.

《법원실무제요》가 제시한 일반적인 후견감독 절차는 ① 후견감독사건 직권개시, ② 친족후견인 교육, ③ 재산목록 조사, ⑤ 정기후견감독, ⑥ 후견감독 종료 순이다. 또한 정기후견감독 단계에서 필요한 경우 재산 및 심층후견감독, (상담 등) 조정조치를 시행하도록 한다. 5

---

5 사법연수원, 2021, 《법원실무제요: 가사 II》, 1353~1363쪽.

(1) 후견감독사건 직권개시

가정법원은 후견개시심판이 확정되면 직권으로 '기본후견감독사건'을 개시한다.[6] 후견감독사건은 법원이 필요할 때마다 개시하고 종국할 수 있고 개시 횟수에 제한을 받지 않는다. 다만 법원은 통일적 후견감독업무의 관리를 위해 후견이 개시된 직후 직권으로 후견감독사건을 개시하고 특별한 사정이 없는 이상 후견이 종료될 때까지 계속한다. 기본후견감독사건은 문건 접수, 전산관리 등 제반 후견감독 절차의 중심이 된다.

현재 모든 법원에서 후견개시심판 후 기본후견감독사건의 직권개시가 이루어지나, 각급 법원의 인적·물적 사정에 따라 기본후견감독사건을 기준으로 시행되는 조사절차와 보고양식은 상이하다.[7]

(2) 친족후견인 교육

가정법원은 후견개시사건의 심문기일에 후견인 선임이 예상되는 후견인후보자에게 친족후견인 교육일정을 안내한다.

친족후견인은 후견에 대한 기본적 이해가 부족하고 재산목록 작성, 후견사무결과 보고 등 서류작성·제출 업무에 상당한 어려움을 겪는다. 또한 가정사에 법원이 개입하는 것에 거부감을 갖거나 피후견인의 재산관리를 투명하게 처리하지 못하는 경우도 있다.

이런 이유로 법원은 후견이 개시되면 친족후견인을 대상으로 후견인 교육을 실시한다. 후견인 교육의 주요 내용은 후견제도와 후견감독 절

---

6 '후견사건의 처리에 관한 예규', 제7조 제1항.
7 법원행정처, 2022, 《가사조사 실무편람》, 170쪽.

차에 대한 이해, 재산조사와 재산목록 작성과 제출방법, 일반적 후견 사무 수행방법, 후견사무보고서 작성과 제출방법, 법원허가를 받아야 하는 사항과 청구방법 등이다.

미성년후견인 대상 교육을 별도로 진행하는 법원은 교육 내용에 미성년자의 심리적·정서적 특징과 이를 고려한 미성년자 보호와 지원방법, 보호자의 역할과 양육기술에 대한 이해 등을 추가한다.

(3) 재산목록 조사

후견인이 상속인(후견인) 금융거래조회 또는 상속인(후견인) 재산조회 통합처리 신청 결과가 첨부된 재산목록보고서를 제출하면 제출한 재산 목록과 소명자료의 적정성을 검토하는 과정이다. 재산목록보고서를 심사한 결과 특별한 문제가 없으면 정기후견감독 예정일에 정기후견감독을 실시한다.

만약 후견인이 심판문에 정해진 기간 내에 재산목록 및 소명자료를 제출하지 않으면 후견인에게는 제출요구서 송달 등 필요조치를 한다. 재산목록 및 소명자료를 제출했더라도 심사 결과 이상이 발견되면 신상 심층조사, 재산심층조사, 조정조치, 후견사무지도 등 후속조치를 시행 하기도 한다.

다만 특정후견과 임의후견은 일반적으로 재산목록 제출의무가 없으 므로 가정법원의 재산목록 조사는 실시하지 않는다.

(4) 정기후견감독

정기후견감독은 후견개시심판 확정 후 1년이 경과한 시점을 시작으로 매년 제출하도록 되어 있는 후견사무보고서 제출일 무렵에 정기적으로 시행하는 감독절차다. 일반적으로 후견개시심판문에 1년이 경과한 시점을 예상해 후견사무보고서 제출일자를 매년 ○○월 ○○일 제출하도록 지정한다.

가정법원은 후견감독 예정일 무렵 후견인이 후견사무보고서를 제출했는지 확인하고 제출하지 않은 경우 법관의 보정명령, 담당자의 제출 요구서 등을 통해 제출을 독려한다.

정기후견감독의 방법은 사안에 따라 담당자의 유선 또는 소환조사, 신상 및 재산에 관한 현황 파악을 위한 출장조사, 소명자료 제출을 위한 보정명령 등 방법으로 진행할 수 있다.

① 후견사무보고서의 확인사항

후견인이 제출한 후견사무보고서를 통해 확인하는 사항은 다음과 같다.

가. 기본사항

후견인의 보고기한 준수 유무, 피후견인과 후견인의 거주정보와 연락처 등 인적 사항의 변동 유무 등이다.

나. 피후견인의 재산관리에 관한 사항

종전 재산목록과 비교한 적극재산과 소극재산, 수입과 지출내역 변동 여부와 소명자료 제출 여부, 지출항목과 지출액이 적정한지 여부, 피후견인 재산변동 사유가 적정한지 여부 등이다.

다. 피후견인의 신상보호에 관한 사항

후견인의 피후견인에 대한 접촉 빈도와 방법, 피후견인과 후견인의 동거 유무, 피후견인의 정신적·신체적 상태의 변화 유무 및 치료 상황, 피후견인에게 생활유지, 개호, 의료, 복지서비스 이용 등 적절한 후견 서비스가 제공되는지 여부 등이다.

② 담당자의 보고

후견사무보고서 확인이 완료되면 후견감독을 시행한 담당자는 피후견인의 신상보호와 재산관리가 적정하게 이뤄지는지, 후견인의 후견사무 수행이 적정하게 이뤄지는지에 관한 평가를 요약해 담당법관에게 보고한다. 더불어 후견인의 후견사무에 대한 특이사항과 가능한 후속조치에 대한 의견, 차기 후견감독 예정일 등도 보고서에 기재하여 차기 후견감독에서 참조하도록 한다.

③ 종료와 후속조치

담당법관은 제출된 보고서를 통해 후견인의 사무가 적정하게 이뤄지는지 확인한다. 별다른 문제가 없다면 정기후견감독 절차를 종료한다. 그러나 피후견인의 보호와 후견인의 적정한 후견사무 수행을 위해 추가적 조치가 필요하다고 판단되면 다음과 같은 후속조치를 취한다.

가. 심층후견감독 또는 조정조치

피후견인의 신상과 재산에 관한 보다 전문적이고 심화된 조사가 필요하다고 판단되면 심층후견감독을, 후견인에 대한 심리적·정서적 조정이 필요한 경우라면 조정조치를 실시한다.

나. 심문기일 소환

후견인이나 피후견인이 감독절차에 협조하지 않아 정기후견감독이 제대로 이루어지지 않는 경우, 후견인과 피후견인, 그 친족이나 이해관계인으로부터 후견사무 수행의 적정성과 후견계획 등에 관한 의견을 확인해야 할 필요가 있는 경우, 후견인 변경이나 후견인 고발 등 후견인에 대한 조치 여부를 심리할 필요가 있는 경우 등이 있을 수 있다. 이때에는 심문기일을 열어서 피후견인, 후견인과 친족 등 관계인을 심문한다.

다. 경 고

후견인을 변경하거나 고발할 정도는 아니지만 지출항목이 적절하지 않거나 수입을 누락하는 등 후견인의 사무수행에 부적절한 사항이 발견되는 경우, 피후견인의 신상에 관한 적절한 관리가 이뤄지지 않는 경우 등이 해당한다. 이때는 후견인에 대한 지도와 교육, 재발 방지 등을 위해 적절한 후견사무 수행방법과 위반 시 제재 등을 내용으로 하는 서면 경고문을 보내기도 한다.

라. 후견감독인의 선임

후견인의 비위행위가 후견인 변경이나 고발할 정도에 이르지는 않지만 감독인에 의한 지속적이고 적절한 견제와 개입이 필요한 경우 직권으로 후견감독인을 선임한다.

마. 후견인 변경 또는 추가선임

후견인의 사무수행능력이 현저히 떨어지거나 후견사무를 지속할 의사가 없는 경우, 비위행위의 위법성 또는 사무집행의 부적절성이 커서 후견인에게 후견사무를 지속하도록 할 수 없는 경우, 후견인이 질병, 노령, 장기부재 등으로 후견사무를 계속할 수 없는 경우 등이 해당한다. 이 경우 후견인을 변경하거나 추가로 선임하기도 한다. 만약 후견인이 여러 명인 경우라면 후견인들 사이의 권한행사 범위와 방법을 변경하기도 한다.

바. 고 발

후견인에게 후견사무 집행과 관련해 횡령과 배임행위가 있는 경우, 피후견인에 대한 학대, 방임 등의 행위를 한 경우에는 후견인의 형사처벌을 위해 고발한다. 이 경우 기존 후견인에 대한 직무집행정지 후 선임된 직무대행자 또는 임시후견인이 고발하는 경우가 일반적이다. 그러나 사안에 따라 법관 또는 법원사무관 등에 의한 직무고발 형식을 취할 수 있다.

후견인이 피후견인의 친족인 경우 피후견인의 재산을 횡령하는 등의 범죄가 발생해도 친족상도례 규정으로 처벌되지 않는지의 문제가 있으나, 가정법원 후견감독의 실무례는 친족후견인이 피후견인의 재산을 횡령한 사건에서 친족상도례의 적용을 배제한다. [8]

④ 후견감독인에 대한 감독

후견감독인에 대한 정기후견감독은 후견감독인이 후견감독사무보고서를 제출했는지 확인하고 제출한 후견감독사무보고서를 통해 후견인의 재산관리 및 신상보호에 관한 사항 등을 확인한다. 후견감독담당자는 후견인에 대한 정기후견감독과 같이 후견감독인과 통화하여 구체적 후견감독 활동을 확인한다. 후견인, 피후견인, 관계인 등과 통화해 후견감독인의 후견감독 활동에 대한 의견을 청취하기도 하고, 출장이나 소환조사를 실시하기도 한다.

담당법관은 후견감독담당자의 보고를 통해 후견감독인의 사무가 적정하게 이뤄지는지 확인하고 필요한 경우 후견감독인 변경 또는 추가선임 등의 후속조치를 취할 수 있다.

(5) 후견감독 종료

개시된 후견이 종료되면 후견감독 역시 종료한다. 성년후견에서 대표적 후견종료 사유는 후견종료심판과 피후견인의 사망[9]이고 미성년후견에서는 피후견인의 성년도달이다. 가정법원은 후견종료 사유가 발생하고

---

8 "후견사무의 적법성 보장과 피후견인의 보호를 위하여 친족상도례의 적용이 배제되어야 한다는 결론에 대하여는 이론이 없지만, 죄형법정주의 등 형사법체계와의 조화를 위해서는 이를 처벌할 수 있는 특별법을 제정하거나 형법을 개정할 필요가 있다는 견해도 있다"(사법연수원, 앞의 책, 1359쪽).

9 후견종료심판은 확정 후 법원의 촉탁에 의해 후견종료등기(〈가사소송법〉 제9조, '가사소송규칙' 제5조의 2 제1항)가 이뤄지지만 피후견인의 사망은 후견인(종료등기신청 의무자)이 사망사실을 안 날로부터 3개월 내에 후견종료등기를 신청(〈후견등기에 관한 법률〉 제29조 제1항)해야 하고 정당한 사유 없이 기간 내에 등기신청을 하지 않으면 50만 원 이하의 과태료가 부과(동법 제44조 제1항)됨에 유의해야 한다.

후견인이 피후견인의 재산에 관한 계산보고서를 제출하면 이를 확인한 후 별다른 처분을 할 필요가 없다고 판단되면 기본후견감독사건을 종국한다.

3. 서울가정법원 후견센터의 후견감독실무

1) 후견감독 인력 운영

(1) 후견감독담당관

후견개시심판 후 기본후견감독사건을 직권개시하고 담당법관이 후견감독조사명령을 발하면 후견감독담당관에게 기본후견감독사건을 배당한다. 이로써 후견감독담당관은 가사사건의 조사명령에 준하여 기본후견감독사건의 감독과 관리를 시작한다.

서울가정법원은 후견센터 내에 법원사무관 등 일반직 후견감독담당자와 가사조사관이 함께 근무하며 후견감독담당관이란 직명으로 후견감독조사를 수명한다.[10]

(2) 후견감독 인력 운영

서울가정법원은 2022년 7월 현재 3개의 후견사건 전담 재판부가 있고 후견센터에는 24명의 직원이 근무한다. 24명의 구성은 법원사무직 실무관 4명, 법원조사직 가사조사관 2명, 후견감독담당관 18명(법원사무

---

10 서울가정법원, 2018, 《후견감독담당관 직무편람》, 13~16쪽.

직 13명, 법원조사직 5명) 이다.

법원사무직 실무관은 재판부 참여보조 3명, 후견센터 기획 및 민원안내 1명이고 법원조사직 가사조사관 2명은 후견개시사건의 가사조사를 맡는다. 후견감독담당관 18명 중 3인은 조기감독사무를, 15인은 정기감독사무를 맡는다. 조기감독사무를 맡은 3인은 3개 후견사건 전담 재판부의 참여를 각 겸임하고 정기감독사무를 담당하는 15인은 성년·한정후견감독 12명, 미성년후견감독 2명, 특정후견감독 1명 (기획사무 겸임) 으로 배치하고 있다.

〈그림 9-1〉은 2021년 7월 1일부터 시행 중인 후견센터의 후견감독 인력배치 및 운영 현황이다. 후견센터는 후견개시심판의 확정 후 후견감독사건을 직권개시하고 후견감독담당관에게 후견감독조사명령으로 사건을 배당하면 후견감독사건을 배당받은 담당자가 초기감독부터 종료까지 모든 사건을 관리하던 종전의 후견감독사건 관리절차를 〈그림 9-1〉과 같이 개선했다.

그림 9-1 후견센터 후견감독 인력배치 및 운영 현황

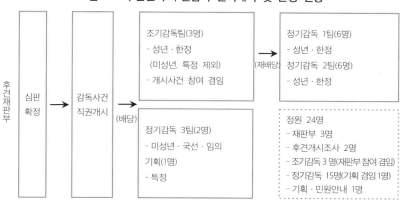

① 조기감독팀 신설

성년·한정후견감독사건이 직권 개시된 직후 초기에 감독을 강화하기 위해 조기감독팀을 신설하고 조기감독을 전담하는 후견감독담당관 3인을 배치했다. 후견감독담당관 3인은 각자 후견사건 전담 재판부에 전속되어 재판참여를 겸임하며 해당 재판부가 직권 개시한 성년·한정후견감독사건의 초기 감독사무를 맡는다. 이들은 후견인이 제출한 모든 재산목록보고서를 조사한 후 재산목록의 적정성에 대한 재산목록후견감독보고서를 작성해 담당법관에게 제출하고 있다. 조기감독팀이 제출하는 재산목록후견감독보고서에는 정기감독을 대비하여 후견감독사건의 향후 관리등급을 일반과 간이감독으로 구분한다.

② 정기감독 인력의 재배치

후견센터는 정기감독을 담당하는 후견감독담당관을 후견 유형에 따라 배치한다.

　성년·한정후견감독사건은 정기감독 1, 2팀이 담당한다. 이들은 조기감독팀이 조기감독을 완료한 후견감독사건을 일반감독과 간이감독사건별로 구분해 재배당받은 후 정기감독을 시행하고 후견감독사건이 종국될 때까지 관리한다. 정기감독 1, 2팀의 주요 감독사무는 성년·한정후견인이 매년 제출하는 후견사무보고서의 전수조사와 일반 및 간이감독사건으로 구분한 후견감독조사보고서를 작성해 담당법관에게 제출하는 것이다. 또한 후견감독부수사건 심판 이행 결과와 이행 적정 여부를 확인하여 담당법관에게 보고한다.

　성년후견사건과 감독방식이 상이한 미성년후견감독사건과 국선후견인을 선임한 후견감독사건은 정기감독 3팀이 감독사무를 맡는다. 미성년후견은 후견인 선임 초 상속재산의 유무와 상속개시 전후 단계를 포함한 재산조사와 재산목록의 작성뿐만 아니라 신상 및 양육 계획 수립도 중요하다. 따라서 정기감독 3팀은 조기감독을 시행하고 필요에 따라 신상심층후견감독을 병행하며 신상보호 현황을 확인하고 후견인의 사무지도, 심리적 조정조치 등 후속조치도 시행한다.

또한 정기감독 3팀은 국선후견인을 선임한 사건의 후견감독도 전담한다. 국선후견인을 선임한 사건은 피후견인에게 달리 재산이 없고 후견인을 맡을 친족이 없거나, 후견감독 과정에서 후견인의 학대, 방임, 유기와 같은 복리 침해가 확인되거나, 후견인이 고령, 장애, 질병으로 원활한 후견사무 수행이 어려운 경우 등이다. 이처럼 국선후견인을 선임한 사건은 상대적으로 피후견인의 신상보호와 복리에 관한 후견감독이 필요하므로 전담팀을 구성해 전문적으로 관리하도록 한다.

정기감독 3팀의 주요 감독사무 역시 정기감독 2, 3팀처럼 후견인이 매년 제출(국선후견인은 매달 제출)하는 후견사무보고서의 전수조사와 후견감독조사보고서 작성 및 담당법관에게 제출, 후견감독부수사건 심판의 이행 결과와 이행 적정 여부 확인, 보고 등이다.

특정후견감독사건도 후견감독담당관 1인을 전담자로 지정해 관리한다. 전담 후견감독담당관의 기본 감독사무도 후견인이 제출하는 후견사무보고서와 후견감독인이 제출하는 후견감독사무보고서의 전수조사와 후견감독조사보고서 작성 및 담당법관에게 제출이다.

2022년 8월 30일 현재 특정후견감독사건 314건 중 후견인만 선임된 사건은 4건, 후견감독인도 선임된 사건은 310건이다. 이 중 후견감독인이 선임된 사건은 모두 보건복지부의 발달장애, 치매 공공후견지원 사업을 통해 특정후견이 개시되고 지방자치단체가 후견감독인인 경우로 전체의 98.7%를 차지한다. 특정후견감독사건은 공공후견 사건의 고유한 특징을 반영한 후견감독과 공공후견 사업기관과 연계, 소통이 중요하다. 따라서 일괄적 후견감독 절차운영과 전문화를 위해 전담자를 두고 있다.

2) 예비감독: 후견개시심판 단계에서 개입

예비감독이란 후견개시 단계에서 향후 후견감독을 대비한 자료를 수집하는 일련의 과정이라 할 수 있다. 또한 후견인 선임이 예상되는 후견인후보자에게 후견의 의미와 후견인으로서 올바른 자세를 전달하는 과정이기도 하다.

실무상 가정법원은 가사조사나 심문기일에 후견개시심판 청구의 진정한 사유, 후견을 통해 해결하고자 하는 사안, 피후견인의 재산 및 신상보호 현황, 후견계획 등 기초자료를 수집해 후견감독 단계에서 활용한다. 더불어 후견인후보자에 대한 사전교육도 겸한다. 가사조사 단계에서는 가사조사관의 보고서가, 심문기일은 기일에 출석한 사건본인, 청구인, 관계인 등의 진술 청취와 심문조서가 후견감독 단계에서 기초자료로 활용된다.

최근 추가된 서울가정법원의 예비감독 절차는 후견인후보자 사전교육과 신상보호계획서 작성이다.

(1) 후견인후보자 사전교육

서울가정법원은 2022년 1월부터 후견인후보자 교육을 시행하고 있다. 후견인후보자를 자임하는 청구인 혹은 친족은 가정법원이 제작한 동영상 '후견 이것만을 알고 시작해요'를 시청한 후 동영상 내용을 기준으로 몇 가지 질문에 답한 교육확인서를 심문기일에 제출해야 한다. 심문기일에는 후견인후보자 대상 후견제도 안내문을 배포하고 법관이 직접 후견업무의 내용을 숙지하는지, 후견업무를 수행할 의사가 있는지 여부를 확인한다.

동영상은 후견인후보자가 후견이 개시되기 전에 반드시 알아야 할 사항을 미리 안내하고 교육하기 위한 목적으로 다섯 가지 사례를 제시했다. 제시된 사례가 강조하는 사항은 ① 후견인 선임 2개월 이내 재산목록보고서 제출, ② 법률과 심판에 의한 허가사항은 반드시 법원의 사전허가 청구, ③ 매년 후견사무보고서 제출, ④ 피후견인 명의로 재산관리, ⑤ 개시된 후견은 후견인이나 가족 마음대로 종료할 수 없다는 것이다.

후견인후보자 사전교육은 피후견인 가족의 후견제도에 대한 인식을 향상시키는 한편 후견을 개시할 것인지, 후견인후보자로 누가 적합한지 등을 충분히 숙려할 수 있도록 한다.

후견센터도 후견제도와 후견감독 절차에 대한 이해도가 높아진 후견인후보자가 후견인으로 선임됨으로써 향후 보다 원활한 후견감독 절차 진행이 가능할 것으로 기대한다.

(2) 후견인후보자의 신상보호계획서 작성

서울가정법원은 2022년 5월부터 법관의 심문 또는 가사조사관의 가사조사 단계에서 후견인후보자가 직접 작성하는 신상보호계획서를 제작해 사용하고 있다. 신상보호계획서는 ① 후견에 대한 사건본인의 의사, ② 사건본인 거주지, ③ 사건본인의 병력, ④ 일상·사회생활 기능, ⑤ 사건본인의 가족 및 인간관계, ⑥ 사건본인 주거상황, ⑦ 사건본인 식생활, ⑧ 사건본인의 위생 및 의복, ⑨ 본인이 후견인으로 선임되는 것이 어떤 점에서 사건본인에게 이익이 될 수 있을지 기재하는 항목으로 구성된다.

각 항목은 신상보호계획서를 작성하는 사람이 피후견인의 신상보호를 위해 필요한 내용을 얼마나 구체적으로 잘 알고 있는지 스스로 점검하도록 한 후 각 상황에 맞는 계획을 작성하도록 한다.

후견개시 단계에서 후견인후보자 등 친족이 피후견인의 재산을 두고 다투며 신상에 관심이 부족하거나, 피후견인의 신상보호를 두고 다툼이 있는 경우가 있다. 이때 후견인후보자 등 친족이 구체적 신상보호계획서를 직접 작성하도록 하면 막연한 주장에서 벗어나 피후견인의 신상보호에 관한 현실을 직면하고 합리적 사고에 도달하도록 도울 수 있다. 이것은 후견인후보자 등 친족의 관심을 피후견인의 신상보호로 돌림으로써 이들이 피후견인의 권리와 복리실현의 중요성을 자각하는 계기가 되기도 한다.

또한 가정법원은 신상보호계획서를 비교하여 보다 적정한 후견인을 선임할 수 있고, 계획서를 통해 피후견인의 신상현황에 대해 풍부한 자료를 수집하고 향후 후견감독 절차에서 활용할 수 있는 장점이 있다.

3) 후견센터의 후견감독 절차

서울가정법원 후견센터는 2021년 7월 1일부터 후견감독사건의 효과적인 관리와 후견감독을 목표로 조기감독팀 운영, 사건처리절차 정비, 보고서 양식 개선 등 새로운 후견감독사건 관리절차를 운영하고 있다.

후견센터의 후견감독 절차는 후견감독사건 직권개시 직후 후견인에게 후견절차 안내문을 송부하고 조기감독을 맡은 후견감독담당관에게 후견감독조사명령으로 후견감독사건을 배당하며 시작된다. 배당된 후견감독사건은 조기감독 단계에서 재산목록보고 기준 후견감독이 완료되고 사건관리 등급이 정해지면 정기감독을 담당하는 후견감독담당관에게 재배당된다. 이때부터 정기감독을 담당하는 후견감독담당관이 후견종료 때까지 후견감독사건을 관리하며 일상감독, 정기감독, 종료감독을 수행한다.

(1) 후견감독사건 직권개시

후견센터는 후견감독사건이 직권 개시되면 후견인에게 후견감독 절차 안내문을 송달해 전반적 후견감독 절차와 후견인의 의무, 유의사항을 안내한다. 이와 함께 법관의 후견감독조사명령을 수명한 후견감독담당관의 후견감독사무도 시작된다.

그림 9-2 서울가정법원 후견센터의 후견감독 절차와 주요 내용

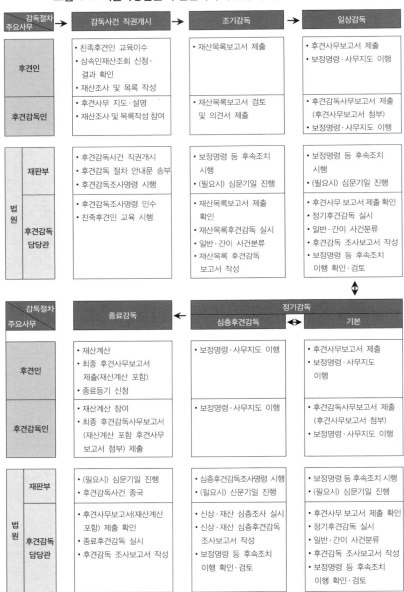

감독절차 주요사무	→	감독사건 직권개시	→	조기감독	→	일상감독
후견인		• 친족후견인 교육이수 • 상속인재산조회 신청· 결과 확인 • 재산조사 및 목록 작성		• 재산목록보고서 제출		• 후견사무보고서 제출 • 보정명령·사무지도 이행

후견감독인		• 후견사무 지도·설명
		• 재산조사 및 목록작성 참여
				• 재산목록보고서 검토
				  및 의견서 제출
						• 후견감독사무보고서 제출
						  (후견사무보고서 첨부)
						• 보정명령·사무지도 이행

법
원
	재판부	• 후견감독사건 직권개시
		• 후견감독 절차 안내문 송부
		• 후견감독조사명령 시행
				• 보정명령 등 후속조치
				  시행
				• (필요시) 심문기일 진행
						• 보정명령 등 후속조치
						  시행
						• (필요시) 심문기일 진행

	**후견감독
	담당관**
		• 후견감독조사명령 인수
		• 친족후견인 교육 시행
				• 재산목록보고서 제출
				  확인
				• 재산목록후견감독 실시
				• 일반·간이 사건분류
				• 재산목록 후견감독
				  보고서 작성
						• 후견사무 보고서 제출 확인
						• 정기후견감독 실시
						• 일반·간이 사건분류
						• 후견감독 조사보고서 작성
						• 보정명령 등 후속조치
						  이행 확인·검토

감독절차 주요사무		종료감독	←	정기감독		
				심층후견감독	↔	**기본**

후견인		• 재산계산
		• 최종 후견사무보고서
		  제출(재산계산 포함)
		• 종료등기 신청
				• 보정명령·사무지도 이행		• 후견사무보고서 제출
						• 보정명령·사무지도
						  이행

후견감독인		• 재산계산 참여
		• 최종 후견감독사무보고서
		  (재산계산 포함 후견사무
		  보고서 첨부) 제출
				• 보정명령·사무지도 이행		• 후견감독사무보고서 제출
						  (후견사무보고서 첨부)
						• 보정명령·사무지도 이행

법 원	**재판부**	• (필요시) 심문기일 진행 • 후견감독사건 종국		• 심층후견감독조사명령 시행 • (필요시) 신문기일 진행		• 보정명령 등 후속조치 시행 • (필요시) 심문기일 진행

	**후견감독
	담당관**
		• 후견사무보고서(재산계산
		  포함) 제출 확인
		• 종료후견감독 실시
		• 후견감독 조사보고서 작성
				• 신상·재산 심층조사 실시
				• 신상·재산 심층후견감독
				  조사보고서 작성
				• 보정명령 등 후속조치
				  이행 확인·검토
						• 후견사무 보고서 제출 확인
						• 정기후견감독 실시
						• 일반·간이 사건분류
						• 후견감독 조사보고서 작성
						• 보정명령 등 후속조치
						  이행 확인·검토

① 후견감독 절차 안내문

후견센터는 2022년 4월부터 후견 유형에 따라 후견감독 절차가 상이함을 반영해 종전 1종이던 후견감독 절차 안내문을 성년(한정), 미성년, 특정후견감독 절차 안내문 3종으로 구분, 제작해 송달하고 있다. 또한 후견감독인이 선임된 사건은 후견감독인 안내문을 추가로 송부한다.

이는 2021년 7월 1일부터 성년(한정), 미성년, 특정후견감독사건을 전담 팀별로 관리한 결과 후견 유형에 따라 후견사무의 특성이 다르고 후견감독 절차도 달리할 필요가 있음을 확인했기 때문이다.

가. 성년(한정)후견감독 절차 안내문

최초 후견감독사건의 사건번호 안내를 시작으로 후견등기사항증명서 발급 및 사용, 친족후견인 교육이수, 후견인 재산조사와 목록작성, 후견사무보고서 작성, 종료 사무를 순서대로 수록했다. 또한 유의사항으로 법률과 심판에 의해 법원의 사전 허가를 받아야 하는 사항을 안내한 후 피후견인의 재산은 원칙적으로 피후견인의 명의로 관리하고 피후견인을 위해 사용할 것을 당부한다.

이외 양식을 내려받기 위한 대한민국 법원 홈페이지, 문서의 전자적 제출을 위한 전자소송 홈페이지도 안내한다. 별지로 피후견인 재산목록 조회방법을 수록해 후견인이 사망자 등 재산조회서비스를 신청하는 데 참고할 수 있도록 한다.

나. 미성년후견감독 절차 안내문

최초 후견감독사건의 사건번호 안내를 시작으로 미성년후견 개시신고,

미성년후견인 교육이수, 후견인 재산목록보고서 작성, 후견사무보고서 작성을 순서대로 수록했다. 또한 유의사항으로 미성년자의 재산은 원칙적으로 미성년자 명의로 관리하도록 당부한다.

재산목록보고서 작성 시 유의사항을 별지로 수록해 미성년자의 상속재산 보고방법을 안내하고 상속이 완료된 경우와 상속이 예정된 경우를 구분해 재산목록을 작성하도록 한다. 또한 미성년자의 상속재산 보호를 위해 후견인이 미성년자의 상속재산을 누락하거나 고의로 보고하지 않은 경우 원상회복 명령, 경고, 후견인 변경, 형사고발 등의 조치를 취함도 안내한다.

이외에 양식 내려받기, 전자소송 안내는 성년(한정)후견감독 절차 안내문과 동일하다. 사망한 부모의 상속재산 조회에 참고할 수 있도록 상속재산 조회방법도 수록하고 있다. 또한 유의사항으로 상속포기 및 한정승인심판 청구가 진행 중인 경우 자료를 제출하도록 안내한다.

다. 특정후견감독 절차 안내문

최초 후견감독사건의 사건번호 안내를 시작으로 특정후견(감독)인을 대상으로 안내사항을 수록했다. 안내문은 특정후견의 대부분이 보건복지부의 발달장애, 치매 공공후견사업에 의한 특정후견 청구와 후견인(공공후견인) 및 후견감독인(지방자치단체장)이 선임되는 실무를 반영한다.[11]

---

11 서울가정법원 내부 통계에 따르면 2021년 7월 1일부터 2022년 6월 30일까지 후견감독인을 선임한 134건 중 113건은 지방자치단체를 선임한 공공후견사건으로 전체의 84.3%에 달한다.

안내문은 후견등기사항증명서 발급 및 사용, 후견사무보고서 혹은 후견감독사무보고서 작성, 종료 사무를 순서대로 수록한 후 별지로 공공후견지원사업에 따른 특정후견감독사건 유의사항을 수록해 지방자치단체 담당자가 후견감독인으로서 감독사무에 참고하도록 한다.

라. 후견감독인 안내문

실무상 후견감독인 선임 건수가 미미하다 보니 선임된 후견감독인이 후견감독인의 직무에 대한 이해가 부족하고 적정한 후견감독사무 수행에 곤란을 겪는 경우가 있다.

서울가정법원 후견감독사건의 연간 누적 접수 건수는 987건이고 이 중 후견감독인을 선임한 사건의 누적 건수는 134건으로 전체의 약 13.57%를 차지한다. 그러나 이 중 공공후견지원사업으로 지방자치단체가 후견감독인으로 선임되는 특정후견 113건을 제외하면 전문후견감독인 선임사건은 약 2.12%(21건)로 떨어진다.

후견센터는 선임된 후견감독인에게 가정법원이 후견인을 감독하고 후견인의 후견사무에 관한 적절한 지원을 위해 후견감독인을 선임함을 공지한 후 후견감독 절차에서 반드시 알아야 하는 후견감독인의 사무를 숙지하도록 안내한다.

표 9-1 서울가정법원 후견감독인 선임 현황 (2021. 7~2022. 6)

구분	성년	한정	특정	임의	미성년	총합
후견감독사건 접수 건수	727	53	114	2	91	987
후견감독인 선임 건수	4	0	113	2	15	134(21)
후견감독인 선임 비율(%)	0.55	0	99.12	100	16.48	13.57(2.12)

주: ( )는 공공후견지원사업으로 지방자치단체가 후견감독인으로 선임되는 사건을 제외한 수치다.

② 후견감독조사명령

후견센터는 후견감독사건별로 법관의 후견감독조사명령이 있으면 후견감독담당관에게 사건을 배당한 후 담당관이 후견감독사건을 관리하며 후견감독 절차를 진행하도록 한다. 후견감독조사명령을 인수한 후견감독담당관은 친족후견인의 교육이수 여부를 점검하고 재산조사를 위한 상속인재산조회 신청 등 후견인 재산조사 및 목록작성에 관한 질의도 응대한다. 후견감독인이 선임된 경우라면 후견감독인의 재산조사 및 목록작성 참여 등 후견감독인의 초기 업무에 대한 상담도 맡는다.

(2) 조기감독

가정법원은 후견인의 정확한 재산목록 제출이 재산관리에 관한 후견감독에 있어 매우 중요한 첫 단추임을 알고 있다. 다만 감독인력의 부족으로 후견개시 초에 세밀한 후견감독을 시행할 수 없는 대다수 법원은 후견인의 재산목록보고서 제출과 증빙서류 첨부 여부를 확인하고 미제출 시 후견인에게 재산목록보고서 제출을 독촉하는 선에서 후견감독을 시행할 수밖에 없는 현실이다.

후견개시 초 후견인의 정확한 재산목록보고서 작성과 적합한 신상보호계획 수립은 장래 후견감독의 질을 좌우한다. 후견개시 초 후견감독이 느슨할수록 후견인에 대한 견제 효과는 반감될 수밖에 없다. 초기 감독기관의 견제 경험이 부족하고 부실한 재산조사와 재산목록을 작성한 후견인일수록 자의적 후견사무를 진행할 가능성이 많아진다. 후견인의 부적절한 후견사무 반복이 이어지다 보면 후견인은 후견사무 보고

의무를 회피하거나 부실한 보고를 반복할 개연성이 많아지고, 결국 감독법원의 업무를 가중시키는 결과로 이어진다.

뿐만 아니라 후견인의 후견사무 수행은 피후견인의 일상생활과 복리에도 커다란 영향을 미친다. 후견인의 부적절한 후견사무가 피후견인에게 돌이킬 수 없는 피해로 이어지지 않게 하기 위해서도 후견개시 초적절한 후견감독 시행이 요구된다.

① 조기감독팀

조기감독팀은 후견센터의 조기감독 절차 전반을 담당한다. 12 조기감독팀 3인은 각자 재판부 참여를 겸임하며 후견인의 재산목록보고서 제출이 완료될 때까지 후견감독사건을 관리한다.

일반적으로 감독법원은 후견감독사건을 직권 개시하면 후견개시 1년후인 후견인의 최초 후견사무보고서 제출일자를 최초 후견감독예정일로 지정한다. 그러나 후견센터는 심판문 기준 후견인의 재산목록보고서 제출일자를 최초 후견감독예정일로 지정해 관리한다. 후견인에게도 재산조사와 목록작성을 완료하기 전까지 재산관리에 관한 권한을 행사할 수 없음(〈민법〉 제934조)을 안내하고 반드시 기한 내에 재산목록보고서를 작성해 제출하도록 한다.

---

12 조기감독팀은 성년·한정후견감독사건의 조기감독만 담당한다. 개시 초부터 재산목록뿐만 아니라 신상보호에 대한 개입이 잦은 미성년후견감독사건의 특성을 고려해 정기감독 3팀 (미성년후견감독 전담)이 조기감독과 정기감독을 모두 담당한다. 재산조사와 목록작성 의무가 없는 특정후견은 따로 조기감독 절차를 운영하지 않는다.

② 조기감독 업무처리절차

후견센터는 조기감독 업무처리절차를 제정해 후견감독담당관이 이를 준수하며 후견감독사무를 진행하도록 한다. 조기감독의 업무처리절차는 ① 친족후견인 교육이수, ② 기간 내 재산목록보고서 등 서류제출, ③ 기간 도과 시(기일 내 서류 미제출), ④ 당사자 사망 등 종료사유 발생시를 구분한 후 상황에 따라 구체적 후견감독을 요구한다.

조기감독 상황별 업무처리절차

1. 친족후견인 교육이수 여부 확인
   - 온라인 교육: 교육확인서 부실 제출(보정 요구)
   - 현장교육: 교육확인서 미제출
   전화(교육 참석 요구) → 보정명령 → 후견인 소환 및 심문

2. 기간 내 재산목록보고서 등 서류제출
   - 보정 불요 시(당사자 정상제출)
   1월 이내 감독보고서 작성 → 매주 사건목록 기획팀 송부 →
   정기감독팀 배당
   - 보정 필요 시(서류 미비 등)
   제출요구서(보정명령) 송달 → 제출서류 확인 → 이상 없을 경우 위 항과 같이 처리

3. 기간 도과 시 (기일 내 서류 미제출)
   - 기간 도과 후 2주 이내 서류 제출 → 위 1~2와 같이 처리
   - 기간 도과 후 2주 이내 서류 미제출
   기일소환장 및 경고장 발송 → 기일소환 및 심문 → 위 2와 같이 처리.
   다만 기일소환 및 심문 전 서류제출 시 기일소환을 취소하고 위 2와 같이 처리

4. 당사자 사망 등 종료사유 발생 시

  - 재산목록보고서 제출일 이전에 사망사실을 안 경우(서류제출 불문)

  법관 보고 후 종료보고서 작성 → 사건 종결 처리

  - 재산목록보고서 제출 이후 사건배당 전 사망사실을 안 경우

  법관 보고 후 종료등기 신청 안내 → 종료보고서 작성 → 사건 종결 처리

  - 사건배당 후 사망사실을 안 경우(정기감독관 통지)

③ 재산목록후견감독 실시

2021년 7월부터 직권 개시된 후견감독사건은 전수 조기감독 절차를 거친다. 앞서 제시한 조기감독의 상황별 업무처리절차는 모든 후견인의 재산조사와 목록작성 완료를 목표로 한다. 이 목표가 달성된다면 자연스럽게 후견종료 사유가 발생할 때까지 매년 반복되는 정기감독에서 미감독사건의 누적발생을 예방하고 후견감독 업무부담이 경감될 것이다.

후견센터는 후견감독 업무부담 경감과 후견인의 후견사무 보고의 편의를 위해 재산목록후견감독 때 일반감독과 간이감독사건을 구분하여 지정한다. 간이감독은 향후 재산관리에 대한 정기감독을 감독법원이 간이한 방식으로 시행함을 의미한다. 간이한 방식이란 후견인이 피후견인 재산관리를 보고하면 감독법원이 여기에 한정된 역량을 투여하기보다 피후견인의 신상보호에 감독역량을 집중하는 방식이다. 주로 사회복지사를 위촉하는 심층후견감독위원에게 신상심층조사를 의뢰하는 방식으로 외부 전문가를 활용해 신상보호 현황을 확인한다.

간이사건은 피후견인의 재산을 기준으로 후견인의 재산목록보고에 특별한 문제가 없다면 ①〈국민기초생활보장법〉에 따른 (생계급여, 의료급여, 주거급여) 수급권자이거나 ② 피후견인의 순재산 합계 5,000만

원 미만13인 경우 간이사건으로 분류한다. 또한 재판장이 간이감독사
건으로 지정한 경우에도 간이사건으로 분류한다.

(3) 일상감독

재산목록 후견감독보고서 제출로 조기감독이 완료된 성년·한정후견감
독사건은 매주 정기감독팀 후견감독담당관에게 순차적으로 재배당한
다. 재배당사건을 인수한 후견감독담당관은 담당사건을 후견종료 사유
가 발생할 때까지 관리한다. 정기감독팀은 매년 후견인의 후견사무보고
서 제출을 전후한 정기감독뿐만 아니라 후견사무, 후견사무 관련 부수사
건 신청 등 평소 후견인의 문의 등을 응대하며 일상감독도 진행한다.

① 후견인 사무지원

후견인은 평소 재산관리 및 신상보호에 관한 사무를 수행하며 감독법원
에 여러 가지 질의를 한다. 후견센터는 후견감독사건을 기준으로 사건을
관리하는 후견감독담당관이 담당사건 후견인의 질의를 안내하도록 한다.

후견센터는 2022년 7월 후견감독담당관의 민원안내 역량과 전문성
강화를 목표로 후견감독 단계를 포함한 184개 빈출 질의와 부록(주요 양
식 11종)을 수록한 후견민원상담 매뉴얼을 발간했다. 이는 가정법원이
후견인 등의 질의에 일관되고 균일한 답변을 제공하는 것이 후견인의
적정한 후견사무 수행에 많은 영향을 미치기 때문이다.

후견감독담당관은 후견인이 감독법원에 제출하는 보고서 작성이나
후견감독부수사건 신청에 어려움을 호소할 때는 후견센터 내에 설치한

---

13 다만 피후견인에게 기초연금, 기초급여, 장애인연금 이외 수입이 있는 경우는 제외한다.

후견인 상담창구에서 후견사무상담위원의 조력을 받도록 안내한다. 또한 장기간의 후견사무에 지친 후견인이 심리적 어려움을 호소할 경우 후견센터가 위촉한 후견심리상담위원의 찾아가는 심리상담 등 상담서비스도 제공한다.

② 후견감독부수사건

〈가사소송법〉은 후견감독사무 전반에 걸쳐 가정법원이 관여하도록 하면서 개개의 감독관련 행위를 기존의 후견개시 및 기본후견감독사건과 별개 사건으로 처리하도록 규정한다(〈가사소송법〉 제2조 제1항 제2호 가목). 가정법원 실무는 후견개시사건(사건부호 후개), 후견감독사건(사건부호 후감)과 구별하기 위해 위 사건들을 후견감독부수사건(사건부호 후기)[14]이라 칭한다.

서울가정법원에 접수되는 연간 후견사건 2,551건(후견감독사건 제외) 중 후견개시사건은 1,273건, 후견감독부수사건(후견기타사건)은 1,278건을 차지할 정도로 후견감독부수사건의 처리와 감독도 상당한 업무부담이 되고 있다.

표 9-2 서울가정법원 후견사건(후견감독사건 제외) 접수 현황 (2021. 7~2022. 6)

구분	후견개시	후견기타	총합
건수	1,273	1,278	2,551
비율(%)	49.9	50.1	100

---

14 후견감독부수사건은 2020년 7월까지 사건부호로 '느단'을 부여했으나 현재는 다른 가사비송사건과 구별하기 위해 '후기'를 부여한다.

후견감독부수사건은 후견인(후견감독인) 변경, 후견인(후견감독인) 사임과 같은 후견인(후견감독인)에 관한 추가 심판이 대표적이겠으나 선임된 후견인의 권한과 관련한 사건이 다수이다.

서울가정법원에 접수되는 후견감독부수사건은 후견인의 권한에 관한 사건이 압도적이다. 사건 접수 1~10위권까지 1, 178건 중에서 심판에 의해 제한된 후견인의 권한허가를 위해 청구되는 임무수행에 관하여 필요한 처분명령이 698건으로 전체 접수의 59. 25%를 상회한다.

표 9-3 서울가정법원 후견기타사건 연간 접수 유형 및 건수 (2021. 7~2022. 6)

순위	사건명	건수
1	임무수행에 관하여 필요한 처분명령	698
2	보수수여	174
3	후견인 변경(50)·사임(29), 후견감독인 변경(17)·사임(12)	108
4	거주하는 건물 또는 대지에 대한 매도 등에 대한 허가	54
5	재산관리와 관련한 허가	43
6	권한초과 행위 허가	23
7	격리(연장) 허가	23
8	후견종료	23
9	법정대리권 범위 변경	21
10	특별대리인 선임	11
11	기타*	100

주: 접수 건수 10건 미만 사건은 기타로 통합했다. 기타 사건의 종류는 ① 소송행위, ② 의료행위의 동의에 대한 허가, ③ 신상에 관하여 결정할 수 있는 권한의 범위 변경, ④ 한정후견인의 동의권 범위 변경, ⑤ 여러 명의 성년후견인의 권한행사에 관한 결정, ⑥ 성년후견인의 의사표시를 갈음하는 재판, ⑦ 한정후견인의 동의를 갈음하는 허가, ⑧ 재산목록 작성을 위한 기간의 연장 허가, ⑨ 재산상황 조사 및 임무수행에 관하여 필요한 처분명령, ⑩ 후견종료 시 관리계산 기간의 연장, ⑪ 토지매도 등 허가, ⑫ 특별수권을 위한 후견사무에 관한 처분명령, ⑬ 후견인 사퇴에 대한 허가, ⑭ 후견인 추가 선임, ⑮ 후견감독인 선임, ⑯ 임무대행자 선임, ⑰ 상속포기 신청·특별한정승인심판 청구에 대한 허가, ⑱ 후견계약 종료의 허가, ⑲ 면접교섭 허가, ⑳ 입양허가 등이다.

여기에 법률에 의해 제한된 거주하는 건물 또는 대지에 대한 매도 등에 대한 허가 54건 및 피후견인의 격리시설 격리(연장) 허가 23건, 후견인의 권한에 대한 허가를 청구하는 재산관리와 관련한 허가 43건, 권한초과 행위 허가 23건, 법정대리권 범위 변경 21건을 포함하면 후견인의 권한허가 관련 사건은 862건으로 전체의 73.17%에 이른다.

따라서 후견센터의 일상감독에 있어 후견인이 후견사무를 위해 필요한 경우 적정한 시기에 적합한 권한허가를 받도록 지도하는 일도 중요하다. 후견감독담당관은 후견인이 후견사무를 위해 필요한 경우 자신의 권한을 벗어난 후견사무가 발생하지 않도록 감독법원에 사전허가를 청구하도록 안내한다.

후견감독담당관은 필요한 경우 후견감독부수사건심판 청구의 심리를 위해 비정기적 후견감독을 시행한다. 또한 실무상 법관은 청구의 전부 또는 일부를 인용할 경우 후견인이 심판의 이행 결과를 후견감독사건에 보고하도록 주문하므로 심판 이행결과에 대한 감독도 담당한다.

(4) 정기감독

기본후견감독 단계와 심층후견감독 단계로 구분되는 정기감독은 가정법원이 매년 후견인의 후견사무를 정기적으로 확인하는 후견감독 절차이다. 정기감독은 가정법원이 후견인의 적정한 후견사무 유무를 구체적으로 검토하는 것이다. 필요한 경우 피후견인의 재산과 신상의 보호를 위한 조치를 취하는 중요한 후견감독 행위이기도 하다.

① 정기감독팀

정기감독팀 후견감독담당관의 정기감독은 기본후견감독과 심층후견감독으로 구분된다.

기본후견감독은 후견인 또는 후견감독인이 매년 정기적으로 제출하는 후견사무보고서 또는 후견감독사무보고서를 기준으로 후견인의 후견사무가 적정하게 이뤄지는지를 평가하는 절차이다. 후견사무에 특이사항이 없다면 후견감독담당관은 향후 정상관리 의견으로 후견감독 조사보고서를 작성하게 된다. 그러나 적정한 후견사무 여부 판단을 위해 추가 서류제출 등이 필요하다면 후견감독담당관의 제출요구 또는 법관의 보정명령을 통해 추가자료를 제출받거나 사무지도를 하게 된다.

후견감독담당관은 기본후견감독을 마친 결과 후견인의 사무가 정상이고 특이사항이 없다면 향후 후견감독 기준을 일반과 간이감독으로 구분한다. 이때 감독등급 분류는 정기감독 시점에 피후견인의 재산과 신상보호 현황을 반영한 것이다. 따라서 조기감독 단계에서 재산현황을 기준으로 일반과 간이감독을 구분한 기준에 따라 정기감독을 시행해도 정기감독 결과 상속 등으로 관리재산이 생겼다거나 신상관리에서 문제 여부가 확인되느냐에 따라 일반과 간이감독사건 지정이 유지될 수도 변경될 수도 있다.

만약 재산관리나 신상보호에 대한 보고가 불명확하거나 재산의 이탈, 신상보호에 미흡한 징후가 발견된다면 더욱 전문적이고 심화된 조사를 위해 심층후견감독 절차를 진행한다. 이때 후견감독담당관은 법관의 심층후견감독조사명령을 통해 가정법원이 위촉한 전문후견감독위원에게 재산심층조사를, 심층후견감독위원에게 신상심층조사를 의뢰한다. 후견감독담당관은 조사결과를 확인하고 필요한 후속조치를 검토한 후 심층후견감독조사보고서를 작성한다.

정기감독 결과 후견인의 변경, 횡령재산 원상회복, 안전한 신상관리 환경조성 등 후견사무의 정상화를 위한 후속조치가 필요하다면 후견감독담당관이 3개월 혹은 6개월 동안 특별관리하는 사건으로 지정한다.

② 정기감독 업무처리절차

후견센터는 정기감독 업무처리절차를 제정해 후견감독담당관이 이를 준수하며 후견감독사무를 수행하도록 한다. 정기감독 업무처리절차는 ① 사건관리부 작성과 제출요구서 송부 의무를 규정한 후 ② 기간 내 후견사무보고서 등 서류제출, ③ 제출예정일 도과 시, ④ 제출요구서 송달불능 시, ⑤ 당사자 사망 등 종료사유 발생 시를 구분하여 상황에 따라 진행하도록 규정한다.

> 정기감독 업무처리절차 예시
> 1. 사건관리부 작성
>   • 월별 후견감독예정일 사건 수 특정(연간 기준)
>   - 7월 기준 예시: 미감독 포함 후견감독예정일이 6월인 모든 후견감독사건 정기감독 시행
>   • 제출요구서 송부
>   - 매월 첫 번째 주 다음 달 후견감독예정일 도래 사건 제출요구서 송부 제출요구서 반송은 후견감독담당관 처리 원칙 → 아래 항 기준 처리
>   • 월간 후견감독사건 처리 보고
>   - 매월 말일 팀장에게 통계서식에 따라 제출

2. 기간 내 후견사무보고서 등 서류제출
- 보정 불요 시(당사자 정상제출)
  - 1월 이내 보고서 작성(후견감독사건진행상황부 후견감독예정일 포함 정보 입력)
- 보정 필요 시(서류 미비 등)
제출요구서(보정명령) 송달 → 제출서류 확인 → 이상 없을 경우 위 항과 같이 처리

③ 정기감독 실시

2021년 7월부터 시행 중인 정기감독 업무처리절차의 핵심은 월간 단위 정기감독의 시행과 매달 말일 후견감독사건 처리 현황의 보고이다. 후견센터의 정기감독 업무처리절차 개선의 목표는 월별 후견감독담당관의 업무량 배분과 보고로 장기간 누적된 미감독사건의 정상관리와 향후 미감독사건 발생을 예방하는 데 있다.[15]

정기감독팀의 후견감독담당관은 월간 단위로 본인이 관리하는 후견감독사건의 후견감독예정일 해당사건을 특정한 후 후견감독예정일 전달 후견인에게 제출요구서를 발송한다. 이후 후견감독예정일까지 후견인의 후견사무보고서가 제출되는 것을 전제로 후견감독예정일 익월 한 달 이내(후견사무보고서 접수 1달 이내)에 후견감독조사보고서를 제출함으로써 정기감독을 종료하되 미감독사건이 발생한 경우 이를 보고하도록 한다.

---

15 서울가정법원 내부 보고에 따르면 실제 후견감독사건 기준 후견감독이 완료되지 않은 사건 비율은 종전 최대 55.12%에서 2022년 6월 30일 기준 9.04%로 대폭 감소했다.

실무상 후견감독담당관은 종전 정기감독 시행 여부를 불문하고 10월 중 후견감독예정일이 지정된 사건이 40건이라면 9월에 후견인에게 제출요구서를 발송한다. 이후 후견인은 10월 후견감독예정일에 맞춰 후견사무보고서를 제출하고, 후견감독담당관은 11월 중 40건에 대한 후견감독조사와 후견감독 조사보고서 작성을 완료하게 된다.

후견인이 후견사무보고서를 지정된 일자까지 제출하지 않으면 제출요구서 재발송, 통화, 후견감독조사기일 지정절차를 진행한다. 실무상 후견사무보고서 미제출이 지속될 경우 후견감독담당관이 법관에게 최종 후견감독 불능보고서를 제출하도록 한다.

가. 후견감독사건의 심문기일 지정

정기감독 업무절차에 따라 후견감독담당관의 최종 후견감독 불능보고서가 제출되면 즉시 심문기일이 지정된다. 이는 후견감독이 불능상태에 빠진 후견감독사건의 감독절차 정상화를 위한 과정이자 가정법원이 감독기관으로서 후견인의 후견사무 해태의 위협으로부터 피후견인의 재산과 신상의 보호를 위해 필요한 조치를 즉시 시행하겠다는 의지의 표명이기도 하다.

실제로 서울가정법원은 2021년 7월 후견감독 절차를 대폭 개선한 후로 재산목록 미제출(조기감독), 후견사무보고서 미제출(정기감독), 재산계산 미제출(종료감독) 등 정당한 사유 없이 보고의무를 불이행해 후견감독 불능보고서가 제출되는 후견인에 대해서는 즉시 심문기일을 지정하고 있다.

지정된 심문기일에 후견인이 출석할 경우 후견인이 당일 재산조회

통합처리를 신청하고 후견감독담당관을 면담하게 함으로써 후견감독이 정상화되도록 조치한다. 그러나 후견인이 지정된 심문기일에 불출석하는 경우 과태료를 부과한 후 다시 심문기일을 지정한다. 후견인이 재차 불출석하면 직권으로 후견인을 변경하고 변경된 후견인을 통해 후견사무를 정상화한다.

나. 국선후견인제도 적극 활용

서울가정법원은 2018년 5월부터 후견제도 이용에 어려움이 있는 피후견인의 후견제도 이용을 지원하는 국선후견인제도를 운영하고 있다. 후견센터의 국선후견인제도와 정부 및 지방자치단체가 운영하는 공공후견제도는 사회적 약자의 후견제도 이용과 의사결정을 지원한다는 측면에서 유사하다.

그러나 현행 공공후견제도는 법률에 근거한 발달장애인, 치매환자, 정신질환자가 대상이라 이외 장애를 가진 피후견인을 지원하지 않는다. 후견 유형도 발달장애인과 치매환자는 특정후견으로, 정신질환자는 한정후견으로 한정한다. 따라서 후견개시심판절차에서는 공공후견제도가 지원하는 장애 유형에 해당하지 않거나 성년후견 개시와 한정후견 개시[16]가 필요한 피후견인이 공공후견제도를 이용할 수 없는 한계가 있다. 또한 지원대상을 성인으로 한정하고 있어 미성년후견인 선임사건도 공공후견제도의 대상이 되지 못한다.

---

16 정부의 공공후견제도는 발달장애인과 치매환자에게 특정후견만 지원해 발달장애나 치매를 사유로 성년후견 또는 한정후견심판을 청구하는 경우 지원이 어렵다.

이처럼 실제 후견개시심판절차에서는 현행 공공후견제도의 사각지대가 발생한다. 또한 공공후견제도 지원을 후견개시심판절차에 한정하고 있어 후견이 개시된 후에는 공공후견제도를 이용할 수 없는 한계도 있다.

〈민법〉제955조는 후견인의 보수는 피후견인의 재산상태, 기타 사정을 참작하여 피후견인의 재산에서 수여할 수 있도록 한다. 그러나 후견개시심판을 청구한 사건 중에는 후견인에게 보수를 지급할 만큼 피후견인의 재산이 없고 달리 선임할 친족이 없는 경우가 있다. 또한 선임된 친족후견인의 비위가 발생할 경우 후견인 변경에도 제한이 이어진다. 이런 이유로 서울가정법원은 후견개시심판이 청구된 사건이나 후견감독 중인 사건 중에서 마땅한 후견인 선임이 어려운 경우 피후견인을 위한 공익 프로그램으로서 국선후견인제도를 운영한다.

실무상 국선후견인이 선임되는 사건은 피후견인이 무연고자 이거나 딱히 돌볼 친족이 없는 경우, 친족의 학대나 방임 등으로 후견인 선임이 곤란한 경우, 후견인후보자의 고령 또는 장애 등으로 후견사무 수행에 현저한 어려움이 예상되는 경우 등이다. 또한 후견개시 후에도 후견인의 학대, 방임, 고령, 장애 등을 사유로 피후견인의 신상에 위해가 확인되면 국선후견인으로 변경한다.[17]

서울가정법원은 후견감독실무상 후견인의 의무불이행이 지속되어 후견감독 심문기일을 지정하는 사건 중 후견인 변경이나 후견감독인 선임이 필요한 경우 피후견인의 재산에서 후견인 보수를 지급할 수 없다면

---

17 서울가정법원, 앞의 책, 110쪽.

적극적으로 국선후견인으로 후견인을 변경하거나 후견감독인을 선임한다. 실제 국선후견인(후견감독인) 선임 후견감독사건은 2018년 5월부터 2021년 6월까지 누적사건 수가 61건이었으나, 후견감독 절차 전면 개선 후인 2021년 7월부터 2022년 8월 동안에는 57건이 증가해 누적사건 수 118건으로 증가했다.

서울가정법원은 2022년 9월부터 피후견인을 위한 보다 전문적이고 체계적인 국선후견인 활동 전개를 목표로 전담국선후견인제도를 운영하고 있다. 이를 위해 종전에 국선후견사건을 담당한 경험이 있는 전문가후견인후보자 중에서 국선후견사건 전담을 희망하는 후보자의 신청을 받아 전담국선후견인후보자 구성을 완료했다.

(5) 종료감독

후견감독담당관은 후견종료 사유가 발생하면 종료감독을 시행한다. 후견감독담당관은 후견인에게 최종 후견사무보고서(재산계산 포함) 제출과 후견등기 종료신청을 안내한다. 후견감독담당관은 최종 후견사무보고서가 제출되면 후견인의 전체 후견사무를 기준으로 재산관리와 신상보호 결과를 평가한 후 종료감독보고서를 작성한다. 법관의 보고서 확인 후 후견감독사건은 종국한다.

종료감독에서도 후견인이 보고서 제출에 응하지 않으면 제출예정일도과 사건 절차관리에 따라 보고서 제출을 독려하고 최종 제출하지 않을 경우에 후견감독 불능보고서 제출 후 즉시 심문기일이 지정된다.

4. 가정법원 후견감독실무의 과제

1) 후견감독실무 관련 문제

(1) 상이한 후견감독실무

후견제도 시행 후 가정법원은 계속 후견감독실무를 정립하고 발전시켜 왔다. 최근 《법원실무제요: 가사》 개정판은 후견사건을 추가 수록함으로써 후견감독 절차 일반에 대해서도 규범을 제시했다. 현재 각급 법원은 후견감독 절차를 법률과 규칙에 따라 후견감독사건 직권개시, 친족후견인 교육, 후견인 재산목록 제출, 매년 후견사무보고서 제출, 종료사유 발생 시 재산계산, 후견부수사건 심판으로 구분해 운영한다.

그러나 후견감독실무는 인적·물적 여건에 따라 법원별로 상이하다. 서울가정법원과 같은 대규모 가정법원은 후견감독실무를 좀 더 세밀하고 구체적인 절차로 다듬어 간다. 반면 소규모 가정법원이나 지원은 일반적 후견감독 절차를 운영하기도 벅차다. 이런 상황은 적시·적합한 감독기능 발휘뿐만 아니라 전체 가정법원을 아우르는 후견감독실무 마련을 어렵게 한다.

(2) 법원 간 후견감독 편차

법원 간 인적·물적 차이는 후견감독 편차로 이어진다. 법원의 여건에 따라 후견감독 전담인력을 운영하는 법원과 그렇지 못한 법원이 있다. 이에 따라 일반적 후견감독 절차를 진행하는 법원과 진행하지 못하는 법원이 존재한다. 법원의 규모와 인력사정에 따라 다수의 전담인력을 배치한 법원과 1인만 배치한 법원, 전담인력은 배치하지 못하고 겸임으로 배치한 법원도 있다. 또한 후견감독 전담기구라 할 수 있는 후견센터를 설치한 법원은 서울가정법원과 수원가정법원으로 이외 법원은 달리 전담기구를 두지 못했다.

따라서 후견인의 재산목록 및 후견사무보고서 제출에 적극적으로 대응하며 후견감독을 시행하고 후속조치를 실시하는 법원이 있는 반면, 보고서 제출 여부만 확인하는 법원도 있다. 또한 보고서 미제출에 적극적으로 대응하는 법원이 있는 반면, 달리 대처를 못하는 법원도 있다.

피후견인은 어느 법원에서 후견제도를 이용하더라도 동일한 후견감독을 제공받을 권리가 있다. 후견인의 후견사무에 대한 견제에서 차이가 발생한다는 것은 피후견인의 권익침해 발생 여부에도 차이가 있게 된다는 의미다. 따라서 가정법원의 후견감독과 실무는 균일해야 한다.

(3) 재산관리 중심 후견감독의 한계

후견감독은 후견제도의 이념을 잘 구현하는 방향에서 시행되어야 한다. 가정법원의 후견감독실무는 장애인의 존엄성과 권리 보장을 목표로 하는 UN 장애인권리협약(CRPD)이나 아동의 권익 보장을 목표로 하는 UN 아동권리협약(CRC)의 국내법적 이행과 관련된다. 이는 후견인의 역할과 임무수행 방법이 대리권을 중심으로 하는 의사결정대행뿐만 아니라 피후견인의 의사결정지원, 미성년자의 권익보호와 올바른 양육의 영역에서도 잘 이뤄져야 한다는 의미일 것이다. 따라서 가정법원의 후견감독도 후견인의 부정행위 방지에 그치지 않고 본인 의사 존중이나 자기결정 존중이라는 관점에서 실무를 갖출 필요가 있다.

후견인의 주요활동은 피후견인의 재산관리와 신상에 관한 것이다. 따라서 후견감독 활동은 후견인이 피후견인의 욕구 및 상황에 맞는 재산관리와 신상보호를 위한 의사결정지원을 제대로 하는지도 포괄할 필요가 있다. 서울가정법원 후견센터는 최근 후견개시심판 단계에서 가사조사관의 가사조사 외에도 후견인후보자가 신상보호계획서를 작성하는 절차를 운영한다. 이것은 앞으로 후견사무를 맡을 후견인에게 피후견인의 장애상태와 이로 인한 신상보호 관련 욕구를 점검하도록 하는 사전교육뿐만 아니라 향후 후견감독 단계에서 기초 자료로 활용하기 위함이다.

그러나 아직까지 대다수 법원 후견감독실무는 신상관리보다 재산관리에 방점을 두는 편이다. 이는 가정법원의 인적·물적 자원의 한계에서 비롯된 것이기도 하지만, 후견사무의 특성상 필연적으로 요구되는 사회복지적 요소들을 가정법원이 모두 담당하기 어렵기 때문이기도 하다.[18]

2) 후견감독실무 개선을 위한 과제

(1) 후견감독 인력 증원

후견감독사건은 후견종료심판, 피후견인의 사망, 미성년자의 성년 도래, 특정후견 기간만료 등 후견을 개시한 사유 소멸이 발생하기 전에는 종료되지 않으므로 해가 갈수록 누적 증가하는 특징이 있다.[19]

---

18 법원행정처, 앞의 글, 41쪽.
19 서울가정법원 후견감독사건 연도별 현황 및 추이에 관한 내부 자료에 따르면, 후견감독사건은 2014년 283건에서 2022년 8월 현재 6,749건으로 증가했다. 이 중 후견종료 사유 발생으로 종국 처리된 2,651건을 제외하면 후견감독을 진행 중인 사건은 4,098건이다.

대부분의 가정법원은 후견감독 인력이 부족함을 호소한다. 후견감독
절차를 담당할 인력의 부족은 후견감독사건 개시 초부터 후견인에 대한
견제와 후견사무 관리의 공백으로 이어질 위험이 있다. 이처럼 장기간
누적된 후견감독의 공백은 후견감독을 진행하지 못한 사건의 누적, 새
로 개시되는 후견감독사건의 증가, 보고서 미제출 등 후견인의 비협조,
후속조치의 어려움으로 이어지며 감독업무에 대한 부담을 가중하는 악
순환을 반복할 수 있다. 이와 같은 후견감독 인력의 부족과 감독업무
부담의 악순환은 법원별로 상이한 후견감독실무, 법원 간 후견감독 편
차가 있게 하는 원인이기도 하다.

따라서 후견감독사건의 증가 추세 반영, 후견감독 담당자가 다른 업
무를 겸임하는 지원 단위 법원에 전담인력 우선배치 등 현실적 후견감
독 인력배치와 증원계획을 수립하고 추진할 필요가 있다.

(2) 전문적 후견감독실무 운영

후견감독 업무는 법원의 사법적 판단기능뿐만 아니라 이와 성격이 다른
관리 및 감독기능이 포함되므로 특유의 전문성이 필요하다. 가정법원
의 후견감독이 미흡해 피후견인의 권리와 신상보호에 공백이 발생할 경
우 피후견인에게는 돌이킬 수 없는 피해가 될 수 있다. 이는 피후견인
의 재산권, 신상권 등 권리를 보호하고 부적절한 침해를 방지하고자 하
는 후견제도의 취지를 무색하게 만드는 일이다.

① 전문직위 운영

후견감독담당자는 일정 기간 이상 장기간 근무하며 실무상 전문성을 유지할 필요가 있다. 후견감독담당관의 업무 숙련도와 전문성 발휘, 후견인과 유대를 바탕으로 한 사무수행을 위해서는 후견감독담당자를 전문직위로 운영할 필요가 있다.

전문적 후견감독실무의 운영을 위해서는 모든 가정법원에 후견감독업무를 전담하는 후견감독담당관이 배치되어야 한다. 뿐만 아니라 후견감독만을 전담하며 장기간 근무하고 실무를 연구하는 전문직위로 전환해야 할 것이다.

② 후견감독 전담 재판부 설치

후견감독실무의 전문성과 효율성을 도모하려면 후견감독을 전담하는 재판부를 설치하거나 증설해야 한다. 후견감독 전담 재판부 설치가 어려운 지원 단위 법원이라면 최소한 후견감독 전담법관을 둘 필요가 있다.

앞서 밝혔듯이 후견감독 업무는 법원의 사법적 판단기능과 성격이 다른 관리 및 감독기능이 포함된다. 그러나 관리와 감독기능이 전문적이고 효율적으로 작동하려면 후견인의 권한에 관한 심판이 다수를 차지하는 후견감독 부수사건과 같이 후견개시 후에도 법원의 사법적 판단기능이 지속되어야 한다. 따라서 후견감독 전담법관 역시 후견사건에 대한 고도의 이해와 전문성을 겸비할 필요가 있다.

③ 후견센터 확대 설치

후견의 개시부터 감독, 종결까지 후견사건 전반을 담당하는 사무기구의 확대 설치가 필요하다. 서울가정법원은 2017년 7월부터 급증하는 후견사건을 효율적이고 체계적으로 관리하는 시스템을 구축하고 관련 업무 담당자들의 전문성을 담보하기 위해 후견사건 전반에 걸친 업무만을 담당하는 독립된 조직인 후견센터를 설치해 운영하고 있다.

앞서 살펴봤듯이 서울가정법원 후견감독실무는 후견감독 일반절차를 비교적 정교하게 운영하며 절차 전반에 걸쳐 꾸준히 효율성과 전문성을 담보하고자 노력한다. 또한 2021년 개원한 수원가정법원이 전국에서 두 번째로 후견센터를 설치하는 성과도 있었다. 그러나 아직까지 인력과 예산 등 현실적 이유로 후견센터의 확대 설치와 운영방향에 관해서는 논의가 부족하고 정책도 부재한 실정이다.

전문적 후견감독 시행과 효율적 실무 운영을 위해서는 각급 법원에 후견사건 관련 사무만을 전담하는 기구의 설치와 운영이 필수적이다. 만약 인력과 예산, 누적사건의 규모 등으로 각급 법원의 후견센터 설치가 어렵다면 최소한 전국 가정법원에 후견센터를 설치하고 지원은 후견개시심판이 확정된 사건을 상급 가정법원으로 이송해 피후견인에게 전문적 후견감독사무가 제공되는 광역후견센터 모델도 검토해 볼 수 있다.

(3) 후견감독 절차의 효율성 확보

후견감독사건은 해마다 누적 증가하므로 효율적 절차 운영도 중요하다. 후견감독 절차의 효율성 확보는 후견감독담당관의 업무를 경감하면서도 실질적 후견감독이 시행되는 방향에서 추진해야 한다.

① 후견감독시스템 개선

가정법원이 직면한 후견감독 인력 및 예산의 부족은 단기간에 해결될 문제는 아니다. 또한 자원은 무한정 공급될 수 있는 것도 아니다. 따라서 후견감독시스템 개선도 병행되어야 한다. 후견감독시스템 개선은 후견감독 절차, 감독인력 교육, 후견인 제출 보고서 양식, 후견감독사건 관리등급과 같은 감독실무 전반에 걸친 것이다.

앞서 살펴본 서울가정법원 후견센터의 후견인후보자 사전교육 시행 및 신상보호계획서 제작, 후견감독 절차 안내문 개선, 조기감독팀 운영, 재산기준 관리등급 마련 등 후견감독시스템 개선을 위한 노력과 성과가 계속 유지되고 각급 법원에 전달될 수 있어야 한다.

② 후견감독실무 규율

각급 법원의 후견감독이 균일하고 통일적으로 운영될 수 있도록 후견감독실무를 규율할 필요가 있다. 아직까지 자체적 후견감독 매뉴얼을 가진 법원은 서울가정법원과 부산가정법원이 유일하며 각급 법원의 후견감독실무를 구체적으로 아우르는 매뉴얼까지는 마련하지 못했다.

후견감독실무 규율은 대법원 차원의 규칙 또는 지침 제정으로 친족후견인 교육, 재산목록 기준 조기감독, 후견사무 보고기준 정기감독, 종료사유 발생기준 종료감독, 후견인의 권한과 의무에 관련된 후견감독 부수사건 처리, 후견감독사건 관리등급, 후견감독 후 후속조치 시행 등 필수적 후견감독 절차와 실무의 통일을 의미한다.

이는 각급 법원이 표준적 후견감독실무 운영을 위해 부족한 인적·물적 자원을 효율적으로 배치·운영하는 계기가 될 뿐만 아니라 표준적

절차 운영을 위해 사법부 차원에서 인력을 증원하고 예산을 확보하는 출발점이 될 것이다. 또한 전국 어느 법원에서 피후견인의 후견이 개시되더라도 균일한 후견감독이 제공되도록 할 것이다.

(4) 친족후견인의 임무해태 대응방안 마련
가정법원 후견감독의 실효성 확보를 위해 친족후견인의 의무 불이행에 대한 대응도 중요하다.

① 임의감독기관 활용
후견사건은 후견감독인의 선임비율이 낮고 대부분 친족을 후견인으로 선임한다. 친족후견인에 대한 가정법원 후견감독실무의 어려움 중 하나는 후견인이 보고서 제출 의무를 준수하지 않으면 후견사무에 대한 판단이 어렵고, 후견사무를 해태할 경우 적절한 강제수단이 부족하다는 점이다. 따라서 임의감독기관인 후견감독인 선임비율 제고로 1차적 감독기능을 전문가에게 분산하는 방향에서 후견감독 절차의 부담을 줄이고 효율성을 확보할 필요가 있다.

실무상 피후견인의 재산관리와 관련해 친족 간 분쟁이 발생하는 경우, 피후견인 재산이 다액인 사건에서 재산을 관리하는 후견인의 재산관리에 적정을 기할 필요가 있는 경우, 재산상황의 변동이 잦은 경우, 후견인의 적정한 재산관리에 조언·지도가 필요한 경우, 상속재산분할협의로 부동산매매 등 법률행위가 예정되는 등 후견사무에 전문적 지식이 필요한 경우, 상속재산분할에서 후견인과 피후견인이 공동상속인으로 되어 이해가 상반할 경우, 후견인의 신상보호 조치가 부족해 보이는 경우, 미성년후견인이 미성년자의 보호능력이 부족하거나 양육의 어려움을 겪어 전문가의 조언·지도가 필요한 경우 등에는 적극적으로 후견감독인 선임을 고려할 필요가 있다.

가정법원이 위와 같은 선임기준을 적극 적용하면 임의감독기관에 1차적 후견감독 기능을 분산하는 방향에서 후견감독 절차의 효율성을 확보할 수 있을 것이다. 다만 후견감독인제도의 적극적 활용을 위해서는 후견감독인의 전문성 강화, 정기적 교육, 업무지침서(가이드라인) 발간 등이 전제되어야 한다. 20

② 국선후견인제도 도입

가정법원 후견감독실무는 후견보수가 수여되는 전문가후견인과 달리 친족후견인에게는 보수를 수여하지 않는다. 그 영향으로 친족후견인은 재산처분 등 후견개시 목적이 달성된 후 보고서 미제출, 연락두절 등 가정법원의 후견감독에 협조하지 않는 경우가 있다. 이런 경우 피후견인 신상보호도 미흡한 사례가 많으므로 감독법원의 적극적 개입이 필요하다.

문제는 감독법원의 조치는 후견인에게 제출요구서 송달 반복, 심문기일 지정이고 후견인이 계속 협조하지 않는다면 마지막 수단은 후견인 변경이라는 것이다. 그러나 유일한 친족이거나 후견인 외에 적합한 변경 대상이 없는 경우도 많고 피후견인 재산에서 전문가후견인 보수지급이 어려운 경우도 많아 실효성 있는 대응에 어려움이 있다.

---

20 김윤정, 2018, "각국의 후견감독제도 현황과 후견센터의 과제", 《2018년 후견감독실무 워크숍 자료집》, 후견사건실무연구회, 64~66쪽.

따라서 서울가정법원이 시범운영 중인 국선후견인제도를 후견감독 실무에서도 적극 활용할 필요가 있다. 후견개시 단계에서뿐만 아니라 후견감독 절차에서도 피후견인의 재산과 신상보호를 위해 후견인 변경, 후견감독인 추가 선임이 필요하다면 국선후견인이 선임될 수 있도록 법률 제정 및 개정, 예산편성 등 필요한 조치가 뒤따라야 할 것이다.

(5) 신상보호 후견감독 강화

가정법원의 전반적 후견감독실무가 신상보호보다 재산관리를 중심으로 이뤄져 후견인의 신상보호사무에 관한 평가가 미흡하다는 우려가 있다.[21] 앞서 언급했듯이 이는 가정법원의 인적·물적 한계에서 비롯된 것이며 가정법원이 후견감독사무에서 필요한 사회복지적 요소를 모두 발휘할 수 없다는 한계에서 기인한 것이기도 하다.

가정법원이 후견인 신상관리에 대한 후견감독을 강화하는 방안은 후견관련 유관기관과 연계강화, 신상관련 후견감독 기능 일부를 외부로 위탁 또는 이관하는 방안이 있을 수 있다.

현재 각급 법원은 후견제도 운영을 위해 외부 전문가를 위촉하고 후견협의회도 운영한다. 서울가정법원도 '전문가후견인 등의 선정과 운영에 관한 내규'(내규 제302호)에 따라 선정위원회를 통해 2년 임기의 전문가후견인 등 후보자(희망자는 국선후견인후보자를 겸함), 전문후견감독위원, 심층후견감독위원, 후견사무상담위원, 후견심리상담위원을 선정한다. 또한 '후견협의회 운영에 관한 내규'(내규 제274호)를 제정해

---

21 법원행정처, 앞의 글, 82~83쪽.

협의회22를 구성한 후 매년 정기회의를 개최한다.

따라서 신상보호 후견감독 기능의 강화를 위해 외부 전문가를 활용하는 신상심층조사, 심리상담 절차를 실효성 있게 정비하고, 유관기관과는 기관 간에 산재한 자원을 모을 수 있는 협력방안을 지속적으로 논의해야 할 것이다.

각급 법원의 인력, 예산 등의 부족이 단기간에 해소되지 못하고 신상 중심 후견감독의 실효성 있는 시행에 어려움이 커진다면 장기적으로 가정법원의 감독업무 중 일부를 가정법원 외부기관으로 위탁 또는 이관하는 방안도 검토할 필요가 있다.

독일의 성년후견청, 영국과 싱가포르의 공공후견청은 가정법원이 최종 후견감독 기능을 맡더라도 범사회적 후견제도 운영을 위해 후견 수요 발굴, 후견인 양성과 교육, 1차적 후견감독 기능 등을 담당한다. 23 우리나라도 가정법원의 신상보호 관련 후견감독 등 1차적 후견감독 기능을 보건복지부, 지방자치단체, 후견법인 등 외부기관이 수행하는 방법, 1차적 후견감독 기능을 갖춘 외부기관을 설립하는 방법 등 실정에 맞는 다양한 검토가 선행되어야 할 것이다. 아직은 사회적 논의가 부족한 점을 감안할 때 보다 구체적인 방안을 마련하기 위해서는 가정법원 내외의 관심과 연구가 지속되어야 한다.

---

22 서울가정법원 후견협의회 구성기관은 보건복지부, 서울시, 금융감독원, 중앙치매센터, 중앙장애아동·발달장애인지원센터, 대한변호사협회, 대한법무사협회, 한국사회복지사협회, 한국성년후견학회, 한국후견협회 등이다.

23 세계 주요국의 구체적 후견제도 및 후견감독제도 운영 현황은 사법정책연구원, 2017, 《성년후견제도의 운영에 관한 연구》 참조.

5. 나가며

가정법원 후견감독의 적정성과 효율성 확보는 피후견인의 복리와 안전을 위해 필수불가결하다. 이러한 점에서 후견인에 대한 감독은 법원의 의무라 할 수 있다.

가정법원은 후견감독 기관으로서 법률에 따라 전반적 감독사무를 처리한다. 또한 법률과 심판에 의해 후견인의 권한을 제한하고 후견인의 의무를 규정하는 방식으로 후견감독을 시행한다. 각급 법원의 후견감독 인력과 사정에 따라 후견감독실무는 다소 상이하겠으나 일반적 후견감독 절차는 후견감독사건의 직권개시, 친족후견인 교육, 재산목록 조사, 정기후견감독, 후견감독 종료 순이다.

서울가정법원 후견센터 역시 일반적 후견감독 절차를 따르면서도 후견감독실무에 있어 보다 세밀한 절차를 운영한다. 특히 2021년 7월부터 후견감독사건의 효과적 관리와 후견감독을 목표로 조기감독팀 운영, 사건처리절차 정비, 보고서 양식 개선 등 새로운 후견감독사건 관리절차를 운영하고 있다.

후견센터는 후견인의 재산조사와 목록작성 단계부터 조기에 실질적 후견감독을 시행하기 위한 조기감독팀을 운영한다. 또한 후견 유형에 따라 후견사무의 성격이 상이하고 주요 감독사항에도 차이가 있으며 관리방식도 다름을 반영해 감독업무를 성년(한정)후견, 특정후견, 임의후견, 미성년후견, 국선후견으로 구분한 후 정기감독팀별 전담제로 운영한다. 이와 함께 조기감독, 정기감독 상황별 업무처리절차를 제정해 후견감독담당관이 절차를 준수하며 후견감독사무를 수행하도록 한다.

후견센터 후견감독실무는 조기감독 단계부터 후견감독사건을 관리등급 기준에 따라 일반감독과 간이감독 대상으로 구분한다. 물론 후견의 종료사유 발생 전까지 매년 반복되는 정기감독 단계에서도 감독 결과를 반영해 향후 관리등급을 일반감독과 간이감독으로 구분해 운영함으로써 효율적 후견감독이 가능하도록 한다. 또한 후견감독담당관이 제출하는 보고서도 관리유형에 따라 제출할 수 있도록 정비하여 보고서 작성 부담은 경감하되 적시에 보고가 이뤄지도록 한다.

이외에도 친족후견인 선임이 압도적인 현실과 장차 이들에 대한 후견감독을 염두에 두고 후견개시 단계부터 후견인후보자 사전교육, 신상보호계획서 작성을 배치해 친족후견인에 대한 교육과 예비적 감독기능도 강화했다. 감독단계에서는 후견 유형에 따라 후견감독 절차가 상이함을 반영해 후견감독 절차 안내문을 성년(한정), 미성년, 특정후견으로 구분, 제작해 친족후견인의 후견사무 이해를 돕고 의무를 준수하도록 안내한다. 또한 후견인이 보고서 제출 등 후견사무를 해태하거나 의무를 준수하지 않을 경우 대응 절차를 마련하고 필요한 경우 국선후견인제도를 활용해 적극적으로 후견인을 변경함으로써 피후견인의 권익을 보호하고자 노력한다.

이처럼 2013년 7월 새로운 후견제도가 시행된 이래 가정법원의 후견감독실무는 계속 발전해 왔지만, 각급 법원별로 상이한 후견감독실무, 후견감독 편차, 재산관리 중심 후견감독의 한계 등 아직 해결해야 할 과제도 많다. 따라서 가정법원 후견감독실무의 문제를 해소하고 안정적 실무를 운영하려면 다음과 같은 과제를 우선 검토, 개선해야 할 것이다.

첫째, 후견감독 인력 증원이 선결되어야 한다. 후견감독 인력 부족과 감독업무 부담의 악순환은 법원별로 상이한 후견감독실무, 법원 간 후견감독 편차가 발생하는 주요 원인이다.

둘째, 전문적 후견감독실무 운영이 필요하다. 이를 위해서는 후견감독 담당자가 일정 기간 이상 장기간 근무하며 실무상 전문성을 유지할 수 있도록 전문직위를 운영하고 후견감독을 전담하는 재판부를 설치해 후견감독실무의 전문성과 효율성을 도모해야 한다. 또한 후견사건 전반을 담당하는 사무기구로서 후견센터를 확대 설치할 필요가 있다.

셋째, 후견감독사건은 해마다 누적 증가하고 가정법원이 직면한 후견감독 인력 및 예산의 부족 등 단기간 해결이 어려운 난제가 상존함을 고려해 후견감독시스템 개선, 후견감독실무를 규율할 수 있는 규칙 또는 지침 제정으로 후견감독 절차의 효율성을 확보해야 한다.

넷째, 가정법원 후견감독의 실효성 확보를 위해 친족후견인의 의무 불이행 등 임무해태에 대응하여 임의감독기관을 적극 활용하는 방안을 마련하고 국선후견인제도 도입도 적극 추진해야 한다.

마지막으로 가정법원의 전반적 후견감독실무에서 신상관련 후견감독이 강화될 수 있도록 외부전문가 및 후견관련 유관기관과 연계, 협력을 강화하고, 장기적으로는 신상관련 후견감독 기능의 일부를 외부로 위탁 또는 이관하는 방안도 신중히 검토해야 한다.

후견제도는 피후견인의 의사존중과 복리보호를 위한 제도이다. 〈민법〉은 후견인이 이를 위해 위임받은 사무를 잘 수행하는지, 권한을 남용하지 않는지에 대한 견제와 감시를 가정법원에 위임하고 있다. 가정법원의 후견감독은 단순히 후견인의 비위행위를 감시하고 적발하는 데만 있는 것은 아니다. 가정법원의 후견감독실무는 후견제도의 이념인 정상화, 필요성, 보충성의 원칙이 잘 구현되도록 피후견인과 후견인을 지원하고 후견사건을 관리하는 방향에서 운영되어야 한다.

가정법원의 후견감독실무 현황과 과제 검토를 계기로 후견감독에 대한 사회적 관심과 논의가 더욱 활발해지고 실효성 있는 지원책이 마련되기를 바란다.

참고문헌

김성우, 2016, "성년후견제도의 현황과 과제", 《2016년 후견사건 실무워크숍 자료집》, 후견사건실무연구회.
_____, 2018, 《성년후견실무》, 박영사.
김윤정, 2018, "각국의 후견감독제도 현황과 후견센터의 과제", 《2018년 후견감독실무 워크숍 자료집》, 후견사건실무연구회.
법원행정처, 2013, 《성년후견제도 해설》.
_____, 2015, 《후견사건 처리 실무》.
_____, 2021, 《가정법원의 후견감독 시행방안에 관한 연구》.
_____, 2021, 《가사조사 실무편람》.
_____, 2021, 《미성년후견 가이드 아이품은》.
_____, 2021, 《친족후견인을 위한 후견 가이드》.
부산가정법원, 2019, 《부산가정법원 후견감독 실무편람》.
사법연수원, 2021, 《법원실무제요: 가사 Ⅱ》.
사법정책연구원, 2017, 《성년후견제도의 운영에 관한 연구》.
서울가정법원, 2016, 《서울가정법원 후견감독 실무편람》.
_____, 2018, 《후견감독담당관 직무편람》.

_____, 2022, 《후견민원상담 매뉴얼》.

이동진, 2018, "한국 성년후견제도의 현황과 전망, 과제", 〈가족법연구〉, 32권 1호, 한국가족법학회.

전현덕, 2016, "서울가정법원 후견감독실무", 《2016년 후견사건 실무워크숍 자료집》, 후견사건실무연구회.

정정호, 2018, "〈개정민법〉상 성년후견제도와 가정법원의 역할", 〈가사재판 연구〉, 3권, 서울가정법원 가사소년재판연구회.

최현숙 외, 2016, "성년후견감독제 강화를 위한 고찰", 〈법과 정책〉, 22권 1호, 제주대 법과정책연구소.

지은이 소개
(가나다 순)

구상엽

현재 서울남부지방검찰청 차장검사이다. 서울대 법과대학을 졸업하고, 동 대학원에서 성년후견제도를 주제로 민법 박사학위를 받았다. 법무부 재직 당시 성년후견제도 입법을 담당하였다. 주요 활동 분야는 장애인과 공정거래 관련 영역이다.

박은수

현재 한국의료분쟁조정중재원 원장이다. 서울대 법과대학을 졸업하였다. 12기 사법연수원 수료 후 신체장애를 이유로 법관 임명이 거부된 바 있으나, 1983년 판사로 임용되며 법조계에 진출하였다. 노동부 한국장애인고용공단 이사장을 연임하였고, 18대 국회의원으로 당선되어 〈장애인연금법〉 제정, 성년후견제 도입 민법 개정 등 장애인 권리확대 입법에 큰 역할을 하였다.

박인환

현재 인하대 법학전문대학원 민법 교수이다. 연세대를 졸업하고, 서울대에서 법학 박사학위를 받았다. 주요 연구 및 활동 분야는 동아시아 성년후견제도에 관한 비교연구, 의사결정능력 장애인의 인권과 권익옹호 등이다. 최근에는 UN 장애인권리협약의 관점에서 성년후견제도를 대체하는 의사결정지원의 제도화 모델을 연구하고 있다.

배광열

현재 사단법인 온율 변호사이다. 한양대 역사학과를 졸업하고, 동교 법학전
문대학원에서 법학전문 석사학위를 받았다. 주요 활동 분야는 정신적 장애인
의 의사결정지원 및 성년후견제도 개선 등이다. 사랑샘재단 청년변호사상,
치매극복의 날 보건복지부 장관 표창을 수상하였다.

아라이 마코토

현재 일본 주오대학 연구개발기구 교수이자 쓰쿠바대학 명예교수, 일본성년
후견법학회 이사장이다. 게이오기주쿠대학 법학부를 졸업하고, 뮌헨대학에
서 법학 박사학위를 받았다. 세계 최고 수준의 연구 업적을 쌓은 연구자에게
수여하는 독일 훔볼트재단 훔볼트상과 독일연방공화국 공로훈장 일등공로십
자장을 수상하였다.

전현덕

현재 서울가정법원 가사조사관이다. 경기대에서 사회복지학 석사학위를 받았
다. 서울가정법원 후견센터 기획담당관으로 근무 중이다. 《후견사건 처리 실
무》, 《서울가정법원 후견감독 실무편람》, 《후견감독담당관 직무편람》, 《후
견민원상담 매뉴얼》, 《가사조사 실무편람》 등의 공동저자로 참여하였다.

제철웅

현재 한양대 법학전문대학원 민사법 교수이다. 주요 관심 분야는 정신적 장
애인의 자기결정권 존중을 위한 제도 개선이다. 최근에 "피성년후견인의 국
가공무원 당연 퇴직 조항에 대한 위헌성", "아일랜드의 후견제도의 개혁 입
법", "정신적 장애인의 시설 감금으로 인한 자유 박탈", "정신적 장애인의 참
정권" 등을 주제로 논문을 발표하였다. 대표 저서로 《정신건강과 법》, 대표
번역서로 《희망의 심장박동》, 《세계의 후견제도》 등이 있다.

박은수 변호사의
고령사회 법제 안내

박은수(변호사)

일반 시민을 위한 실용적 고령사회 법률 가이드

입법가와 행정가로서 고령사회 법제를 만들고 집행했으며 변호사로서 이를 적용했던 박은수 변호사가 일반 시민의 눈높이에서 쉽게 풀어 쓴 실용적 고령사회 법률 가이드. 성년후견제도부터 신탁제도, 연명의료결정법, 치매국가책임제, 유언 및 상속제도까지 안정적 노후의 길을 안내한다.

신국판 변형 | 260면 | 18,000원

알고 이용하자!
성년후견제도

마지막 순간까지 인간답게

박은수(변호사)

전 국민의 보편적 인권을 위한 성년후견제도 길라잡이

노인과 장애인까지 전 국민의 보편적 인권을 보장하는 성년후견제의 모든 것을 담았다. 성년후견제의 도입 배경부터 현황, 이용 방법, 외국 사례와 향후 과제까지. 성년후견제의 이용자인 장애인과 치매노인 입장에서, 또한 그들의 후견인의 입장에서 꼭 알아야 할 지식을 담았다.

신국판 | 352면 | 18,000원

나남 nanam
Tel. 031-955-4601
www.nanam.net